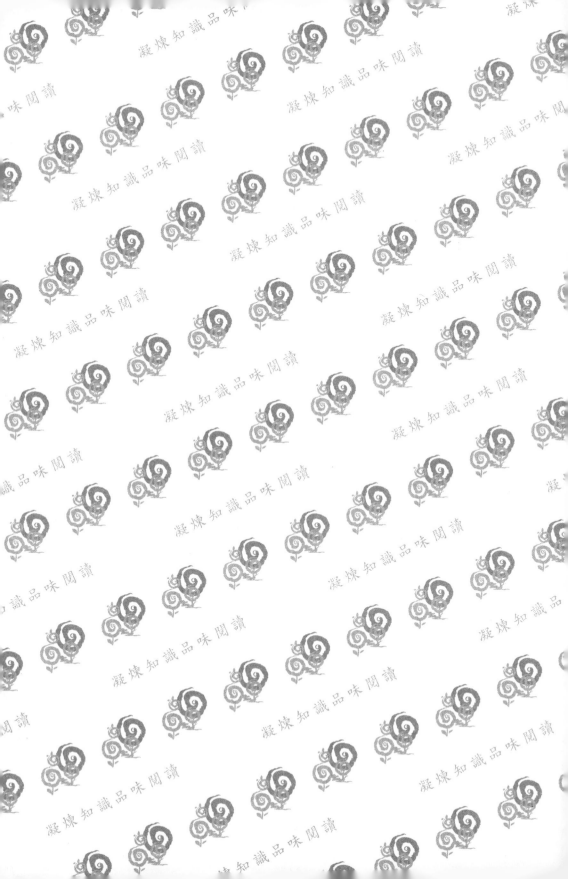

教育新議題叢書9

教育政策與議題趨勢

吳清基　主編

吳清基	李孟珍	楊振昇	梁金盛
范揚晧	黃宇瑀	盧延根	舒緒緯
楊淑妃	卓秀冬	蔡進雄	顏國樑
葉佐倫	謝念慈	許籐繼	林立生
郭怡立	張明文	王滿馨	陳　穎
白雲霞	邱彥均	黃淳亮	趙芳玉
邱昌其	林錫恩	范熾文	劉國兆
	鄭來長　合著		

五南圖書出版公司 印行

主編序

　　教育發展和社會變遷的關係，一向具有互為因果的互相關聯性。固然，教育的功能在培養人才，可以引導和創造社會的變遷發展；但是，從另一方面來看，當社會變遷有了急劇的改變，教育發展勢必要有所因應調適，從政策面去考量校長領導、師資培育、課程修訂、學生學習及學制調整等各層面內涵的因應。

　　面對 21 世紀高科技快速發展的人工智慧時代，因應工業 4.0 挑戰各國經濟發展之激烈競爭壓力，如何培養 AI 跨域人才，去對焦國家產業發展需求，是目前教育界和企業界最為關切的課題。事實上，國家經濟發展和教育人才培育政策本就息息相關，密不可分。近年來，十二年國民基本教育的實施，期在強調以「成就每一個孩子—適性揚才，終身學習」為願景，兼顧個別特殊需求、尊重多元文化與族群差異、關懷弱勢群體，以開展生命主體為起點，期能落實適性揚才之教育，培養具有終身學習力、社會關懷心及國際視野的現代優質國民，讓我們的下一代能具有國際競爭力。事實上，能培養優秀人才，提升國家經濟發展，促進社會進步前瞻的未來，確為當今教育政策與議題趨勢發展，所應共同關注面對的挑戰。

　　回顧 108 課綱的頒行，顯示政府對中小學教育改革的決心和對人才培育的急切期待。十二年國民基本教育之核心素養，強調培育以人為本的「終身學習者」分為三大面向：自主行動、溝通互動、社會參與。三大面向再細分九大項目：身心素質與自我精進、系統思考與解決問題、規劃執行與創新應變、符號運用與溝通表達、科技資訊與媒體素養、藝術涵養與美感素養、道德實踐與公民意識、

人際關係與團隊合作、多元文化與國際理解。立意良善、用心可感，實施以來，素養導向的課綱核心理念「自主」、「互動」、「共好」的精神，深受肯定。但是，在師資培育、課程教學與評量系統等課題上，則仍為教師、家長及學生們所共同關注的議題焦點。

尤其自 2020 年以來，新冠肺炎疫情（COVID-19）發生，在中國大陸、歐美各地、東南亞國家陸續因疫情嚴峻，造成大量人口染疫確診，須進行生活隔離治病，甚至死亡人數劇增，造成許多國家採取封城措施。學校教育實施，也因此被迫停課放假，但是，基於「停課不停學」的原則，透過視訊遠距教學，乃成為當下的教學共同政策措施。臺灣在高等教育實施視訊遠距教學，行之有年，成效尚可；但是，在中小學教育階段，實施視訊遠距教學則因初始試行，可能仍有不少有待改善之處。的確，此次新冠疫情對教育之衝擊，及後疫情時代的網路教育發展因應及學生網路學習素養，均為深值關心的教育新議題。

此外，實驗教育的頒布實施，有關學校型態的實驗教育、校務治理，及學校特色課程的發展行銷影響、家庭訪問親師教育互動問題，亦是近年來在正規教育制度下，另一有待關注的新議題。

西方有句諺語：「有怎樣的校長，就有怎樣的學校。」校長的專業領導，對學校校務發展，絕對具有正向能量的相關和影響預測。校長如何有效專業領導，其課程視導、專業素養，尤其，在新冠疫情衝擊下，校長課程領導典範轉移現象之探討，均是值得教育行政人員及一般關心學校教育發展者所不可輕視的議題。

AI 人工智慧時代，是工業 4.0 時代，也是教育 4.0 的時代，教育呈現快速跳躍發展、創新化、客製化、科技化、國際化、民主化，成為教育政策制訂者所秉持的最高原則。教育機會均等是民主進步國家所關注的普世原則，國民中小學公平、民主、均等的編班政策；

從城鄉差距問題提供高等教育均等合理入學政策；從人道、公平、正義的原則下關注特殊教育發展，探討國小特殊教育、師資培育政策制定之合理性，及學校重視生命教育人性化、提供青年免息貸款出國留學的國際化、客製化教育政策，均是值得關心的教育發展重要取向。

　　教育是一種專業，在今天是被接受並給予肯定的，教育人員要有專業職前培訓、在職進修及終身學習，因為「一位教師以他過去所學的知識，教導現在的孩子，去適應未來的生活」，這是不可能的事。因此教師專業終身教育發展的鼓勵和評鑑政策之執行，這是激勵和維護教育專業化形象所不可不作為的行政措施。至於教育專業化發展下，對教師資格檢定考試機制精進策略的探究，仍有其專業上的必要性。

　　本書《教育政策與議題趨勢》，是五南圖書出版公司「教育新議題」系列叢書第九輯，每年均由一些傑出優秀的年輕教育學者及政府機關教育行政主管同仁，他們關心教育，熱愛教育，提出他們對教育政策和教育發展之重要議題的關注探討，也表達他們對一些存在教育現場問題之解決意見及專業評析，令人感動。他們有些在公私立大學擔任教育院長、系主任、教授，有些在教育行政機關擔任館長、局長、處長，有些則在中小學擔任校長、主任。雖然，工作崗位不同，但是對教育議題之敏銳關注及投入用心，則無有差異，提出不少卓越見地、洞察深遠，殊值感佩。

　　本書能順利出版，要感謝國家教育研究院研究員蔡進雄博士之協助邀稿彙整，更要感謝教育前輩深值尊敬的五南圖書出版公司楊榮川董事長，率其楊士清總經理、黃文瓊副總編輯、李敏華編輯等團隊之大力支持與排印付梓，讓教育政策新議題系列叢書，年年有新貌問世，希望能對關心教育政策與教育發展的教育伙伴們，提供

一個共同關注教育發展的平臺，謹請各位教育先進們能多多指教以匡不逮為感！

臺灣教育大學系統總校長
臺灣師範大學名譽教授
淡江大學講座教授
前教育部長、國策顧問

吳清基 謹誌

2021 年 10 月

目 次

第一篇　教育政策篇

第一章　AI 時代的科技教育政策　吳清基

第二章　國小特殊教育師資培育政策制定合理性之研究　李孟珍、楊振昇

第三章　從「適性揚才」觀點探討國民中小學編班的政策　梁金盛、范揚皓

第七章　臺北市青年留學免息貸款政策 —— 十年回顧與前瞻

楊淑妃

第八章　學校推動生命教育的可行策略與實例設計

卓秀冬

第九章　高級中等學校以下教師資格檢定考試機制現況、問題與精進策略之探究

蔡進雄

第二篇　議題趨勢篇

第十七章　基於模組化素養導向課程評量系統設計與實務：以社會、國語文跨領域為例

邱彥鈞、黃淳亮、趙芳玉、邱昌其

第十八章　學校型態實驗教育校務治理之個案探析

林錫恩、范熾文

第一篇
教育政策篇

第一章

AI 時代的科技教育政策

吳清基

一、認知 AI 新興科技之內涵，這是當前各級學校教育的主要科技教學任務。

二、提升並善用 AI 科技工具解決問題，合作共創溝通表達等高階能力，是國教 108 課綱科技素養教育的目標。

三、培育 AI 跨領域人才，對焦國家產業發展需求，是目前大學與技職校院教育最迫切的課題。

壹　前言─AI發展之歷史沿革

人工智慧（artificial intelligence，簡稱 AI）這一名詞，在今天大家都已經耳熟能詳。但是，最早使用這一「人工智慧」名詞，一般認為是在 1955 年時，由一群研究人員所提出。他們向達特茅斯大學（Dartmouth College）提出一研究計畫，表示想要「了解如何讓機器使用語言，形成抽象概念和觀念，解決現在只有人類才能解決的問題，以及改善自己」。

其實更早在 1948 年，資訊科學家圖靈（Alan Turing）就已為 AI 的發展奠定基礎。他在〈計算機器與智慧〉（Computing Machinery and Intelligence）一文中，探討電腦能否具備「思考」能力，並提出著名的「圖靈測試」（Turing test），來評估電腦是否具有像人類一般的智慧。

1960 年代中期，美國國防部是 AI 研究的主要贊助者，而 AI 的研究也逐漸擴散至全球，隨著愈來愈多人投入持續探索的行列，就愈來愈清楚創造人工智慧所需解決的課題。

但是 1960 年代中期的 AI 榮景，並未持續下去。1970 年代初期，當研究人員更加體認到複製人類智慧所牽涉的層面極為複雜，使得挑戰變得益發嚴峻。

到了 1974 年，美國和英國政府都終止了探索性的 AI 研究，並預告所謂「AI 寒冬」的來臨，AI 研究人員很難再為自己的計畫找到資金。直到 1980 年代早期，AI 再次蓬勃發展，到了 1985 年，AI 的市場已超過 10 億美元。

但是 1987 年，AI 又遇到了另一次寒冬。直到 1990 年代晚期和

2000 年代初期，隨著計算能力的增強，人工智慧在資料探索和醫療診斷等領域的前景開始看好，因而開啟人們使用 AI 解決特定問題的興趣。其中包括：教育、資訊科學、商業與金融、航空、國防、工業、媒體、電信和遊戲。（蜜雪兒、齊默曼著，江坤山譯，2020.9）

貳　工業4.0之緣起

工業 4.0（Industry4.0）是德國在 2011 年漢諾威工業博覽會 (HANNOVER MESSE) 時，率先提出的工業製造生產智慧化的發展建議。又稱為「第四次工業革命」。

其實，工業 4.0 主要係在透過大數據、物聯網、雲端運算、行動通訊決策、人工智慧、機器人、3D 列印……等數位化資訊整合之數位科技，提供更智慧化、自動化及客製化的生產及供應鏈能力。藉由廣泛應用智慧機器人，將網路技術與服務業整合進入製造業。（吳清基，2018.3）

工業 4.0 所以受到世界各國所重視，依德國西門子 Amberg 先進實驗工廠的經驗推估，工業 4.0 後的生產鏈可提高其生產價值十倍以上，一般認為將是第四次工業革命之濫觴。（杜紫宸，2016.5，經濟部）

參　工業4.0與AI教育發展

工業 4.0 時代來臨，和 AI 科技運用，確實對當前教育發展，產生了巨大的影響：

一、對教育發展之影響

（一）在教育發展過程中，人類因歷經農業社會、工業社會、到資訊社會的各階段型態之變遷；而致使教育的發展目標、對象、內容和教育方式，也有了不同型態之產生：（吳清基，2020.10）

　　1. 在農業社會中，教育偏屬有錢和有閒階級人士之特權，著重少數菁英式教育和學徒式教育。

　　2. 在工業社會中，教育漸趨普及化，認為教育是一般國民的基本權利和義務，教育變成普及化和大班教育。

3. 在資訊社會中，教育變成一個人向上社會流動的驅力，藉由資訊科技的輔助教學，全面普及化，不受時空的限制。小班教學及個別化教學成為趨勢。

4. 在數位社會中，教育逐漸走上以學習者為中心的教育，客製化、創新化教學成為教育創新發展的首選。

（二）教育發展的型式，隨其實施對象、方式和教學輔助技術之區分，可大類分為四個階段，從教育 1.0 → 教育 2.0 → 教育 3.0 → 教育 4.0。各階段各有其不同意涵，茲加以析述如表 1：

表 1　教育 1.0、教育 2.0、教育 3.0 到教育 4.0 之意涵

類別	意　涵
教育 1.0	古代到中世紀，教育是建立在個人對個人面授的基礎上。大體而言，他的範圍很小，且屬於非正式的，教育是有錢和有閒階級的特權。
教育 2.0	印刷術的發明，及馬丁路德的宗教革命，使更多人民有機會能夠接受基本教育，並帶來了科學探究的文化。教育走上普及化、義務化，教育人民是政府的責任。
教育 3.0	網際網路和通訊科技的興起，改變傳統教學模式，提供一個學習的科技平臺。教學走上多樣化和資訊化，師生共同參與學習活動設計。
教育 4.0	將學習者放在生態系統的中心，學習者可以架構自己的學習路徑，達成個人目標。快速躍進式發展、創新化、客製化、科技化教學。學習活動以學習者需求為主。

參考資料來源：Federation of Indian Chambers of Commerce and Industry (2017). *Leapfrogging to Education 4.0: Student at the core.* New Delhi: Author, pp.11-16, p.31, 吳清山（2018），p.7。

（三）具體而言，教育 1.0 是傳統師徒制，教師講授學生聽課時代；教育 2.0 是大班級教學的時代，有實體校園的設立；教育 3.0 則進到實體校園和虛擬校園並設時代，數位課程開始被採用；教育 4.0 則是智慧校園、客製化、創新化教與學的時代。詳列如下表 2：

表 2　教育 1.0、教育 2.0、教育 3.0、教育 4.0 之教育重點

類別	教育 1.0	教育 2.0	教育 3.0	教育 4.0
發展時間	中世紀之前	中世紀到 1970 年代	1980 年代到 2010 年代	2010 年代以後
教育型態	小規模 少數人	大班級教學 普及化	小班級教學 普及化	小班級教學 普及化
學校場域	實體校園 私塾為多	實體校園 政府設校	實體校園 虛擬校園	智慧校園
知識重點	記憶知識 知識文化傳承	接受知識 傳遞繁衍知識	生產和消費 知識	創新知識
教學方式	個別菁英教學 面授口述為主	單一化教學 教師主動教 學生被動學	多樣化教學 資訊科技融入教學 師生共同參與	多樣化教學 個性化教學 客製化教學 數位化教學
課程內涵	傳統經典課程	人格陶冶和實用課程	多樣化課程 數位課程	客製化課程 數位課程
科技運用	無	少	多 e 化漸用	多且廣 人工智慧化
師生關係	強	強	中	弱

參考資料來源：吳清山（2018），p.8。

二、對 AI 人才培育之影響

（一）科學家預估 AI 時代機器人將取代大量人工勞力，造成一半以上勞工人口會失業。如：英國中央銀行首席金融科技專家顧問 Andy 就預告，未來二十年內，美國將有 8,500 萬勞工會失業，英國也將有 1,500 萬勞工會失業，都幾乎為該國家勞工人口的一半。日本雖認為沒有那麼高，但也指出 49% 日本勞工人口會面臨失業壓力。

（二）雖然，迄今企業界尚未發現大量勞工人力被機器人所完全取代，但是企業界急切需求跨領域、雙學位、雙證照的人才，則甚為明

顯。過去主張「一技在身，終生受用不盡」，現在此話已待保留，必須不斷終身跨域學習，才能面對挑戰。過去主張 T 型人才，只要有一種專長技術，就能謀生，現在則要求 π 型人才，要有二種以上跨域能力技術，才不會被淘汰。目前社會重視斜槓人才，即是對具有第二專長人才的肯定。

（三）因此，大學教育須加強通識教育、跨域學習、微學分課程、人文啟發教育、博雅教育、終身學習教育、第二專長在職進修教育、產學合作教育，才能適應今日工業 4.0 及 AI 時代科技人才之需求。

肆　AI智慧校園之建立

一、財團法人資訊工業策進會（簡稱資策會）「智慧校園」的提出（2014）

21 世紀 AI 時代，各級學校應建置「智慧校園」，才能滿足高科技人才培育之需要。其應朝六大面向發展：

1. 智慧學習（i Learning）。
2. 智慧社群（i Social）。
3. 智慧行政（i Governance）。
4. 智慧保健（i Health）。
5. 智慧管理（i Management）。
6. 智慧綠能（i Green）。

二、智慧行政

1. 智慧行政包括學校各行政部門人員間的協助辦公系統、人力資源管理系統、教學管理系統、科研管理系統、資產管理系統、財務管理系統。

2. 智慧行政在整合大數據資料，建立老師、學生和學校行政人員間有關教務、學務、總務、輔導、人事、會計等行政工作運作相關之分析決策模型，可有效提升學校教育行政決策效能。

三、智慧教學

1. 智慧教學，包括教師教學備課、教學設計、教學進行、教學評量等功能模組，均能善用智慧化科技輔助教師教學，有效提升教學效果。

2. 其中教學設計具備網上備課、線上輔導、網上組卷、線上評量，影視功能結合教育，生動活潑化教學。

3. 在教務管理上，應具備教務公告、課程資訊、教學過程（如：電子課表、考試安排、成績登錄、公開課程資訊、教學評量、教育建議……）、教室資源、表格下載與資料統計等功能模組。

四、智慧管理

1. 智慧校園安全管理系統，包括校園進出安全管制、校園監控、運作維護保障服務等。

2. 智慧化火災警示系統可以開啟火災警戒網路，打開安全門指引人員疏散。

3. 智慧安全監控系統可以智慧辨識，透過螢幕自動監控分析，追蹤或跟蹤不尋常的陌生人員活動……。

五、智慧綠能

1. 智慧建築效能管理系統

智慧化燈光系統可以讓講堂或教室、廁所或走廊的燈自動開關或調整光亮度。

2. 智慧建築節能管理系統

主要在減少校園內碳的排放，增加校園建築的能源效率，建立智慧能源校園或再生能源校園。

六、智慧社群（生活）

1. 教職員工和學生，是校園活動的主體，因此，提供師生在校園中日常生活的用水、用電、食宿、交通、資訊查詢、圖書借閱、醫療健康等應用性服務，建立智慧化的友善生活環境，乃為必要的服務。

2. 智慧生活主要有校園一卡通、家校互聯、迎新系統、社交網路、

文化生活、健康保健、個性化服務、虛擬校園服務等資訊系統。

　　3.社交網路：社群網路和通訊、班級網頁、資訊分享、工作協作、社群在地化等功能。

七、智慧保健

　　健康保建系統：連結校內外健康網路，具備健康成長履歷、健康監測、校園傷痛管理、疾病史管理、預防性照顧、遠距照護系統、中央電子保健紀錄、早期流行病通知、團膳管理等功能。

伍　AI教育人才培育政策

一、總體目標

　　養成具跨域整合與數位應用能力之人才，這是政府對當前科技教育政策最終目標。

二、推動目標

　　1. 扎根基礎教育

以十二年國民基本教育科技領域課綱為基礎，培養中小學生 AI 及新興科技素養與能力。

　　2. 對焦5+2產業創新發展需求，鏈結產學研共同培育AI及數位創新跨域人才

5+2 產業創新發展，這是政府對當前經濟發展之前瞻規劃：

所謂「5」創新產業，即：物聯網、生物醫學、綠能科技、智慧機械、國防產業。

所謂「2」新興產業，即：新農業、循環經濟。

三、AI 教育的實施策略：從小學到大學

（一）小學：是基礎扎根教育階段

　　強調基礎認知，融入課程教學，其目的在引發學生學習興趣，體驗 AI 課程學習，及運算思維。

（二）國高中：是進階學習教育階段

　　強調系統化知識學習，強化彈性進修，其課程設計，在透過進階實作、演算法、資料處理、程式設計，來提升學生 AI 專業知能。

（三）大學研究所：是專業深化教育階段

　　強調培育 AI 專業人才，其課程設計，在透過智慧製造、精準醫療物聯網、電腦視覺、競賽、實習、網際聯結、專題課程、問題導向學習等課程設計，來培養國家 AI 高科技人才。

四、教育部 2018 十二年國教課綱科技領域課程目標

　　科技領域之課程目標在協助學生：

（一）習得科技的基本知識與技能，並培養正確的觀念、態度及工作習慣。

（二）善用科技知能以進行創造、設計、批判、邏輯、運算等思考。

（三）整合理論與實務，以解決問題和滿足需求。

（四）理解科技產業及其未來發展趨勢。

（五）啟發科技研究與發展的興趣，不受性別限制，從事相關生涯試探與準備。

（六）了解科技與個人、社會、環境及文化之相互影響，並能反省與實踐相關的倫理議題。

五、科技領域授課時間分配及科目組合

（一）國民小學階段，科技領域學習係融入課程教學，不另排時段上課。

（二）國民中學階段，科技領域學習學習節數每週 2 節課。依學期開設，採資訊科技與生活科技上下學期對開，每週連排 2 節課。

（三）高級中等學校教育階段，資訊科技與生活科技：

　　1. 部定必修課程各為 2 學分，依學期開設，採資訊科技與生活科技上下學期對開，每週連排 2 節課。

　　2. 加深加廣選修共 8 學分規劃如下：「進階程式設計」（2 學

分）、「工程設計專題」（2 學分）；領域課程「機器人專題」（2 學分）、「科技應用專題」（2 學分）。

六、十二年國教課綱科技領域學習重點

科技領域學習重點：含「學習表現」和「學習內容」二部分：

（一）學習表現：分「運算思維」與「設計思考」兩個構面

1. 運算思維
(1) 運算思維與問題解決
(2) 資訊科技與合作共創
(3) 資訊科技與溝通表達
(4) 資訊科技的使用態度
(5) 運算表達與程序
(6) 資訊科技創作

2. 設計思考
(1) 日常生活的科技知識
(2) 日常科技的使用態度
(3) 日常科技的操作技能
(4) 科技實作的統合能力

（二）學習內容：分「資訊科技」與「生活科技」兩科目

1. 資訊科技
(1) 演算法
(2) 程式設計
(3) 系統平臺
(4) 資料表示、處理及分析
(5) 資訊科技應用
(6) 資訊科技與人類社會
（以上部定必修主題）
(7) 程式語言
(8) 資料結構

(9) 演算法

(10) 程式設計實作

（以上加深加廣選修主題）

2. 生活科技

(1) 科技的本質

(2) 設計與製作

(3) 科技的應用

(4) 科技與社會

（以上部定必修主題）

(5) 設計與製作

(6) 科技的應用

（以上工程設計專題加深加廣選修主題）

(7) 機器人發展

(8) 機器人控制

(9) 機器人專題實作

(10) 設計與製作

（以上機器人專題加深加廣選修主題）

(11) 資訊科技應用原理

(12) 資訊科技應用實作

(13) 設計與製作

（以上科技應用專題加深加廣選修主題）

七、AI 教育總體推動架構

　　教育部在 AI 教育總體推動架構上，主要在強調人工智慧技術及應用人才之培育，本計畫分二部分：中小學分項計畫和大學分項計畫。（教育部資科司，108.6）

（一）人工智慧技術及應用人才培育──中小學分項計畫

1. 中小學

(1) 十二年國民基本教育課綱之實施，在國小資訊教育採融入課程

教學，在國中高中則另設生活科技與資訊科技課程教學。

(2) 希望透過程式設計、運算思維課程教學實施，強化學生 AI 與新興科技之認知、體驗、興趣態度之培養，進而推展中小學 AI 特色課程。

2. 政府：中小學前瞻科技教育發展總體計畫

(1) 初期：體驗推廣、環境建置。

(2) 中期：研發各教育階段教材、培育新興科技師資。

(3) 後期：競賽、教案觀摩、社團等廣泛應用於教學。

（二）人工智慧技術及應用人才培育——大學分項計畫

1. 大學校院

(1) 在大學推動程式設計教育，開設人工智慧課程。期以扎根高教數位及 AI 教學研究量能。

(2) 開設產業碩士專班（物聯網、5G……），培育大專校院智慧科技及資訊安全碩士人才。期能擴增 AI 研究生名額，鼓勵師生投入 AI 研究。

(3) 開設專班（人工智慧、物聯網、5G……），產學合作培育博士級研發人才。透過特色領域研究中心計畫、大學校院產業創新研發中心計畫，達成 AI 高階研發人才養成，產學研合作研發，共同創新創業。

2. 政府：提出臺灣 AI 行動計畫，強化 AI 人才衝刺，對焦產業發展需求，產學研鏈結，共同培育 AI 人才。

陸　結語－學會與AI做朋友

人工智慧發展，已逾半世紀，但到 21 世紀後更為人所重視。尤其，2011 年工業 4.0 提出後，各國對人工智慧、數位化、高科技之重視和運用，更使技術快速成長，成果更為豐碩可期。生長在 AI 時代，我們必須以更前瞻眼光去面對它的挑戰，並且以更謙卑之心胸去學習和 AI 做朋友。

一、認知 AI 新興科技之內涵

在 AI 時代，認知 AI 新興科技內涵，是有迫切需要。從國小科技課程融入教學，國中、高中科技教育課程再分資訊科技與生活科技領域分科修課研習，到大學再加強人工智慧課程，對焦 AI 人才培育，相關 AI 新興科技內涵，均是值得去認知學習。有了 AI 專精之跨域智能，對一個人之生活及職涯發展，均會更有競爭力的。

二、提升善用 AI 科技工具解決問題，合作共創溝通表達等高階能力

生於 AI 時代的現代人，除了認知 AI 新興科技之內涵外，若能本身具有高階 AI 能力，則將有助於解決問題、與人合作、共創事業、表達溝通皆可生涯無礙。因為一個人若能善用 AI 科技工具，則許多地方都會有事半功倍的效果。

三、培育 AI 跨域人才，對焦產業發展需求

產學研合作，共同培育 AI 人才，以對焦產業發展需求，這是政府推動 AI 科技教育之目標。臺灣沒有自然資源，只有靠人力資源之開發，因此，面對 AI 時代高科技之發展，培育 AI 跨域人才，以因應工業 4.0 時代之跨域人才需求，以對焦產業未來發展需要，確有其必要。

四、人才培育，要有好師資，AI 學校教師的新圖像有待加強培訓

因應 AI 時代高科技人才培育需求，AI 校園未來教師培育的新圖像，可簡略廓勒如下：

1. 具有教育專業的基本核心教學知能。
2. 具有 AI 人工智慧的新科技知能。
3. 具有數位科際整合的教學能力。
4. 具有 STEAM 跨領域跨學科的基本素養。
5. 具有創意創新思維的啟發性能力。
6. 具有人文藝術的人文化素養。
7. 具有博雅通識的全方位素養。

8. 具有終身學習的在職進修教育。

總之，未來 AI 學校教師之培育，若能具有上述的基本核心知能和素養，相信必能經得起 AI 人工智慧高科技的挑戰，必可成為一位卓越的經師、人師和良師。

參考文獻

吳清基（2018.3）。工業 4.0 對高教人才培育政策的挑戰，收於吳清基（主編）教育政策與學校經營，pp.4-23。臺北：五南。

吳清基（2020.10）。工業 4.0 對未來師資培育政策之挑戰，收於吳清基（主編）教育政策與發展策略，pp.3-21。臺北：五南。

吳清山、王令宜（2018.11）。教育 4.0 世代的人才培育探析，收於中國教育學會（主編）邁向教育 4.0：智慧學校的想像與建構，pp.3-29。臺北：學富。

杜紫宸（2016.5.24）。十分鐘了解什麼是工業 4.0。高雄：經濟部南部產業發展推動辦公室。

郭伯臣（2019.6）。教育部 AI 與新興科技教育布局，教育部資訊及科技教育司簡報資料。臺北：教育部。

教育部（2018.9）。十二年國民基本教育課程綱要—科技領域。臺北：教育部。

蜜雪兒、齊默曼著，江坤山譯（2020.9）。AI 時代的教與學，pp.70-73。臺北：親子天下。

問題與討論

一、AI時代機器人是否會完全取代人工勞力？

二、面對AI高科技時代的來臨，智慧校園應如何去規劃和運作？

三、析述從小學到大學，AI科技教育的實施策略？

第二章

國小特殊教育師資培育政策制定合理性之研究

李孟珍、楊振昇

　　將你手中的燈提高一點，可以照亮更多的人。老師像一盞盞明燈，照亮每一位特殊需求的孩子。

—— 海倫・凱勒

　　本研究主要在探討國小特殊教育師資培育政策制定的合理性，並深入剖析國小特殊教育師資培育政策制定之背景、影響因素及成效。經由相關之文獻分析，並據此編製「國小特殊教育師資培育政策制定合理性之研究」之德懷術問卷，以 15 位教育界之學者專家爲研究對象，並以半結構性訪談 6 位專家學者、政府官員及特教實務者。綜合文獻探討、德懷術問卷調查統計結果及訪談資料，整理研究結果提出建議，期能提供教育行政機關、學校及教師方面、家長及學生等三方面作爲參考。

壹　前言

　　特殊教育（以下簡稱特教）是整體教育的一部分，完善的特教政策必須植基於良好的國民教育基礎上。楊思偉（2019）指出《師資培育法》在 1994 至 2017 年的二十四年間就修改條文 14 次，顯示師資培育（以下簡稱師培）政策變革劇烈、更迭頻繁與分歧。依據教育部（2020）的統計指出臺灣初等教育淨在學率爲 99.6%，與先進國家相似；誠如前述，特教是教育的重要一環，基於此，若能了解特教師培政策制定的背景，將有助於制定較符合社會大眾共識的特教師培政策。

　　在芬蘭強調教育公平的目標，乃是爲有特教需要的學生提供廣泛支援（陳佩英主譯，2016）。黃嘉莉（2011）指出高等教育（以下簡稱高教）的培育要能符合現代經濟社會所需的人才、公開更多高教營運資訊，以及強調社會和政治在公正與公平議題的貢獻程度等因素，各國討論講求高教的品質保證（quality assurance）的趨勢。教育政策制定過程受諸多因素影響，特教教師具備足夠的資格並透過認證，可增進其專業品質及監控教師數量。特教師培認證制度，可用於認可師資職前師培機構或學程的品質（Tamir & Wilson, 2005）。特教師培政策的制定愈具正當性與合理性，愈能被相關的行政人員、學生、家長及社會大眾所接受，其政策達成目標的成效則相對提高。因此，本研究針對臺灣國小特教師培政策制定的相關背景、影響因素及成效進行探討，期能提供未

來提升國小特教師培政策品質的參考。

貳　文獻探討

　　以下從教育政策制定合理性的概念，以及國小特教師資培育政策制定之背景、影響因素、成效加以分析。

一、教育政策制定合理性之概念分析

　　Simon 指出「合理性」（rationality）的詮釋，強調選擇備選方案中較佳的行為。在教育政策中決定合理性，會受到某些因素的影響，故無法做到絕對的合理，往往只是「較佳的選擇」而已（黃昆輝、呂木琳，2000）。維基百科也強調合理性在於理性的合理認同（Merriam-Webster, 2021）。蘇麗春（2008）研究指出建構出三個判斷合理性的規準：邏輯一致性、社會正義、最大效益。

　　教育政策制定（education policy making）也是國家重要公共政策制定的一環。事先須進行政策分析，一種透過蒐集及綜理與政策方案相關資訊重點的過程，以達到規劃、選擇及成效評估之目的（朱志宏，2004）。秦夢群、鄭文淵（2019）說明在教育平等論述中也強調同等特性的同等對待，包含水平公平、垂直公平及適足性。彭富源（2005）研究指出教育課程政策的制定愈具有正當性與合理性，愈能被基層教育人員及家長所接受。袁振國（2010）的研究指出教育政策制定可分為四個階段，包括教育政策問題的確認、政策議程的進入、政策規劃與政策合理化，以及政策採納，其過程非常複雜。顏國樑（2014）曾提及教育政策透過合法化的制定，可成為教育政策措施普及化的橋梁。

　　綜上所述，歸納合理性的標準必須重視社會公平正義、理性共識以及符合最大的效益。制定教育相關的政策，需由教育機關透過合法化的歷程而完成，除了具有合法性及正當性，也達到理性共識。

二、國小特教師資培育政策制定之背景、影響因素

　　以下分別以特教師培政策（special education teacher policy）制定之相關背景、影響因素及成效進行探討之。

（一）國小特教師資培育政策制定之背景

　　郭美滿（2012）說明特教法立法目的在於保障身心障礙及資賦優異之國民接受適性教育的權利，提升教師教學服務品質及滿足特殊學生學習需求爲最高原則。依據 1994 年公布之《師資培育法》第 7 條明定師資培育包括師資職前教育及教師資格檢定（教育部，2014）。Darling-Hammond 與 Cobb（1995）說明師資培育主要目標在於培育優質的老師（quality teachers），認爲一位優質教師需具備下列的特質組合：教學法知識、學科領域內容知識、有效教學知能與態度、充分了解人類成長與兒童發展、有效溝通技巧、強烈的倫理觀、持續學習能力。Hallahan 及 Kauffman（2006）指出特教爲滿足特殊需求學生的需要，以達到學業上及職業上獨立的需求。特教以一種持續不斷經營方式來鼓勵特殊需求孩子在個人學習能有最佳的發展，以使能在社會中獨立自主地生活（Mansor, 2005）。有關我國特教師資培育政策制定的背景因素說明如下：

　　1. 障礙是社會建構的現象

　　全球化趨勢變化的影響我們每日的生活，包括金融、政治、社會運動以及教育方案（Artiles & Bal, 2008）。張恆豪（2007）指出從障礙社會學（Obstacle Sociology）的論點中，詮釋「障礙」的歷史建構，以及在社會學所賦予意涵。基於平等與社會正義的哲學觀，最初特教法與特教系統規劃在於保障身障礙學生的受教權。

　　2. 西方融合教育為主流

　　鈕文英（2015）說明在 1970 年代中期，美國形成一股統合（integration）熱潮，強調促進障礙學生與普通學生接觸的機會。國內盡力倡行融合教育二十多年，仍僅維持在統合與回歸主流的層次。但這不只是臺灣教育存在的問題，歐美國家如：英國、美國、德國、挪威等國，在達成融合教育亦同樣存在一段距離（Artiles & Bal, 2008; Shanbally National School, 2019）。符合融合的社會正義、平等主義理想與促進國家競爭力、維持社會階級在傳統的社會氛圍下，卻是充滿衝突的。隨著特教師培政策制定的內容，多數作法跟隨早年回歸主流觀念腳步，特教師培順應普通教師師培法的方式。

3. 保障身心障礙兒童教育權利

民主國家政府常透過法律制定來推動各項政策的保障，以及作為施政的重要依據。林寶貴（2016）說明美國通過法案讓障礙兒童家長有「法律保障程序」（due process），保障決定責任與公正性，確保兒童的教育權受到保障。聯合國 2006 年制定《身心障礙者權利公約》（Convention on the Rights of Persons with Disabilities，簡稱 CRPD），維護身心障礙者免受歧視及偏見，保障身心障礙者的人權，包含公平參與、機會平等、權益保障的精神（身心障礙者權利公約施行法，2014）。

綜上所述，特教相關法規的訂定或頒布，除了可以保障特殊兒童的教育機會，也是政府在研訂特教師培政策的重要依據。

（二）國小特教師資培育政策制定之影響因素

翁福元（2007）說明影響教育政策制定的微觀因素，可從行政機關、立法機關、利益團體、大眾傳播媒體、政黨等方面加以分析。紀佳琪（2016）指出教育政策制定是複雜的過程，政策在制定過程中受到多種因素的影響，包含政策制定的微觀及巨觀因素。影響特殊教育師資培育政策制定的因素，歸納整合為微觀的內在因素，例如：內部發生事件、人員、系統、結構、條件等，而概括巨觀的外在因素，例如：通常包括社會、政治、環境、經濟等因素，當教育政策制定的過程中遇到各種微、巨觀等內外在因素交互影響時，需要有所變革及突破，才能促進政策制定的合理。以下就其內、外在影響因素敘述說明之。

1. 內在因素

特教師培政策的制定會受到現有教育法規、教育系統、教育結構、教育人員和教育資源等內在因素的左右，而這些因素是維持現在教育政策有效運作的重要條件。但是，這些因素使發展導向正向或負向影響，要視這些因素本身是否具有調整和改變的可能（吳清山，2017）。就教育法規而言，它是形成教育政策的開頭，也是行政執行的依據。如果特教法規內涵具有前瞻性，即可成為特教政策發展的助力。教育系統則是一個開放系統，而非封閉系統，才能接受外在挑戰而獲得的訊

息，進而改變系統的過程，包括領導、溝通、決定和計畫等。教育結構若具有彈性和自主決定的空間，則有利於教育政策制定後突破或創新。教育人員是教育政策的執行者，本身的素質和專業也會影響該未來教育政策的持續精進。教育政策發展除了人力之外，經費和資源也很重要，教育資源具有足夠性，才能加速未來教育政策制定之後的執行和成效（謝金城，2007）。

因此，教育政策制定的合理性，從內在微觀因素觀點來探討，端看教育法規是否具有前瞻性、教育系統是否具有開放性、教育結構是否具有自主性、教育人員是否具有專業性、教育資源是否具有適足性。

2. 外在因素

教育政策是屬於公共政策的一部分，公共政策的發展無不影響教育政策的發展。在組織或企業界中，常會採用 STEEP 分析，從組織或企業所處的社會（social）、技術（technological）、經濟（economic）、生態（ecological）和政治（political）等五個環境去做分析，作為組織或企業研擬未來發展策略的依據（吳清山，2017）。Robins（2006）認為以 STEEP 分析上述五個環境的分析和檢視，判斷組織或機構所處的大環境，從這些環境的發展變化來預見和判斷市場發展帶給組織或機構的機會和威脅，為組織或機構進一步的策略發展提供有力的依據，了解趨勢和變革的驅動力。社會力量透過社會普遍價值體系來影響該政策；技術力量透過技術發展過程，從傳統工業革命到數位革命時代，進而影響師資培訓的方式；經濟力量對教育政策的影響來自於各縣市、全國、亞洲地區和全球水準上的巨觀經濟發展；生態力量透過社會周遭的生態系統的影響政策；政治或法律力量對政策的影響來自於當今民主政治發展來改變法律、法規。

歸納以上所述，社會、技術、經濟、生態、政治等巨觀外在因素也會影響教育政策制定合理性。

三、特殊教育師資培育政策制定成效之相關研究

教育部（1993）在加強特殊教育師資培訓方面，有增設特殊教育學系（組、班）及研究所、辦理特殊教育教師專業學分研習班以及設置

學士後特殊教育專業學分班等措施。教育部特殊教育小組（2008）說明透過「2001 年教育改革檢討與改進會議」，檢討特殊教育相關計畫之執行成效，建議提升特殊教育師資素質等議題。特殊教育在教育部及各縣市政府的重視與支持下，透過學者專家、各級主管機關、民間機構、家長團體與特教人員的通力合作下，已逐漸發展與精進。

　　教育部在 2014 年公布之修正《特殊教育法》爲使特殊需求學生融合在普通班級，而規劃普通班的特教方案，在策略上明確指示特教學生朝儘量統合、朝向融合的取向，例如：規定「特殊教育與相關服務措施之提供及設施之設置，應符合適性化、個別化、社區化、無障礙及融合之精神（第 18 條）。」梁忠銘（2021）指出臺灣師培多以高教階段師範體系爲主，隨著高教普及化的發展下，跟歐美的發展有所不同。而吳武典（2020）說明臺灣在推展融合教育已延伸到高教，普通教育教師必修特教導論，雖有成效，仍無法達到完全融合。故在特教師培部分，積極致力提升特教教學與服務優質化，邁向有教無類與因材施教的教育理想。

　　吳武典、韓福榮、林純眞、林敏慧（1998）說明特教師資爲影響特教品質的關鍵因素，而特教師培政策爲主導優秀專業師資的前提。國小特教師培政策在 2017 年修正之《師資培育法》第 10 條規定教育實習及檢定考試的順序有重大的改變，改爲先參加教育部特教教師資格檢定考試，取得正式特教教師的資格，再完成半年的特教實習課程，才能參加各縣市的教師甄試（教育部，2018）。吳武典（2014）說明在臺灣特教教師在 101 學年度總人數將近 1 萬 4,000 人，其中約 85% 服務障礙學生，15% 服務資優學生，其中身心障礙類合格特教教師達 90%，資優類合格特教教師僅 32%，兩者合格特教教師比率相差懸殊，顯示身心障礙類合格特教教師標準本位師培制度已漸達師資專業化和優質化。吳雅萍、陳偉仁、陳明聰（2019）研究「標準本位師資培育」（standard-based teacher education）可提升師培的社會效能（social efficiency）。

　　綜上所述，特教師資培育政策的實習檢定方式因應當下社會時代背景不同而有所考量，期將特教教師的素質提升之外，更冀望實習教師在學校實習過程中，除能獲得行政業務、教學技術和導師工作的經驗傳承

之外,更能在特教教師角色的釐清、敬業精神、專業倫理、教師角色及健全人格的培養,成為眞正的人師,故教育行政機關及立法機關改變爲先檢定再實習的模式。

教育部在 2013 年 6 月 17 日新頒《師資職前教育課程教育專業課程科目及學分對照表實施要點》,根據標準本位(standards-based)修訂特教專業課程科目及學分,以期提升特教教師專業素養(教育部,2013)。吳武典(2014)指出規定學分仍維持 40 學分,但特教專業課程科目已有明顯提升調整學分數。黃源河、陳瑋婷(2016)指出臺灣的普通教育與特教師資培育採取分流方式培育,特教師培將特殊教育視爲主修的概念。梁福鎭(2020)說明在德國的大學屬菁英教育,修習師資培育課程學生有些需要嚴格篩選,師資生素質高。教育部(2012)說明師資培育理想圖像爲具備教育愛、專業力及執行力的新時代良師。除了接受教育的專業培育之外,也必須具備良好的品德。潘慧玲(2014)說明教師除了專業之外,對於所屬社群負有倫理責任。

綜上所述,特教師培政策在課程規劃上比較偏好各類身心障礙類的教材教法等專業知識課程,有關特教師培政策之未來教師角色、敬業精神、專業倫理和健全人格的養成,值得特教師資培育機構加以重視。

參 研究方法

以下針對本研究方法與架構、研究對象、研究工具及資料處理與分析說明。

一、研究方法與架構

本研究以自編臺灣國小特教師培政策制定之合理性問卷內容,根據相關文獻整理而成,再以德懷術和談訪法等兩項研究方法,研究架構如圖 1 所示:

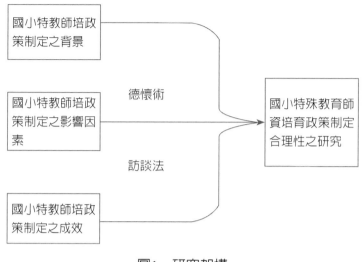

圖1　研究架構

二、研究對象

（一）德懷術問卷調查對象

　　本研究以特教界相關人員為主要調查對象，包括學校特教實務人員、政府官員與專家學者等 15 人。參與德懷術問卷調查之專家學者名單如表 1：

表 1　國小特殊教育師資培育政策制定合理性之研究德懷術委員會

專家學者名單	職稱	專家學者名單	職稱
委員 A1	特教學校校長	委員 A2	特教學校校長
委員 A3	特教學校校長	委員 A4	國小特教教師
委員 A5	國小特教教師	委員 A6	大學教授
委員 A7	大學教授	委員 A8	大學教授
委員 A9	大學教授	委員 A10	大學教授
委員 A11	政策官員代表	委員 A12	政策官員代表
委員 A13	政策官員代表	委員 A14	政策官員代表
委員 A15	政策官員代表		

（二）半結構性訪談對象

　　為使德懷術問卷之調查更周延性，另輔以半結構性訪談。先採半結構性訪談，訪談過程，如蒙受訪者接受錄音之意願，透過電子記錄方式訪談內容以整理並轉謄為文字稿，而訪談內容及結果，可作為本研究結論之參考依據。為顧及訪談對象的周延性，參與訪談為學校特教實務人員、政府官員與專家學者共三類共 6 人，訪談對象名單如表 2：

表 2　國小特殊教育師資培育政策制定合理性之研究訪談對象表

代號	稱謂	代號	稱謂
受訪者 A	大學教授	受訪者 B	大學教授
受訪者 C	政府官員代表	受訪者 D	政府官員代表
受訪者 E	特教學校校長	受訪者 F	國小特教老師

三、研究工具

（一）德懷術問卷

　　本研究之德懷術問卷分三回合實施，首先邀請徵得同意 15 位政府官員及專家學者後，分別寄出德懷術邀請函，及自編之第一回合德懷術調查問卷，二週後完成問卷回收。之後再根據第一回合德懷術問調查結果，及政府官員與專家學者意見，進行第二回合德懷術問卷之意見調查，並於二週後回收完畢。再根據第二回合德懷術問卷調查結果，及政府官員與專家學者意見，進行第三回合德懷術問卷的編製。最後，將此問卷再次寄給上述 15 位政府官員及專家學者。進行第三回合德懷術問卷之意見調查，並於二週後回收完畢。並計進行三回合德懷術問卷調查。

（二）訪談法

　　為使本研究更為周延完善，進行在問卷調查中，如遇政府官員及學者專家出現較不相同的答案時，透過半結構訪談可以對研究結果更深入了解。

四、資料處理與分析

　　問卷回收後再加以整理、編碼、登錄，藉由 IBM SPSS 20 統計軟體進行統計算術平均數、中位數、眾數、標準差、四分差、變異係數、共識性差異指標及共識程度的統計分析，再以分析專家學者之意見，了解問卷之重要性及一致性，以作為問卷內容刪減之依據。問卷每項目平均數小於 2.5 者，表示委員不支持此項目內容；若平均數介於 2.5～3.5 間，則表示委員認為此項目內容尚可同意；若平均數大於 3.5 以上，則表示委員支持此項目內容。

肆　研究結果

一、國小特教師資培育政策制定之背景

　　本研究結果分析從表 3 中可看出專家學者對強調有教無類；重視特殊學生的保障受教權，達成適性學習目標；為符合《特教法》與《師資培育法》適性教育等精神和原則；符應障礙者要求參與社會措施及權利法制化訴求；源於障礙者需要社會扶助生活模式；身心障礙者權利公約融合教育主流下，重視特教；源於身心障礙學生無法受教，被阻隔在當時社會教育結構主流外圍；源於政府推動各項優化特教師培的法律，及

表 3　國小特殊教育師資培育政策制定背景三回合平均數比較表

	1.強調有教無類	2.重視特殊學生、保障受教權，達成適性學習目標。	3.符合特殊法與師資培育法適性教育的精神和原則。	4.符應障礙者要求參與社會措施及權利法制化訴求。	5.源於障礙者需要社會扶助生活模式案。	6.身心障礙者權利公約融合教育主流下，重視特殊教育。	7.源於身心障礙學生無法合理受教。被阻融在當時社會教育結構主流外圍	8.源於政府推動各項優化特教師培的法律，及施政的依據。	9.源於保障特殊兒童受教品質，以及提升特教師資水準。	10.政府擬定特教師培計畫的重要依據
第一回合	4.67	4.60	4.40	4.00	4.13	4.07	4.13	4.00	4.07	4.27
第二回合	4.93	5.00	4.73	4.33	4.27	4.53	4.47	4.60	4.53	4.60
第三回合	4.87	4.93	4.73	4.27	4.07	4.93	4.73	4.73	4.53	4.80

施政的依據；源於保障特殊兒童受教品質，以及提教師資水準；政府在擬定特教師培計畫的重要依據等十項國小特教師培政策制定背景平均數的分配狀況。

綜合上述，在重視特殊學生，保障受教權，達成適性學習目標背景共識性最高。除符合前文獻所提之國小特教師培政策制定之背景部分之法律的保障對特教師培的發展更為重要；雖然有受到人權思想的影響，透過法律才能實現教育均等思想的保障。特教相關法規的訂定或頒布，除了可以保障特殊兒童的教育機會，也是政府在擬定特教師培政策的重要依據。背景因素合理性，符合教育政策制定合理性之概念分析，合理性之規準則包括社會公平正義、理性共識及符合最大效益。另外，與教育部在 2013 年《中華民國師資培育白皮書》中所提之「培育新時代良師以發展全球高品質的教育」為願景，為發揮社會典範精神及致力帶好每個學生，有相似之處。

二、國小特教師資培育政策制定之影響因素

本研究結果分析從表 4 中可見專家學者對強調受到法規（如《特教法》及《師資培育法》）相關的影響；受到教育系統（如開放系統，是否具有接受外在挑戰）的影響；受到教育人員素質或專業的影響；受到

表 4　國小特殊教育師資培育政策制定影響因素三回合平均數比較表

	11. 受到特教法及師資培育法規的影響。	12. 受到教育開放改革的影響。	13. 受到教育結構改造和自主決定空間的影響。	14. 受到教育人員素質或專業的影響。	15. 受到教育資源及經費的影響。	16. 受到社會普遍接受和認同的影響。	17. 受到現有政治或法律力量因素影響。	18. 生態系統如現有社會行為與環境交互作用因素的影響。	19. 經濟變化及經濟發展水準因素的影響。	20. 受到技術改變如傳統到數位革命影響特教師培人才模式。
第一回合	4.47	4.20	4.13	4.27	4.47	4.40	4.13	4.27	4.40	4.00
第二回合	4.60	4.20	4.27	4.33	4.53	4.60	4.33	4.40	4.53	4.60
第三回合	4.73	4.33	4.24	4.27	4.53	4.73	4.40	4.40	4.60	4.53

教育資源及經費的影響；受到社會普遍接受和認同的影響；受到政治或法律力量因素（如立法機關、民主發展）等影響；受到生態系統（如現有社會行為與環境交互作用因素）的影響；受到經濟變化及經濟發展水準因素的影響；受到現有技術改變（如傳統到數位革命）影響特教師培人才模式觀念等十項國小特教師培政策制定影響平均數的分配狀況。

綜合上述，受到特殊教育法及師資培育法規的影響，以及受到社會普遍接受與認同的影響共識性最高。符合前述所提之國小特教師培政策制定之影響因素受教育政策制定主要因素中微觀因素之政府行政機關、立法機關等部分影響。另外符合特教師培政策的制定會受到現有教育法規、教育系統、教育結構、教育人員和教育資源等內在微觀因素，與社會、生態、經濟及技術等巨觀的外在因素影響。對於國小特教師培政策制定影響因素中受「技術」因素的影響，顯示特教師培政策需與時俱進。

三、國小特教師資培育政策制定之成效

本研究結果分析從表 5 中可看出專家學者對強調行政機構及人員能充分協調；能確實督導考核，以落實政策目標；能符合教育政策制定合理性中追求社會最大效益之原則；能提升教育弱勢學生學習，落實教育

表 5　國小特殊教育師資培育政策制定成效三回合平均數比較表

	21. 行政機構及人員能充分協調。	22. 能確實督導考核，以落實政策。	23. 能符合教育政策制定合理性中追求社會最大效益之原則。	24. 能提升教育弱勢學生學習，落實教育機會均等之目標。	25. 能滿足師資培育政策之需求。	26. 能普遍受到社會大眾支持及認同。	27. 能達成特教師培人力資本增加之預期效益。	28. 培育多元人才，有益於國力的提升和社會的發展。	29. 能建立特教師培檢定之認證制度。	30. 特教師培政策，提供特教師資專業認證指標參考。
第一回合	3.80	3.93	4.00	4.27	4.07	4.07	3.80	4.00	4.00	3.60
第二回合	3.93	3.93	4.20	4.47	4.20	4.13	4.07	4.13	4.27	3.80
第三回合	3.97	4.00	4.27	4.53	4.20	4.20	4.07	4.07	4.20	4.07

機會均等之目標；師資培育制度配套措施完善，能滿足師資培育政策之需求；能普遍受到社會大眾支持及認同；能達成特教師培人力資本增加之預期效益；能培育多元人才，有益於國力的提升和社會的發展；能建立特教師培檢定之認證制度；能提供特教師資專業認證指標參考等觀念等十項國小特教師培政策制定成效平均數的分配狀況。

綜合上述，受到特教法及師培法規的影響，以及受到社會普遍接受與認同的成效共識性最高。對於探討國小特教師培政策制定成效合理性，符合前述文獻探討所提教育政策制定合理性之概念分析，合理性之規準：社會公平正義、理性共識及符合最大效益。另外與吳武典（2014）說明特教師資培育身心障礙類合格特教教師標準本位師培制度已漸達師資專業化和優質化之總體評價內容，有相似之處。對於國小特教師培政策制定成效，能提供特教師資專業認證指標參考。

伍　結論與建議

一、結論

（一）國小特教師培政策制定背景方面

研究結果發現符合社會公平正義的原則；制定協商過程具備理性共識的原則；保障特殊兒童受教品質權利，符合較佳抉擇，以追求最大效益。在社會公平正義倡導下，特殊教育師資培育政策更能培育符合需求的特殊教育教師。培育特殊教育教師提供特殊教育學生適性教育，使每個人都能在社會獨立自主生活，對國家而言，由於提供良好的教育，降低社會福利成本的支出，符合追求所謂達到最大的效益。

（二）國小特教師培政策制定影響因素方面

研究結果指出在受到法規及教育結構的影響因素有一致性支持看法，達成共識程度高。也有受到社會、技術、經濟、生態、教育人員、教育系統以及教育資源的影響。國小特教師培政策制定受到內、外在因素影響，有時候只要其中一項就會影響到教育政策的發展，有時候是交互作用才會產生影響。政治因素影響較小，主要受到社會大眾對於弱勢學生的政策較願意同理並支持。

（三）國小特教師培政策制定成效方面

　　根據研究結果，國小特教師培政策制定符合教育政策制定合理性中追求社會最大效益之原則。以扶弱政策或教育機會均等的觀點，投資特殊教育不應該以經費的多寡來評估；培養優秀特教老師教導特教學生，能提升教育弱勢學生學習，落實教育機會均等之目標爲高度程度支持，表示其共識程度很高。國小特教師培政策制定能普遍受到社會大眾支持及認同。

　　綜上所述，國小特教師培政策制定成效之合理性，有達成符合大眾所接受的理性共識，可以建立穩定的社會秩序。一般社會大眾願意在社會公平正義的規範下，認同特殊教育師資培育政策制定是可以追求社會最大利益之原則。

二、建議

（一）教育行政機關方面

　　根據研究結果，影響國小特教師培政策合理化制定的因素中，受到法規的影響因素有高度支持及共識。因此教育行政機關方面，對於特殊教育師資培育政策宜做更明確、更長遠的思考，重視特殊教育相關法規穩定性。在教育行政、社會行政及醫療衛生行政以本位主義論點來說，有時呈現各司其職，謹守自己的職責。特教師培政策也是師資培育法的一部分，受到整個教育系統，特別是普通教師師培政策影響。建議特教師培政策，教師檢定以及教師認證的過程裡，政策確定方向及目標後，能夠儘量不要再一直進行調整。

（二）學校及教師方面

　　研究結果指出，普通教師與特教教師之間的協調溝通，有待社會去除偏頗主觀的觀念。在學校及教師方面，提升教育人員特教知能有助特教推展，特教老師的專業很重要，如果特教教師不夠專業，特教學生無法獲得專業的教導。因此，建議進入學校體系工作的相關人員，可以結合特教知能研習或課程，理解特殊學生的教導是學校所有人的事，取得社會大眾普遍認同，對特殊教育學生的幫助才能是全面的。

（三）家長及學生方面

　　研究結果發現特教師培政策制定能提升教育弱勢學生學習，落實教育機會均等。家長及學生扮演很重要的推手及受惠者，可以檢視特教師培政策制定後的成效。因此家長及學生方面，建議家長及學生打破升學主義旳迷思，在教育基本法中有明定家長有教育選擇權及參與權，透過有效協調尋求共識，尋求特殊孩子適性學習，達到共好，符合公平正義。

參考文獻

（一）中文部分

朱志宏（2004）。公共政策。臺北市：三民書局。

身心障礙者權利公約施行法（2014）。2014 年 8 月 20 日總統華總一義字第 10300123071 號令制定公布全文。

吳武典（2014）。臺灣特殊教育綜論（二）：現況分析與師資培育。**特殊教育季刊，130**，1-10。

吳武典（2020 年 11 月）。融合教育的挑戰與對策：兩岸攜手同行之道。侯禎塘（主持人），融合教育趨勢下的特殊教育發展。**第七屆海峽兩岸特殊教育高端論壇**，國立臺中教育大學。

吳武典、韓福榮、林純眞、林敏慧（1998）。我國特殊教育師資培育與進用政策之分析與調查研究。**特殊教育研究學刊，16**，1-22。

吳清山（2017）。**未來教育發展**。臺北市：高等教育。

吳雅萍、陳偉仁、陳明聰（2019）。特殊教育類科師資生職前特殊教育專業水準表現水準之調查研究。**特殊教育研究學刊，44(1)**，1-30。

林寶貴（2016）。**特殊教育理論與實務**（第五版）。臺北市：心理。

紀佳琪（2016）。**大學多元入學政策制定合理性之研究**（未出版之博士論文）。國立暨南國際大學，南投縣。

師資培育法（1994, 2014, 2017）。1994 年 2 月 7 日總統華總一義字第 0694 號令公布

名稱及全文，2014 年 06 月 04 日總統華總一義字第 10300085141 號號令修正公布，2017 年 06 月 14 日總統華總一義字第 10600080051 號號令修正公布。

特殊教育法（2014, 2019）。2014 年 6 月 18 日總統華總一義字第 10300093311 號令修正公布。2019 年 4 月 24 日總統華總一義字第 10800039361 號令修正公布。

秦夢群、鄭文淵（2019）。**圖解教育行政實務**。臺北市：五南。

翁福元（2007）。**教育政策社會學**。臺北市：五南。

袁振國（2010）。**教育政策學**。臺北市：高等教育。

梁忠銘（2021）。從師範到典範：臺東大學展現前瞻變革。**臺灣教育評論月刊，10**(1)，89-95。

梁福鎮（2020）。德國師資培育保證機制的作法與啟示。**臺灣教育評論月刊，9**(5)，16-23。

陳佩英（主譯）（2016）。**創新‧人才‧民主朝向賦能福利國家**（原作者：Reijo Miettinen）。臺北市：高等教育。（原著出版年：2013）

張恆豪（2007）。**特殊教育與障礙社會學：一個理論的反省**。取自 https:// sociology. ntpu.edu.tw/uploadFiles/file/20151124/20151124161028_79996.pdf。

彭富源（2005）。課程政策制定應如何正當合理——批判論與技術論交融可能性之辨析。**教育研究月刊，139**，80-91。

教育部（1993）。**發展與改進特殊教育五年計畫**。臺北市：教育部。

教育部（2012）。**中華民國師資培育白皮書——發揚師道、百年樹人**。臺北市：教育部。

教育部（2013）。**師資職前教育課程教育專業課程科目及學分對照表實施要點**。2013 年 6 月 17 日臺教師（二）字第 1020077866B 號令。

教育部（2018）。**高級中等以下學校及幼兒園教師資格考試辦法**。2018 年 03 月 26 日臺教師（二）字第 1070037680B 號令。

教育部（2020）。**教育統計指標之國際比較**（2020 年版）。臺北市：教育部。

教育部特殊教育小組（2008）。**特殊教育發展報告書**。臺北市：教育部。

郭美滿（2012）。解析特殊教育法，**國小特殊教育，53**，13-23。

鈕文英（2015）。**擁抱個別化差異的新典範：融合教育**（第 2 版）。臺北市：心理。

黃源河、陳瑋婷（2016）。談融合教育思潮下的特殊教育師資培育，**臺灣教育評論**

月刊，**5**(3)，147-152。

黃昆輝、呂木琳（2000）。**教育大辭書**。取自 http://terms.naer.edu.tw/ detail/1305861/?index=11

黃嘉莉（2011）。各國認證制度之理論與比較架構。載於楊深坑、王秋絨、李奉儒（主編），**各國師資培育認證制度**（17-31頁）。臺北市：高等教育。

楊思偉（2019）。**臺灣教師教育之今昔與前瞻**。臺北市：五南。

潘慧玲（2014）。探思教師專業標準之發展與應用。**教育研究月刊，243**，5-19。

謝金城（2007）。**教育政策制定與執行之影響因素評析**。取自 https://wenku. baidu. com/view/4d7ed2d380eb6294dd886c69.html

顏國樑（2014）。**教育政策合法化理論與實務**。高雄市：麗文文化。

蘇麗春（2008）。**九年一貫課程政策合理性之研究**（未出版之博士論文）。國立花蓮教育大學，花蓮縣。

（二）英文部分

Artiles, A. J. & Bal, A. (2008). The next generation of disproportionality research toward a comparative model in the study of equity in ability differences. *The Journal of Special Education*, *42*, 4-14.

Darling-Hammond, L. & Cobb, V. L. (1995). *Teacher preparation and professional development in APEC members: A comparative study.* Washington, DC: U. S. Department of Education. (ERIC Document Reproduction Service No. ED 368683)

Hallahan, D. P., & Kauffman, J. M. (2006). *Exceptional learners: Introduction to Special Education* (10th. ed.). Boston, MA: Allyn and Bacon.

Mansor, N. (2005). *Women in Business: Determinants for Venturing in Malaysians SMEs,* Retrieved from https://www.tbs.ubbc/uj.ro/studia/articol_4_2_2005.

Merriam-Webster. (2021). *Rationality.* Retrieved from https://www.merriam-webster.com/ dictionary/rationality

Robins, I. (2006). *Skills and training.* Retrieved from http://www.eurof ound.europa.eu/ emcc/content/source/eu06008a.htm?p1=ef_publication&p2=null

Shanbally National School.(2019). *Special Education Policy.* Retrieved from http://www.

shanballyns.ie/special-education-policy/

Tamir, E., & Wilson, S. M. (2005). Who should guard the gates? Evidentiary and professional warrants for claiming jurisdiction. *Journal of Teacher Education*, *56*(4),332-342.

問題與討論

一、請說明教育政策制定合理性對國家教育政策的重要性。

二、我國國小特殊教育師資培育政策制定的影響因素有哪些？

三、因應108課綱的實施，請說明核心素養如何融入特殊教育師資培育政策？

第三章

從「適性揚才」觀點探討國民中小學編班的政策

梁金盛、范揚皓

教育的藍圖—能力優異者得以潛能發揮，能力優良者得以施展長才，能力普通者尚能展現自信，能力不足者仍能開展自我的天地—適性揚才。

壹　前言

十二年國民基本教育課程綱要宣示：「成就每一個孩子—適性揚才、終身學習」為願景，兼顧個別特殊需求、尊重多元文化與族群差異、關懷弱勢群體，以開展生命主體為起點。透過適性教育，激發學生生命的喜悅與生活的自信，提升學生學習的渴望與創新的勇氣，善盡國民責任並展現共生智慧，成為具有社會適應力與應變力的終身學習者，期使個體與群體的生活和生命更為美好。這段話也充分顯示自古以來「有教無類、因材施教」的教育理想。

清末以來，我國的教育仿西方制度，實施初等、中等、和高等三階段教育以培養人才，其中基礎教育層面因係普及教育，所以人人都為受教者，也最為重要。為方便教學實施，班級教學乃為必要，而國民中小學編班方式受到重視，則從 1968 年全面實施九年國民義務教育開始。因為九年國教開始，所有的國小畢業生不必經過入學考試的過程，全部都可以入學國中就讀。剛開始主要以能力編班為主，漸漸地改為常態編班。事實上，無論是能力編班或常態編班，難免都有其優點或限制。研究者之一係國中第三屆的學生，當時同班同學的學習表現是較為接近的，記得國三共有七個班，上學期的第一次段考，化學科題目難度較高，教務主任向班上的同學提到，完全一樣的試卷，考試的結果，最好班的成績最高者為 89 分，第二好班的學生則沒有一人是及格的，可見相互之間的確有相當的差距。研究者之一的三名子女，就讀國中時，該校實施常態編班，全校普通班有 18 班，學生定期考試之後，家長會收到班上的總成績單，除各科成績之外，尚有各考科的成績，幾年下來發現班上個別學生的表現沒有太大的變化，雖呈現常態分配，但班上平均 90 分以上者總是那幾人，平均 20 以下者也是其他的幾位學生。直到最小的孩子時，有一次在簽成績單時，即好奇的問一下，全班 40 餘人，約有 5 人左右成績總是在最後段，他們上課都聽得懂嗎？小孩回以當然

聽不懂啊！又問，那他們在班上老師如何處理？又回以自生自滅啊！老師要求的是，上課中不要干擾他人就好了。學校定期考試並非標準化測驗，也不能說其有確切的甄別功能，然而，讓學習低成就者自生自滅的在班級內渡過數年，於心何忍？

　　近年來，因有機會到國中現場與相關行政同仁對話，從他們的口中得知，偏遠地區的國中三年級學生，參加畢業前夕的國中會考表現相當不理想，尤其是英文和數學兩科，其待加強的比例竟然高達七成以上，甚或有達九成者。就 109 學年度公布的報告看來，待加強者其答對的題數約為 30% 以下（國立臺灣師範大學心理與教育測驗中心，2021）。從部分的校長或行政人員的口中提到，他們最困擾的是，雖是國中一年級的新生，但其學力只有國小三年級或四年級，任課的老師相當辛苦，又有進度壓力，讓人很難想像老師在現場的教學，如何讓學生聽懂教學的內容。

　　針對此問題，其實已在研究者腦海中盤旋多年，但全國的實際情況為何，值得了解，因為國中會考可視為一種標準化的測驗，所以特別上網到國立臺灣師範大學心理測驗與教育中心蒐集相關資料，其於 2014 年開始全面實施，經整理結果如下表：

表 1　2014-2020 學年間國中會考「待加強」情形一覽表

科別	類別	2014	2015	2016	2017	2018	2019	2020
國文	總人數	267,405	281,968	272,387	240,807	228,005	212,728	206,459
	比例	13.74%	17.98%	16.17%	16.53%	15.91%	15.46%	13.28%
	人數	36,741	50,697	44,044	39,805	36,275	32,866	27,417
英文	總人數	267,475	280,204	271,021	239,651	227,040	211,839	206,303
	比例	33.73%	33.20%	31.54%	30.62%	30.77%	30.20%	26.74%
	人數	90,219	93,027	85,480	73,381	69,860	63,975	55,165
數學	總人數	266,719	281,935	272,433	240,844	228,026	212,731	206,469
	比例	33.40%	33.22%	31.98%	30.15%	28.72%	27.35%	27.63%
	人數	89,084	93,658	87,124	72,614	65,489	58,181	57,047

（續上表）

科別	類別	2014	2015	2016	2017	2018	2019	2020
社會	總人數	266,718	282,022	272,494	240,924	228,087	212,776	206,549
	比例	19.95%	14.77%	13.21%	14.72%	14.35%	14.15%	14.84%
	人數	53,210	41,654	35,996	35,464	32,730	30,107	30,651
自然	總人數	267,457	281,295	271,836	240,362	227,618	212,339	206,131
	比例	25.25%	22.81%	22.24%	22.13%	20.25	20.14%	21.96%
	人數	67,532	64,163	60,456	53,192	46,092	42,765	45,266

資料來源：研究者根據國立臺灣師範大學心理與測驗研究發展中心公布之歷史資料整理。

註：

1. 表中之人數部分乃總人數乘以比例所得，並採無條件捨去法而得。

2. 最近的七學年度之各科待加強總人數（平均數）分別約為：國文科267,845（38,263）；英文科531,107（75,872）；數學科523,197（74,742）；社會科259,812（37,116）；自然科379,466（54,209）。

3. 最近的7學年度之各科待加強比例分別為：國文科15.58%；英文30.97%；數學科30.35%；社會科15.14%；自然科22.11%。

　　就上表可看出近年（2014-2020學年）的國中會考待加強的總人數之平均結果，英文及數學二科約有7萬餘人；自然科則約5萬餘人；國文及社會科則約3萬餘人。另就待加強比例方面來看，英文和數學約30%；自然約22%，國文和社會約15%。對於學生的學習，長期處於挫折的環境中應要予以高度關注並解決，否則將嚴重影響整個國家社會之發展。

　　以下即就國中小學編班政策的沿革、編班政策問題探討、現行編班政策的輔助措施檢視等分別敘明。

貳　現行編班政策的沿革

　　研究者曾試圖尋找班級制度的起源為何？但尚未找到這方面的學術論著，只有在MBA智庫百科（2021）的有關小組教學之關鍵字中，找到有關班級教學的說明，該內容中概以：班級教學係因歐洲16世紀間工業革命後，機器代替人工，學童得有閒暇進入學校學習，為方便

大量的學童學習，班級制度於焉產生，其以年齡和學生能力為分班標準。另外，因馬丁路德亦於 16 世紀發起宗教改革，主張人人都可以讀《聖經》，促成小學教育的興起。再者，17 世紀普魯士發起國家教育運動，實施學童的義務教育，發展至今，大多數國家都要求其國民於六歲時必須接受國民義務教育。

　　我國教育於清朝末年開始模仿西方學制，中華民國建立之後亦承襲此制度，並於 1919 年開始實施小學、中學、大學的三級教育制度，以小學六年、中學六年（前期三年為初級中學、後期三年為高級中等學校，均有職業類科）及專科和大學等。1949 年中華民國在臺灣勵精圖治，積極辦理普及義務教育，規定六歲至十二歲的國民在小學就讀，班級編排則以六足歲未滿七足歲為小學一年級的學生，依序而升。雖在實施九年國教之前，小學及初級中學尚有所謂的留級制度，然班級編排主要是仍以學生的年齡為依據。

　　自 1968 年 9 月起全面實施九年國民義務教育，小學改稱國民小學，初級中學改稱國民中學，並取消初級職業學校。由於國中學生未經入學考試的篩選，學習能力差異過大，學生的編班成為實施九年國教的重要措施之一。雖教育部在 1968 年 7 月頒布《國民中學學生編班原則》，其重點有五：1. 依地區編班；2. 依註冊先後編班；3. 依身高次序編班；4. 依能力編班；5. 依能力分組平均編班（張春興，1985）。然以上的編班原則中，被多數國中採用的為所謂的階梯式能力編班為主，可能原因為編班方式操作容易、有利於現場教學實施，並有利於學生的升學需求。但漸漸地在校內有所謂的「好班」、「壞班」、「升學班」、「牛頭班」、「放牛班」……等名詞產生，對學生心理造成不良的後果，同時原來想藉實施九年國教消弭的惡補歪風反而日熾，必須加以改善。因此，建議實施常態編班、學科能力分組方式等方式取代之。

　　教育部為了解決能力分班的問題，乃於 1979 年 8 月重新頒訂《改進國民中學編班試行要點》，規定一年級全部實施常態編班，自二年級起得視實際需要實施能力分組教學或混合能力編班。三年級學生為加強職業選科或技藝教育，得視實際需要實施分班教學（張春興，1985）。至於混合能力編班，係依學業成績或智力測驗為準，分為班數相近的上

下兩段，再將兩段學生各自混合平均分班。又於 1982 年 7 月將試行要點修正為《改進國民中學編班實施要點》，規定開始全面實施常態編班。1997 年再度修訂《改進國民中學編班實施要點》，規定一年級一律常態編班，二年級與三年級維持一年級常態編班，即在校內不得隨意將學生調換至其他班級。教育部尚於 1998 年組成常態編班督導小組抽查全國學校，對不落實常態編班的學校扣國教補助款（轉引自林俊傑，2007）。但是，在第一現場並非全面配合。根據人本教育基金會於 2002 年 9 月公布的調查報告指出：經調查 22 個縣市結果，有 18 個縣市之國中有違反常態編班情形，其中尚有 5 個縣市 100% 的國中違反此項規定（轉引自林俊傑，2007），可見一斑。

　　茲因「改進國民中學編班實施要點」尚屬行政機關的法令層次，且現場的配合情形也不理想，幾經折衝，乃於 2004 年 8 月立法院三讀通過修正《國民教育法》第 12 條條文，明定：國民小學及國民中學各年級應實施常態編班；「為兼顧學生適性發展之需要，得實施分組學習；其編班及分組學習準則，由教育部定之。」復於 2005 年 3 月公布「國民小學及國民中學常態編班及分組學習準則」，除將國民中學編班方式正式以法律型式呈現，成為法律位階最高的編班政策，同時將小學階段的編班方式亦予以納入。

　　從上述的沿革得知，我國的中小學編班主要是以學生的年齡為依據，至於編班政策乃係國中全面實施普及的義務教育而起，至今已有五十餘年時日，至於國中的常態編班則有四十餘年的經驗，國小階段則僅只十餘年的時間，只是國小階段因自實施國民義務教育階段起升學壓力減輕，除了特殊能力班級外，少有聽聞採用能力分班的情形。

參　編班政策問題探討

　　教育的理想應該是有教無類、因材施教。有教無類方面，可從《教育基本法》第 4 條所宣示的：人民無分性別、年齡、能力、地域、族群、宗教信仰、政治理念、社經地位、及其他條件，接受教育之機會一律平等。得到詮釋，其重點應是在於接受教育之機會一律平等，其實現於義務教育或國民教育者甚為貼切，亦即同一年齡層的國民，只要他想

要接受教育，則不能因其身分、能力、信仰、及其他條件等，都有相同的機會。至於因材施教方面，亦可從《教育基本法》第 3 條：教育之實施，應本有教無類、因材施教之原則，以人文精神及科學方法，尊重人性價值，致力開發個人潛能，培養群性，協助個人追求自我實現。加以理解。其重點即在於尊重人性價值、開發個人潛能、培養群性、自我實現等。

　　教育之實施有二大主要標的，一是受教者為誰？另一則如何對受教者實施教學？就《國民教育法》第 2 條所示：凡六歲至十五歲之國民，應受國民教育；已逾齡未受國民教育之國民，應受國民補習教育。六歲至十五歲國民之強迫入學，另以法律定之。可知國民教育之受教者為六歲至十五歲的國民。至於如何對受教者實施教學方面，則分別為教學場所、教學設施、教學型態、施教人員等，其中教學型態部分，包含班級組成的因素，當受教者超過 1 人以上時，即面臨班級編制的問題，而受教者眾的情形下，究係多少一班？學生人數超過一班時，該如何組合才最能因材施教，有效教學？以下即就因材施教的角度，並就能力分班、能力分組教學、與常態編班等方式，探究不同編班的優點與問題說明如下：

一、能力編班教學

　　能力編班主要是依學生的學習能力，將之分為不同的層級的班級，學習能力較佳者，即可能被稱好班或升學班，至於學習能力評斷的依據，則可能採取普通能力智力測驗，或學科能力測驗。能力編班的優點與缺點為：

（一）優點

1. 學生的學習能力較為接近，有利於教師教學活動規劃。
2. 學生程度接近，有利於課堂活動的討論與對話。
3. 可依程度不同班級規劃不同的教學活動。
4. 學生程度相近可以激發學生相互競爭與合作。
5. 有利於學習成效的展現。
6. 較符合因材施教理想。

（二）缺點

1.產生好壞班的標籤化作用。

2.造成升學主義日熾，扭曲教育的本質。

3.影響學生負面心理。

4.學校行政人員難免將多數資源支持所謂的好班。

5.無法解決學生個別內差異的問題。

6.可能有外力干預編班的作業。

因為常態編班在臺灣實施多年後，造成許多不認同的意見，如學校行政人員對於升學班學生給予教學環境或資源的特別待遇、校內教師也被認為有好壞班老師的差別、學生心中也產生好班的優越感，及壞班的自卑感、家長極盡可能讓自己的子女進入好班等，曾在 1980 年代認為此作法是三惡的元兇—惡補、惡少、視力惡化，如不改弦更張，將對國家社會造成極大的傷害。

二、能力分組教學

能力分組教學即依學生某學科能力之不同，將該科能力相近者編在同一個班級上課的作法，如此對於該學科的學習將能更有成效。事實上，早在 1979 年 8 月教育部訂頒的《改進國民中學編班試行要點》，已敘明二年級起，得視實際需要實施能力分組教學或混合能力編班，當年因為國民中小學教科書均為國立編譯館負責編輯，所以也編了二種版本的國民中學教科書，其中一套是較學術傾向的，給予準備升學普通高級中學的學生使用，另一套則準備給將來選擇就讀職業學校或就業者使用，但第二套確沒有學校採用，理由是學校無法幫學生做此決定，也耽心家長的不良反應，還有造成標籤現象等。另外，2005 年公布之《國民小學及國民中學常態編班及分組學習準則》第 8 條提及，國中小之分組學習，以班級內實施為原則，但國中二年級得就英語、數學二領域，國中三年級得就英語、數學、及自然與生活科領域實施分組教學，以二班或三班為一組群，依學生學習特性，實施年級內之分組學習，是為能力分組教學的法令依據，其可能的優缺點如下：

（一）優點

1. 學生的學科學習能力較爲接近，有利於任課教師教學活動規劃。
2. 學生對該學科程度接近，有利於課堂活動的討論與對話。
3. 可依學生學科能力程度不同班級，規劃不同的教學活動。
4. 學生學科能力程度相近，可以激發學生相互競爭與合作。
5. 有利於分組學科之學習成效的展現。
6. 較符合因材施教育理想。

（二）缺點

1. 能力分組教學造成學校排課難度增加。
2. 能力分組的依據未能透明或公開化。
3. 仍無法解決學生先備能力不足的問題。
4. 其他學科仍有能力差距過大的問題。
5. 少數家長仍在意其子女被分派到較差的組別上課。
6. 可能有外力干預能力分組的安排。

　　能力分組教學的確有其理想，但依教育部所訂的準則也予人穿小鞋的感覺，只限定國中二年級以上才能打破班級界限，其餘都要在原班分組教學，而且國二只有二個科目，國三也只有三個科目，雖從國中會考結果看來，的確這三學科的待加強比例較多，但其他二大學科也有超過15% 左右的學生啊！另外更爲嚴重的是先備能力不足的問題仍難以解決。研究者之一也有過這樣的經驗，於 2005 年時有機會到大學附設實驗國民小學兼任校長職務，接任時學校的英語課係採能力分組上課，全校五個班全部打散再依程度分成五組，能力最好的班級可以全英授課，但最弱的那一組，則 26 個字母都還很難完全讀出來，原來一班的人數約 33 人，分組的情形爲前二能力較佳的組別人數最多，最後一組則只有 10 餘人，但授課老師仍表示，面對最弱那一組的教學很沒有成就感，也很辛苦。或許這也是大部分學校不願意實施的原因之一。至於這幾年某些學校試辦的二班三組的教學或亦有其優點存在，但對先備能力不足的問題仍是無解。

三、常態編班教學

　　常態編班有別於能力編班，其強調異質性的組合，有類於社會人口的常態狀況，其編班不以學生的智力、才能、學業成就等作爲編班依據。依《國民小學及國民中學常態編班及分組學習準則》第 6 條之規定，國民中學新生之編班得探測驗再依成績高低順序探 S 型排列，或國民小學及國民中學新生採公開抽籤或電腦亂數方式爲依據，分配就讀班級，是爲我國常態編班的方法。上項的常態編班的辦法，除了採取測驗再依成績高低順序探 S 型排列方式，較能夠讓每一個班級看來似乎呈常態分配之外，抽籤和電腦亂數等方式，則因是隨機方式，也只有可能呈常態分配而已。以下即就常態編班的優點及缺點加以說明：

（一）優點

　　1. 班級生態與社會現狀相近。

　　2. 學校行政人員較容易公平的對待每個班級。

　　3. 消弭班級間的好壞的比較心理。

　　4. 班級編排不易有外力的干預。

　　5. 可消除班級標籤作用。

　　6. 編班作業操作容易。

（二）缺點

　　1. 無法解決學生個別間及個別內差異的問題。

　　2. 教師無法改善對於低學習能力學生的學習表現。

　　3. 可能造成班級內的標籤作用。

　　4. 很難達到教育機會均等理想。

　　5. 因材施教的可能性不高。

　　6. 可能助長學生補習風氣。

　　從 1979 年教育部以行政命令的方式要求國中實施常態編班開始，又於 2004 年在《國民教育法》中將國中小學常態編班納入國民教育法條文之中，再於 2005 年公布《國民小學及國民中學常態編班及分組學習準則》，讓常態編班予以法制化，但或許也了解現場教學的困境，所

以在準則第 8 條中，容許國中二、三年級可以有限度的實施能力分組教學，看似公平公正的編班政策，當面臨因材施教理想時，現場教師於施教時，其實是很難得心應手的。

肆　現行編班政策輔助措施檢視

對於提高國民中小學學生學習成效方面，教育主管機關可說將之視為相當重要的課題，尤其是對於班級教學中的學習弱勢者的扶助，近卅年來即有教育優先區計畫、補救教學實施方案、學習扶助計畫、活化教學計畫、學習區完全免試國中提升學習品質計畫、降低班級人數計畫等，都將學習弱勢者的扶助列為重要的項目，以下即就這些計畫進行簡要的概覽。

一、教育優先區計畫

教育部於 1995 年公布教育部補助直轄市縣（市）政府推動教育優先區計畫作業要點，其主要目的之一，即為照顧文化資源不足地區，及相對弱勢族群學生，補助對象明示中途輟學率偏高及國中學習弱勢比例偏高者，並於審查原則之第一項申明，補助項目以能協助弱勢學生學習之方案為原則，該作業要點雖於 2009 年廢止，然係將之納入當年度另行頒布的《教育部國民及學前教育署補助國民中小學弱勢學生實施要點》中第一個補助對象。因之教育優先區計畫自 1995 年實施至今，已長達二十餘年的時間。但部分學生的學習成效不佳問題並未能獲得緩解。

二、補救教學實施方案

該方案始於 2006 年，針對具有原住民、外籍配偶子女、隔代教養或單親、低收入戶、身心障礙和農漁民子女身分、及學習成就低落的學生，可在正規教育時段外享有額外的課業指導。此方案針對國、英、數三科學習低落的學生而設，為能確實評估學習低成就學生，後來尚建立科技化評量系統及網路平臺，供各校能夠使用該系統對學生進行前後測，了解學生學習改善情形。網路平臺也將相關資源予以公開，並有三

科之補救教材供現場教師參探。欲擔任補救教學者，尚需經過參加師資研習課程，如已取得教師資格者爲 8 小時，未取得資格者，則必須大學二年級以上，並參加 18 小時的研習方得擔任，又安排扶助人員及定期評鑑等。是項方案看來思慮週詳，惟利用課外時間，有些學校會利用中午其他學生修習時段、上午正課之前、或是學生下課之後等時間實施。問題是學生靠這三科的補救教學，就能將其先備能力補足嗎？補救教學的上課時間是否應再思考其有效性？

三、學習扶助計畫

2009 年公布之《教育部國民及學前教育署補助國民中小學弱勢學生實施要點》實際上是將國教署過去實施的一些計畫加以整合，包含教育優先區計畫；國民小學兒童課後照顧服務、夜光天使點燈專案計畫；國民中小學學生無力繳交代收代辦費計畫；國民小學及國民中學推動夏日樂學計畫整合式學習方案；城鄉共學夥伴學校締結計畫；辦理兒童及少年未來教育與發展帳戶等。且在實施原則第 1 項即敘明弱勢優先，此項計畫的最大優點即在於將過去的一些計畫進行整合，並沒有因此減少學校及縣市政府的補助項目，只是簡化行政業務的作法，可提高學校申請的意願。只是，「夜光天使點燈專案計畫」（即夜間課輔之意），亦即不但連白天的上課及課後之外，尚有夜間的陪讀項目，可說極爲周到，但也因而造成偏遠地區的教師要肩負這些任務，尚有多少時間備課？

四、活化教學計畫

教育部國民及學前教育署自 2015 學年度起即訂有「活化教學－補助國民小學及國民中學活化教學與多元學習計畫」，是項計畫係爲協助偏鄉地區國民中小學發展課程及教學，促進學生有效學習。本計畫類似非競爭型計畫，且與扶助計畫不衝突，可同時申請，而且均依學校的實際需求爲準，爲提高學校申請的意願，除了辦理公開說明會外，也儘量簡化行政作業，將申請文件表格化，又爲確保學校執行順利，尚有諮詢輔導的設計，是以自 2015 學年度起，申請學校及項目逐年成長。

五、學習區完全免試國中提升學習品質計畫

　　本計畫是自 2017 學年度起，開始辦理，其主要重點有三：一是提升學生基本能力；二是學生多元試探與輔導；三是教師專業成長，主要目的是希望完全免試的升學高中職後，能夠適應高中職校的學習。所以，其重點爲學校學習成就較爲低下的學生，在提升學生基本能力的作爲上，較多採取課後的第八、九節，或夜間、週六的加強課程。惟申請本計畫者不得重複申請活化教學計畫的補助，其餘計畫的申請則不受限制。

六、降低班級人數計畫

　　有關班級人數方面，1980 年代臺灣之《國民教育法施行細則》明訂每班以 40 人爲原則，然因政府財政狀況所限制，每班人數最高爲 52 人，起過 52 人以上時則予以增班，但都會地區仍有超過 52 人的現象，這也是 1994 年教育改革批判的重點之一，認爲班級人數過多，教師的教學方法會受到很大的限制，直接影響教學的效果，是以提出小班小校的主張。政府爲回應此訴求，將之納入「十年教改行動方案」之中，於 1998 年度起開始執行「降低國民中小學班級學生人數計畫」，國小自 1998 學年度起至 2003 學年度止，逐年降至每班 35 人，國中至 2002 學年度起至 2004 學年度止，逐年降至每班 38 人，至 2007 學年度止，每班降至 35 人。

　　又於 2007 學年度起實施「國民小學班級學生人數調降方案」，國小一年級自 2007 學年度起以 32 人編班，逐年降低 1 人，至 2110 學年度降爲每班 29 人。國中部分則於 2009 學年度起實施「國民中學階段精緻國教發展方案」，國中一年級自 2009 學年度起以 34 人編班，逐年降低 1 人，至 2013 學年度降爲每班 30 人。而且教改十年行動方案尚有小班教學精神計畫的配套措施，即在於關注個別化學習的實施，可知我國自 1998 年起，逐漸調降國中小學之班級人數，以期教學現場的教師能夠給予學生更多的關注，尤其是學習困難學生的輔導，以提高教學成效，但能否達到此理想，如果從國中會考的結果來看，應尚有成長

的空間。

　　上述這些只是政府對於弱勢學生的重要學習輔助措施，事實上應還有一些專案計畫實施中，如在國教署的業務介紹中，尚有針對英語、數學二種辦理的二班三組教學補助項目，再者，民間團體亦會針對偏遠地區學校給予必要經費支持，然而是否真能對症下藥，達到因材施教，開發潛能，讓能力優異者得以潛能發展，能力優良者得以施展長才，能力普通者尚能展現自信，能力不足者仍能開展自我的天地？

伍　對於編班政策的一些想法（代結語）

　　我們只要親臨教育現場，並用心觀察，應無法否認個別差異的存在。每個學生都是一個個活生生的個體，也有其獨特之處。適性揚才的教育理想，第一線教師的投入固然重要，但是政策方向正確當更為關鍵。

　　目前我國實施的常態編班政策真能達到適性揚才的理想嗎？如果從國中會考的結果來看，每年都有多達 15%-30% 的畢業生屬於待加強者，就知識的學習來看，至少顧及認知、情意、技能三個主要成分，認知能力應該不容忽視。國中會考所考的科目為國文、英文、數學、社會、自然等五個科目，且係採取筆試方式實施，所測得之能力尚以認知成分居多。錯誤的認知，最容易在面對的問題時產生迷思，應予重視。為解決此問題相當困難，周祝瑛（2005）曾著文稱其有機會到紐西蘭的中小學教育參訪，該國校長得知我國中小學採常態編班上課，其回以將不同程度的孩子放在同一個班級上課，不是很殘忍？以下即提出研究者對國中小學編班的一點想法供參考：

一、混齡編班：班級組成不宜以年齡為依據，應視學生學習能力、學科性質、及教學活動需要來決定教學班級編排。

二、學科能力分組：學科能力分組教學即依照學科能力相近者為一組進行教學，因學生之學科學力相近，先備能相近，是以不用在使用差異化教學，即可用相同的教學活動，學生的學習也會較為順利。

三、跑班學習：因實施學科能力分組學習，所以沒有固定班級，是以不同學科可能在不同班級上課，所以應實施跑班上課方式。

四、多元選擇課程：學生不一定都要修習相同科目，重新認定工具學科，爲基礎科目，其課程分量不宜多，爲必修科目，但進度應具彈性。至於選修科目則宜屬加深加廣作用。

五、彈性之能力評量：能力分組可採個別式、隨時考核制，使之更具彈性，經確認後，可以適度調整到適合的組別學習，以達適性教育之目的。

六、教師專業證照制度：因應能力分組需求，教師之任教，除具教育基本專業精神與知能證照外，尚需學科分級證照，以利因應能力分組及彈性能力評量之要求。

七、彈性班級人數制度：爲適應學生學習特性，對於班級人數宜更具彈性，而非僅千篇一律之定制。

八、強化學習輔導功能：學校之學習輔導功能，除學習輔導、生活輔導及職業輔導外，宜將學生之適當分組納入重點業務，以利於學生之學習適應。

　　有教無類、因材施教應是能夠讓學生的潛能得以施展，也是因應學生的特質，給予適應的教育，使其才能得以發揚的途徑。然在教育現場最根本的就是如何安排學子參與學習，又因受教者眾，班級教學是很難避免的安排，所以更需要有合適的編班政策。過去的能力編班也好，或是現行的常態編班也好，雖然簡單易行，但實際的不良的結果業已顯現。政府多年來投入不少的人力與資源，民間團體也配合實施，但其成效仍有其限制，實值得再好好思考，如何從根本進行改弦更張，以符應多元智能的需求。

參考文獻

MBA 智庫百科（2021）。小組教學——MBA 智庫百科（mbalib.com）/2021/08/06。

周祝瑛（2005）。從國中基測檢討常態編班政策。師友月刊，**458**，26-28。

林俊傑（2007）。教育政策之過程模式分析——以我國常態編班政策之法制化爲例。

載於學校行政雙月刊，**49**，228-253。

張春興（1985）。國中編班教學問題之調查研究（二）—國中生對現行編班教學方式的看法，載於教育心理學報，**18**，17-37。

國立臺灣師範大學心理與教育測驗中心（2021）。109 年國中教育會考各科計分與閱卷結果說明 https://cap.rcpet.edu.tw/exam/109/109%E5%9C%8B%E4%B8%AD%E6%95%99%E8%82%B2%E6%9C%83%E8%80%83%E8%A8%88%E5%88%86%E8%AA%AA%E6%98%8E.pdf/2021.07.09

國立臺灣師範大學心理與教育測驗中心（2021）。108 年國中教育會考各科計分與閱卷結果說明 file:///C:/Users/USER/Desktop/108%E5%AD%B8%E5%B9%B4%E5%9C%8B%E4%B8%AD%E6%9C%83%E8%80%83%E7%B5%90%E6%9E%9C.pdf

國立臺灣師範大學心理與教育測驗中心（2021）。107 年國中教育會考各科計分與閱卷結果說明 file:///C:/Users/USER/Desktop/107%E5%9C%8B%E4%B8%AD%E6%95%99%E8%82%B2%E6%9C%83%E8%80%83%E8%A8%88%E5%88%86%E8%AA%AA%E6%98%8E.pdf

國立臺灣師範大學心理與教育測驗中心（2021）。106 年國中教育會考各科計分與閱卷結果說明 file:///C:/Users/USER/Desktop/106%E5%AD%B8%E5%B9%B4%E5%9C%8B%E4%B8%AD%E6%9C%83%E8%80%83%E7%B5%90%E6%9E%9C.pdf

國立臺灣師範大學心理與教育測驗中心（2021）。105 年國中教育會考各科計分與閱卷結果說明 https://cap.rcpet.edu.tw/exam/105/Pressrelease1050603.pdf

國立臺灣師範大學心理與教育測驗中心（2021）。104 年國中教育會考各科計分與閱卷結果說明 https://cap.rcpet.edu.tw/documents/PressRealease_1040605.pdf

問題與討論

一、我國國民中小學之編班政策之沿革為何？

二、國民中小學編班方式有哪些？不同編班方式各有何優點與缺點？

三、對於學習不利的學生可以有哪些輔助措施？請申述之。

四、為達適性揚才的教育理想，您有何建議？請闡述之。

第四章

從城鄉差距問題探析高等教育入學政策——中韓兩國爲例

黃宇瑀

每個人都是天才。但如果你用爬樹的能力評斷一條魚，它將終其一生覺得自己是個笨蛋。

——愛因斯坦

Everybody is a genius. But if you judge a fish by its ability to climb a tree, it will live its whole life believing that it is stupid.

—— Albert Einstein

 前言

高等教育機構除肩負人才培育使命外，亦扮演人才甄選的角色與功能。大學作為遴選與培育國家未來人才的機構，其重要性不言可喻，而大學入學制度的設計對國家高等人才的培養，更具有深遠的影響。

我國高等教育入學政策，從聯招時期的強調公平、公開，到重視學生興趣與志向的多元入學方案，歷經數次調整與變革，無不希冀提供一套公平適性的考試方式，以因應各種不同需求的考生，然而，實施結果，公平性屢遭質疑。傳統聯招制度，看似公平，卻被質疑是形式上公平，是假公平非真公平；多元入學提供不同的入學管道，卻又被質疑「多錢」入學，不利低社經地位的家庭子女。更甚者，由於我國國民教育係屬義務教育性質，主要由地方政府辦理，而地方政府財源則仰賴地方稅收，須視地方產業發展情形，以致各地方政府之間財力呈現不均的情形，不僅造成城鄉之間的落差，也影響國民所受教育品質良莠不齊，更影響未來接受高等教育的機會。可知，入學政策倘無視城鄉差距問題，勢必無法真正落實教育機會的公平性。

為達城鄉均衡發展、弭平學習資源落差，教育部於 2007 年首次試辦大學繁星計畫[1] 希望透過制度上的設計，讓學生不因偏鄉學校資源的不足而失去就讀頂尖大學的機會，因此，計畫初衷即致力於平衡城鄉差距。而韓國為了平衡首都與地方錄取比率不均的問題，致力縮短京鄉差

---

[1] 繁星計畫於2011年併入甄選入學，其後擴大辦理至全部公私立大學，並更名為「繁星推薦」，本文行文將依據不同年度，兼採「繁星計畫」或「繁星推薦」、「繁星計畫（推薦）」稱之。

距所實施的「區域平衡招生」，類似我國繁星入學管道。然而，渠等執行成效如何？是否真能縮短城鄉的落差？本文藉由城鄉差距問題探析高等教育入學政策，以中韓爲例，說明兩國爲致力縮短城鄉差距所進行的入學政策，探究結果提供政府當局政策擬定參考。

貳　城鄉差距相關議題探討

　　城鄉差距，一般而言，指的是工業化發展的過程中，迅速帶動新興市鎮的興起，由於城市工業發展日益蓬勃，產生人口流動與聚集，而形成與傳統鄉鎮有別的城市新風貌。以下先就與城鄉差距相關的幾個概念進行探討。

一、教育資源分配議題

　　自從地方制度法實施後，學前及國民教育係屬地方政府自治事項範圍。地方政府財力不一，致使投入教育事業之預算亦呈現多寡不均的情形。根據教育部網站的統計資料即可發現，高級中等學校校數分布，目前六都不外是國立或是直轄市立，其獲得之資源較爲豐沛，其餘縣市立之高級中等學校，受限各縣市政府財政發展，整體教育財政能力不僅「患寡」，而且也「患不均」；至於高等教育方面，南北地區的高等教育資源，不論是學校數、學生數以及最重要的專任教師人數上，都明顯存在著差異。而從 2005 年起，教育部所規劃推動的「五年 500 億元邁向頂尖大學計畫」名單中，更可看出教育部對南北地區大專校院經費的分配不均。第一期名單中的 12 所學校，僅有成大、中山 2 所位於南部，其餘 10 所都位於北部縣市。教育部「重北輕南」，使臺灣高教資源分配更爲傾斜，凸顯南北資源長期分配不均的問題，也顯示政府在經費投資方面確實存在偏頗。高等教育資源與數量都偏向北部地區的現象，造成大部分學生與教師前往北部發展，而大量經費與人力資源過於集中的結果，導致 M 型社會下，城鄉差距日益懸殊，教育資源更顯不均的惡性循環（黃宇瑀，2018）。

二、家庭社經背景議題

有關家庭社經背景與學生學習成就之間的關係，過去已被廣泛探討，其內容不外是「父母所受教育」、「父母職業聲望」以及「家庭收入」等與學生學業成績的關聯性。研究發現，社經地位是影響學生學業成就的重要因素。高社經地位家庭的學生在學業測驗表現，普遍較低社經地位家庭的學生為佳，雖然教師素質的改善可以提升學生的學業成就，不過，一般而言，家庭背景仍然占有重要的影響地位。都會地區的家庭普遍較偏鄉或極偏地區的家庭社經背景高，其子女往往也享有較佳的生活條件可以專心在學業上，而無須擔憂三餐不繼或學費無著落。家庭社經地位愈高，愈有能力提供子女高額的附加學習，反之則反，以致家庭間的貧富拉鋸愈大，愈凸顯城鄉的落差。家庭經濟地位的懸殊涉及勞動條件的差異，可能無法即刻改善，然而，維持教師的高教學素質應是政府端可致力改善的，包括提升教師專業素養及專業證照制度，藉以降低家庭社經因素對學業學習所產生的影響。

三、教育機會均等議題

根據「經濟合作與發展組織（OECD）所提出的教育機會均等，至少須具備下列三種意義：1.能力相同的青年，不論其性別、種族、地區、社會階級，皆有相同的機會，接受非強迫性的教育；2.社會各階層的成員，對於非強迫性的教育，皆有相等參與的比率；3.社會各階層的青年，具有相等的機會以獲取學術的能力（引自黃昆輝，1975）。現今很多國家都對教育機會均等列為重要教育政策，其所持的主要理由有二：一者根據民主的原則，使人人均得享有接受教育的權利；其二是避免人才浪費（林清江，1982）。就前者而言，民主社會講究自由平等，個人不因性別、社會階層、所處地域等因素而喪失受教育的機會；就後者而言，提供資質優異但環境條件較不佳的學生有接受應受教育之機會，不僅可避免人才浪費，更能因人才有發展的機會而間接提升國力（張建勛，1991）。可知，教育機會均等實包括兩大基本觀念：一是每個人應具有相同的機會以接受最基本的教育，此種教育是共同性、強

迫性的教育，也可稱為義務教育；二是每一個人具有相等的機會接受符合其能力發展之教育，此種教育是分化教育，雖非強迫性，但含有適性發展的意義，也可說是人才教育，因此，教育機會均等實包括國民教育和人才教育兩方面的機會均等（陳奎憙，1980）。

　　造成教育機會不均等的原因中，一般主要包括社會階層、區域分布、種族以及性別的差異等面向，其中，地域不均等主要反映出城鄉差距的問題。都會地區師資設備普遍比鄉村充足，素質條件也較高，因此，都會地區受教育機會往往也比鄉村地區多。根據學者研究發現，國內教育機會確實存在地域不均等的現象（黃昆輝，1975；林文達，1983；張淑美，1994）。地域分配係屬後天因素造成的，因此，可透過人為的措施使接受教育的機會均等或更不均等，因為決定是否獲得教育機會的最重要因素主要來自於成就測驗的高低，而成就測驗的高低往往建立在家庭社經背景的好壞。因此，在探討城鄉差距問題時，也必須關注教育機會均等議題。

　　上述教育資源分配議題及家庭社經背景議題可視為影響城鄉差距的原因，而教育機會均等議題則可視為是城鄉差距的原因以及結果，亦即，城鄉差距造成教育機會不均等，但教育機會均等亦可能縮短城鄉差距，因此，教育主管機關若欲致力於縮短城鄉差距，很重要的一點是必須更正視教育機會均等的重要性。

參　我國高等教育入學政策城鄉議題探討

　　我國高等教育入學政策歷經多次變革，從 1954-2001 年傳統大學聯招時之考試分發，實施所謂「一試定終身」的考試制度；其後 1992-2001 年併行「多元入學方案」，設計改良式聯招、推薦甄選與預修甄試三種入學管道；2002-2021 年在「大學多元入學新方案」中，將推薦甄選與申請入學兩者合併為甄選入學，並新增繁星入學管道，以作為與考試分發並列之大學多元入學方式（黃宇瑀，2020）。本節就我國高等教育入學政策城鄉議題進行探討，主要以目前主要入學招生管道為主軸，包括考試分發制度、甄選入學（含申請及繁星計畫），分別探討其與城鄉差距之關聯。

一、考試制度未能顧及城鄉落差

　　我國實施考試與招生制度，最早可追溯自 1929 年教育部所頒定之大學組織法及大學規程所揭示「入學資格須入學試驗及格」，而「入學試驗，由校務會議組織招生委員會，於每學年開始以前舉行。各大學因事實之便利，則組織聯合招生委員會」（吳碧琴，2005），此即我國實施長達半世紀之大學聯合招生（簡稱聯招）制度的法源依據。

　　大學聯招制度之所以能維持將近五十年而不墜，最主要的原因是標榜「統一命題、統一考試、統一分發」背後所強調的公平性，尤其受到功績主義影響，技術上的公平可以避免人情關說以及特權介入，而且集中考試也能免去單獨招生所需耗費的舟車勞頓。2002 年，我國開始實施多元入學新方案，聯招正式走入歷史，但以考試分發的考試制度則改以「指考（配合 111 大學考招新制，將調整爲『分科學測』）」繼續存在，可見考試仍有其繼續存在之必要性。然而，看似公平的考試制度，事實上未必公平，因爲，影響考試成績優劣的因素可能來自於學習資源及文化刺激的充足與否；換言之，可能因爲城鄉資源落差以及家庭社經背景差異進而造成的教育機會不均等。因此，這套形式上公平的考試制度，事實上卻可能對資源不足的學生產生極大的不公平，以致聯招制度雖然強調技術上的公平性，卻未必符合實質的公平正義。爲了提供更實質公平的入學機會，我國高等教育入學政策歷經多次變革，希冀透過多元入學管道提供多元的入學機會，讓不同背景與性向的學生得以選擇其適合的方式入學。

二、申請入學擴大城鄉間的落差

　　個人申請係屬甄選之一種，爲解決傳統聯考制度的缺失，教育部於 1998 年仿照美國大學試辦，不過，早在 1992 年推動多元入學方案時，即設計「改良式聯招」、「推薦甄選」與「預修甄試」三種入學管道。其中，建議借鏡日本，開闢「推薦甄選」入學管道，採取「高中推薦委員會推薦，大學甄選委員會甄選」的方式，一方面讓大學可以甄選到合適的學生，另一方面也維持公平與公信（大學入學考試中心，1992），

1994 年決定開始試行「推薦甄選」，強調只適用於特殊性向與興趣的學生（劉源俊，2014）。

　　除高中在校成績之要求外，即限定每所高中對每一大學校系依其班級數之規模，僅能推薦 2-3 名，期藉以縮短城鄉差距。惟大學為達成適性選才目標，第二階段之指定項目甄試相當重視審查資料及面試表現，對就讀於學習資源匱乏的偏鄉高中學生相對不利，以致產生「多元」教育即為「多錢」教育的弊端。至於錄取率已高達 80% 以上的考試分發入學，錄取優質大學之學生，同樣也有城鄉之別。顯示大學多元入學方案在實現社會正義的理念上，仍有改善的空間（教育部，2007；教育部，2013）。

　　前述「大學多元入學方案」及「大學推薦甄選」曾受當時社會與學界的普遍肯定，然本為較少數有特殊意願性向的學生而設計的「推薦甄選」卻因報名人數及錄取名額的大幅擴張，以及 1998 年積極推出「申請入學制」，終使「大學多元入學方案」的原始精神及實質蕩然無存（劉源俊，2014）。

　　為改善教育資源長期分配不均導致城鄉發展落差問題，大學招生策進會於 1999 年成立專案小組，根據「我國大學入學制度改革建議書－大學多元入學方案」重新評估研擬，並於 2002 年開始實施「大學多元入學新方案」，將推薦甄選與申請入學兩者合併為「甄選入學」，以作為「多元入學新方案」中與「考試分發」並列之大學多元入學方式（李鍾元，2009）。換言之，「多元入學新方案」主要包括「考試分發」與「甄選入學」兩大入學管道，其中甄選入學即是整併「申請入學」與「學校推薦」，而「學校推薦」的目的之一，旨在平衡城鄉差距。然而，不管多元入學方案或多元入學新方案，原希望藉由多種管道提供學生多元的選擇機會，但實施的結果非如預期，而且也產生了不同的問題。例如：以甄選入學方式，理應可達多元取才的目的，然而實施多年來，頂大似乎仍是明星高中生的天下，大學頂尖校系仍是明星高中生的最佳選項。根據學者研究發現，我國自從實施多元入學方案以來，發現具有經濟、知識及教育資源優勢的學生，進入明星大學的比率偏高（邱玉鈴，2008），學校在舉才上，仍以智育為主，因而失去多元入學的

目的。再者，甄選入學的甄試費用造成弱勢家庭的經濟負擔，也影響了偏鄉學生入學機會的公平性。凡此均可看出，申請入學制在城鄉差距的議題上，不但未能縮小，甚至有擴大的情形。

三、繁星計畫致力縮短城鄉差距

　　受到城鄉差距的影響，偏遠地區學生所分配到教育資源不均等的問題自然反映在學習成就上。偏鄉學子歷年來考上明星大學的機會微乎其微，爲了讓偏遠地區學生也有機會進入國內一流大學，保障城鄉學習機會不因資源的分配不均而被剝奪，除了思考提供學生多元發展與選擇機會外，有必要努力尋求一套縮短城鄉差距的對策。教育部即在上述情形下，於 2006 年 2 月於行政院院會報告「協助弱勢學生就學措施」即指出，將加強推動優質高級中等學校補助計畫的「繁星計畫」，並於 2007 年試辦，希望透過制度性的設計，使每一所高中之最優秀學生，都能進入臺灣優質大學就讀，達到「照顧弱勢、區域平衡」的目標。

　　繁星計畫以「邁向頂尖大學聯盟」12 所大學作爲首波試辦學校。鑑於「學校推薦」與「繁星計畫」宗旨目標皆爲「平衡城鄉差距」，二者是否具有競合關係以及進行整合之可行性，招聯會於 2007 年委託國立成功大學教育研究所進行管道整合之研究，惟當時認爲二者功能不同，因此並未作成以「繁星計畫」替代「學校推薦」之建議。

　　根據教育部歷年核定之大學繁星計畫招生辦法及大學甄選入學招生規定即可知，繁星計畫初始目標是要達到「照顧弱勢、平衡城鄉差距」，但爲避免該計畫「照顧弱勢、平衡城鄉差距」之精神屢被誤解僅爲照顧經濟弱勢，教育部於 2008 年所核定之「大學繁星計畫招生辦法」中，將其目標修訂爲「高中均質、區域均衡」；而在入學方式上，鑑於學校推薦存在著部分大學校系未設具體推薦條件、高中幾乎視爲人人都可推薦的全民運動、學測前報名學生對其學測能力表現認識不清導致近 3 萬人浪費報名費等問題外，耗費大量的人力及時間，其平衡城鄉差距的功能卻又不顯著，已無法達到該管道的招生目的，爰經多次會議討論及提請招聯會評估後決議：自 2011 年（100 學年度）繁星計畫併入甄選入學，並更名爲「繁星推薦」（教育部，2011）。發展至今，大學

入學管道，除考試分發入學外，尚有繁星推薦、個人申請等主要入學管道，至此，教育部正式宣布全面實施多元入學制度（秦夢群，2004；吳碧琴，2005）。

　　繁星計畫作為多元入學管道之一，其計畫目標為平衡城鄉資源落差，體現教育機會均等的公平正義；照顧學習起點較弱的學生，提供適性揚才成功的機會。其採取在校成績排名以及學測門檻標準，校校等值，偏鄉學校學生亦有機會錄取頂尖大學的機會。可知，繁星計畫將傳統聯考技術上公平性轉化為理念層次的公平正義以及適性揚才精神，既兼顧了功績主義的「成就」取向以及市場化導向的自由選擇權。

肆　繁星計畫縮短城鄉差距分析

一、繁星計畫政策成效

　　本節為探討繁星計畫（推薦）在縮短城鄉差距的成效，以下從錄取之公私立大學招生情形、錄取公立大學、錄取優質大學及所屬畢業高中等進行分析（黃宇瑀，2018）。

（一）公私立大學招生情形

　　根據大學甄選入學委員會的統計數據（表 1），繁星計畫歷年招生人數從 2007 年試辦時期的 726 人至 2021 年的 16,111 人，十四年間成長 22 倍。其中，公立大學從 634 人成長到 7,015 人，成長 11 倍；私立大學則從 92 人成長到 9,096 人，成長將近 99 倍。分析其原因，主要是繁星計畫一開始時，教育部為了實現「照顧弱勢、區域平衡」，希望國立大學能幫助偏遠學校的學生，尤其是分配到頂尖大學計畫經費的大學有更多的責任與義務，因此透過有強制規範、有柔性勸說，亦提供誘因與輔導協助等方式之政策工具的使用，希望發展國際一流大學及頂尖研究中心計畫之學校加入，因此公立學校校數從一開始的 9 校發展到全數（33 校）參與；而私立大學從一開始有 2 校參與辦理，到 2011 年以後，不僅校數暴增，招生名額也暴漲，其後受到兩輪分發的影響，錄取人數及百分比率也逐漸提高。

表1　歷年繁星推薦公私立大學招生校數、招生名額及錄取人數表

年度及公私立別		招生校數（%）		招生名額（%）	
		校數	百分比	人數	百分比
2007	公立	9	81.8%	634	87.3%
	私立	2	18.2%	92	12.%7
	合計	11	100%	726	100%
2008	公立	22	88.0%	1,305	77.6%
	私立	3	12.0%	377	22.4%
	合計	25	100%	1,682	100%
2009	公立	22	88.0%	1,329	94.7%
	私立	3	12.0%	74	5.3%
	合計	25	100%	1,403	100%
2010	公立	29	90.6%	1,872	96.2%
	私立	3	9.4%	74	3.8%
	合計	32	100%	1,946	100%
2011	公立	35	51.5%	4,091	53.5%
	私立	33	48.5%	3,558	46.5%
	合計	68	100%	7,649	100%
2012	公立	35	51.5%	4,672	54.5%
	私立	33	48.5%	3,903	45.5%
	合計	68	100%	8,575	100%
2013	公立	35	51.5%	5,053	49.3%
	私立	33	48.5%	5,193	50.7%
	合計	68	100%	10,246	100%
2014	公立	34	50.8%	5,316	47.2%
	私立	33	49.2%	5,954	52.8%
	合計	67	100%	11,270	100%

（續上表）

年度及公私立別		招生校數（%）		招生名額（%）	
		校數	百分比	人數	百分比
2015	公立	34	50.8%	5,820	43.6%
	私立	33	49.2%	7,537	56.4%
	合計	67	100%	13,357	100%
2016	公立	34	49.3%	6,243	39.7%
	私立	35	50.7%	9,492	60.3%
	合計	69	100%	15,735	100%
2017	公立	33	48.5%	6,592	37.5%
	私立	35	51.5%	10,997	62.5%
	合計	68	100%	17,589	100%
2018	公立	33	48.5%	6,998	41.2%
	私立	35	51.5%	9,995	58.8%
	合計	68	100%	16,993	100%
2019	公立	33	48.5%	7,123	43.5%
	私立	35	51.5%	9,248	56.5%
	合計	68	100%	16,371	100%
2020	公立	33	48.5%	7,006	43.5%
	私立	35	51.5%	9,104	56.5%
	合計	68	100%	16,110	100%
2021	公立	33	48.5%	7,015	43.5%
	私立	35	51.5%	9,096	56.5%
	合計	68	100%	16,111	100%

資料來源：大學甄選入學委員會（官網，無日期）（研究者自行整理）。

（二）錄取公立大學

　　繁星計畫實施迄今，所有 33 所國立大學均已參與，對照表 1 及表 2 可知，2021 年招生率為 43.18%、錄取率為 42.33%，各國立大學開放

繁星管道入學，與私立大學之比率約 4 比 5，低於私立大學且錄取率未達五成。

　　公立學校歷年參與繁星推薦之校數百分比，從試辦到 2010 年，每年都呈現穩定上升的情形，但從 2011 年開始即有下降趨勢，甚至到 2021 年跌至五成，究其原因主要是公立大學配合教育部政策逐年擴增校數，以致到 2011 年時即全部將繁星計畫納入校內正式入學管道；反觀私立大學，從 2010 年的 3 校至 2021 年激增至 35 校，擴增 11 倍，與公立學校幾近各半，之後也穩定發展，到了 2014 年後，由於學校整併（臺北市立教育大學與臺北市立體育學院整併為臺北市立大學，以及國立新竹教育大學併入清華大學），公立大學校數減少，因此其百分比自然也隨著降低，自 2016 年跌破五成至今。顯示各大學為善盡社會責任，願意釋放名額，以提供偏鄉或社區高中生就讀大學的機會，不過私立大學招生名額遠勝於公立學校。

表 2　2021 年國立大學之招生名額及錄取名額

校名	招生數	錄取數	校名	招生數	錄取數
臺灣大學	346	345	東華大學	308	305
臺灣師大	282	278	市立教大	182	182
中興大學	354	340	屏東大學	180	176
成功大學	392	370	臺東大學	187	183
政治大學	345	345	國立體大	32	32
清華大學	315	315	中正大學	268	250
交通大學	192	183	臺灣藝大	65	50
中央大學	352	330	暨南大學	193	193
海洋大學	313	313	臺灣體大	61	61
高雄師大	157	153	臺南藝大	27	26
彰化師大	174	169	臺北大學	241	241
陽明大學	34	34	嘉義大學	321	318
中山大學	170	169	高雄大學	193	191

（續上表）

校名	招生數	錄取數	校名	招生數	錄取數
臺北藝大	37	31	宜蘭大學	338	338
臺中教大	164	164	聯合大學	287	287
國北教大	124	124	金門大學	170	170
臺南大學	153	153	合計	6,957	6,819

資料來源：大學甄選入學委員會新聞稿（2021.3.17）。

（三）錄取優質大學

　　進一步分析優質大學錄取情形，以教育部於 2008 年決定於國內各優質大學擴大辦理，包括「發展國際一流大學及頂尖研究中心計畫」及「獎勵大學教學卓越計畫」之大學參與。第 3 期頂尖大學計畫[2] 仍維持 12 校，僅以臺師大取代元智大學；而教卓計畫[3] 第 3 期，國立大學從原來的 13 校調整為 11 校[4]。本文仍以當初教育部推動之頂尖大學計畫及教學卓越計畫名單作為參照基礎，惟長庚（私校）及臺科大（科技大學）暫不計列，列出優質大學名單如表 3，從表中之錄取情形即可發現，不論是頂尖大學或教學卓越計畫，其在總錄取名額中均未達二成。此結果顯示，同樣透過繁星管道，有八成多的學生錄取的並非優質頂尖大學。

2　第3期頂大計畫期程為2014.4.1至2016.12.31，惟考量新方案尚未定案，爰該計畫暫時延續至2017年上半年，其後整合至高教深耕計畫，並於同年7月獲行政院核定（教育部，2017）。

3　同上。惟第3期教學卓越計畫期程為2013至2016年。

4　教卓計畫部分，除了臺師大改列頂大、新竹教育大學因自2017年併入清華大學，爰名額一併列入清大計算外，減少國立高雄大學、國立臺南大學、國立聯合大學，並增列國立宜蘭大學、國立臺北大學以及國立臺灣藝術大學。

表 3　2021 年錄取優質大學之名額表

頂尖大學		教學卓越	
臺大	345	中正	250
清大	315	宜蘭	338
交大	183	東華	305
成大	370	高師	153
政大	345	嘉義	318
中央	330	彰師	169
中興	340	暨大	193
中山	169	國北	241
陽明	34	北藝	31
長庚	216	海洋	313
臺師大	178	臺藝	50
合計	2,925	合計	2,361
錄取率	18.16%	錄取率	14.65%

資料來源：研究者自行整理。

（四）所屬畢業高中

　　若以近三年錄取人數最多的前 10 所高中學校（如表 4）來看，大學繁星推薦畢業高中所在地均非屬傳統明星高中類型，而是以社區高中居多，其中，高雄市立左營高中、新北市立林口高中、國立新化高中及國立潮州高中等 4 校，連續三年上榜前 10 大，整體而言，此結果顯示，繁星推薦在偏鄉或社區高中的升學上，逐漸扮演重要的角色。

表 4　近三年繁星推薦錄取人數最多前 10 所高中學校

	2019 年	2020 年	2021 年
1	高雄市立左營高中	高雄市立左營高中	新北市立林口高中
2	新北市立林口高中	新北市立林口高中	私立立人高中
3	國立苑裡高中	國立新化高中	桃園市立楊梅高中
4	國立新化高中	臺北市立復興高中	臺北市立復興高中
5	桃園市立楊梅高中	私立立人高中	新北市立新北高中
6	高雄市立中山高中	國立潮州高中	高雄市立左營高中
7	國立苗栗高中	國立基隆女中	國立新化高中
8	國立岡山高中	新北市立樹林高中	國立潮州高中
9	國立潮州高中	新北市立三重高中	臺北市立育成高中
10	新北市立樹林高中	國立苑裡高中	高雄市立中山高中

資料來源：大學甄選入學委員會新聞稿（2021.3.17）。

二、繁星計畫問題分析

（一）學測門檻設計爭議

　　繁星計畫（推薦）主要採計在校成績，並須通過學測門檻。若學測門檻過高，學生在校成績縱使優良並獲高中學校推薦，但卻因為沒有通過大學自訂的門檻，因而產生高分落榜的遺憾，也造成大學學群系科缺額的問題；相反的，若門檻過低，以低的級分即可錄取優質大學，則不僅扭曲繁星希冀提供偏鄉「優秀子弟」就讀優質大學的政策意涵，也貶抑了繁星政策的精神與美意。

　　鼓勵偏鄉優秀學生透過繁星上大學以縮短城鄉差距是政策美意，但大學門檻若設計過低，恐引來素質低落之負評；再者，目前各入學管道中，以繁星推薦辦理時程最早，辦學成效較不具競爭力的大學，為求穩定生員，進而降低門檻以求及早進行搶人大作戰，這在少子女化趨勢下，恐怕也是不得不的發展。是以，大學除了要能精算開放的名額、開放的學（群）系以外，也必須要能設計適當的學測門檻，同時仍應引導

學生探索性向、了解校系，而非尋找最有勝算校系以求上榜。

（二）越區就讀偏鄉高中

　　繁星計畫提供偏鄉高中優秀學生有機會進入優質大學就讀，某種程度亦是鼓勵優秀學生在地就讀社區高中，因為只要優秀，在偏鄉仍有機會進入頂尖大學，間接亦落實十二年國教政策目標。由於採計在校成績作為是否獲得推薦的主門檻，學生高一、高二在校成績如果能維持全校排名 1% 以內，再參考學測成績，極有可能錄取頂尖大學，因此，繁星計畫是社區高中生能躋身優質大學的重要入學管道。如果說十二年國教的目標是要適性發展、均衡城鄉教育資源，則發展社區高中是手段，繁星計畫即是社區高中優質化的一種策略，而社區高中的優質化則是繁星計畫的附加價值。不過，正因為繁星計畫採計在校成績的相對排名，因此，為了提高繁星上優質大學的機率，間接造成學子越區就讀偏鄉高中的情形。

（三）少子女化搶人大戰

　　繁星計畫參與招生之大學從試辦以來有逐年擴增的趨勢，從 2007 年的 12 校至 2021 年已有 68 校參與，其中公立大學已全數參與，而私立學校也已達九成五，至此幾已達全面實施，十餘年來成長倍數是當初的 5 倍以上。至於高中端，從 2007 年錄取之高中校數有 228 校，乃至 2021 年已 368 校，可見亦呈現逐年增長的趨勢。繁星計畫（推薦）招生名額逐年提高，連帶亦提升各高中端的升學錄取率。換言之，高中錄取校數之增加與大學端的全面開放以及二輪分發具有連動影響，尤其大學端在少子女化趨勢影響下，為了填補生源缺口，除了採取二輪分發作業以彌補缺額外，更多的學校參與招生可提供高中端更多的錄取機會，同時也因為繁星辦理時程是三種管道中最早進行的，多數學校在少子女化的威脅下不免興起搶人大作戰。

（四）錄取標準仍重智育

　　聯考一試定終身為人所詬病，因此教育部於 2002 年啟動多元入學新方案，除保留類聯考的指考分發外，亦開闢了個人申請及繁星推薦兩

種入學管道。繁星推薦以在校成績為主門檻，並依各大學所訂定的各分科級分及總級分為錄取標準。依據 2017 年（106 學年度）大學「繁星推薦」入學招生簡章之壹、總則「九、第一類學群至第七類學群分發比序及錄取作業」即規定，「各大學校系第一分發比序項目統一訂定為『在校學業成績』全校排名百分比，其餘分發比序項目得為學科能力測驗各單科級分或總級分或術科考試各科目分數或『各單科學業總平均成績』全校排名百分比。」

換言之，繁星計畫依各大學各校系的分發比序項目順序之全校排名百分比作為分發錄取的依據，百分比小者為優先，而學測總級分，級分大者為優先錄取，且須高一、高二在校學業總平均成績之全校排名百分比前 20% 的學生才有機會進入頂尖大學，而每位學生的繁星比序序號在不同學群即可能會有不同的先後順序。「大學甄選入學委員會」依大學校系所訂定之學科能力測驗成績檢定標準、高中推薦優先順序及分發比序項目進行第一輪分發作業，各大學錄取同一高中學生以一名為限；校系於第一輪分發後仍有缺額者，「大學甄選入學委員會」就缺額校系依前項分發作業原則進行第二輪分發。而各大學分發比序項目諸如「在校學業成績全校排名百分比」、「國文學業總平均成績全校排名百分比」、「英文學業總平均成績全校排名百分比」、「數學學業總平均成績全校排名百分比」、「自然學業總平均成績全校排名百分比」、「社會學業總平均成績全校排名百分比」、「學測國文級分」、「學測英文級分」等，並訂定各項目所採計之檢定標準為「頂標」、「前標」、「均標」、「後標」或「底標」。各大學依校系發展需求所訂之比序項目數不盡一致，不過共同處是都有「在校學業成績全校排名百分比」，而且列為第一個優先比序的項目。

從上述探討可知，各大學取才仍偏限於學生的學業表現，高中校排名係依據學生學業總平均成績的表現，而學測分科級分或總級分仍然是以學科成績為主。顯見，多元入學方案雖標榜不以考試成績為唯一依據，惟繁星計畫作為多元入學方案的新興入學管道，其取才方式卻仍不脫離以「智育」為主之取才方式。

（五）志願序限一校一系

繁星生必須是應屆畢業生，推薦時採計高一、高二在學成績，而且只能選一校一系，如簡章規範的「同一名學生僅限推薦報名至一所大學之一個學群（含不分學群）。」一校一系的限制，因此學生自然傾向選填公立學校，然而公立學校競爭者眾，若沒有十足的把握，很可能高分落榜；再者，如果選了某大學某學群，自然排除了其他學群（如選了第一學群，便不能再選第二、第三或其他學群）。又第一、第二及第三類學群得個別推薦符合資格學生至多 2 名，3 個學群共可推薦 6 人，若校排可以推薦 6 名學生到同一所大學，因某生排第 6 名，但他想就讀的學群已有 2 人獲推薦，他便不能再被推薦，或是可以改推薦到其他或許是沒有興趣的學群；而高中校內推薦網路平臺機制，亦可能出現學生可能以錄取優勢取代個人興趣學系，或為了取得第一順位而技術性填寫對其優勢之科系。至於分發時，第一輪是以一所大學錄取同一所高中之 1 名學生為原則，主要是保障有更多的高中校數來源，因此，前述 6 人中最多只有 1 人可以上該所大學，但第一輪分發後，如果仍有缺額，才可再進行第二輪分發，而第二輪則沒有名額限制。為使錄取同一所大學人數不只 1 人，很多高中多能善用二輪分發，以締造閃亮的繁星成果，因此，鼓勵並正確的輔導學生繁星選填且善用二輪分發，是其關鍵。不過若對照個人申請，不限應屆、非應屆畢業生，每人可自由報名最多 6 校系來看，繁星推薦管道學生選項明顯偏少，這對於興趣性向不明確的學生來說，無疑得面臨很大的抉擇。

伍　韓國高等教育入學政策城鄉議題探討

一、韓國高等教育入學制

中韓兩國同屬東亞國家，長久受到儒家文化薰陶以及科舉制度影響，因此都將考試升學視為人生奮鬥的目標，尤其高中升大學的入學情形，兩國有諸多相似之處。我國高等教育長久以來，主要透過考試方式取才，多元入學方案實施後，「指考」仍延續考試取才精神，而「繁星推薦」及「申請入學」雖讓學生組成多元化，且兼顧適性發展及城鄉差

距，然而，「學測」成績在甄選入學中，仍扮演重要的角色。而韓國，高中升大學階段則須參加「大學修學能力測驗」（College Scholastic Ability Test，簡稱 CSAT），CSAT 兼具我國學測及指考之性質，學生依據測驗成績及其他書面資料向大學提出申請。可知，兩國都訂有學習基本能力測驗的門檻，「學測」或 CSAT，對大學的選才實發揮了鑑別與篩選的功能。

在錄取情形方面，我國最具指標的頂尖大學－臺灣大學的錄取學生中，雙北即占了一半，許多頂尖國立大學中，錄取生的畢業高中也多來自資源較豐沛的都會區，偏鄉及學習資源貧脊地區，反成為學生進入優質大學就讀的不利條件；而在韓國，最好的大學被稱為 SKY 大學，即是所謂的 Seoul University（首爾大學）、Korea University（高麗大學）以及 Yonsei University（延世大學）（孫科志，2016），其餘不錯的大學，也幾乎都屬首都圈大學。首都圈大學是韓國學生的首選，除了地方少數幾個國立大學，例如：慶北大、釜山大及韓國高等科技學院（KAIST）外，將近一半的學生都集中在首都圈。韓國首都圈與非首都圈之間的差距是 OECD 國家中最大的，這種巨大差異，即稱為「京鄉差異」（孫科志，2016）。資源過度集中，造成地域發展不均，學子爭相考取名校，造成升學競爭壓力大；而錄取首選大學的學生，泰半也都來自大都會地區。可知，城鄉資源懸殊造成學習成就差異的問題，同樣存在於中韓兩國，韓國尤其嚴峻。

二、韓國高等教育招生政策

韓國的高考稱為 CSAT，而其入學方式主要是應試的學子在參加 CSAT 之後，向其屬意之學校提出高中在校成績以及 CSAT 之成績後，經審查合格並加上面試成績，方取得入學資格。「高中在校成績」與「修業能力」原則上並重，但更強調高中成績的重要性。對照我國大學繁星計畫，繁星入學基本上也是以高中在校成績的校排比序作為入學的主門檻，而高中與高中基本上是「校校等值」；韓國雖然重視高中在校成績，不過因為明顯存在「京鄉差異」，因此高中與高中並不等值。學生就讀的高中是否優質？是否具有競爭力？以及教師的評比標準等

等，在在都讓京城高中與鄉鎮高中無法相提並論，凡此，可能又反過來加重了選擇高中學區的壓力。

而韓國的 CSAT 是全國統一的考試，看似公平的考試制度，實則因為京鄉落差嚴重，存在不平等的問題。韓國從 1996 年開始採取「農漁村特別招生」，各大學可以將招生數量的 4%（名額外）提供給農漁村地區的高考生。另外，從 2009 年開始實行「機會均等招生」，每所高中可以將 3 名貧窮家庭的高考生推薦給大學（金宰賢，2011）。考試制度雖然能夠達到技術上公平，然而考試成績的好壞，實際上卻取決於家庭的經濟因素，特別是貧富差距日益擴大，益發凸顯考試制度的不公平。原本應該促進社會階級流動的教育制度，卻因為階級固化而衍生更嚴重的階級落差，因此，為了打破僵化的階級制度，縮短京鄉差距，韓國認為唯有在教育上提供均等的機會，才能實現地域上的公平。

例如：首爾大學在 2011 年的招生計畫中，透過「農漁村特別招生」和「機會均等招生」，計有 190 名學生考進首爾大學，其比率超過招生數量的 6%。因為這兩個招生制度比韓國其他招生制度寬鬆，因此，不少城市的家長選擇讓子女做「高考移民」，亦即初中時去農村，進入當地的高中後即享有該制度的優惠（金宰賢，2011）。上述兩項制度在某種程度上有助消除「區域不均等」所帶來的問題，然而京鄉落差問題仍然嚴重。

為了平衡首都與地方錄取比率不均的問題，首爾大學於 2005 年起，開始施行「區域平衡招生」（Early Admission-Region Balancing）制度，由各地高中校長推薦 2 位校內學生提交在校成績與自傳，CSAT成績只要求最低限度，並以面試的方式錄取學生（楊虔豪，2013；教育部，2016），藉以拉抬地方學生進入最高學府就讀。十年下來，雖見成效，大幅降低了對考試成績的依賴，也讓錄取學生的組成多元化，不過首爾大學因未對大都市與農漁村地區學校做特別區分，以致在首都圈出身的學子仍占名門大學錄取額極大的比率。以首爾大學為例，2013年首爾大學合格名單上，首都圈出身者就占了 58%，剩下比例則由 10多個地區瓜分，而其中匯集高所得階層的首爾江南地帶就占了 36%（楊虔豪，2013），使弱勢學校或學生並未能在此政策中獲得多大益處。

　　檢視韓國「區域平衡招生」制度成效不佳原因，大致可歸納兩點原因：一是韓國大學入學採「高中在學成績」及「CSAT」並重，不過更強調高中成績的重要性，然而京鄉差距嚴重，校校並不等值，在審查高中學業能力時，難免受到主觀判斷而影響非首都圈學生入學機會；另一則是韓國高度競爭的升學壓力，學生必須借助補習提升在校及 CSAT 成績，然而著名的補習班又集中在首都圈為多，家長經濟條件即決定學生能否獲得充裕的教育資源，進而影響就讀首都圈大學的機率。基於上述原因，就讀非首都圈的學生乃至經濟弱勢者，便因而失去競爭優勢，貧富階級兩極化現象不僅體現在經濟發展，也在教育領域拉鋸。

　　根據哈佛大學教育研究所於 2016 年 1 月 20 日發布「扭轉趨勢」（Turning the Tide）報告，大學應該改變招生方式，把重點放在推動社區服務、減輕課業及課外活動壓力，並增加學生的多元性（姜榕榕，2016）。這項報告即是希望重新定義「成就」，以便創造更公平的入學制度。美國如此，世界各國莫不然。「考試」不僅無法培育新世代所需要的創新人才，也讓弱勢階級失去競爭的舞臺，向來極重視考試的韓國，也逐漸意識到僵化的考試制度對人才培育的戕害，因而著手進行改革。

三、韓國高等教育變革方向

（一）測驗成績不再獨厚

　　區域間長期以來的發展不均，使得首爾內的大學與地方大學出現兩極化現象。如何解決資源及人力上不均衡的問題，是韓國須面對與處理的當務之急。為協助地方學生進入最高學府就讀，韓國繼上述「區域平衡招生」後，改變了入學招生制度，希望讓進階版的招生制度能提高弱勢學生錄取的比率（教育部，2016）；另外，除了少子女化所帶來招生人數不足的問題外，如何在招生策略上力求改變，也是韓國高等教育改革致力要達成的。

　　為了解決發展傾斜的問題，韓國近幾年更進一步推出了「一般早期招生」（Early Admission-General）制度，完全不採用入學考試 CSAT 的成績，改以全面性地以書面審查、面試和口說測驗作為選拔錄取的標

準，目的即是希望拿掉成績，並透過書面的方式，提高對弱勢階級、不同族裔與多元家庭的錄取比率（教育部，2016）。韓國第一志願首爾大學認爲，唯有招收不死讀書的學生，才能維持國家人才庫於不墜，因此在 2015 年招收的學生中，有 51% 並不看 CSAT 成績，而主要靠審查資料，面試、及口試來尋找「潛在的人才」；而有韓國麻省理工學院之稱的 KAIST（韓國科學技術院），更只有 4% 看 CSAT 成績（蔡淇華，2016）。目前韓國高中畢業生不透過 CSAT 分數進入大學的比率已達30%，這項由首爾大學發起的招生改革，已廣泛被韓國其他大學所採用。此招生改革目的，除了希望招收眞正具有求知慾與學習熱忱的學生，也希望能回歸學習本質，不爲考試而讀書（陳榮順，2015）。不論「一般早期招生」或「區域平衡招生」，皆以申請者的在學表現、申請資料和面試成績作爲主要審查依據，惟「區域平衡招生」限制各高中僅有 2 個由校長推薦之名額，且申請者須達到 CSAT 成績的最低門檻。再者，「區域平衡招生」的書面審查和面試均在同一階段完成，所有申請者都得參加，面試問題以高中所學課業和申請人所提供的資料內容爲主；至於書面審查則特別看重推薦信和個人提供之小論文，內容包含：描述高中的學習經驗、對學業表現所付出的努力程度、列舉高中參與的課外活動、親身經歷以及習得之經驗；而「一般早期招生」則不限是否由校長推薦，且完全不採計 CSAT 成績（陳榮順，2015）。有關韓國及我國頂尖大學招生制度比較，另整理如表 5。

　　從表 5 可知，韓國近年大學招生逐漸降低考試測驗成績，單憑傳統CSAT 成績高低決定學生是否入學之「正規招生」，其招生進來的學生數僅占總招生名額的不到三成；而完全不看 CSAT 成績的「一般早期招生」，不管首爾大或 KAIST 都占極高比率；反觀臺大，以指考成績作爲依據的「考試分發」入學管道，占四成將近五成的高比率，爲 3 所頂尖大學中，最重視考試成績者。至於爲縮短京鄉差距所推動的「區域平衡招生」制度，首爾大及 KAIST 分別爲 20.9% 及 11.3%；而臺大在多元入學方案實施多年後，繁星推薦僅有 9.8%，考試分發入學比率仍然居高不下，顯示多元招生管道仍有改善的空間。

表 5　韓國首爾大學、KAIST 以及我國頂尖大學—臺大為例招生制度比較表

	招生管道	招生對象	招生比率（%）			備註
			首爾大	KAIST	臺大	
早期招生（Early）	一般早期招生（General Early Admissions	課內或課外的突出表現	50.5	80.3	41.0	類似我國申請入學及特殊入學管道
	區域平衡招生（Region-Balancing Admissions）	每一高中由校長推薦 2 名	20.9	11.3	9.8	類似我國繁星推薦入學管道
	弱勢招生（Fair Opportunity）	弱勢偏鄉招生	-	4.2	-	類似我國弱勢助學及繁星推薦管道
正規招生（Regular）	能力測驗（CSAT）	取得高分者	28.6	4.2	49.2	相當我國考分入學管道，學生依分數高低填寫志願序並接受分發；至 CSAT 則兼具我國學測及指考性質

* 因資料取得關係，上述三校招生比率係分別為 2015、2016 及 2017 年之數據資料。又備註欄係為方便理解中韓兩國招生制度所作之簡略分類，不具絕對性。

資料來源：陳榮順（2015）及蔡淇華（2016），研究者自行整理。

（二）學習歷程完整記錄

　　從上述探討可知，韓國頂尖大學近年來的改革已逐漸降低對考試成績的依賴，此與韓國建立一套嚴謹且具官方信賴度的「高中學習資料庫」（Korea Education and Research Information Service，簡稱 KERIS），以及嚴格的審查機制有關。在政府的監督下，這套學習資料庫的運作極為嚴謹，高中教師須定期將每位學生的學習情況據實登錄於資料庫內，並追蹤學生學習歷程之各項數據；所登錄之資訊若被發現評分方式

不公，或提供不實資料，即視爲違法，不僅會被處分，嚴重者將會被吊銷教師執照（陳榮順，2015）。此資料庫完整建置了學生高中三年的學習歷程，學生無須爲求分數強迫自己學習，而是在學習過程中眞實呈現學習態度、潛能、興趣，因此比較能眞實反映學生的能力。而資料檢閱部分，則透過學系指派的教師和招生辦公室的專業審查員組成書面審查小組進行評分，專業、專職的資料審查人員的配置，則是維持公平並減少遲疑的關鍵（教育部，2016）。

韓國近年來致力於高等教育招生政策的改革及其所作的努力，從競爭激烈的考試分數至上到務實致用的能力取向，並且發現學習動機、學習熱情才是學生表現良好主要因素。由於大學選才方式會影響高中教學，唯有大學以多元方式選才，而非侷限於僵化的考試制度，方能促進高中教學正常化。韓國的高教招生政策對正如火如荼推動十二年國教的我國而言，亦值得參考與借鏡。

陸　結論與建議

一、結論

大學招生政策歷經多次變革，城鄉問題屢爲關注重點。多元入學方案希望藉由多種管道提供學生多元的選擇機會，惟實施以來，發現具有經濟、知識及教育資源優勢的學生，進入明星大學的比率偏高。顯然，多元入學新方案的甄選制度及考試分發入學制度並未能解決城鄉資源落差所衍生的學習機會不公平的問題。爲改善教育資源長期分配不均導致城鄉發展落差問題，教育部於 2007 年首次試辦大學繁星計畫，給予城鄉高中平等之機會，以發掘全國各高中之英才，並請獲得「邁向頂尖大學計畫」補助之 12 所大學須克盡社會責任，於 2007 年試辦擴增大學部招生名額受理高中職推薦入學，希望藉由平衡城鄉教育資源的落差，體現教育機會均等的公平正義，進而培育偏鄉地區優秀人才（教育部，2007）。繁星致力縮短城鄉差距並帶動新興入學管道的發展，已爲我國多元入學開啟歷史新頁。

繁星計畫除探計在校成績百分比，學測成績也成爲學生能否獲得錄

取的重要關鍵，惟偏重智育成就表現的取才方式，對無法以學測成績進入優質大學之偏鄉生而言，繁星管道顯然無法發揮功用。以學測成績作為錄取大學與否的門檻，雖然有利大學端延攬符合學校特色發展需求的優秀學生，不過，學測著重主科領域的學習，係屬認知領域的範疇，若大學端據此設定招生條件，無疑引導高中端的教學與學習，不僅不利學生多元智能的發展，也不利情意的陶冶以及技能的培養。再者，檢視繁星招生簡章內容，學測及在校學業成績比序篩選程序，主要依學校推薦優先順序以及校系所訂之比序項目順序，進行比序篩選作業，而各大學校系第一比序項目統一訂定為「在校學業成績」全校排名百分比，其餘比序項目得為學測各單科級分或總級分或各單科學業總平均成績全校排名百分比。換言之，各高中雖然得以「在校學業成績」全校排名百分比推薦符合之學生，不過，若學生學測成績未達大學設定門檻，縱使全校第一名，仍然無法獲得錄取。

　　學業成就表現固然無法真正看出學生的天賦潛能與才華，學測成績表現不理想也不代表學校辦學不力，畢竟適性發展比強迫學習重要，尤其在多元智能理論的架構下，學習確實不應該偏於智育的成就表現。不過必須思考的是，為何學生學習成就低落？是資源分配嚴重不足問題、師資問題、學生本身問題（程度、能力、情緒、動機），抑或是來自家庭結構功能問題？若教育機會不均等的分配係來自人為的安排，當屬不公平，但若不均等的分配係為配合個體的天賦才能而有所差異，則屬公平。因此在教育上，針對偏鄉學生教育機會不均等的現象以及全校學生學業成就均低落情形，應當重新思考問題所在，從源頭根本解決問題，否則，僅以不是每個學生都適合學科領域的學習帶過，問題將永遠存在。根本問題沒解決，不僅學力無法提升，學生在其他領域也未必能適性發展，長久而言，對偏鄉學生的發展將極為不公平。簡言之，學測成績差，未必不利，但不重視問題背後的原因並尋求改善，很可能對偏鄉學生整體發展極為不利。尤其，本研究指出近三年繁星錄取之前十所高中幾乎均為社區高中，社區高中生未必然是學習資源弱勢者，因為有可能是越區就讀者，亦即，真正需要政府關心照顧的偏鄉弱勢生以及長期存在城鄉差距的結構性問題，繁星計畫顯然仍未能徹底解決。

　　「人才培育」是全球性議題，高教問題也儼然是國際問題，放眼世界各國，莫不致力於高等教育的發展，希望透過招生政策的變革，改善教育機會不均等並實現社會公平正義的精神。本文比較中韓高等教育招生政策發現，兩國均面臨城鄉／京鄉落差問題，也都提出相對應的招生計畫－我國大學繁星計畫致力縮短城鄉差距，體現教育機會均等的精神；韓國為縮短京鄉差距，認為唯有在教育上提供均等的機會，才能實現地域上的公平。我國頂尖大學「臺成清交」與韓國的一流大學「SKY」，同樣都是高中生引以為傲的追求目標；而韓國家長為協助子女透過特別招生計畫順利就讀名校，因此選擇做「高考移民」，此與繁星計畫中部分都會區家長或學生選擇就讀偏鄉高中以提高繁星錄取機率，似乎有類似情形。不過，韓國高等教育變革方向從分數至上到實力取向，測驗分數不再獨尊，改以強調學習歷程的完整記錄，其「高中學習資料庫」的建置與應用，已然超越我國的發展，韓國經驗值得借鏡。

二、建議

　　繁星計畫推動之初，希望能縮短城鄉差距，體現教育機會均等的公平正義精神，惟根據前述的研究發現與結論可知，該計畫能普遍照顧所有高中，確實符合公平原則，不過「校校等值」卻是一種形式公平的概念，與強調「積極性差別對待」之正義目標尚有落差；再者，繁星的公平精神主要落在「學校層級」以及「社區層級」，但對「個人層級」而言，則未必能符應計畫所欲彰顯的「照顧學習起點較弱的學生，提供適性揚才成功發展的機會」；其三，偏鄉弱勢高中生雖得以校排成績進入優質大學，卻因學測成績不佳以致往往錄取冷門科系；而明星高中生縱使學測成績理想，但因校排不及偏鄉弱勢高中生優，以致錄取優質大學之機會不及前者多，凡此皆使計畫遭受不公平之質疑。為避免上述缺失，並提供偏鄉弱勢生升學優質大學之機會，以真正體現繁星計畫之公平正義精神，建議未來可依據資源不利情形採取分群辦理之方式。具體作法如下：

（一）重新界定偏鄉弱勢之定義與範疇

　　繁星計畫希望平衡城鄉教育資源落差，不過，由於缺少對「城」及「鄉」的具體定義，以致都會中潛藏的資源弱勢族群以及偏鄉中可能的優勢族群往往被忽略或錯誤歸類。為實踐教育機會平等原則，確保各地區教育之均衡發展，並因應偏遠地區學校教育之特性及需求，教育部爰訂定《偏遠地區學校教育發展條例》。依據該條例訂定相關子法，其中，《偏遠地區學校分級及認定標準》業於 110 年 3 月 11 日修正發布。

　　依據前揭分級及認定標準，未來偏鄉應有明確定義並劃定範疇，也應要重新設定照顧對象，因此，繁星計畫欲縮短城鄉差距並照顧學習起點較弱的學生，可參探上開標準，並由各高中檢附學生中等教育階段的學（戶）籍資料據以認定「弱勢」與否，而非一概以就讀學校認定，以便精準對焦到學習不利之學生個人。換言之，凡屬偏鄉（包括偏遠、特殊偏遠及極度偏遠）弱勢學生，應針對其教育資源不足部分提供相應補救措施或差異作法，以弭平區域間資源落差衍生的學習機會不均等的問題，真正落實公平正義的教育目標。

（二）偏鄉生及非偏鄉生分群招生

　　依據現行繁星計畫（推薦）招生簡章，除設有原住民保障名額外，其餘不論是偏鄉或都會，皆以在校成績排名及學測成績進行推薦及比序分發。由於明星高中及偏鄉高中所享有的資源不對等，因此，繁星計畫若欲真正落實公平正義的教育目標，建議未來可將偏鄉生及非偏鄉生分群招生，凡依據上述偏鄉定義所劃定之範疇，其境內學生自成一個群組，而屬非偏鄉生者（包括明星高中生及一般生）另成一群組，針對偏鄉弱勢生中優秀者提供積極性以及差別性優惠措施，如予以優先錄取頂尖大學或優質大學之機會以及提供部分熱門科系之保障，或增加偏鄉優秀弱勢學生錄取比率，俾真正促進機會均等及社會流動。例如：2018年大學學測放榜，高雄市某高中全校學生無人達 40 級分以上，若依據《偏遠地區學校教育發展條例》之規定，該校屬偏遠程度高的區域弱勢區，若再依偏遠程度予以分級並進行資源分配，將有助於改善偏鄉所衍生的學習不利問題，進而帶動社區整體發展，才有助於繁星所欲彰顯的

「縮短城鄉差距」的政策目標。繁星計畫目前雖無針對「弱勢」設定補助機制，惟未來似可將偏鄉資源條件設爲評定基準，進而採取對應的措施，應屬適切可行。

◉ 參考文獻 ◉

大學入學考試中心（1992）。**我國大學入學制度改革建議書－大學多元入學方案**。臺北市：大學入學考試中心。

大學甄選入學委員會（官網，無日期 a）。**繁星推薦歷年資料**。取 https://www.caac.ccu.edu.tw/cacportal/index.php 大學甄選入學委員會（官網，無日期）。取自 https://www.cac.edu.tw/star110/history_statistics.php

大學甄選入學委員會新聞稿（2021，3 月 17 日）。取自 https://www.cac.edu.tw/star110/document/110StarReport_20210317.pdf

吳碧琴（2005）。**戰後我國大學入學制度與高中歷史教學的變遷**（在職進修碩士論文）。取自臺灣博碩士論文知識加值系統。

李鍾元（2009，3 月 14 日）。多元入學新方案中分發入學制的由來。**選才電子報，175**，取自 http://www.ceec.edu.tw/CeecMag/Articles/175/175- 14.htm

林文達（1983）。教育機會公平性之研究。**國立政治大學學報，48**，87-115。

林清江（1982）。**教育社會學新論**。臺北市：五南。

邱玉鈴（2008）。「從『繁星』誰而閃亮？談多元入學方案」。**臺灣教育，652**，45-49。

金宰賢（2011，6 月 3 日）。韓國高考招生如何實現地域公平。**南方都市報**。取自 http:// www.hellotw.com/vipt/fyqsi/sidxs/201106/t20110603_658860.htm

姜榕榕（譯）（2016，1 月 21 日）。哈佛校報（the Harvard Crimson）。哈佛號召，改革大學申請標準。**國家教育研究院國際教育訊息電子報**。取自 http://fepaper.naer.edu.tw/paper_view.php?edm_no=95&content_no=5138

孫科志（2016，8 月 12 日）。到首爾去：韓國的首都與地方之間差距有多大？**彭湃新聞**。取自 https://kknews.cc/zh-tw/news/5ez6v3.html

秦夢群（2004）。大學多元入學制度實施與改革之研究。**教育政策論壇，7**(2)，59-84。

張建勛（1991）。**我國教育機會均等政策之分析**。臺北市：正中書局。

張淑美（1994）。不同地區教育機會差異之探討。**師大學報，5**，87-111。

教育部（2007）。大學繁星計畫—大學增加名額受理各高中職學生入學招生方案。**十二年國民基本教育實施計畫：子計畫 8「推動大學支持高中職社區化」方案 8-1**【教育部 96 年 10 月 11 日臺高（一）字第 0960154293 號函訂定】。

教育部（2011）。**100 學年度大學甄選入學招生說明**。取自 http://www.hwsh.ylc.edu.tw/executive/guide1/95career/100jcee.htm

教育部（2013）。擴大辦理大學「繁星推薦、技職繁星」—引導就近入學高級中等學校方案。**十二年國民基本教育實施計畫子計畫 8「推動大學支持高中職社區化」方案 8-1**【教育部 102 年 4 月 16 日臺教技（一字）第 1020056569 號轉行政院核定函】。

教育部（2016，9 月）。國外借鏡：韓國首爾大學、KAIST 從分數掛帥到實力至上。**高教創新電子報**。取自 http://www.news.high.edu.tw/uploads/edm/20161018094。

教育部（2017）。**高等教育深耕計畫**。取自 http://www.university2025.tw/app/news.app/news.php?Sn=81

陳奎憙（1980）。**教育社會學**。臺北：三民。

陳榮順（2015）。**韓國大學招生制度考察（首爾大學、KAIST）**。取自 https://www.google.com.tw/url?sa=t&rct=j&q=&esrc=s&source=web&cd=1&ved=0ahUKEwjHmbzm3YncAhXaUd4KHQczA5oQFggyMAA&url=http%3A%2F%2Freport.nat.gov.tw%2FReportFront%2FPageSystem%2FreportFileDownload%2FC10401817%2F001&usg=AOvVaw2DklBfcKAJ9u_KHFbpV3S4

黃宇瑀（2018）。**我國大學繁星計畫政策發展與分析**（未出版之博士論文）。國立臺灣師範大學教育學系，臺北市。

黃宇瑀（2020）。從大學入學管道探究教育機會公平性。載於吳清基（主編），**教育政策與發展策略**。臺北市：五南。

黃昆輝（1975）。論教育機會均等。載於方炳林、賈馥茗（主編），**教育論叢**（頁89-109）。臺北市：文景。

楊虔豪（2013，11 月 23 日）。區域發展不均與弱勢難以翻身的高等教育【線上論壇】。取自 http://www.th inkingtaiwan.com/content/1478

楊瑩（1998）。當前臺灣地區教育機會均等問題的探討。載於中華民國比較教育學會、中國教育學會（主編），社會變遷中的教育機會均等。臺北市：揚智。

劉源俊（1998，11 月）。臺灣大學入學制度的改革。載於廈門大學高等教育科學研究所舉辦之「兩岸大學教育」學術研討會論文集（頁 517-525），廈門市。

劉源俊（2014）。序文：1994—臺灣教改的轉捩年。載於中國教育學會（主編），教改 20 年回顧與前瞻（頁 1-21）。臺北市：學富文化。

蔡淇華（2016，2 月 24 日）。為什麼 TOP1 首爾大學招生半數不看聯考成績？聯合新聞網。取自 https://udn.com/news/story/6887/1521664

問題與討論

一、繁星計畫「校校等值」的制度設計，目的在讓每一所學校的高中畢業生，不論身處偏鄉或都會，都有相同錄取優質大學的機會，您認為該政策實施結果，真的有縮短城鄉差距嗎？

二、考試分發以指考成績作為分發唯一依據；申請入學採學測成績及面試、書審資料擇優錄取，兩者都以學校為本位。繁星計畫重視學生的多元異質性，以學生為本位，您認同這種入學政策嗎？請試述其優缺點各為何？

第五章

經濟發展與人力培育政策之析論

盧延根

　　人力資源係國力的根本，也是國家永續發展的關鍵。因為國家經濟發展與國際競爭力必須擁有優質的人力，而人力培育則宜藉由教育達成。

　　成功的教育在於落實國家與社會所需之人力培育。然而，隨著社會演進，人力需求型態產生巨大變化；尤其面對少子化、科技進步與知識經濟的時代，人力培育與促進就業政策之規劃、執行與管考，益顯重要。

壹　前言

　　隨著時代進步及產業快速變遷，人力培育無法滿足產業需求，不利學生的就業力；因此經濟發展過程，人力培育必須配合工作性質及技術需要逐漸調整（盧延根，2020）；故臺灣高等教育普及化後，著重於產學合作的興革，以提升學生畢業的就業率。

　　臺灣缺乏天然資源，培育人力資源成為經濟發展的重要貢獻（吳清基，2015）。人力資源是國家發展珍貴的資產，為達成經濟發展與人力培育需求，產學合作成為產業與學校的重要連結模式之一，其中藉由產業人力需求協助學校教學、研究、發展及社會服務，而產業也得藉由產學協力獲取所需人力，研發成果更能精進產業品項之質量，創造及提升產值，也造福與服務社會大眾。臺灣早期經濟建立在「以農立國」傳統的基礎上；1973 年國際發生第一次石油危機，臺灣受到重大衝擊，轉而發展「以農養工」──將農產品加工振興經濟，國民逐漸棄農從工，並由傳統勞力密集的輕工業轉型為資本及技術密集的「高科技產業」。而後，隨著經濟發展歷程，人力培育也因工作性質及技術需要，從農業、基礎勞動技術及專業技術人力等不同階段而漸次調整；初期產業人力由高職教育培育，依社會行業分屬於不同類科之基礎勞動技術人力，產業提供高職學校教學實習訓練的機會，當時技術人員實習後，成為產業順利運作的重要人力關鍵。由於社會進步演化，產業人力素質要求提高，技專校院除了基礎學科的理論教學，也必須加重產業需求的訓練銜接及整合，營造產業與學校間緊密合作關係，建立學校與產業互惠雙贏的合作模式，以利於精進教學品質理論的具體實踐，有效降

低人力失衡，培育產業適合人力。

　　基此，本文將由了解我國經濟發展與人力培育之歷程、分析技專校院學用落差之問題，再經由引介國外經濟發展結合人力培育之概況等後，最後試圖就我國目前經濟發展政策規劃下的人力培育提出若干建議供參。

貳　我國經濟發展與人力培育歷程

　　人力培育成功，攸關社會與國家發展至鉅（盧延根，2020）。尤其高等教育功能之一在於增進人力資本，當人力投資與社會需求充分連結，就能達到經濟發展最大效益。

　　因此，經濟發展對教育的影響，向來為產業與社會大眾所共同矚目。故經濟合作暨發展組織（Organization for Economic Co-operation and Development, OECD, 2018）針對 2030 年教育願景指出，各國都面臨一個重要的全球社經背景，學校愈來愈需要協助學生：

> 因應快速變遷的環境與社會變革；
> 因應哪些尚未被創造出來的工作；
> 因應哪些尚未被發明的科技；
> 且要能解決哪些尚未能預期的各種社會問題。

　　當全球經濟劇烈變化，影響職業轉型趨勢，對未來勞動力的教育知能，產生很大的期望（林永豐，2019），這也正是經濟發展的人力，必須藉由學校結合產業共同協力擔負培育。因此，我國經濟發展歷程（工研院 IEK、資策會 MIC 前瞻研究團隊，2007；國家發展委員會，2018）宜先予說明：

一、製造導向─勞力密集產業階段

（一）追求安定與自給自足

　　1950 年代，臺灣經濟憑藉「以農立國」的基礎自力更生，並引導國家資源進入民生工業，以農業、勞力密集及進口為重點，著重經濟安

定與糧食生產爲施政首要目標。爲此，政府積極利用美援促進經濟發展，並採用關稅與進口管制等措施扶植國內工業；實施土地改革，鼓勵糧食生產，安定糧食價格，並維持社會安定；同時，發展勞力密集型進口替代產業，以降低進口的依賴，減少外匯需求。

（二）推動輕工業出口擴張

1960 年代，挹注國家資源改良農業技術，發展重點轉爲勞動密集出口導向之產業結構，利用臺灣低廉的勞力，並拓展國際市場。因此，政府積極改革外匯與租稅制度，1960 年 8 月 31 日制定《獎勵投資條例》[1]，主要目的在於提高臺灣地區的產品自製率，並於1966年設立臺灣第一個加工出口區。在世界經濟蓬勃發展的帶動下，臺灣出口快速增加，逐漸成爲經濟成長的發動機。

二、投資導向—資本密集產業階段

（一）發展基礎工業與重工業

1960 年代末期，出口快速擴張，帶動機器設備與中間原料的需求；工業化之後，臺灣產業技術更爲先進，有利於較高層次的基礎與重工業發展，由勞力密集轉爲資本密集，推動產業升級，培育高科技產業的基礎。爲此，1970 年代，政府著手大型國家建設，積極推動「十大建設」，除加強公路、機場、港口及電力等基礎建設外，積極發展石化、鋼鐵等進口中間財替代產業與資本密集產業。當時在此一策略運作下，臺灣有效降低對國外中間財供應的依賴，促進產業快速升級。

（二）推動經濟自由化與發展技術密集產業

1980 年代早期，引導高科技產業發展，在高科技產業萌芽及奠基下，電子資訊產業逐漸成爲產業發展重點。在外貿政策的推動下，臺灣貿易順差不斷擴大，總體經濟失衡日益嚴重。爲此，政府採取經濟自由化與國際化作爲經濟發展新主軸，希望透過市場機制的有效運作，導正各項失衡問題。同時在政府規劃下，開始運用豐沛資金，發展電子、資

---

1   《獎勵投資條例》行政院業於1991年1月1日行政院公告廢止。

訊及機械等資本與技術密集之產業。

三、創新導向－技術密集產業階段

（一）推動亞太營運中心與發展資訊產業

　　1990 年代，產業技術升級與國際化後，新興高科技產業起飛期，資訊電子、光電及通訊產業蓬勃發展。雖然工資上漲導致勞力密集產業外移，但是憑藉高素質的人力資源，以及分工完整的產業群聚，資訊科技產業（IT）蓬勃發展，帶動臺灣工業順利轉型、升級，由過去的「雨傘王國」、「玩具王國」蛻變成「資訊王國」。1993 年，監視器、主機板及影像掃描器等資訊產品，在全球市場占有率高達 50% 以上，位居全球第一；1995 年臺灣資訊產業硬體產值躍居全球第三，成為高科技產業全球分工體中不可缺少的一環。

　　此外，為強化臺灣全球運籌地位與產業水準，1995 年政府積極推動「發展臺灣成為亞太營運中心計畫」，發展製造、轉運及專業服務等專業營運中心。

（二）推動知識經濟與接軌國際經貿體制

　　2000 年起，針對知識經濟為目標，研發高附加價值製造業密集之全球競爭型產業為推動重點。政府揭櫫「知識化、永續化、公義化」等三大理念，除全力投資人力、研發創新、運籌通路與生活環境外，亦發展半導體、影像顯示、生物科技及數位內容等產業，以提升產業創新能力與國民生活品質；更於 2002 年 1 月 1 日正式成為 WTO 的會員國，逐步建立與國際接軌的經貿體制，重新定位臺灣經濟的核心優勢。其間，面臨網絡泡沫化、SARS 危機等一連串經濟衝擊，但在政府適當對策的因應下，均能將影響降至最低；特別是 2008 年時，遭逢席捲全球的金融海嘯，政府適時推動「因應景氣振興經濟方案」、發放消費券及擴大公共建設等政策，更是臺灣能再次安度危機的重要關鍵。

（三）推動經濟創新與落實結構改革

　　2010 年後，我國著重於知識密集產業，面對國際經貿衝突加劇、新秩序尚待建立的全球經貿新局勢，政府秉持「創新、就業、分配」的

核心價值，推動「加速投資臺灣」、「落實結構改革」兩大策略，積極打造永續發展的新經濟模式，讓創新成為成長動能，以創造就業為成長的主要目標，並在成長的同時，兼顧分配的公平及環境永續。其中，在加強投資臺灣方面，除塑造良好投資環境外，也積極推動「五加二（5+2）」產業創新、「數位國家・創新經濟發展方案」與「國家六大核心戰略產業」，包含資訊及數位、資安卓越、臺灣精準健康、綠電及再生能源、國防及戰略、民生及戰備等六大產業（行政院，2021），配合加速產業創新，提升人力培育素質，重塑臺灣競爭力，積極推動前瞻基礎建設，並以培育高素質人力，作為因應新產業、新技術及新生活的需求，奠定國家未來發展的基礎。

因此，目前技職教育人力培育之挑戰，主管機關似宜掌握社會與經濟發展的脈動。因為經濟轉型或產業變革等時機，均會衝擊所需人力技術的配合與培育，也就是必須經由教育著手。然而，亦宜釐清的是「大學並非職業訓練所」，面對外在環境因素演變及產業需求快速變遷，學校教育內容難免出現「滯後」現象，故學生由學校畢業前到進入職場的「最後一哩路」，產業居於用人需要的自身利益，理應主動投入引領與銜接，經由公私協力共同培育所需人力，才是提升個體能力及國家經濟競爭力的有效作為。

參　技專校院學用落差之問題分析

時代文明的演進，產業結構隨著科技發展提升，工作職能迥異。因而衍生技專校院人力培育學用落差之相關問題，茲就政府部門、技專校院與業界等（盧延根，2016；陳增娟、盧延根，2017）分別提列如下析論：

一、政府部門

政府人力規劃整合，循序完成產業政策，依此估算勞動力需求，轉為教育部對學校系科增減及招生人數管制的人力培育準據，應可避免如下問題：

（一）預估人力失準，不符業界需求

　　政府人力規劃主管機關，對於國家經濟發展所需勞動人力需求，預判評估失準。由於科技及社會創新演化迅速，主管機關所提報告不易精準掌握，造成學校與訓練機構人力培育的結果，無法滿足業界實際需求，擴大爲整體性的人力預估與市場實際需要，也嚴重失準，衍生產業界無人可用，卻又形成社會大量失業人口的詭異現象。

（二）業務主管分散，缺乏妥適協調

　　經濟、勞動、教育與整體國家發展等都有主管機關，亦即各有所司，似乎也可能就各自爲政，基於本位主義下，各自在機關職權範圍內按照各機關的主張立場行事，缺乏妥適協調，發揮整合綜效。因此，學校教育的人力培育缺乏政府各部門的互相配合、互相協作與互相支援，自然無法培育出適合社會的人力。

（三）訊息取得有誤，人力規劃失當

　　政府各主管部門應妥適溝通，方能避免過於本位與各自爲政，人力培育才有確實連結國家發展方向、勞工需求之類別與數額，教育主管機關依此訊息，始能訂出人力培育正確方針，否則在獲取訊息有誤，或根本未連結互通有無的情形下，人力資源規劃沒有依未來社會發展而適時調整，學用落差就必然發生，影響國家的生產力。

二、技專校院

　　技專校院端面對世局變化，人力培育也有傳統師資進用與系科設置僵化等既有問題。

（一）因襲傳統系科設置，回應外在環境不易

　　技專校院設立時，即因襲傳統知識體系，依學校分工職掌設置相關系科，隨之進用專業領域教師。當經濟發展人力需求改變，原有專業教師受《教師法》保障辭退不易，造成後續調整系科困難，也就未能適切回應外在環境的改變，衍生無法培育社會所需人力問題。

（二）課程規劃因襲僵化，未能及時因應調整

　　課程是達成教育目標與學生學習活動的最佳連結，因此必須透過妥慎建構規劃與周全構思，方能有效與科技演進做結合。技專校院課程規劃因襲僵化，未能結合時代變化及時因應作調整。目前學校雖有跨領域的學程，但學生仍無法融會貫通有效運用。

（三）遴聘師資學術專業，缺乏市場實務經驗

　　目前技專校院遴聘進用新任師資，仍源於傳統學術養成教育的博士生，缺乏職場產業之實務經驗，就所知教育學生，培育之人力必然與社會產業脫節，造成產學落差問題。

（四）教師升等論文優先，產業連結誘因不足

　　有關大學教師升等的法源，包括《大學法》、《教師法》、《教育人員任用條例》及《專科以上學校教師資格審定辦法》等。但揆諸大學教師多元升等制度，其目的係為回歸正常大學自主特色發展。而大部分教師主要仍以學術論文發表作為評判升等之參據，因此對教學升等或連結產業變異的誘因匱乏。

（五）學校產業連結不足，學生實習機會欠缺

　　學校培育人力係學生與產業間之橋梁，當學校與產業連結不足，學生要認識產業，或赴產業實習與技能實作的機會自然減少。尤其中小型企業，為了工廠生產線正常運作，自顧不暇，無法提供場地或員工指導學生。

三、產業界認知心態與資源運用之問題

（一）自我本位思維作祟，以為人力學校提供

　　在認知上，產業仍處於本位思考，只想到產業短期需求、獲益與權利，在合理的範圍內，認為人力培育是政府或學校應為之事，人力需求對外招考即可獲得。

（二）內部業務自顧不暇，人力培育無心投入

　　產業要有宏觀預測未來人力需求，否則因內部財務、原物料、生產

線與物流行銷等問題龐雜，既有工作至爲忙碌繁瑣，自顧不暇，已無心力爲人力培育。

（三）科技連動進化快速，提供學校訊息不足

　　配合科技進步，產業迅速配合變遷，卻未能主動提供學校，導致學校缺乏最新訊息，由於處於被動狀態，未能即時了解實際之人力需求。

（四）新進專業員工薪低，未能激勵學生修習

　　一般而言，產業界對於新進用員工（畢業生），不論資質是否具備「專業能力」之起薪相對偏低，未能激勵在校學生認眞修習專業課程，影響學生上進心與學習力，當敷衍修習相關課程後，未來不易進入產業職場與低薪問題。

（五）實習學生習得技能，轉爲同行產業服務

　　產業界對於實習學生，多以廉價員工對待，並未能全力培養成產業自己的技術員工爲目標，因爲產業認爲這些學生習得技術後，並非在該公司工作，而只是在爲他人產業培育的人力，因而不願善盡產業社會責任。

　　總之，技專校院培育人力的就業力不足，除了個人面臨失業、失落感與焦慮外，也產生影響國家社會用人與發展的問題。是而，培育學以致用優質之人力資源，攸關個人能力的展現與生涯發展，也有利於國家與產業競爭力的提升。

肆　國外經濟發展結合人力培育之概況

　　基於經濟全球化是未來世界經濟發展的重要趨勢，人力培育與產業接軌，更顯重要。國際各先進國家的經濟發展，都非常關心人力培育的議題，茲就英國、德國、新加坡及香港等國產學合作的政策與案例（林俊彥、吳清基、盧延根，2009；邱錦田，2016；陳增娟、盧延根，2017；劉秀曦，2019；龔雅雯、王泓翔、張素惠，2015），摘要敘述如下：

一、英國

大學社會責任（University Social Responsibility, USR）[2]與產學合作具有一致性的概念；簡言之，就是連結社會推廣與培育適用人力。行政院（2019）推動大學社會責任實踐——在地連結、人力培育的重要政策時指出，大專校院培育高等人力，更要將知識傳遞社會大眾，帶動地區的繁榮與發展，推動社會永續向前。

探究大學社會責任的具體實踐，英國大學作法被認為是重要參考對象，英國目前有多所大學都體認到應透過教學、研究與各類活動來實踐社會責任，且都致力於與學校所在區域之產業或團體進行合作。曼徹斯特大學（The University of Manchester, UoM）即為其中一所積極推動社會責任的學校，該校在其「2020 年策略規劃」（Manchester 2020: The Strategic Plan for the University of Manchester）中，將「大學社會責任」、「國際水準學術研究」與「學生學習經驗」等 3 項，併列為學校發展願景。另在實踐層次方面，則是運用以下策略來達成任務目標：1. 透過癌症研究等具有社會影響力的研究，進行跨領域和跨部門合作，藉此將研究成果轉化為對社會有正面貢獻的方案；2. 透過重新設計課程提高學生對社會和環境的責任感，同時確保弱勢家庭學生的受教機會能獲得保障；3. 透過開設網路課程與成立分析中心，強化與社區互動、提供就業機會，並進行知識移轉（駐英國代表處教育組，2016）。

二、德國

德國二元制之職業教育體制，向來為國際公認是技職教育成功的典範。

德國教育暨研究部次長 Georg Schütte 明確指出，教育場域不僅指

---

2 大學社會責任（University Social Responsibility, USR），教育部推動USR計畫，引導大學以人為本，從在地需求出發，透過人文關懷與協助解決區域問題，善盡社會責任，期待大學在洞察、詮釋及參與真實問題過程中，整合相關知識、技術與資源，聚焦於區域或在地特色發展所需或未來願景，強化在地連結，吸引人才群聚，促進創新知識的運用與擴散，帶動地方成長動能與社會永續向前。

涉學校教育而已，還應包括產業的在職培訓。前揭模式成功之因，主要係產業願意承擔雇主的社會責任與義務，對年輕學徒負起教育之責；但也絕非完全仰賴產業自覺自發的行動參與人力培育，政府更宜透過各種政策工具進行引導或敦促（駐德國代表處教育組，2017）。故德國政府職業教育系統的規劃過程中，都會將產業雇主、公會或工會的意見，導入課程設計中，如此鏈結實務與學校理論教學，被視爲非常重要的一環。

換言之，各國企圖學習德國職業教育的經驗，引進德國二元制技職教育系統之前，首先必須能夠針對產業、公會或工會參與學生的職業教育，改變傳統作法，共同分擔社會責任，否則恐怕也只是讓政策的借用再次出現「逾淮之橘」現象罷了。德國產業參與二元制教育系統的作法即是實踐「產業社會責任」（Corporate Social Responsibility, CSR）[3]的最佳表現。而居中穿針引線的則是《職業教育法》，政府透過相關法規之頒訂來促成產業與教育機構的密切合作（饒達欽、賴慕回，2017）。另外，德國聯邦也提出《2020大學協定》、《創新卓越計畫》及產業訓練等相關人力培育之政策；由此可知，人力培育僅賴教育機構單方面的努力或有不足，但有產業的共同參與與協力合作，方能擊掌共鳴，發揮人力培育最大之效益。

德國產業人力培育領先世界各國。主要原因係充分調配社會資源，激發產業培養人力的積極性，形成高效能合理、分工明確、制度健全的人力培育體系。讓政府在產業與教育的連結，協助人力培育發揮重要角色功能，詳如下所述：

（一）強制規範職業教育培訓

德國職業教育是產業協助人力培育最典型的方式。德國於學校教育

3　產業社會責任（Corporate Social Responsibility, CSR）是指產業除了追求股東（stockholders）的最大利益外，還必須同時兼顧到其他利害關係人（stakeholders）的權益，包括員工、消費者、供應商、社區與環境等。此一概念，乃是20世紀工業發展極其興盛後所引發的一種反省，當已開發國家在工業及商業發展達到一定的成熟度後，人民或企業開始思考企業自身與環境、社區、勞工等的合理關係。

課程之實施作業則由教育暨研究部所規範。在行業協會主管部門監督下，以產業訓練為主，並與學校共同承擔二元制高等職業教育。

（二）推動校企間產學合作

政府盡力推動學校與企業間的產學合作，促進研究成果轉移產業界與應用，激發產業協助培育研究人力之熱情。並透過法律調整、開展產學競賽鼓勵企業，尤其是中小企業協助高等學校培育研究人員及提高其實務應用之能力。

（三）實習課程之政策與建教合作機制

德國的產業，不論規模大小皆投入職業教育訓練的行列，並提供職場實習。接受培訓學生學習時間：職業學校學習 1-2 日理論知識，但職場訓練 3-4 日，可見職場實習比重甚高。大型產業的培訓中心，用最現代化的設備、教學設施和手段對學生（含企職工）進行專業技能培訓，另與小企業簽約的學生到可跨企業培訓中心（由聯邦政府、州政府以及小型企業依法合建）接受培訓。

職場實習隨時因應市場需求可做調整，除節省國家教育的開支，且因職訓工廠素質佳與訓練師資格優良，故職場實習得以培育出類拔萃的人力。

（四）證照制度

德國技能檢定與證照制度，係指學徒訓練結業考試與結業證書，以及師傅（Meister）考試與證書制度。期滿後，同一行業的學生參加德國工商協會組織的全德統一資格考試，合格者准予畢業並取得相應的學歷證書與從業資格證書，即獲得從業資格。對於未通過學徒結業考試取得結業證書者，雖未規定不得工作，但無法以正式從業人員的薪資起薪。師傅證書則是得招收學徒的必要條件；在手工藝業領域，師傅證書也是自行開設小工廠或小店的必要條件。

為了確保與增進職業教育與訓練的品質，目前德國正試著建置一套「國家資格架構體系」（National Qualifications Framework, NQF）。

（五）大專校院生涯輔導制度

高等教育的生涯輔導，除實習之外，也幫助學生縮短學用落差之重要方式，是一個以政府為主體，學校、企業與私人諮詢介紹所等社會多方力量共同參與之社會化生涯輔導體系。政府在各地專門設立大學就業協調組，負責開設職業諮詢課，介紹用人單位性質、要求以及受聘人員之條件，輔助學生開展生涯設計與職業規劃，指導學生根據個人特點，充分利用訊息獲取工作機會。

三、芬蘭

芬蘭經濟發展最大的特色是人才與科技。透過高等教育培育優質的研究人力與運用新技術創新，增強其經濟實力；近年來，各先進國家無不爭取國家在全球化經濟中的領導地位，其關鍵性策略為強化產學互動網絡及鼓勵產學合作創新。

芬蘭非常重視產學合作，除了將學術研究轉化為產業動能的技轉之外，也大力推動創新的產學合作模式，促進創新創業與經濟發展，成為提升產業競爭力與國際優勢的關鍵要素。有關人力培育強調學用合一，縮短產學落差，芬蘭深化產學合作與人力培育夥伴關係的策略及推動作法，分述如下：

（一）生命科學產學合作博士研究培訓計畫

芬蘭科學院以學術卓越中心及人才教育與培訓為主要政策工具，加強學術界和產業界之間合作。產學合作培育產業需求的博士生措施方案為重要政策措施之一，生命科學領域的產學合作博士研究培訓計畫即為代表性典範案例，旨在促進學術研究和創業之間的合作，創建一個從教育、科研、產品開發、生產和商業化的完整價值鏈，進而推動芬蘭健康醫療高科技產業的發展。

芬蘭生物中心（Biocenter Finland）是分布在芬蘭全國 6 個大學、7 個生物中心的國家級科研基礎設施，是專注在生命科學及生物醫學頂尖技術平臺服務的全國性網絡，旨在促進大學和產業之間在生物科學和生物醫學的研發合作，有兩個主要特點，第一個特點是民營產業和大學

的組合，目標之一是研究成果的商業化，創建了 1 個產學兩端的技術平
臺，為芬蘭生物科學的發展而開發全國範圍的知識基礎；第 2 個特點是
它非常強調科研訓練，組織許多針對博士生和青年研究人員的研究培訓
計畫，不僅聚焦在科研培訓，同時還關注博士生和青年研究人員的職業
生涯發展（Chiang, 2011）。

（二）促進博士畢業生進入產業就業的博士後在公司計畫

芬蘭公司、基金會及金屬製品與機械工程科技創新策略中心聯手
推動促進博士畢業生進入產業就業的博士後在公司計畫（Post Docs in
Companies, PoDoCo），提供更好的誘因機制，媒合私營部門僱用年輕
博士畢業生。PoDoCo 計畫由 PoDoCo 共同基金與參與該計畫的公司提
供資金，計畫對於 PoDoCo 研究員提供一個學術研究期程，其後續一至
二年則有針對性的研究期間。學術研究期程的目標是創造深遠的知識以
增進該產業的更新與發展，由 PoDoCo 共同基金提供研究期程的研究經
費。學術研究期後，公司資助聘請博士後針對研究，深化研究成果，並
建立公司特定專業的洞察力。PoDoCo 預期獲得學術研究支撐芬蘭公司
的長期競爭力和企業策略更新，而且年輕博士獲得產業經驗的雙贏局面
（Neuvo et al., 2015）。

（三）Demola 開放式創新平臺

Demola 是一開放式創新平臺，也是新的產學合作模式，提供大學
學生團隊與公司合作及跨學科領域創新環境，處理來自產業和其他組織
提供的挑戰。透過 Demola 開放式創新平臺的專題計畫，創造公司新服
務或產品創意概念的「示範」及原型產品，其中大部分是透過 Demola
架構設計的授權制度，買下公司和組織的創意概念。Demola 開放式創
新平臺於 2008 年成立於芬蘭的坦佩雷（Tampere），由創意坦佩雷計
畫資助，平臺的目的是促進坦佩雷地區的多學科、靈活的創新文化，以
及鼓勵學生創業，提供來自坦佩雷地區的 3 所大學學生與公司團隊合作
以及跨學科領域創新環境，創造源自公司新的服務和產品創意概念的示
範產品。

Demola 開放式創新平臺的核心是由來自於參與學術機構的學生組

成團隊，團隊選擇取決於學生自己的動機，鼓勵申請團隊找到他們感興趣的問題，配合 Demola 網站列出可申請的專題計畫，根據 Demola 網站列出專題計畫所需的技能類型，過濾出可參與的專題計畫夥伴，來解決不同領域夥伴之特定問題。創意坦佩雷計畫資助 Demola 平臺，讓 Demola 成爲本地大學一個中性地基資源，透過建立平臺並開放各學科領域資源，如今已擴展並成爲許多產業的價值開發工具。

　　產學合作已被視爲影響國家競爭力的主要因素之一，芬蘭雖擁有產學研三位一體高度互動的優良傳統特點，但近年來，面臨全球化嚴苛的競爭環境，以新思維進行新一輪的創新系統改革和重新調整其產學合作策略，以因應全球經濟之需求與用戶導向、網絡化和開放式創新生態系統。芬蘭促進產學合作與產學夥伴關係以創造經濟實質價值的推動機制與作法，重點在於改革產學合作體制環境，提高大學成果商業化及與產業合作誘因，人力培育計畫強調學用合一，並建立產學媒合平臺銜接產學落差；強化公私協力夥伴關係，擴大公共資金基礎，共同推動對未來關鍵領域長期承諾的產業導向合作研發創新，作爲實現共同目標的新型開放式合作創新網絡平臺，支持產業爭取世界市場目標。芬蘭鼓勵學界從事結合產業需求之研發活動，加速科技研發成果產業化，帶動國家整體社會、經濟及產業發展效益，均相當值得我國參考。

四、新加坡

　　新加坡政府非常重視人力培育，因此教育被視爲國家未來進步的動力。爲了讓學生適性教育，該國小學畢業會考後，就依學生性向進行定位，決定中學讀四年或五年，給予學術或工藝性的課程教學，進行分流教育。

　　新加坡獨立前，鮮少關注職業教育與人力培訓。於 1965 年獨立後，由於工業化加速經濟的增長，衍生傳統的貿易、商業及服務部門無法滿足畢業生就業的機會，經過政府整體性的策略規劃，讓更多離校人口，獲得適當的繼續教育與進入職場。然而，如今面對知識經濟的時代，資訊科技及環境變遷等趨勢，導致久負盛名，行之有年的教育制度面臨衝擊與變革，以尋求存在的適切性。當新加坡年輕人不想在學術

研究發展時，其教育和就業問題，給予政府另一思考的方向。一般而言，新加坡的繁榮讓這群不想升學的年輕人提供更好的教育與培訓機會。

新加坡職業教育的發展與其經濟社會發展密切相關，檢視新加坡經濟發展的歷史，我們可以看到隨著經濟的不斷發展，社會對人才的要求也愈來愈高。新加坡的經濟發展（Law, 2011）大致可分為 3 個階段：

（一）第 1 階段為 60-70 年代

當時新加坡得到了聯合國技術協助組織的援助，制定了長期工業化的發展藍圖是「要素導向型」經濟，屬於勞力密集的經濟；所有形式的投資都受歡迎，以解決迫切需要的就業問題。

（二）第 2 階段始於 80 年代初期

此階段之目標是為了解決勞工短缺的問題以及提高生產力，屬於「投資導向型」的經濟，也就是 20 世紀 80 年代資本密集的經濟。

（二）第 3 階段始於 1985 年起至今

1985 年起，新加坡為經濟基本政策的檢討時期。目標是保持新加坡在全球市場的競爭力。政府鼓勵有關人員的訓練和提高以及進行研究和開發等活動，是屬於對知識的需求動力為「創新導向型」的經濟。

新加坡在 21 世紀透過 3 個階段的產業，業由「早期工業化」的經濟發展到「新工業化」的經濟及「全球化程度和多元化」的經濟。新加坡政府能夠成就如此經濟格局，主要之動力在於教育機構不斷響應變化人力需求之發展與演變，藉由教育及人力政策協調，確保從不同的教育機構，包括職業教育與培訓的機構，教導畢業生企業需求的必要知識和技能，迅速地創造許多新的就業機會與促進經濟成長。

五、香港

香港極度地重視技職教育與開發人力資源，對於推動產業合作計畫，以鼓勵產業善用大學的知識及資源，推行更多研究發展工作。再者，香港職業教育與訓練的模式具有啟示作用，茲將香港產業合作計畫

及職業教育模式概述如下供參。

（一）香港的大學與產業合作計畫（3 個子計畫組成）

1. 廠校合作研究計畫

此計畫旨在透過資助本地公司聘用大學畢業生，來協助專利研究發展工作，加強大學與產業界的合作關係。研究生將會派駐參與公司，就指定的事項從事為期不超過兩年的研究工作，大學則須為從事項目工作的研究生提供相關的指導。這項計畫會承擔有關研究生補助金的一半費用。研究生每月最多可獲創新及科技基金提供的補助金，且項目為期不超過兩年。

2. 合作研究等補助金計畫

此計畫旨在推動私營公司與大學合作推行專利研究發展項目，且排除純粹探討現有科技的日常應用，或蒐集和分析資料的項目。以大學的研究人員為工作小組的核心成員，並須負責進行項目的大部分研究發展工作。補助經費中，以支付大學為該進行項目所需的有關開支為主。參與公司須以現金支付的方式，承擔不少於 50% 的項目成本。

3. 客席研究員產業研究計畫

此計畫旨在協助大學及產業，為香港從事有待發展但具長遠發展潛力的自然科學或工程研究，以符合產業的需求。研究主持人必須在大學任職，補助經費的支出比例及對象，參與公司支付補助方式，與前面的合作研究計畫相同。

（二）香港職業教育與訓練處理模式

1. 籌措經費作為技職教育發展興革基金

香港政府 1997 年 10 月投入 50 億港幣（約新臺幣 210 億元）成立優質教育基金，再以基金投資收入支持長期運作。學校能透過基金精進技職教育體系進行教育革新。獲得基金的申請，計畫完成後，均要提交報告，並將報告置放於基金網上的資源中心供人瀏覽，讓社會大眾監察運用，再者方便其他申請者參考使用。

2. 建構技職教育體系，符合產業需求夥伴關係

香港職業訓練局的教職員大多來自產業，具有理論基礎與實務經

驗，能有效掌握產業發展趨勢與人力需求，故產業為提升員工職能，將該等送交香港職業訓練局的各訓練中心所主導之訓練，必然符合產業之需求。

3. 經由產學合作過程，提供學徒制訓練之機會

香港學徒制的訓練是依據《學徒制度條例》向產業徵收「訓練捐」。訓練期間除了在產業之職場實務訓練，也須至工業學院或科技學院修讀工業相關之教育課程，因而得以培育允文允武全才之市民，也自然成為產業基層技術人力之搖籃。

4. 落實職業訓練與教育，建立產業認同證照制

香港專業教育學院修業後，等同專科階段之教育程度，期滿頒予社會能認同之文憑證照，使「終端學歷」被社會推崇為具有「一技之長」，證照是產業用人重要參據，因此形成顯學，也自然受到重視。

5. 建構技職系統產學交流，展現互補諮詢效能

香港職業訓練局所屬專業教育學院，鼓勵成員宜了解產業需要，赴產業擔任顧問與諮詢工作。讓香港職業訓練局的成員與時俱進，同事之間，除了平日互動情誼外，應建立互通有無提供諮詢與相互學習的機會，也可藉由在產業以顧問諮詢取得最新資訊，即時掌握大環境異動徵候，從中學習新知，並將了解到的問題，作為行動研究題材與產業做深入交流，獲得新穎之研究成果，再將研究新知識或技能商品化，瞬息轉為產業諸多有形價值之利基，有利於促進產業進步。

六、小結

國際各先進國家為了完備經濟環境，對於教育與經濟發展都認為應該緊密連結，積極合作提升技術職業教育的人力培育，作為提升產業競爭力的基礎，創造兩者相輔相成的共生環境，達到雙贏互利的理想境界。

伍　結論與建議

隨著時代演進，科技進步與經濟發展，社會人力需求不斷調整。因此，人力培育政策必須連結國家經濟發展需要，茲就政府機關與技專校

院（盧延根，2019）提出如下建議：

一、政府機關

　　面對大環境的變遷，經濟發展與產業人力需求迥異，政府主管機關要有政策引導、法規制定（或修正）與資源投入，茲提出政府主管機關在人力培育方面之建議。因此，世界各先進國家結合產業經濟增長，將人力資源列為主要資源與動力。

（一）盤整法規精進作業

1. 制定人力培育基本法規，規範業務職責與產業責任

　　美國、德國與先進國家為增進國家競爭力，在人力培育方面均訂有相關法規。藉由依法行政作業，分別賦予政府、學校與產業等相關機構人力培育的責任。政府機關各有所司，不論主管國家發展、經濟、勞動力或教育等，均應精準確定所司之業務。政府與學校主管機關依國家規劃、經濟發展及人力需求，調配各技專校院系所與招收學生人數，並善盡督導責任，讓學校與產業間得以密切連結，產業除了提供學生實習場地、設施與業師等，拉近學校與產業的距離，並提高產業投資人力教育的節稅額度，增進培育人力意願。故依前述，擷取先進國家相關法規之制定處理模式，值得我國比照制定人力培育之基本法規，作為規範各機關業務職責、學校課程教學規劃與賦予產業責任，俾利制定更為有效政策進行人力培育。

2. 技專校院與產業間關係，允宜訂定穩定合作契約

　　為保障學生進入產業參加產學合作之勞動權益，避免遭受合作產業不平等的對待，因此似宜規範學校、合作產業及學生訂定書面契約，爰建議《技術及職業教育法》第17條訂修相關條文，說明如下：

(1) 產學合作前，審慎評估合作廠商，以維護學生安全及學習效益

　　「產學合作」主要對象為學生。學生在學校理論學習之後，透過產業與學校的合作，共同規劃實作課程及現場實務實習，以幫助學生完成就業前的實務經驗與產業職場進行實習等課程。由於在學學生年輕或尚未成年，為維護學生安全及學習效益，專科以上學校與合作產業之

廠商，於產學合作前，學校應對產業進行審慎評估工作環境及實習內容，實地進行了解，避免學生淪為產業替代勞工或其他可能陷入危險境地的問題，爰建議增訂第 2 項：「開設專班前應對產業進行審慎評估，報經學校主管機關核定後辦理。」

(2) 產學合作允宜訂定契約，規範學校、合作產業及學生之權利義務之事項

對產業審慎評估認為可行後，於進行產學合作前，宜由學校、合作產業及學生訂定書面契約，明文規定學校、合作產業及學生之權利義務等相關事項，爰建議增訂第 3 項：「專科以上學校、合作產業及學生應訂定書面契約，載明學校、產業及學生之權利義務等相關事項。」

(3) 為保障學生權益，允宜規範主管機關訂定定型化契約範本

另中央主管機關本於職責，允宜訂定定型化契約範本及規範記載及不得記載事項，以保障學生權益，爰建議增訂第 4 項：「前項書面契約之格式、內容，中央主管機關應訂定定型化契約範本及其應記載及不得記載事項。」

(4) 產學合作專班實施計畫之實施，允宜提升法律位階，由中央主管機關會同勞工行政主管訂定相關辦法

另鑑於目前技專院校之產學合作專班，其辦理相關事項，係由專科以上學校擬定實施計畫，經由主管機關核定後辦理，教育部目前僅以「行政指導」的位階，訂定《技職校院辦理產學攜手合作專班注意事項》作為規範，對於學生權益保障恐有不足。再者，新增第 2 項之應評估事項、產業應辦事項、產學合作委員會之組成及其他應遵行事項之辦法，允宜報請學校之主管機關會同中央勞動主管機關定之，以便周延確保學生應有權益，爰建議第 5 項修正為：「第一項專班之授課師資、課程設計、辦理方式、學分採計、職場實習、輔導、第二項之應評估事項、產業應辦事項、產學合作委員會之組成及其他應遵行事項之辦法，由中央主管機關會同中央勞動主管機關定之。」

(5) 學生「實習」如有勞務提供或工作事實者，允宜增列保障之規定

產學合作的學生在產業職場實習，雖名義上係「實習」課程，但實

際上卻有從事勞務工作之給付者，在實習中涉及勞動事務，似宜參照《專科以上學校產學合作實施辦法》第 6 條之 1 第 2 項規定 [4] 辦理，以提高法律位階，保障學生在產業職場實習的勞動條件與環境。爰建議增訂第 6 項：「第一項專班之學生於職場實習時，如有勞務提供或工作事實者，第三項所定產學合作書面契約應依勞動基準法規定辦理。」

(6) 為鼓勵產業辦理專班成效優良者，允宜增訂給予獎勵並得依法申請租稅減免之規定

產業界與學校合作辦理產學合作，係以上課、實習或專題等方式，提供產學合作業師、場地、機器、相關設施及可能耽誤趕貨的時間等，讓學生有機會在職場進行實務的實習，增進學生務實致用的學習機會，因此對於全力協助產學合作之產業著有成效優良者，允宜給予獎勵並得依法申請租稅減免。爰建議增訂第 7 項：「產業辦理專班成效優良者，應予獎勵並得依法申請租稅減免。」

3. 健全實習教育務實推展，行政命令允宜提升專法

有關產學合作學生的「實習」課程，係指學校為培養學生務實致用的觀念與能力，在學生修習專業課程至相當程度後，由學校安排至系所相關領域之產業或機構實習，以增加職場的適應力與競爭力（吳淑媛，2015）。顯然，實習機制可協助學生畢業前連結產業之實務，有利於及早體驗職場工作及未來就業，對於國家經濟發展也將更具競爭力。

為了讓學生及早體驗職場，將理論與實務結合，藉由實習過程習得所需知識與經驗，並建立正確工作態度及職場倫理，學生亦可藉由實習了解實務概況，探索未來發展方向。然而，大專校院學生至校外實習已行之有年，教育部先前係以行政命令之參考手冊、作業要點及現行《專科以上學校產學合作實施辦法》作為指導依據。由於目前大專以上學生的實習至為普及，除了人數眾多，各校實習依系科特色，擁有不同需求之態樣多元，但是對於實習教育的機制及學生權益的保障卻無法律明文

4　《專科以上學校產學合作實施辦法》第6條之1第2項規定，學生實習期間於合作機構有從事學習訓練以外之勞務提供或工作事實者，所定產學合作書面契約應依勞動基準法規定辦理。

規定，雖然教育部 2018 年底業擬定《專科以上學校校外實習教育法草案》，並於 2019 年 2 月間函送行政院審議（目前尚未完成審議）；但為健全實習教育順利之推展，前述學生實習教育專法之草案似宜以優先法案儘早處理，裨益保障學生權益及產業經濟發展。

（二）改變認知投入資源

過去國人的觀念，普遍鄙視職業教育。然而，政府的教育政策可以經由各種行銷活動，為民眾創造新的需求；反之，亦可降低民眾的需求（盧延根，2020）。

經由前述德國與新加坡政府對職業教育的重視及培訓，將之列為國家優先且重大政策，並投入大量經費，提供學生良好學習環境，讓學生畢業即可就業。近年來，我國經有效進行宣導與行銷，技職教育的實施已逐漸改變國人的觀念，學生及家長選擇入學管道不再侷限於普通教育，甚至有很多學生優先將職業學校列為第一志願。因此，透過技職教育培育產業人力，政府仍應持續關注與宣導，並投入更多的資源，方能讓國人真正達到認知的改變，俾利國人樂意進入職業教育學習，也讓產業發展所需之人力不虞匱乏。

（三）提高人培編組層級

國家為了培育社會所需之人力，政府允宜建立跨部會人力培育任務編組的機制，任務編組的召集人，建議高於部會的行政院副院長以上層級擔任（新加坡係由總理主持相關的委員會），以避免各機關各自為政，始能掌握各行各業迫切需要強化的知能與實際需求，盤整為條理分明，依「人力需求」、「類別人數」、「團隊領導」或「部屬培力」等，落實學用合一政策，滿足產業人力需求，也提升學生畢業後的就業機會。

（四）政策指引人培誘因

人力培育成功，攸關社會與國家發展至鉅。故政府宜制定合理可行之政策，透過政策導引，提供學校與產業培育人力友善環境，並提供誘因鼓勵學校與產業，以策勵學校創新辦學，戮力教學，積極辦理產學

合作；進而讓產業共同關注人力培育，除提供發展人力需求與調整廠區
給予學生實習空間。再者，也似宜修法提供產業誘因—譬如：減免稅賦
等，讓產業如同英國式願意善盡社會責任共同培育人力，俾利經濟發展
與人力培育發揮最大的效果。

（五）成立基金培育人力

　　前述香港政府 1992 年挹注 50 億港幣（約新臺幣 210 億元）設立
「新科技培訓基金」（New Technology Training Fund）（林俊彥、吳
清基、盧延根，2009）、新加坡對雇主徵稅建立技能發展基金（龔雅
雯、王泓翔、張素惠，2015），辦理新科技培訓計畫、提高技能水準
與增進產業人力運用滿意度。臺灣也似宜思考類此模式之相關作為，研
議由政府主管機關編列一定之預算，或向民間熱心團體募款及產業善盡
社會責任的回饋，籌措經費成立基金，配合國家發展與產業技術升級需
求，有效運用於培育符應產業之人力。

（六）補助培育研發人才

　　芬蘭經濟發展經由高等教育培育優質的研究人力，並妥善運用新技
術創新，增強其經濟實力。由於科技進化迅速，政府為提升產業競爭
力，培育博士級高階人力，作為創新技術研發能量，並引導博士人才進
入產業，以扶植產業發展。尤其，在少子化的情境下，主管機關已然關
注及鼓勵大學招收博士生，除了培育產業所需之博士級尖端高階人力投
入職場外，也打開博士人力畢業後即可就業的通路，但仍宜賡續滾動檢
視人力培育方向，裨益形成產官學三贏局面，儼然成為現階段培育研發
人力之新思維。

　　因此，教育部 2014 年起倡議「產學合作培育博士級研發人才計
畫」（產博計畫），續於 2018 年推動「大學產業創新研發計畫」（產
研計畫），由教授帶領博士生及具博士學位的人才，以結合產業資
源，共同進行人才的培育以及創新技術研發（教育部，2019）。目前
「產博計畫」分別以碩博士五年一貫及博士四年的模式，爭取產業或
法人研究經費方式，培育博士生務實致用的研發能力。而「產研計畫」
則由教授帶領博士級研發人才，針對行政院 5 + 2 產業創新及「國家六

大核心戰略產業」等產業領域，與產業共同合作研發及進行高階人才培育。

　　然而，政府或學校能夠預期或迅速精準的掌握到產業創新發展最需要解決的問題，這是產學合作最困難之處。因為人力培育無法滿足產業需要，如同隔靴搔癢，毫無用處；因此，政府與產業必須建立對話機制，以掌握產業需求，亦即透過具專業性的架構協助產業解決問題。故期望「產博計畫」或「產研計畫」培育博士級人力務實致用的研發能力，鏈結大學與產業，運用產業資源，共同進行人力的培育及創新技術研發，建立雙方長期產學合作關係，並結合產業師資協助學生建立專業實務能力，規劃多元職涯路徑，不僅為博士生建構未來進入產業的有力基礎，也開拓更為寬廣的機會與發展空間。

（七）政策引導系所調整

　　政府為了國家經濟競爭力，隨時關注與掌握國際科技與產業發展脈動，主管機關除應即轉知技專校院依學校特色自行規劃校務發展之參考，並在獎補助款設置學校系所調整科目之誘因，讓學校願意依所知產業發展所需之人力，納入政策引導作為學校系所調整，培育具有熱情敬業及職場專業能力的優質人力，滿足產業的實務需要，建構兩者雙贏賡續發展，也促進學校多元發，俾利於培育學用合一之目標。

（八）向下扎根技藝教育

　　相對於新加坡小學就已進行性向定位，我國則到高中階段方予分流。就教育立場而言，每一位學生都是可造之材，都是國家未來的主人翁與希望，但智能及家庭環境互有差異，自然在思考模式或擅長領域都會有所不同，所以應先接納學生的個別差異，再協助其探索性向與興趣，規劃適性教育學習課程與生涯發展機會（盧延根，2003）。

　　目前政府業規劃國中開辦技藝學程，協助國二（八年級）學生職業試探，然而開設之類科、人數及班級數等有限，似宜思考藉由技藝性社團，或利用寒暑假時間，舉辦各類技藝性營隊，提供國中學生更寬廣職涯探索的機會。此外，國民小學階段亦可提供職業認識與探索課程，當政府以政策鼓勵與協助國中小進行職業認知教育，提供職業試探與體驗

的機會，讓學生獲取職業教育課程，有助於學生增進對技職教育及未來職場的認識，對於未來生涯發展會有更大的信心。

二、技專校院

學校職責是培育人力，近年來大學畢業生呈現求職不易、薪資低落與學非所用等問題，凸顯培育的人力不符社會需要（陳增娟、盧延根，2017）。隨著經濟結構變遷，產業人力與學校培育允宜符應職場人力需求。

（一）落實專業技術教師

學校對於政府所提供之國際科技與產業發展脈動，應據以規劃並迅速予以回應，作為改善課程教學，避免產生傳統重理論輕實務的問題，落實教師到產業學習，並引進業師協同教學，以共同培育學生的實務能力。依據《技術及職業教育法》第25條及26條規定，技職校院應確實依法落實執行專業科目或技術科目之教師，具備一年以上與任教領域相關產業實務工作經驗，且每任教滿六年應至產業進行半年以上研習之規定，以提高教師專業知能，始能培育符應產業所需之人力。

（二）提供產業客製培訓

雖然「大學並非職業訓練所」，在面對大環境的變遷及產業人力需求的演變，為教育務實致用的學生，針對我國目前所推動「五加二（5+2）」產業創新及「數位國家 · 創新經濟發展方案」，並積極推動「前瞻基礎建設」的時機，技專校院似宜秉持作為國家與產業發展的後盾，了解所需人力給予完善客製化的培訓，除可教育出畢業即可就業的國民，也為國家提升全球競爭力貢獻一份心力。

（三）建置嚴謹證照制度

前述德國技能檢定與證照制度，讓學徒訓練期滿後，參加全國資格考試，合格者：1. 准予畢業；2. 取得學歷證書；3. 從業資格證書等，亦即獲得從業資格。另香港專業教育學院修業期滿，頒予社會認同與推崇之文憑證照，是產業用人重要參據。因此，我國教育部業於1992年

起辦理技職學校在校生丙級專案技術士技能檢定，但是社會對職業證照認同度、鑑別力及時宜性等仍有問題（李隆盛、李信達、陳淑貞，2010）。顯然專業證照施行的政策，雖屬正確，但通過率浮濫，學生報考幾乎通通有獎的情況下，雖可鼓勵技職學生的信心，卻遭受產業質疑考試之鑑別度，對持照者的職位或薪資並無所助益。顯然，學校的證照考試似宜更為嚴謹，方能達到「合格即合用」的證照制度，始能培育產業所需人力。

（四）配合產業調整系所

前述新加坡政府能夠發揮經濟發展成就，主要動力係教育機構能夠響應人力需求之發展與演變。再者，教育及人力政策具有良好之溝通，確保從不同的教育機構教導畢業生，符合產業必要的知識與技能。因此，技專校院似宜參照新加坡作法，以人力需求發展與演變，依據政府引導及學校特色調整或整合系所，培育產業發展所需之人力，有利於培育學生技能。學校依上述資訊於增設、調整系所及學位學程之規劃，歸納後似宜納入：1.配合國家政策及學校中長程之發展計畫；2.因應社會發展及產業人力需求，考量學生未來發展；3.配合學校特色發展，考量軟硬體教學設施、專任師資素質專長、學生就業就學情形、招生情況等辦學資源條件，整合現有規模及資源。中程校務發展計畫，也可思考規劃直升研究所的輔助課程，期冀形塑與培育學生的熱情及敬業的態度，具備職場專業能力與創業知能之產業與創業管理卓越人才，滿足產業職場及學習知能彼此的實際需要，裨益於兩者雙贏賡續發展。其形塑與養成教育學生的熱情及敬業的態度，積極指導學校團隊和協助辦理各項活動，促進學校多元發展「敬業理念」。

（五）善盡教育控管責任

學校是全民的教育機構，培育社會有用的人力。讓學生畢業後有發揮的空間，能夠發現職場工作的問題，分析問題及解決之道，培育協助產業及社會變得更好的人力。因此，學校願意承擔學生學用落差的責任，就會積極連結產業進化發展，除了前述配合政府進行人力供需的評估，在系科的設置轉型及持續不斷檢討調整招生數量，作為學校科系設

置和招生人數訂定的依據，以符應產業人力需求；再者，提升學生學用合一工作能力，對學生在校學習的就業知能，似宜更為嚴格擔負起學生學習品質的控管責任，方能兼顧學生未來對社會適應、提升與改造。

（六）建立自主學習平臺

　　依據目前數位學習發展的趨勢，學校似宜在設置自主學習平臺之前，先期作為探討學科整合前導的研究，並以單一學科為基礎，從不同類科建立多元學習管道與診斷評量的設計，以作為未來平臺設計之藍圖，最終係依據產業發展狀況及學生學習需要，建置以學習者為中心的數位自主學習平臺，提供自主學習環境，讓學生能夠自主規劃學習，學生得以隨時針對產業發展及課業內容，進行自主學習，始能培育產業所需人力。

（七）規劃彈性模組課程

　　教育是促進國家經濟發展的重要因素，目前社會需要多元知能的優質人力，故學生跨域學習非常重要，俾利提升競爭力。為鼓勵學生跨域學習，並增加選課自由度，技專校院似宜規劃調整以學科為領域，推動課程模組化的學習，運用數位學習課程，將課程拆解成時間較短的單元，幫助學生可用閒暇時間，進行「破碎學習」，亦即放寬學分規定（譬如：課程短程完整卻可達成較長程目的，每門課只有 1 學分，只講 1 個核心主題；再如每門課以密集授課方式，只要 1 星期的每天上午或下午的半天，就可以取得 1 學分），讓學生依興趣選課，學習動機較強，並於修課時能以模組概念進行創造思考，學到更完整的領域知識。目前或許部分技專校院已有「微課程」，期許更為廣泛推廣，以培育產業需求之人力。

參考文獻

（一）中文部分

工研院 IEK、資策會 MIC 前瞻研究團隊（2007 年 5 月）。2015 臺灣產業發展願景與策略。

行政院新聞傳播處（2019 年 6 月 6 日）。重要政策推動大學社會責任實踐一在地連結、人才培育。取自 https://www.ey.gov.tw/Page/5A8A0CB5B41DA11E/9fd14ac8-4814-4b69-90e3-726e2641be39

行政院（2021 年 1 月 18 日）。推動「6 大核心戰略產業」一讓臺灣成爲未來全球經濟的關鍵力量。取自 https://www.ey.gov.tw/Page/5A8A0CB5B41DA11E/a60cabcd-397e-4141-92ce-b8678bc8b2ca

李隆盛、李信達、陳淑貞（2010）。技職教育證照制度的回顧與展望，教育資料與研究雙月刊，**93**，31-52。

邱錦田（2016）。芬蘭深化產學合作之推動策略及作法。科技政策研究與資訊中心 / 科技政策觀點。取自 https://portal.stpi.narl.org.tw/index/article/10173

吳清基（2015）。臺灣技職教育政策發展與前瞻一適性揚才、務實致用。載於吳清基（主編）教育政策與教育發展（4-21 頁）。臺北市：五南。

吳淑媛，建構完善實習制度有效提升學生就業力，評鑑雙月刊，第 54 期，財團法人高等教育評鑑中心基金會，2015 年 3 月，http://epaper.heeact.edu.tw/archive/2015/03/01/6308.aspx

林永豐（2019）。經濟轉型與教育改革。臺灣教育評論月刊，**8**(1)，5-11。

林俊彥、吳清基、盧延根（2009）。香港回歸後技職教育之演變。教育資料集刊，43 —各國技職教育，73-106。

國家發展委員會（2019 年 1 月）。臺灣經濟發展歷程與策略 2018（第 1 刷）。

教育部（2019 年 8 月 8 日）。教育部推動博士級研發人才培育成果發表會。教育部電子報，882。取自 https://epaper.edu.tw/topical.aspx?period_num=882&topical_sn=1106&page=5

教育部（2020 年 10 月 26 日）。「教育部補助大學校院產學合作培育博士級研發人才計畫」2020 年度企業徵題。取自 https://www.cheers.com.tw/article/article.

action?id=5095155

陳增娟、盧延根（2017）。大專校院學用落差之問題與策略。商業職業教育，140，20-26。

劉秀曦（2019）。從大學和企業的社會責任觀點談人才培育政策。臺灣教育評論月刊，8 (1)，43-47。

駐英國代表處教育組（2016 年 8 月 12 日）。英國大學對企業社會責任的體認與具體實踐。國家教育研究院國際教育訊息電子報，13。取自 http://fepaper.naer.edu.tw/paper_view.php?edm_no=131&content_no=6498

駐英國代表處教育組（2017 年 8 月 31 日）。英國高等院校學習標竿落實大學社會責任。教育部電子報，783，取自 https://epaper.edu.tw/windows.aspx?windows_sn=20301

駐德國代表處教育組（2017 年 3 月 22 日）。德國以雙軌職業教育優勢，協助外國政府對抗青年失業窘境。國家教育研究院國際教育訊息電子報，128。取自 https://fepaper.naer.edu.tw/index.php?edm_no=128&content_no=6388

盧延根（2003）。國中技藝教育與學生適性發展之探究。商業職業教育，**90**，53-58。

盧延根（2016 年 11 月 7 日）。大專校院學用落差肇因問題之研析。立法院研究成果 / 議題研析，編號：R00078。

盧延根（2019 年 10 月 21 日）。我國經濟發展與人力培育修法方向之研析。立法院研究成果 / 專題研究報告，編號：A01491。

盧延根（2020）。教育政策形成的影響因素與行銷功能。載於吳清基（主編）教育政策與發展策略（23-45 頁）。臺北市：五南。

盧延根（2020 年 7 月 9 日）。大學養成教育與畢業生發展之研析。立法院研究成果 / 議題研析，編號：R01030。

盧延根（2020 年 11 月 20 日）。碩士在職專班學位相關問題與策略之研析議題研析。立法院研究成果 / 議題研析，編號：R01149。

饒達欽、賴慕回（2017）。臺灣教育評論月刊，**6**(8)，10-18。

龔雅雯、王泓翔、張素惠（2015）。新加坡職業教育及訓練發展現況與策略之探討。技術及職業教育學報，**6**(2)，19、17-42。

（二）英文部分

Chiang, K. H. (2011). A typology of research training in university–industry collaboration: The case of life sciences in Finland. Retrieved Aug.3, 2015, from: http://www.research. ed.ac.uk/portal/files/10462374/Chiang_I_IndustyCollab_2011.pdf

Law, S. S. (2011). Case study on national policies linking TVET with economic expansion: lessons from Singapore. Paper presented at the meeting of experts for the 2012 education for all global monitoring report 34, Germany.

Neuvo, Y. (2015)., Post Docs in Companies, PoDoCo., Retrieved Aug. 10, 2015, from: http://www.fimecc.com/sites/www.fimecc.com/files/PoDoCo_manual_07062015.pdf.

OECD. (2018). The Future of Education and Skills: Education 2030.Brussul: OECD, p.23.

問題與討論

一、請簡述人力培育的重要性。

二、我國人力培育政策的歷程與現況檢討策略為何？

三、請分析我國技專生學用落差之相關問題？

四、請就所知，簡要進行比較世界各國人力培育政策之差異。

五、請簡述我國人力培育政策之具體建議。

六、面對經濟結構演變，我國技專校院人力培育之具體建議？

第六章

試辦教師專業發展評鑑政策執行之研究

舒緒緯

壹　前言

　　從政策過程的觀點而言，公共問題成爲政策議題之後，經由規劃與合法化的程序，在訂定法規、籌措經費、設立機關、配置人員後，政策即可順利執行。政策執行是政策過程的重要階段，因爲政府的介入與結果都經由執行顯現於社會（Kraft & Furlong,2013）。易言之，唯有經由實際執行，才能分辨政策之良窳。但從公共政策理論的發展來說，政策執行一直被視爲黑箱，居於公共政策領域的邊陲地方，並沒有受到重視，所以 Hargrove 就說執行的研究是缺失的聯結（missing link）（引自 deLeon & deLeon, 2002）。而政策執行之所以不受重視，其因在於一般人將其視爲政策過程一個不重要的階段，咸認爲只要政策一經規劃出門，自然令出必行並能達到預期的目標（陳振明主編，2012；Smith, 1973）。

　　Laswell 早在 1956 年即指出，政策執行在政策過程是不可或缺的一環（引自 deLeon & deLeon, 2002），但直到 1960 年代末期，才有少數有關政策執行的研究（Birkland, 2001）。但是此期的研究大都屬於個別性、短期性的研究，對於政策執行研究領域的建立，仍力有未逮。1973 年 Pressman 與 Wildavsky 對 Oakland project 進行系統性的研究，政策執行才開始受到學術界與實務界的注意與重視（引自丘昌泰，2013）。由於政策執行無法使所有人都滿意，甚至有時政策受益者亦持反對態度，因此它是一件困難的事情（引自 Jones, 1984）。

　　在政策執行過程中，法律要件（legal prerequisite）、理性官僚要件（rational-bureaucratic prerequisite）、共識要件（consensual pre-requisite）三者缺一不可，但此三者在本質上卻是相互衝突（李允傑、丘昌泰，2009），所以要如何調和此三者間的矛盾與衝突，並非易事。稍有不當，即使良法美意也會窒礙難行，或成效大打折扣，故政策執行階段在整個政策過程當中具有舉足輕重的地位（Kraft & Furlong, 2013）。所以政策之所以失敗，固然與政策設計不當有關，但更多的原因係來自執行本身出問題（李允傑、丘昌泰，2009）。尤其是政策執行過程中常發生激烈的政治鬥爭（Weimer & Vining, 2003），也因

此常導致政策成效最後不能盡如人意。

　　「教師專業發展評鑑」（以下簡稱教專）之推動，旨在協助教師專業成長，以提升教學品質（吳俊憲，2010）。自 2006 年起，教育部開始全面試辦「教專」，不過它係採自願原則，鼓勵學校參與試辦；而試辦學校教師亦是依其意願，自由參加。雖然家長團體及教育部都希望所有學校及教師都能參與，但是教師團體卻對此一政策感到疑慮，也因此在政策配合度上並不積極，甚至持反對立場。也因為教師團體的不配合，使得政策推動顯得有氣無力。故教育部為使教師評鑑取得強制力的法源，乃提出《教師法》第 23 條之 1 的修正草案：「為提升教師專業成長及達成教學與輔導之成效，高級中等以下學校教師應接受評鑑。……」（引自吳俊憲，2010，p.75）。但此修正案由於受到教師團體的強力杯葛，最後仍胎死腹中。因為「教專」沒有強制性，故在政策執行上顯得有氣無力。也因為「教專」之推動，缺乏共識，尤其是教師組織對其強烈的負面態度，即便教育部多次對「教育部補助試辦教師專業發展評鑑實施計畫」（以下簡稱實施計畫）進行修正，最後仍難逃政策下架的命運。

　　在多元化的民主社會中，由於教育普及與訊息傳播的快速，公民參與的情形日益普遍，此種公民參與特定社會活動，即為社會資本的累積。社會資本累積愈多，政策就愈容易推動（引自陳恆鈞，2003）。依學者的看法，在影響政策執行的眾多因素中，標的團體的特性（包括行為分殊性、人數、行為需要調適量）是政策問題的重要特質（林水波、張世賢，2006），標的團體的支持是影響政策執行成效的關鍵因素。而在「教專」政策的推動，雖然標的團體係指中小學教師，但由於學校教育的特殊性，學生與家長也算是間接的利害關係人。尤其在中等教育以下學校，因為學生大多數未成年，因此家長便成為其利益之代表人。而在「教專」推動時，部分家長團體為維護學生的受教權益，主張應修改《教師法》，強制教師應接受評鑑，同時對於評鑑不合格之教師應給予適當的處理。但因為教師團體強烈的反彈，並對立法委員進行遊說，以致本案胎死腹中。也因為沒有強制性，且配套措施不足，「教專」最後劃下句點，改以「教師專業發展支持系統」取代之。

　　Drucker 曾指出，不利於政策執行的原因有六：1. 缺乏明確可測量的目標，2. 政策有多個目標但未能排列其優先順序，3. 誤認現有的人力與資源可以解決複雜的問題，4. 政策的試辦規模過大，5. 未能從政策回饋中學習，6. 對於放棄不當政策的能力不足（Rosenbloom, Kravdhuk & Clerkin, 2015）。就「教專」的推動而言，上述的錯誤幾乎全都發生，除導致政策的失敗，也使得教師組織與家長團體間產生鴻溝。近年來，為適應社會的變遷與滿足社會大眾對教育改革的需求，教育部陸續推動各種政策，例如：教育實驗三法的頒布施行、混齡教學的實施、性別平等教育的重視……等，在在說明教育部確實殫精竭慮，致力於教育品質的提升。但「前事不忘、後事之師」，執行不力或執行不當，將會使良好美意大打折扣。

　　公共政策執行的成效對於社會資本的累積有極大之影響力，所謂「徙木立信」就是一明顯的例子。而社會資本對公民社會形成的助益有四：1. 凝聚目標共識，2. 增進和諧氣氛，3. 願意承擔責任，4. 充分信任授能（引自陳恆鈞，2003）。故民主國家政策之推動，除了必須依法行政外，如何形塑支持的社會氛圍，更是一必須考量的因素。但是民意如流水，民意與輿論的方向有時會因環境因素而改變。因此若能對政策執行進行有效的監控，並進行滾動式的修正，對於政策目的之達成將有其正面意義。易言之，在政策執行過程中，必須對其進行評鑑，因為許多研究執行的學者都認同方案評鑑對有效執行的重要性，他們將評鑑視為評估執行方案與提出改進意見的重要方式（引自 deLeon & deLeon, 2002）。而由「教專」的執行過程中，吾人可以發現，從政策執行開始，被視為法源的「實施計畫」多次的修正，以便能夠更貼近教育現場與教師的需求。但即便如此，其最後仍難逃被終結的命運，足見「教專」政策之執行，仍有眾多值得討論之處。

貳　政策執行的性質

一、政策執行的意義

　　學者在論述政策執行的意義時，將其分為兩個範疇：行動學派與組

織理論學派。行動學派認為政策執行係指政策執行機關與人員，採取各種行動以達成政策目標。組織理論學派認為組織是政策有效執行的重要關鍵，要了解政策執行的意義，就必須具備組織的知識（林水波、張世賢，2006）。但就實際的情形來看，政策執行離不開行動，而行動要見其成效，則必須深諳組織原理，方能將資源做有效的利用，故二者缺一不可。因此所謂行動學派與組織理論學派實為政策執行的一體兩面，端視其切入之角度而已。至於政策執行之意義為何，以下分別就學者的觀點予以說明：

1. Jones（1984）認為政策執行係將政策付諸實施的行動組合，而其中的組織（organization）、詮釋（interpretation）、應用（application）等三種活動特別重要。所謂組織係指設立組織、安排資源、選擇方法，以實施政策。所謂詮釋係將政策內容轉化為可接受與可行的計畫與指令。所謂應用係指執行機關提供的例行性服務、支付費用、政策工具等。

2. Pressman 與 Wildavsky 將政策執行定義為目標訂定與完成間的互動歷程（引自 Jones,1984）。

3. Mazmanian 與 Sabatier（1979）認為所謂執行係指將基本的政策決定予以施行，並以法規的方式或法院的裁決結果頒布之。

4. Anderson（2003）指出所謂政策執行係指議案（bill）成為法律（law）之後所發生的事情。具體言之，執行包括如何將法律付諸實施、如何適用於標的團體，以及如何達成目標。

5. 林水波、張世賢（2006）認為政策執行係為達成某一特殊政策目標的動態過程。為完成政策目標，執行機關與人員齊備各種要素，採取各種行動，激勵部屬、化解衝突，朝預定之目標邁進。

綜上所述，所謂政策執行係指政府機關為達成特定目標所採取各種策略之動態過程。其中包括方案的規劃、組織與人員的配置、資源的編列與提供、政策工具的選擇與提供、政策方案的評估與回饋等。

二、政策執行的特性

（一）政策執行包含多元行動者

　　政策執行過程中，可能有多元的參與者，例如：政黨、利益團體、利害關係人等，這些參與者意圖影響政策的方向與目標。而當政策進入執行階段時，除了官方執行機構及人員外，也允許民間執行者參與其中（李允傑、丘昌泰，2009；余致力、毛壽龍、陳敦源、郭昱瑩，2007）。

（二）政策執行系統的膨脹與公共計畫的繁複性

　　由於社會的快速變遷，形形色色的公共問題也隨之而生，政府爲了解決這些問題，設立許多部門或任務小組。例如：英國政府設置前所未有的「孤獨大臣」部長級的職位，以決英國人的孤獨問題（歐浪網，2018 年 1 月 22 日）。也因爲這樣，造成政府規模的膨脹，更多人力與資源投入以解決公共問題，使得政策執行日益複雜。（李允傑、丘昌泰，2009；余致力等人，2007）

（三）政策本身具有多元的、含糊的目標，且常是利益協調下的產物

　　由於政策參與者的多元性，再加上公共政策本身的專業性，因此爲兼顧各方需求，它的目標就相對複雜。也因爲目標複雜，而且有許多因素會影響政策的執行，所以在現實的考量下，目標有時必須含糊帶過，讓執行者有較多的行政裁量空間，以利政策的執行（李允傑、丘昌泰，2009；余致力等人，2007）。此外，Easton 曾說過公共政策是價值的權威性分配（引自魏鏞、朱志宏、牟中原、黃德福，1994），因此政策執行的本質上，就是執行者與標的團體在互動過程中，對利益進行選擇（胡寧生，2007）。

（四）政策執行透過不同政府部門間的關係網絡加以運作，並且透過制度化的活動系統使其完成

　　任何政策的執行，都需要不同層級間政府的合作才能順利進行，因此政府間的協調合作必須且必要（李允傑、丘昌泰，2009；余致力等人，2007）。而在政策執行過程中，人員的安排、資源的獲得與使

用、時間的管理等都必須運用科學的方法加以組織。此外，政策執行涉及不同的部門、機構，也都必須透過溝通、協調等過程，將其統整與指揮，而這些皆與組織行為密切相關（胡寧生，2007）。

（五）政策執行係由系列行動構成且包含太多無法控制的因素

政策執行雖說只是政策過程的其中一個環節，但其本身卻包含政策執行者自覺與不自覺、偶然與必然的一系列行動（胡寧生，2007）。自覺或必然的行動多係慎思與理性選擇下的作為；而不自覺或偶然的行動，卻有太多直覺與非理性的思考。再加上影響政策執行的內外在環境因素相當多，因此其成效較難以掌握（李允傑、丘昌泰，2009；余致力等人，2007）。

三、政策執行模式

Sabatier 與 Mazmanian（1980）探討相關文獻，認為在執行過程中有三大變數會對其造成影響，包括政策問題的可辨識性（tractability of the problem）、政策規範執行的能力（ability of statute to structure implementation）、政策以外的變項（non-statutory variables affecting implementation）。林水波與張世賢（2006）根據 Sabatier 與 Mazmanian 的流程圖加以調整與修正。本研究則綜合二者之模式，擬訂分析架構圖，茲將本研究所用之分析架構圖說明如下。

政策分析是一個動態的過程，本研以過程模式的觀點來進行分析。政策執行是一個互動的過程，所謂的互動係指與所處脈絡環境的互動，亦即唯有分析影響政策執行的環境因素，才能對政策執行過程獲致深入與詳實的了解。以下說明圖 1 各變數的內涵。

（一）政策問題的性質

所謂政策問題的性質係指政策問題本身足以辨識的特質，唯有確認問題性質，後續的策略才能對症下藥。包括：

1. 有效而可行的技術理論與技術：所謂有效而可行的技術理論與技術，係指政策標的行為與政策方案間的因果關係是否存在，亦即政策方案的提出，能否有效解決或改善政策問題。

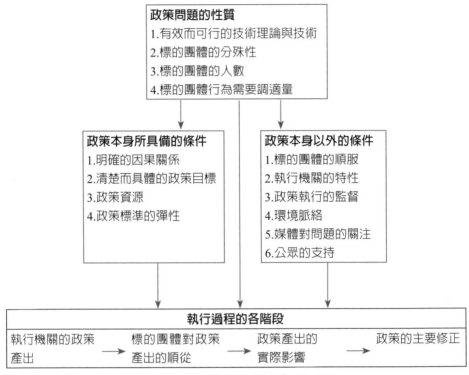

圖1　本研究政策執行分析模式圖

　　2. 標的團體的分殊性：係指標的團體的行為的歧異性，歧異性的大小會影響標的團體行為規則或標準的建立。

　　3. 標的團體的人數：指標的團體人數的多寡。

　　4. 標的團體行為需要調適量：係指政策方案要求標的團體改變目標行為的程度。

（二）政策本身所具備的條件

　　係指政策本身及其配套措施，能否對政策執行產生影響力。包括：

　　1. 明確的因果關係：係指標的團體行為的改變與政策目標之達成有因果關係存在。同時所採取的策略其副作用最小，不致產生新問題。

　　2. 清楚而具體的政策目標：係指政策目標清楚，同時有明確的優先順序。

　3.政策資源：包括人力、財力與物力的資源，必要時可新增執行機關與進行人員的召募。

　4.政策標準的彈性：所謂政策標準係指對政策施行的規範或準則。一般而言，政策標準會在相關法令或執行機構的工作手冊予以說明。而所謂彈性係指在法令授權下，執行機構或人員所擁有的彈性裁量空間。

（三）政策本身以外的條件

　係指與政策本身無關的條件或影響因素，包括：

　1.標的團體的順服：係指標的團體對政策順服的情形，以及對政策執行時的配合程度。

　2.執行機關的特性：係指政策執行機關的公信力、權威的高低、對下級單位有無充分的獎懲能力，以及組織間與組織內的溝通與協調能力。

　3.政策執行的監督：係指權責單位對政策的監督，包括行政監督、立法監督、政治監督（民意監督）等三種。

　4.環境脈絡：係指影響政策執行的社會、政治、文化、經濟等因素。

　5.媒體對問題的關注：係指大眾傳播媒體對政策執行的關心程度與立場。

　6.公眾的支持：係指社會大眾對政策執行的支持力道與方式。

（四）政策執行的各階段

　1.執行機關的政策產出：係指執行機關經過合法化程序所產出的政策、計畫、方案。

　2.標的團體對政策產出的順從：係指標的團體對政策的服從程度。

　3.政策產出的實際影響：係指政策對標的團體工作與身心狀態的影響。

　4.政策的主要修正：係指政策主要內涵的修正情形。

參 教師專業發展評鑑的政策執行分析

一、政策問題的性質

（一）有效而可行的技術理論與技術

1966 年聯合國教育、科學、文化組織（UNESCO）在巴黎召開「教師地位之政府間特別會議」，會中決議教師應視爲專業（吳俊憲，2010）。而所謂專業的特徵則包括不斷的在職進修，以提升專業知能與精神（陳奎憙，1990）。在「最重要的事：爲美國未來而教」（What matters most:Teaching for America's future）報告書中，強調唯有高能力與高品質的教師，才能保障學生的受教權益，並提升教學品質（引自丁一顧，2007）。因此身爲教師應當時時自我惕厲，不斷的精進成長，才能勝任作育英才的重責大任。但如前所述，由於《教師法》對教師的保障，再加上中小學教師的升遷管道有限，而一般學生與家長也未必能有效判斷教師教學的良窳。雖然中小學設有教評會以監督教師的教學效能，但舒緒緯（2003）的研究發現，各校教評會未能有效發揮淘汰不適任教師的功能，因此教師評鑑對教師素質的提升與教學品質的保證，有其必要性與重要性（丁一顧，2007）。也因此在 2006 年公布之「實施計畫」中即明白揭示，「教專」的目的即在「協助教師專業成長，增進教師專業素養，提升教學品質」（吳俊憲，2010）。

（二）標的團體的順服與分殊性

所謂政策順服係指標的團體對政策的支持與服從，並願意配合政策的推動，以達政策目標（丘昌泰，2013）。「教專」的標的團體就是中小學教師，政策順服分爲行爲符合與心理認同（丘昌泰，2013）。傳統以來，在行政權獨大的情況下，我國中小學教師對於政府所推行的政策至少在行爲符合上並無疑義，至於心理認同層次則是因人而異。但無論如何，儘管時代變遷，教師的自主性日益增加，但是我國中小學教師長期受教師社會化的影響，對於政府推行的各種政策，相對地較爲順服。

（三）標的團體的人數

「教專」的標的團體爲全國之中小學教師，人數不多，由表 1 可以發現，雖然參與校數與參與教師人數有逐年增加之趨勢，但是其占全國中小學教師人數及校數仍不多，可見參與「教專」之標的團體人數仍屬少數。

表 1　我國推動教師專業發展評鑑之各學年度參與校數及教師比率

學年度	參與校數	全國校數	參與校數比率 %	參與教師數	全國教師數	參與教師比率 %
2006	165	3,871	4.26	2,754	203,203	1.36
2007	244	3,871	6.3	6,041	203,203	2.97
2008	301	3,871	7.78	8,788	203,203	4.32
2009	611	3,871	15.78	16,879	203,203	8.31
2010	789	3,916	20.15	21,123	206,485	10.23
2011	1,028	3,916	26.25	21,442	206,485	10.38

資料來源：引自張景富、張育銓（2012）。教師專業發展評鑑實施之困境。**臺灣教育評論月刊**，**1**(7)，27。

（四）標的團體行為需要調適量

教師的主要工作爲教學與管教輔導學生，雖然中小學教師每年皆有考核，依《公立高級中等以下學校教師成績考核辦法》之規定，對於教師之專業成長或進德修業，並無相關規定，一般教師只要消極地依規定上課，未有請假超過規定日數，或是未接受任何行政或刑事處分，大都可以獲得甲等之考核。雖然依教師專業發展評鑑規準來看，儘管其內容分爲：1. 課程與教學，2. 班級經營與輔導，3. 研究發展與進修，4. 敬業精神及態度等四項，但與教師之日常教學工作差異並不太大，因此教師的反彈聲浪不多。但重點在於其實施程序有自評與他評兩種，而且均需要有佐證資料，以致引發勞民傷財之議。

二、政策本身所具備的條件

係指「教專」此一政策的特性與有關的配套措施，能否得到教師的認同與支持。其內涵如下：

（一）明確的因果關係

美國聯邦政府自 1950 年代末期起，投入大量的經費於課程發展計畫評鑑，使得評鑑蓬勃發展，並促使「教育評鑑標準聯合委員會」的成立。其後該委員會陸續制訂方案、人員及學生三種評鑑專業標準（引自蘇錦麗，2007）。教師評鑑的屬性係人員評鑑，透過教師評鑑的實施，可協助教師了解自己的專業表現，進而強化自己的專業能力，確保學生的學習權益（張德銳，2004）。但由於人員評鑑最爲複雜、最具挑戰性、最不爲人理解，因此往往也最易遭受攻擊（引自蘇錦麗，2007）。故「教專」自推行後，其爭議即未曾停歇。

（二）清楚而具體的政策目標

「教專」的目標非常明確，依 2006 年所頒布之「實施計畫」，其目的即在「協助教師專業成長，增進教師專業素養，提升教學品質」。而爲達此目的，在「實施計畫」中即明白說明辦理的方式以自願爲原則。評鑑內容，包括：課程設計與教學、班級經營與輔導、研究發展與進修、敬業精神及態度等與教師日常教學有關之活動；評鑑方式分自我評鑑與校內評鑑二種（吳俊憲，2010）。易言之，「教專」採形成性評量的方式對教師的教學進行評鑑，希望能達到教師成長、學生受惠的目標。

（三）政策資源

爲鼓勵教師參與此一計畫，教育部投入相當多的資源，包括：1. 安排教學輔導教師協助初任教學二年內之教師或教學有困難之教師。2. 對教學輔導教師及評鑑人員進行培訓。3. 專款補助「教專」事宜。4. 補助教育團體與學術機構辦理有關教師增能研習（吳俊憲，2010）。

（四）政策標準的彈性

　　基於學校本位管理的精神與專業自主的理念，對於政策的實施與推動，教育部在「實施計畫」中給予試辦學校相當大的彈性。首先是參與的彈性，學校或教師參與與否係採自願原則。第二、各校之試辦計畫依教育部之範本，由各校校務會議議決之，主管教育行政機關不加干涉。第三、評鑑內容由各校依實際狀況，就教育部所提供之規準加以修正，給予試辦學校相當大的彈性（吳俊憲，2010），充分落實學校本位管理的精神。

三、政策本身以外的條件

　　係指與「教專」無直接相關的因素，但可能會發生影響的間接因素。包括：

（一）執行機關的特性

　　依「實施計畫」之規定，「教專」的辦理單位有四：1. 教育部中部辦公室及國教司分別負責高級中等學校與國民中小學的試辦事宜。2. 各縣市政府負責辦理縣市學校之試辦事宜。3. 各高級中等以下學校試辦各校「教專」事宜。4. 學術機構及各層級之教育團體規劃辦理「教專」事宜（吳俊憲，2010）。不論是教育行政機關、學校、教育團體皆係教育圈內人，不僅有上下隸屬關係，甚至有師生、同學之情誼，因此同質性高，意見溝通上較無歧見。再者，中小學教師對於行政機關較為服從，故較少有陽奉陰違之事情發生。

（二）政策執行的監督

　　「教專」係以學校為主要執行單位，在落實學校本位管理的理念下，對於參與學校的各種活動，基本上，主管教育行政機關不予干涉。但為防止參與學校未能依有關規定進行試辦，因此在「實施計畫」中即規定試辦學校應研擬學校「教專」計畫，經校務會議通過後，報請主管教育行政機關申請試辦。各縣市政府應設置高級中等以下學校「教專」推動委員會，審查學校「教專」計畫後，報請教育部主管單位複核。而教育部主管單位組成專案小組召開複審會議，審查各縣市「教

專」試辦計畫。最後，教育部為評估計畫實施成效，辦理專案訪視或後設評鑑研究，以作為下年度補助額度和計畫推動之參考依據（吳俊憲，2010）。而鄭進丁（2007）的研究指出，教師之所以願意參與試辦「教專」，校長領導扮演重要的關鍵角色。亦即校長的態度與執行力，係學校試辦「教專」能否成功的關鍵因素。

（三）環境脈絡

尊師重道為我國傳統美德，因此「作之君、作之師」的文化底蘊，使得教師評鑑一事被視為有失師道尊嚴。然隨著社會變遷，大家對於保守、孤立、懼怕的教師文化感到失望，思以建立專業發展的教師文化替代之（引自吳俊憲，2010）。教師的專業表現主要呈現在教學活動中，因此教師的「教」與學生的「學」才是教師專業發展的主要範疇。而隨著社會的變遷，來自外部環境的衝擊，更是影響教師專業權的行使與發揮（葉連祺，2010）。也因此為使教師的權利義務有明確的規範，始有《教師法》的制定。而自《教師法》公布施行後，教師的權益受到完整的保障，也使得部分中小學教師產生停滯不前的現象（顏國樑，2003）尤其是公教分途後，教師的專業自主與教學績效能否相輔相成，引起社會的關注（黃新民，2010），也因此才有其後「教專」的倡議與實施。

（四）媒體對問題的關注

教育議題大致可分為二，一是與學生有直接相關；一是與學生沒有直接相關。前者如升學制度的變革；後者如「教專」。由於升學制度的變革涉及到眾多學子的權益，家長當然關心，自然也會引起媒體的關注。至於後者的議題由於屬於小眾市場，因此除特定團體會關心外，一般民眾並不甚在意，當然也較無法引起媒體的注意。研究者搜尋「新聞知識庫2.0」網站，以「教師專業發展評鑑」為關鍵字，日期為「2001年1月1日至2016年12月31日」，進行檢索，共得8篇。另以「十二年國教」關鍵字進行檢索，共得2,761篇。由此可知，媒體對此議題並不十分重視。

（五）公眾的支持

雖然社會大眾對於「教專」的內容並不十分清楚，但只要政策目的與提升教學品質或保障學生受教權益有關，一般民眾基本上持支持態度（林曉雲，2011 年 4 月 28 日）。而與教育議題密切相關的三個利益團體：教師組織、家長團體、校長團體，在此議題上的態度並不一致。全國教師會認為在缺乏法源、又沒有完整配套措施的情況下，無異是空殼子的評鑑（孫蓉華，2005 年 12 月 6 日）。相對於全教會的反對態度，家長團體對於藉由教師評鑑以淘汰不適任教師，抱持很大的期望，並希望修正《教師法》，賦予教師評鑑的法源（張錦弘，2013 年 9 月 5 日）。其後又因修法結果不如預期，由全國家長團體聯盟、全國中小學校長協會、人本教育基金會等團體組成的教師評鑑推動聯盟，齊聚教育部，要求教師評鑑應與考績綁在一起，藉此淘汰不適任教師（沈育如，2014 年 4 月 23 日）。

四、執行過程的各階段

係指「教專」經由合法化而正式推動施行，而在實施後，其對教育現場的影響與各界的反應，並據此所做的修正。

（一）執行機關的政策產出

為回應各界對提升教師專業品質的期望，教育部在「2001 年教育改革之檢討與改進會議」中，做成在《教師法》中明訂教師需接受評鑑，並建立教師淘汰制度的建議（國立教育資料館，2002）。2002 年 11 月，教育部成立「公立中小學教師專業評鑑制度起草小組」，由曾憲政擔任召集人（廖修寬，2012），並自 2002 年 11 月 22 日起至 2004 年 4 月 6 日止，共召開 23 次專案會議（張德銳，2004）。

「高級中等以下學校教師評鑑試辦辦法草案」完成後，教育部邀請全國教師會的 6 位代表舉行 5 次座談會，與會人員認為因為教師評鑑的法源尚未完備，故教師專業評鑑改以實施計畫方式辦理較為可行。爰此，教育部乃依此共識研擬完成「教育部補助試辦教師專業評鑑實施計畫草案」（張德銳，2004）。2006 年 3 月起，教育部陸續召開「試辦

中小學教師專業發展評鑑推動工作小組會議」、「規劃教師專業成長方
案討論會議」、「規劃高中職各學（群）科教師專業發展評鑑規準討論
會議」、「試辦中小學教師專業發展評鑑政策規劃會議」，針對相關事
宜進行討論與規劃（吳俊憲，2010）。

（二）標的團體對政策產出的順從

　　如前所述，我國教師對於政府教育政策的推動多為正向的支持，
所以多數研究指出，教師對於「教專」整體內涵持正向且認同之態度
（王素貞，2012；古秋雲，2008；洪文芬、謝文英，2007；鄭進丁，
2007；顏國樑、洪勁品，2007）。而《親子天下》雜誌（2009）所做
的調查結果顯示，將近六成的教師同意老師應該接受評鑑，但是多數老
師不同意評鑑結果和升遷、敘薪結合。另外接受調查的國中小校長幾乎
全數同意教師評鑑制度，而相對於教師的意見，高達七成五左右的校長
同意評鑑結果應和教師的升遷與敘薪結合。易言之，教師希望教師評鑑
制度應該是形成性評量；而國中小校長則希望是總結性評量，並作為升
遷與敘薪的依據之一。

　　依《教師法》之規定，教師組織之任務在於維護教師權益，因此理
論上教師組織之態度應與教師一致。但舒緒緯（2002）的研究發現，
就有關教師爭議權（罷教與怠教）的行使，基層教師與教師組織幹部間
的態度有明顯落差。就「教專」而言，基層教師與教師組織的態度亦呈
現南轅北轍的結果。全國教師會批評此政策沒有法源、未建立標準程
序，故質疑其太過粗糙，根本是一空殼政策（孫蓉華，2005 年 12 月 6
日）。而時任全國教師會理事長的吳忠泰就質疑「教專」的必要性，他
認為要使教師成長的方式很多，評鑑並非唯一的方式，而評鑑單位的公
信力亦值得懷疑（親子天下雜誌，2009）。另外曾擔任教師會幹部的
羅德水（2016）認為提升教育品質必須尊重教師專業自主，而「教專」
造成本末倒置的紙上作業、形式主義、績效主義、造假文化，影響教師
的正常教學。由此可見，一般教師與教師組織對此政策的態度，並不一
致。

（三）政策產出的實際影響

　　教師素質的提升一直是各國政府重視的目標，而教師專業發展是提升教師素質的重要因素（葉連祺，2010）。「教專」的目的在提升教師的專業知能，強化學生的學習成效，以增進教育品質。也因此自「教專」實施後，就有許多的研究針對其成效進行探討。基本上，「教專」成效之相關研究，大致可歸納為兩類：一是針對教師個人成長，另一則是針對學校組織發展。在教師個人成長方面，「教專」對教師有如下的助益，包括：提升教學技巧、激發教學省思、提高自信心、增進教學效能、加強教師評鑑認知、提升自我的專業形象、建立積極的專業成長態度，以及促進專業知識成長（周麗華，2010；張德銳、周麗華、李俊達，2009；2010；游象昌、陳俊龍，2010；潘慧玲、江惠真，2014）。由於教學經驗的不同，新進教師與資深教師參與「教專」的收穫也不一樣。新進教師經由經驗分享，增強教學信心與提升教學能力，也改進教學品質與學生學習成果；而資深教師，則滿足了自我反省成長的需求（呂仁禮，2009）。

　　至於學校組織發展方面，「教專」對於教師互助文化的形塑、專業對話的促進、學校制度與程序的改變、專業社群的建立、組織學習的進行等皆有實質的助益（周麗華，2010；張德銳、周麗華、李俊達，2009；2010；潘慧玲、江惠真，2014）。雖然「教專」有上述之優點，但潘慧玲、高嘉卿（2012）探討相關文獻後，發現溝通不足、教師產生壓力、評鑑人員專業能力有待加強，無法擺脫人情包袱等，是學校在試辦過程中常遇到的問題。

（四）政策的主要修正

　　2006 年公布實施計畫，其後分別於 2007 年 4 月、2008 年 2 月、2009 年 2 月、2009 年 11 月、2010 年 10 月、2011 年 11 月、2012 年 12 月、2014 年 11 月、2016 年 5 月進行部分條文的修正（吳俊憲，2010）。

肆 結語

一、政策執行的研究逐漸受到重視

雖然 Laswell 早在 1956 年即指出，政策執行在政策過程是不可或缺的一環（引自 deLeon & deLeon, 2002），但是因為受到 Wilson 所提出的政治與行政分離論的影響，在 1970 年代將政策執行與規劃加以分離，也因此政策執行一直被視為黑箱，居於邊陲且不受重視。直到 Oakland project 的研究，政策執行才逐漸受到重視（丘昌泰，2013）。時至今日，政府的施政範疇日益擴大，人民的需求日益增加，政府的財政日益困窘，環境變遷日益加劇，面對各種的挑戰，各國政府除了審慎以對，也必須將有限的資源做充分有效的利用，是以有效的政策執行成為政府施政的重要課題。而政策執行的研究，更凸顯其重要性。

二、政策執行具多元特性

政策執行是一多元且複雜的過程，因為在政策執行過程中，可能有多元的參與者，而這些參與者的利害關係未必相同，甚至是南轅北轍，影響政策的順利執行。其次，由於社會的快速變遷，各式各樣的公共問題也隨之而生。政府基於職責，必須投入更多的人力與資源解決相關問題。如此一來，除導致政府規模的膨脹外，也使得政府的財政負擔日益加重。為減輕政府的負擔，並滿足人民的需求，所謂民營化、公辦民營、勞務外包、BOT 等新型態的政府運作模式遂應運而生，當然也因此產生新的問題。再者由於政策參與者的多元性，公共政策本身的專業性，為兼顧各方需求，政策目標常常是利益協調下的產物。而這種「雖不滿意但可接受」的妥協結果，雖然可以使問題獲得暫時的解決，但也可能埋下日後爭議的種子。此外，由於社會的日趨多元與複雜，任何政策的執行，都需要不同部門與不同層級間政府的合作才能順利進行，因此跨組織間的溝通與協調不僅必須而且必要。但由於不同組織有其權責與規章，甚至有時會有本位主義的產生，所以經由制度化的活動系統使其完成，便成為組織設計時一個重要的考量。最後，政策執行有慎思與理性選擇下的作為，也有直覺與非理性的思考，使得政策執行未

必能依理性作爲而進行。再加上有太多無法控制的因素，尤其涉及個人權益或團體利益時，人性考量與公共利益如何取得平衡點，又考量執行者的政治智慧與判斷。

三、「教師專業發展評鑑」之實施，旨在提升中小學教師之專業知能

天地君親師的社會位階，除彰顯傳統文化對教師的尊重，也意味著教師的重責大任。但隨著社會變遷，教師地位不若往昔，也影響到部分教師對自身角色的認知。而中小學教師不像大專教師有生涯職階制，其專業權威受到質疑，再加上中小學學生，因爲年幼而較無法對教師教學良窳做正確的判斷，故極少數專業能力不足的教師得以尸位素餐，而有些公立學校的考核制度也因人情壓力而流於形式，無法發揮汰除不適任教師的功能。而自 1995 年《教師法》公布施行後，教師權利得到法律充分的保障，再加上教師的升遷管道有限，導致部分教師缺乏動力，阻礙教師專業品質的提升（顏國樑，2003）。凡此種種皆引起部分家長及教改團體的抗議，要求中小學教師必須進行評鑑，以保障學生的受教權益。教育部爲順應輿情，自黃榮村擔任教育部長開始，即研議中小學教師的評鑑制度。經過不斷的討論，終在 2006 年公布「實施計畫」，其目的在增進教師專業知能，保障學生受教權益，提升學校效能，發揮教育綜效。

四、「教師專業發展評鑑」之實施，引發兩極的對立

由於「教專」的實施，導致教師團體與校長團體及家長團體的對立，並引起甚多的爭議。一般社會大眾對於提升教學品質或保障學生受教權益的政策，基本上持支持態度（林曉雲，2011 年 4 月 28 日）。而全國教師會認爲在缺乏法源、又沒有完整配套措施的情況下，無法達到評鑑的目的（孫蓉華，2005 年 12 月 6 日）。至於身爲當事人的中小學教師，過半數同意老師應該接受評鑑，但不認同評鑑結果和升遷、敘薪結合（親子天下，2009）。但是大多數中小學校長與家長團體及部分教改團體一致認爲評鑑結果應屬總結性評量性質，並和教師的升遷與敘薪結合。身爲教育合夥人的校長、教師、家長，在教育政策的推動

上，本應相互合作，以求教育品質的提升。但在「教專」一事上卻是嚴重的對立，尤其是同為工作夥伴的校長與教師竟站在對立面，幾乎形同水火。雖然在政策遊說上，教師團體最終勝出，教師評鑑入法未能在《教師法》修法過程中獲得支持，但也說明在「教專」一事上，教師與其他團體確有極大且無法克服的歧見存在。

參考文獻

（一）中文部分

丁一顧（2007）。美國教師檔案實施現況、研究及其對我國之啟示。載於中華民國師範教育學會主編，**教師評鑑與專業成長，39-60**。臺北市：心理。

丘昌泰（2013）。**公共政策－基礎篇**（五版1刷）。臺北市：巨流。

王素貞（2012）。國民小學教師專業發展評鑑的實施現況、困境與因應之道。**學校行政，77**，182-215。

古秋雲（2007）。**新竹縣國小教師專業發展評鑑計畫與教師專業成長之研究**（未出版之碩士論文）。新竹市：國立新竹教育大學。

吳俊憲（2010）。**教師專業發展評鑑——三化取向理念與實務**。臺北市：五南。

李允傑、丘昌泰（2009）。**政策執行與評估**（2版1刷）。臺北市：元照。

余致力、毛壽龍、陳敦源、郭昱瑩（2007）。**公共政策**。臺北市：智勝。

呂仁禮（2009）。教師專業發展評鑑試辦成效之研究——以一所國民中學為例。**學校行政，63**，131-153。

沈育如（2014年4月23日）。部版教師評鑑家長團體抗議。**聯合報**，AA04版。

周麗華（2010）。臺北市國小教師專業發展評鑑實施效應之研究。**市北教育學刊，37**，103-125。

林水波、張世賢（2006）。**公共政策**（4版1刷）。臺北市：五南。

林曉雲（2011年4月28日）。中小學教師評鑑9成民眾支持。**自由時報**，A10版。

洪文芬、謝文英（2007）。國民小學教師對教師專業發展評鑑態度之研究——以雲林縣為例。載於中華民國師範教育學會主編，**教師評鑑與專業成長，161-196**。

臺北市：心理。

胡寧生（2007）。**現代公共政策學——公共政策的整體透視**。北京：中國編譯出版社。

孫蓉華（2005 年 12 月 6 日）。教師評鑑？全教會批空殼，沒有法源，未建立標準程序，作法太粗糙。**聯合報**，C08 版。

國立教育資料館（2002）。**二○○一年教育改革之檢討與改進會議實錄**。臺北市：作者。

陳恆鈞（2003）。社會資本對政策執行之影響。載於銓敘部主編，**行政管理論文選輯，147-175**。臺北市：銓敘部。

陳奎憙（1990）。**教育社會學研究**。臺北市：師大書苑。

陳振明主編(2012)。**政策科學——公共政策分析導論**。北京：中國人民大學出版社。

陳俊龍（2010）。教師專業發展評鑑下的教師專業成長之研究。**學校行政，66**，188-207。

張景富、張育銓（2012）。教師專業發展評鑑實施之困境。**臺灣教育評論月刊，1(7)**，27-30。

張德銳（2004）。專業發展導向教師評鑑的規劃與推動策略。**教育資料集刊，29**，169-193。

張德銳、周麗華、李俊達（2009）。國小形成性教師評鑑實施歷程與成效之個案研究。**課程與教學季刊，12**，265-290。

張德銳、李俊達、周麗華（2010）。國中實施形成性教師評鑑歷程及影響因素之個案研究。**教育實踐與研究，23(2)**，65-94。

張錦弘（2013 年 9 月 5 日）。全教總、全家盟交鋒蔣偉寧釋疑：中小學教師評鑑「非為淘汰老師」。**聯合報**，A02 版。

舒緒緯（2002）。**臺灣地區教師組織與教育專業權運作之研究**。行政院國家科學委員會專題研究計畫成果報告（計畫編號：NSC89-2413-H-153-028-FC）。

舒緒緯（2003）。**我國小學教師任用現況與問題之探討**。高雄市：復文。

黃新民（2010）。教師專業發展評鑑之政策脈絡分析。**教育與社會研究，21**，83-115。

游象昌、陳俊龍（2010）。教師專業發展評鑑與教師賦權增能關係之研究。**學校行**

政，**67**，181-203。

葉連祺（2010）。中小學教師專業發展評鑑觀點及實施之分析。**學校行政，69**，159-185。

廖修寬（2012）。「教師專業發展評鑑」胸中永遠的塊壘——法源依據終於露出曙光。**臺灣教育評論月刊，1**(14)，41-47。

歐浪網（2019年1月19日）。**英政府任命首個孤獨大臣為啥這麼多英國人寂寞？** 檢索日期：2018年1月21日，取自：https://eulam.com/ 2018/01/19/ 141084/

親子天下雜誌 (2009)。特別企劃－調查：近六成教師同意教師評鑑。**親子天下雜誌，5**，取自：http://new.cwk.com.tw.ezproxy.nptu.edu.tw/article. php?db=parenting&id=285&flag=0。

鄭進丁（2007）。應用方案理論進行評鑑之研究——以高雄市試辦教師專業發展評鑑為例。**國民教育研究學報，19**，29-58。

潘慧玲、江惠真（2014）。教師專業發展評鑑結合校務發展之推動歷程：一所高中個案分析。**學校行政，90**，140-149。

潘慧玲、高嘉卿（2012）。臺北市國民小學試辦教師專業發展評鑑之成效分析：理論導向評鑑取徑之應用。**教育政策論壇，15**(3)，133-166。

魏鏞、朱志宏、詹中原、黃德福（1994）。公共政策（修正版）。臺北縣：國立空中大學。

顏國樑（2003）。從教師專業發展導向論實施教師評鑑的策略。**教育資料集刊，28**，259-286。

顏國樑、洪劭品（2007）。國民小學教師對「教育部試辦教師專業發展評鑑」意見之研究——以臺北縣為例。**學校行政，50**，1-26。

羅德水（2016）。**最有感的教育政策——教師專業發展評鑑退場**。取自：https:// opinion.cw.com.tw/blog/profile/266/article/4869。

蘇錦麗（2007）。人員評鑑標準對我國大學教師評鑑制度的啟示。載於中華民國師範教育學會主編，**教師評鑑與專業成長，3-38**。臺北市：心理。

（二）英文部分

Anderson, J. E. (2003). *Public policymaking: an introduction* (5th ed.). Boston: Houghton

Mifflin.

Birkland, T. A. (2001). *An introduction to the policy process*. Armonk, N. Y.: M. E. Sharpe

deLeon, P. & deLeon, L. (2002). What ever happened to policy implementation? An alterna-tive approach. *Journal of Public Administration Research and Theory*, *12*(4), 467-492.

Jones, C. O. (1984). *An introduction to the study of public policy* (3rd ed.). Monterey, CA: Brooks/Cole Pub. Co..

Kraft, M. E. & Furlong, S. R. (2013). *Public policy: politics, analysis, and alternatives* (4th ed.). Thousand Oaks, CAL: Sage Publications, Inc.

Rosenbloom, D. H., Kravchuck, R. & Clerkin, R.M. (2015). *Public administration : under-standing management, politics, and law in the public sector*. N. Y.: McGraw-Hill Edu-cation.

Sabatier, P. & Mazmanian, D. (1979). The conditions of effective implementation: A guide to accomplishing policy objectives. *Policy Analysis*, *5*(4), 481-504.

Sabatier, P. & Mazmanian, D. (1980). The implementation of public policy: a framework of analysis. *Policy Studies Journal*, *8*(4), 538-560.

Smith, T. B. (1973). The policy implementation process. *Policy Sciences*, *4*, 197-209.

Weimer, D. L. & Vining, A. R. (2011). *Policy analysis: concepts and practice* (5th ed.). Up-per Saddle River, N. J.: Pearson Prentice Hall.

第七章

臺北市青年留學免息貸款政策——十年回顧與前瞻

楊淑妃

壹　前言

　　青年是國家重要的人力資產，猶如東昇之旭日、光澤隱露之寶石，青年之教育與人才培育攸關國家優質人力之發展，其重要性不言可喻。臺北市於 2011 年推出「希望專案——青年留學免息貸款」（以下簡稱青年留貸），此政策係前市長郝龍斌於 2010 年競選連任時，提出之政見，臺北市政府教育局（以下簡稱教育局）因於規劃階段曾參考教育部之留學貸款方案，爰獲時任教育部部長吳清基及次長林聰明之關心與支持，在前局長康宗虎銜命督導下，於 2011 年初順利成功推出後，獲得青年市民之熱烈迴響與肯定，四年後再獲現任市長柯文哲之支持與推廣。十年來，此政策成功協助青年打造希望地圖，給予經濟困難學子赴海外深造的實際資助，不僅拓展青年國際視野、也同時營造首都友善青年生活、就學的環境。

　　本文旨在回顧此政策追求之價值、政策評估、規劃過程之論述重點，並析論十年來此政策之成果、新冠肺炎疫情下之彈性作為及未來之前瞻方向。

貳　政策之相關價值

一、社會救助本質之確立

　　高等教育與國際教育原為教育部權管事項，青年留貸資助青年赴國外攻讀碩博士學位或專技證照，除給予青年經濟支持、協助青年赴海外增能學習外，同時有促進我國高等教育人才培育國際化的附加價值。臺北市係地方政府，非全國性教育事務之權管機關，而教育局負責的高等教育業務也僅限於臺北市立大學。是以，一開始對於青年留貸究竟應由教育局或社會局負責規劃推動，曾有歧異之看法，最後由時任市長郝龍斌裁請教育局負責推動。

　　另依《地方制度法》第 18 條之規定（2011），赴海外攻讀碩博士學位之「高等教育事項」，非屬直轄市之「自治事項」，是以，青年留貸在訂定相關補助辦法以協助政策合法化之前，應先確立其推動之法源基礎。後經教育局與法務局（組改前之法規會）研議，確認其屬性係適

用地方制度法第 18 條第 1 項第 3 款第 2 次所列之「社會救助」事項，從而讓地方政府之「青年留學免息貸款補助政策」獲得「自治事項」之法源基礎，確立該政策社會救助本質之價值。

二、受益對象、國別之擴大

　　學理上對於青年的年齡並無明確界定。現行《兒童及少年福利與權利保障法》第 2 條規定（2021）：「本法所稱兒童及少年，指未滿十八歲之人；所稱兒童，指未滿十二歲之人；所稱少年，指十二歲以上未滿十八歲之人。」據此，青年係指年滿十八歲以上之人。維基百科（2021）認為青年通常的範圍在童年期與成年期之間，但因存在生理成熟及心理成熟之差異，是以，青年也有不同的文化定義。

　　臺北市青年留貸為積極協助赴國外攻讀碩博士或專技證照之學子，將青年之範圍界定為年滿二十歲以上（約大學二年級）未滿四十歲之青年，以儘量將此年齡範圍內，各種出國留學之可能性涵蓋，至 105 年，考量每年申請人數遞增，又酌情將補助對象擴大為未滿四十五歲之青年。另外，在青年申請出國之留學國別，除了因應兩岸情勢之考量，規定不含大陸地區、香港，澳門及其外設其他地區之學校或機構外，其餘國別均可申請。將受益對象及留學國別做最大範圍之擴大，對於有工作、家庭或事業發展至一定階段，亟想出國深造增能者而言，對於經濟壓力的紓解，給予很大的支持助力。

三、高教與技職人才培育並重

　　臺北市高職的技職教育在國內與國際的競賽表現，非常出色，各項技能競賽勇奪全國前三名獎項的人數、相關技能檢定合格通過的人數，經常為全國各縣市之冠。教育局內部調查資料顯示，每年均有將近九成的高中職學生於畢業後直接升學大專校院，僅少數一成多的學生未升學。

　　青年留貸除了擴大受益的對象與留學國別外，同時注重高等教育與技職教育，在申請出國留學的補助類別，除了攻讀碩博士類別外，亦提供大學畢業，不攻讀碩博士學位，主要至國外進一步修習專業技能的

「專技學程」增能項目，讓免息貸款補助的類別更多元，也促進專技類技能的學習更具多樣性、實務性，促進高教與技職專技人才之國際化與人才國際移動的競爭力。

綜合前述，青年留貸政策以社會救助為利基，盡其最大可能擴大受益對象及留學國別，兼重高教與職教人才之培育，既追求「效能」（effectiveness）亦追求「均等」（equity）。

參　政策規劃過程

為協助青年出國留學，除需評估每年可勻撥支應利息補助之經費外，政策規劃的重點還包括補助對象之資格條件、不同類別申請者可補助之經費額度與人數、違反相關規定的罰則、信保機構之確定、負責貸款銀行招標、國外專技證照學程之認定等。

一、確定補助對象資格條件

社會救助的重要原則在於有限的資源裡，以最大的經費額度及能力，擴大受益補助對象，同時須兼顧受益者機會之均等。因而受益對象之先決條件必須是設籍於臺北市之市民，並對於經濟能力條件較佳者，需設立「排富」條件。此外，歐美等留學大宗國均屬高學費政策國家，再加上在異國求學需額外付出之住宿及生活費用，除中低收入家庭無法負擔留學之相關費用外，一般中產階級也未必能支付留學國別之所有費用。因而在規劃時，特別著力於將受補助對象之條件放寬，提高排富之門檻，最終以最近一年綜合所得淨額未達申報標準或綜合所得稅稅率未達 30% 者（年所得課稅淨額在 224 萬元以下者）為排富之門檻（臺北市政府，2016）。這個級距讓軍公教人員子弟及家庭社經條件為中產階級以下人員之子弟，如有貸款需求，均可提出利息補助申請。

二、衡酌補助額度與人數

因地方辦理青年留貸為全國首創，開辦之初，考量每年得編列提供之經費額度，經市府評估以 1,000 名為年度總補助人數，其中，攻讀碩博士學位名額為 800 名，修習專技學程者為 200 名。其後，因每年

提出申請補助人數均多於 1,000 名，經柯市長同意再予加碼，爰修改辦法，讓每年得提供貸款補助名額由 1,000 名增加爲 1,200 名，原攻讀碩博士學位名額由 800 名增加爲 1,000 名；修習「專技學程」名額 200 名，調整爲修習「專業、技術證照」（簡稱專技證照）者 200 名。

至於可貸款的額度，修讀碩士學位或專技證照者爲新臺幣 100 萬元，修讀博士學位者可貸款額度爲 200 萬元，但每人貸款總額度以 300 萬元爲限。

三、違反規定罰則

青年留貸所有利息補助之經費均來自於市府編列之公款，爲看緊人民的荷包錢，讓經費有效運用於符合資格條件之需要者，針對以詐欺或不正方式申請者、資料有虛僞、隱匿等不實情形、貸有教育部或政府就學貸款尚未結清而提出申請者、領有政府提供之公費或留學獎助學金期間尚未結束而重複申請者，上述人員除不得申請該貸款，如有違反情形，教育局依規定並應撤銷上述申請情形者之「信用保證」。

另針對貸款期間再取得我國政府之其他公費留學獎助學金、貸款期間寬限期之相關規定、證件資料之繳交、戶籍遷出臺北市、未依約繳付貸款本金或利息等相關規定，如有違反者，均定有相關罰則。

四、尋找信保機構

青年爲留學求取知識而向銀行貸款，其性質係「信用貸款」，中小企業爲創業或因應業務所需之貸款，業成立「財團法人中小企業信用保證基金」爲其信用保證人，一旦有無法支付貸款本金或利息予銀行之情形，即由該基金協助辦理代位清償。臺北市青年留貸於規劃推動之初，係由教育局前局長康宗虎親自致電「財團法人中小企業信用保證基金」董事長，委請該基金協助辦理本專案之信保業務，由教育局以信用保證機制分擔發生風險之 80%，由承貸銀行分擔發生風險之 20%，由基金辦理信用保證及代位清償等相關事項。因出國留學青年之學識與品性素質均佳，十年來尚無青年違反信用貸款償還義務，而須由「中小企業信保基金」代位清償之情形。

五、貸款銀行招標

　　青年留貸政策最核心的「政策工具」之一即是覓得願於一年內，貸款給最多 1,000 名學生的銀行，2011 年經教育局公開招標，最終由與市政府原已有業務往來、合作關係良好的臺北富邦銀行得標，成爲本專案的承貸銀行。

六、國外專技證照之認定

　　技職專業注重務實致用，因出國修讀專技證照者，應具備留學國政府權責機關認可的學校或機構相當於副學士後學歷資格之證明文件及全時半年以上學習之課程證明文件，這部分因涉及專業，所以由教育局組成審查小組，就個案之個別狀況予以審查，以認定其資格是否符合爲貸款補助對象，這是市政府爲積極促成技職學子赴國外進修之用心機制。

肆　政策合法化

　　青年留貸係郝市長2010年之政見，爲便利留學生於隔年（2011年）5、6 月獲得國外學校入學許可後，即可申請留學貸款，並享有利息補助之益，筆者於 2011 年 3 月接任高等與職業教育科（簡稱職教科）科長，旋即於 3 至 4 月進行政策規劃及補助辦法之研定。

　　青年留貸因係市長之政策，且與人民之權利義務相關，因而爲其訂定之法令位階須爲《臺北市法規標準自治條例》第 2 條第 1 項所稱之「自治規則」（臺北市政府，2001）。經教育局職教科密集召開會議後，於 2011 年 5 月將《臺北市青年留學生就學貸款補助辦法》送請市府法規會審議，並經提報市政會議討論通過後，再送請臺北市議會備查，完成政策合法化之程序，同時成爲政策推動時之重要法令依據。

　　筆者於 2011 年 3 月接任此職務後，帶領科內股長、科員同仁共同努力，終能以最快的速度與效率，於同年 5 月送請市長發布自治法令，並於 6 月 1 日正式推出開辦，完成市長與局長交辦之創新任務，且開始接受市民之申請。

伍　政策行銷

　　政策行銷係指「政府機關及人員採取有效的行銷策略與方法，促使內部執行人員及外部服務對象，對於研議中或已形成之公共政策產生共識或是共鳴的動態過程。」（吳定，2008：302）臺北市青年留貸，因係地方政府首次推出開辦，爲讓青年朋友廣泛知曉此政策，在 100 年 4 至 5 月間曾提報由邱文祥副市長召開之府級行銷會議，確定以刊登四大報方式爲主要行銷方式。除了刊登報紙廣告，教育局亦製作紙本摺頁文宣、於網站開闢政策專區，上傳補助辦法、紙本文宣摺頁、補助申請流程、政策方案問與答（Q&A）……等相關資料。

　　而讓此方案眞正成功的最主要因素，就是首長的支持與參與，郝市長能於當年 5 月召開青年留貸記者會，正式宣布此政策方案之推動與開辦，是此政策方案在當年 6 月才正式推出，但申請人數 917 人，和其他全年度有 1-12 個月的申請人數不相上下，在第一年推出即順利成功地獲得青年朋友歡迎與踴躍申請。

陸　十年政策成果

　　青年留貸自 2011 年推出，迄今已滿十年，十年來穩定發展，受到青年市民的歡迎。從表 1 近十年申請人數一覽表可以看出，前五年申請人數逐年微升，自 2016 年市府擴增補助名額爲 1,200 名後，2017 年申請人數達到最高的 1,247 人，2020 年因受新冠肺炎疫情影響，申請人數驟降至 718 人，是開辦十年來，申請人數首次低於 900 人以下。

表 1　近十年申請臺北市青年留貸補助人數統計表

申請年度 / 申請類別	2011	2012	2013	2014	2015	2016	2017	2018	2019	2020	總計
專技證照	46	60	92	84	100	101	110	86	83	53	815
博士	183	111	124	139	127	112	117	77	89	50	1129
碩士	688	768	772	810	819	766	1020	826	882	615	7966
總計	917	939	988	1033	1046	979	1247	989	1054	718	9910

資料來源：出自臺北市政府教育局（2021）。

　　至於近十年獲得核貸利息補助的「撥款人數」如表 2 所示，約為每年申請人數的九成，僅少數申請案件未被通過，通過核貸及利息補助比率頗高。同樣的是，2017 年獲得撥款人數達到最高的 1,078 人，2020年因受疫情影響，獲得撥款人數驟降至 602 人，是開辦十年來，撥款人數首次低於 800 人以下。

表2　近十年接受臺北市青年留貸補助出國留學人數統計表

撥款年度 申請類別	2011	2012	2013	2014	2015	2016	2017	2018	2019	2020	總計
專技證照	29	39	64	51	72	66	83	53	62	30	549
博士	604	686	708	744	753	724	897	760	791	41	1026
碩士	168	102	115	126	112	108	98	76	80	531	7198
總計	801	827	887	921	937	898	1078	889	933	602	8773

資料來源：出自臺北市政府教育局（2021）。

　　而從表 3 近十年接受教育部留學貸款補助出國的人數可以得知，近十年接受臺北市青年留貸補助出國的人數，高於接受教育部補助出國的人數，這或許與臺北市的留學貸款「補助對象條件」與「利息補助額度」均較教育部寬鬆、優厚所致。同時亦顯示，近十年「設籍於臺北市」的青年申請留貸出國留學的人數，高於其他 21 縣市申請留貸出國之青年人數總和。

表3　近十年接受教育部留學貸款補助出國人數統計表

申請年度 申請人數	2012	2013	2014	2015	2016	2017	2018	2019
留學貸款補助	627	664	603	630	713	737	747	749

資料來源：出自教育部（2021）。

　　至於接受臺北市青年留貸補助出國留學的國別和人數，詳如表 4，從表 4 中可以發現，近十年以「美國、英國及澳洲」等三個英語系國家

的留學生人數最多，其次爲「法國、日本和德國」。

表 4 近十年接受臺北市青年留貸補助出國留學國別及人數統計表

留學國別	美國	加拿大	英國	法國	德國	澳洲	紐西蘭	日本	其他	總計
留學人數	4572	181	2089	260	253	497	20	256	645	8773

資料來源：出自臺北市政府教育局（2021）。

但如以近十年我國學生赴主要留學國家留學人數來看，詳如表 5，則依序以「美國、澳洲、日本、英國、加拿大、韓國、德國、法國」爲留學生人數最多的前八大國家。

表 5 近十年我國學生赴主要留學國家留學簽證人數統計表

國別	2011	2012	2013	2014	2015	2016	2017	2018	2019	2020	合計
美國	16023	15219	14563	14135	14547	14332	13887	13000	12718	4070	132494
加拿大	912	826	1771	1109	1271	2282	2860	3170	3480	2165	19846
英國	4446	3378	3367	3826	3408	3272	3484	3686	3805	1927	34599
法國	814	無資料	955	1064	1100	1132	1152	1250	1200	450	9117
德國	636	512	787	901	1252	1433	1569	1620	1645	629	10355
日本	2825	2810	3140	3885	4703	5062	5422	5589	5603	2185	41224
韓國	744	753	860	1097	1067	1275	1388	1558	2055	917	11714
澳大利亞	3149	3198	2553	5237	6651	6493	5806	6454	6056	5157	50754
合計	29549	26696	27996	31254	33999	35281	35568	36327	36562	17500	
其他國家	2878	2102	3196	3371	4167	4572	4441	4763	4997	2426	
總計	32427	28798	31192	34625	38166	39853	40009	41090	41559	19926	

資料來源：出自教育部（2021a）。

另將表 5 每年出國留學學生人數加總平均可知，近十年來留學生出國人數總平均爲 34,765 人。而綜計表 2 及表 3 可知，因自教育部網站僅能獲得 2012 至 2019 年接受留貸補助之人數，因此加總平均 2012 至 2019 年接受臺北市及教育部留學貸款補助之學生人數，總平均爲 1,605

人，僅占每年平均出國人數之 4.6%（1,605/34,765=4.6%）。

臺北市青年留貸於 2011 年推出時，曾獲當年臺中市與彰化縣認同，咸認此項利息補助，對於青年朋友很有幫助，很有意義，亦有跟進推出的想法，其後或許因經費、或許應由何業務單位承辦及教育部亦有提供碩士、博士「留學貸款補助」等因素考量，除了首都臺北市外，終未見其他縣市辦理。

柒　未來前瞻方向

綜觀十年來，臺北市青年留貸之發展，除近來因應世界疫情趨勢，對於 2020 年迄今因疫情影響，因出國二年，臺北市戶籍被除籍，無法搭機回臺處理戶籍問題者，給予共通的延期處理彈性外，因停課回臺採線上學習留學生之還款問題，則依個案情況，儘量給予彈性處理時間。

展望未來，下列二方向可為未來政策或業務評估之參考：

一、長期資料庫之建立與政策再評估

青年留貸因臺北市政府委託臺北富邦銀行辦理貸款相關事宜，因而能保有十年來之相關數據資料，以致能協助教育局進行政策之再評估事宜。未來教育部如能將全國領取國內外獎學金、政府公費留考、政府補助或政府貸款補助出國留學人數，進行十年以上之長期趨勢分析，相信必能作為未來留學生出國留學政策再評估之參考。

二、整合型青年政策專案與多元行銷

臺北市政府過去曾嘗試將青年留貸與青年創業貸款等相關政策，整合起來推動行銷，未來如能將青年留學貸款、青年創業貸款、青年從農補助、青年聯合婚禮、青年社宅租屋、青年育兒津貼等相關政策福利整合為一個更多樣、更大規模的政策專案，相信對於青年求學或成家立業會很有幫助。

此外，2011 年智慧科技之發展尚在萌芽階段，青年留貸在政策行銷上大多以首長記者會、四大報紙廣告、網站專區宣導、文宣摺頁宣傳、捷運車站牆面廣告、銀行櫃檯海報指引等行銷方式，以廣為周

知。十年後，隨著智慧科技的發展，政府機關以手機 LINE 託播重要政策訊息、首長社群媒體臉書（FB）宣布訊息、機關粉絲專頁張貼政策訊息、自製微影片宣導等無須額外經費挹注之行銷方式盛行，另亦有花費經費刊登重要期刊雜誌之行銷方式，均可列為未來政策多元行銷之參考。

參考文獻

內政部（2016）。地方制度法。110 年 6 月 20 日取自 https://law.moj.gov.tw/LawClass/LawAll.aspx?pcode=A0040003

吳定（2008）。公共政策。臺北市：五南。

教育部（2021）。110 年 7 月 18 日取自 https://depart.moe.edu.tw/ED2500/News_Content.aspx?n=2D25F01E87D6EE17&sms=4061A6357922F45A&s=F82A9A3A772AE6E5

教育部（2021a）。110 年 7 月 18 日取自 https://depart.moe.edu.tw/ED2500/News_Content.aspx?n=2D25F01E87D6EE17&sms=4061A6357922F45A&s=2C55D0443FFC4A79

臺北市政府（2016）。臺北市青年留學生就學貸款補助辦法。110 年 6 月 22 日取自 https://www.laws.taipei.gov.tw/lawsystem/wfLawArticleContent.aspx?LawID=P05C1004-20160616&RealID=05-03-4003&STP=LN&PN=ALL

臺北市政府（2017）。臺北市法規標準自治條例。110 年 6 月 30 日取自 http://www.laws.gov.taipei/lawsystem/wfLaw_ArticleContent.aspx?LawID=P27B1001-20171129&RealID=27-02-1001&SR=IS&PN=ALL

臺北市政府教育局（2021）。110 年 5 月 28 日由臺北富邦銀行提供。

維基百科（2021）。青年。110 年 6 月 25 日取自 https://zh.wikipedia.org/wiki/%E9%9D%92%E5%B9%B4

衛生福利部（2021）。兒童及少年福利與權益保障法 110 年 6 月 20 日取自 https://law.moj.gov.tw/LawClass/LawAll.aspx?PCode=D0050001

第八章

學校推動生命教育的可行策略與實例設計

卓秀冬

哲學家赫塞（Hermann Hess）說過：「生命究竟有沒有意義，並非我的責任，但是，怎樣安排此生卻是我的責任」。

諾貝爾文學獎得主赫曼‧赫塞（Hermann Hess）的《生命之歌》書作：「卑微的我，百般掙扎尋找生命的出口；喜悅的我，世界原初的神聖光芒為我展開；生命中最美好的篇章，就像一首美妙的歌曲，純淨清澈。」

壹　前言

108 年教育部公布《十二年國民基本教育課程綱要》，主要在培養學生自主行動、溝通互動、社會參與的核心素養，其中的身心素養與自我精進、道德實踐與公民素養，更是重要。能明白生命的珍貴、生命的精神、揮灑生命力的生命教育更是達成素養的核心課程。延續教育部的生命教育，研究學校推動生命教育的可行策略與教學實例設計，更顯重要。

哲學家赫塞（Hermann Hess）說過：「生命究竟有沒有意義並非我的責任，但是怎樣安排此生卻是我的責任。」

由此看來，我們能掌握的是生與死之間的這一段生命，而讓生命具有意義不在開始或結束，而是在其過程。因此，在人生的歷程中，經營自己，追求不斷的自我的開展與成長，是人生的最大價值與生命的意義。直言之，生命教育即在引領學生了解人生的意義、價值，進而珍愛生命，尊重自己、他人、環境及自然，並使自我潛能充分發展，貢獻人群，以過積極而有意義的人生。

現代人生活目標模糊，人格修養被忽略，人際關係逐漸疏離，虛無主義籠罩了整個人生價值取向，於是除了追求物質享受，生活中似乎沒有更高的意義、價值和理想。失落了「意義、價值和理想」，內心就缺少喜樂，社會便欠缺關懷，也不再有理想的憧憬。畢竟有愛、有人性、有尊嚴的生活環境，才能顯示人的意義、價值與理想。

108 新課綱強調學生自主學習及人文、社會素養，然而展望未來，社會將更多元，人際關係也更形複雜，新的價值體系也會一再變化，如

何才能使我們的下一代走出迷失，不再迷惑？而能開展成功的人生，活得愉悅自在。只有回歸教育的本質－推動「生命教育」，以營造出具有「人情味」的教育環境，培養學生成為一個能充實「生活」，體驗「人生」與創造「生命」並兼具民胞物與情懷的「倫理人」，才是我們最大的期盼。

貳　生命教育的意涵

依中華民國 97 年 1 月 24 日發布生命教育的主要核心能力：了解生命教育的意涵、哲思與人生議題、宗教與人生的關聯、生命關懷、道德判斷、生命倫理、人格統整與靈性發展等

生命教育的意涵在於：你之所以為你是好的，我之所以為我是好的；你是你，我是我，我們不能比較，這是生命的真理。也因為每個人的存在，都有他的價值與意義，是獨一無二，無可取代的，所以他是尊貴的，他有權利也有義務去發展，去探索屬於自己生命的特色，並且將自己的生命力不斷地翻越提升，因此，生命教育在於統整過去分散在各課程中有關生命的內涵，透過教學、省思與體驗，使學生學會包容、接納、欣賞別人，建立樂觀進取的人生觀。換言之，推動生命教育的目的，主要在協助達到下列目標：

一、輔導學生能認識自己，建立自信，進而實現自我。

二、增進學生人際溝通技巧，加強他人與人和諧相處的能力。

三、鼓勵學生接觸大自然，體驗多元生命型態。

四、協助學生探索生命的意義，提升對生命的尊重與關懷。

生命教育既是培養學生對生命做深層的碰觸，就該讓學生深刻體悟：人與自己、人與人、人與環境、人與自然、人與宇宙的各種關係。認識自己，了解別人，體悟物我關係，才能衍生出「生命的智慧」。

因此，生命教育內涵有五：

一、人與自己的教育－教導學生不僅要認識自我，找出真我，也要發展潛能，去實現自我，以活出亮麗生命的色彩。

二、人與人的教育－教導學生重視人與人之間的倫理關係，尤其明白群己關係及公共道德的重要，重視次級文化存在，進而關懷弱勢族

群，以創造人際間和諧的互動。

三、人與環境的教育－教導學生調和小生命與大生命價值的衝突，建立社區總體營造的意識，珍惜生存的環境，實踐保護地球守則，以關懷社會、國家、宇宙的生命。

四、人與自然的教育－教導學生民胞物與的胸懷，去尊重生命的多樣性及大自然生命的節奏和規律性，使人類有機會去親近生命、關懷生命，以維持一個永續、平衡的自然生態。

五、人與宇宙的教育－引導學生思考信仰與人生的問題，釐清自己的人生方向，訂定自己的終極關懷，以宏觀的視野去審視人類存在的意義和價值，認識國家、世界的倫理，關心人類的危機，建立地球村的觀念，活出全方位的生命。

　　以上五種向度的生命教育內涵，匯集成全人形象，既完整又周全，同時顯示了開展的動力與安頓的條件，是一種全人教育的培養，一種生活教育的實踐，一種倫理教育的涵濡。

參　推展生命教育之教育策略

一、教育行政方面

　　透過相關法令，成立專責機構或研究單位。邀集學者專家學術研討、發行生命教育專刊、編輯學生及教師手冊、培訓師資、編列專案經費預算推展及鼓勵研究等支援，有助於生命教育之推展。

二、教育資源方面

　　生命教育是生活化與終身化的歷程，而非孤立僅學生學習之課題。因此，必須先溝通觀念，使師、生建立共識，共同參與，相互分享，共同體驗，並整合社區教學資源，提供相關機構，學術單位及專家學者之各種資訊及諮詢服務或與志工、公益事業團體等之結合，極力發展教學支援系統，以助生命教育知能及教學成效之提升。

三、教育計畫方面

　　前言所述，生命教育既是全人教育，其教育範圍則廣泛而多樣。因此，學校之各項教育計畫，例如：生活教育、情緒教育、反毒教育、交通安全教育、衛生保健教育、環保教育、倫理教育、生涯輔導等，皆與生命教育的內涵有相當部分的重疊性。應予統整並重視其間之關聯性，以避免不必要的內容重複，造成學校行政之負擔，教師教學之壓力及學生學習之乏味。

四、教學活動方面

　　生命教育不是一項教育運動，不是一句教育口號，而是一種生活課程。所以生命教育應該落實在每一刻的教學活動或生活輔導之間，從「做」中學習，從「體驗」中學習，讓生命的本質潛移默化於學生心底。以學校教育而言，指導學生，落實做好打掃工作，倒垃圾、資源回收，幹部責任等生活中的「鄙事」，使其習慣成自然地實踐，就是正視生命的第一步。另外，拜訪孤兒院、育幼院、關懷養護中心，都是可行的生命教育活動。同時，可利用各項集會活動，例如：辦理成年禮，感恩活動等，加強溝通生命教育理念，並透過社團活動、輔導活動的方式，加強學生能關懷並尊重團體，發展群己和諧之關係。使學生思考自己生命向度，達到知、情、意、行的教學目標。

五、課程設計方面

　　生命教育的教學實施並非是一固定的課程或科目，而是隨機的，科技整合的，因此課程設計上宜重視各科的統整性及與生活之間關聯性。例如：可以人的生存問題作為開端，提出有關人的生存意義為何？人的生存條件為何？人的生存方式為何？人的生存應如何與自然求得一調和？……亦可以人為核心的課程設計，列舉人與自然的關係；人與宇宙的關係；人與歷史的關係；人與經濟的關係；人與文化的關係；人與科學的關係；人與政治的關係；人與人之關係的關係問題為樞紐，將該等問題串連在一起，形成一個以人為核心的生命教育課程。其次，把握

日常生活中人、事、物的每一個機緣，適當地融入日常教學活動中，而實施隨機教學，從直接的實例及經驗中，引導學生生活學習，也間接陶冶情意發展。因此，生命教育在課程結構上的安排，可說是倫理與體驗並重，從倫理中使學生了解到生命的誕生、意義、價值，從體驗中使學生感悟生命的可貴及對生命積極的關懷，藉由對這兩者的認知，使學生對生命教育產生正確的認知與態度。

六、教材選擇方面

生命教育應掌握「隨機教學」的契機，因此，最佳的教材就是充滿在我們四周的人、事、時、地、物之中。只要我們秉持取材以生活經驗為中心，配合學生之身心發展為原則，必能達到良好的教學效果，例如：「時事」就是活生生的教科書，電視、報紙及網路好資訊等，這些俯拾即得的材料都可作為生命教育的輔助教材或補充資料，再如：環保、生態保育、尊重智慧財產權、拒抽二手菸及消費者權利義務等生活的議題都是生命教育最佳的素材。即便是一部動人的影片，一篇感人的文章，一個故事，一首詩只要能使學生感受、感動，都是取材的對象，端視教師如何運用其對生活的敏感度去捕捉、活化這些教材。

七、教法運用方面

生命的本質，就是生動、活潑與有趣，所以在教法上就必須建立一個基本理念：用尊重新一代的感覺來引導。從他們的年齡，生活經驗出發，尊重他們的思想及成長背景，拋開「我們以前」的思考，走向「他們現在」的感覺，有此認識，在實施生命教育時，才會使其有感覺，進而感受、感動，教材內容才能深入他們的生命中，內化他們的心靈。

因此，教法的運用上，可視學習內容性質與對象之不同，採彈性多元的方式進行，才可生動活潑。藉著各種遊戲、體驗活動、價值澄清、角色扮演、會心團體、參觀、小組討論、座談會、辯論等不同方式交互應用來進行教學活動；也可利用各種媒體，例如：電影、電視、幻燈片、電腦、報紙、雜誌、網站等來實施，而不必將教學活動只侷限於教室內、校園中以及教科書等範圍。

八、教師角色方面

　　教師應具有正向的人生觀，和正確的生死觀；更應是一位熱愛生命，尊重生命及關懷生命的典範。他能本諸赤子之心，願意分享自己對生命的體會與情感，才能適當地導引學生，認清自己真實的存在。換言之，教師本身在心理、人格方面要有生命的內涵，才能散發感動與人格的穿透力，作為學生最佳、最直接的楷模。因此，教師從事生命教育時，除了透過教學研究會、讀書會、討論會等之成長團體中獲得資訊，開發教材、充實內涵之外，更須有一份熱忱，隨時把握教學機會，敏於觀察，勤於蒐集資料，並自行編製最適切的教材及教學活動，以科技整合的方式，協同合作的教學，提供學生連貫且適切的生命教育。

九、教育環境方面

　　生命教育為學生建立「全人教育」的學習環境，並藉體驗活動、環境教育及潛在課程等教育環境，來提升學生對生命意義的了解，及豐富生命的內涵。

十、大學高等教育學生，個人的生命關懷情操可經由以下途徑加強（卓秀冬，2015）

1. 哲學

人透過哲學的省思、判斷、領悟，才能開闊胸襟，養成「毋意、毋必、毋固、毋我」的為人處事態度，進而體恤他人，關懷別人的坦蕩情懷。

2. 文學

文學作品最能蘊涵人的深情，文學在探討人性的糾結，讓人能參透生活的意義、生命的價值，提升生命的境界。

3. 歷史

歷史教人從史實事件的因果、成敗、正面的影響或負面的悲劇，讓個體領會人在漫漫的歲月歷程中的短暫、剎那，教人豁達，更能珍惜與

周圍的人、物難有的機緣，彼此疼惜、相助。

4. 宗教

舉凡基督教、佛教、天主教、回教等等，宗教的目的都在教人明瞭「生命的真正宗旨」，一種超越現實，達到形而上的精神與靈性境界，都在教人大愛，教人仁慈、寬恕，教人關愛別人，行善積德，人經宗教的洗禮與濡沐，展現生命較高層次的需求。

5. 藝術

藝術的永恆價值在真、善、美，在人文精神的展現，經藝術的陶冶、美育，提升心靈的層次，從現象實然世界到達高貴。

如：臺灣本土音樂家「蕭泰然」的「戀歌」、「一隻鳥仔嚎啾啾」，受大陸奧運承辦單位邀請表演的宜蘭「無垢藝術表演團」在北京演出的「醮」，林懷民「雲門舞團」表演的「流浪者之歌」，曾得國家文藝獎的「林磐聳」設計家的「漂泊的臺灣」、「浮浪貢開花」、「臺灣圖」；名歌曲例如：「月琴」、「綠島小月曲」、「安平追想曲」、「追尋」、「叫我如何不想她」等等，這些藝術作品，刻古銘心，往往觸動人最內心深處的純真本性，不忍、憐憫之情自然流露。

總言之，生命關懷可經由生命教育的歷程，透過哲學、文學、歷史、宗教、藝術等教材，並經由正式課程、非正式課程、活動課程等途徑，養成人懂得關懷別人、同理心的高貴情懷。

肆　生命教育之實際課程設計

一、教師可參考下列作法，融入生命教育之課程

1. 蒐集社會相關新聞與教授生命教育課程相結合。

2. 提出有關生命教育之實例（例如：眼盲、車禍腳斷、行動不便等）及輔導理論，作為教材來源。

3. 在日常生活中，與教材內容有關採取隨機教學，給予學生機會教育。

4. 教導學生閱讀有關生命教育之散文、古文觀止、書籍、生命教育手冊等。例如：周大觀、乙武洋匡之書籍。

5. 觀看有關生命教育之錄影帶，並提出心得感言或報告。

6. 提供報上激勵人心，感人的文章。

7. 教導有關生命教育之靜思語或格言。並鼓勵學生創作有關生命教育之文章。

8. 根據校內或班內事件，師生共同討論，尋求正確的人生價值觀。

9. 尋求網路資源，設計有關生命教育之活動。

二、個人教學與擔任學校領導多年的經驗，茲提出以下五種有關生命教育之課程設計，供參考

（一）「生命的孕育」體驗活動課程設計，以曉明女中為例

我們一般人只能看到一個呱呱落地的小嬰孩，樣子可愛、討人喜歡，但是，除了當過媽媽嚐過懷孕之苦與生產之痛外，一般的人是難以理解的。因此，曉明女中就以「生命的孕育」這樣的體驗設計，不但讓男老師可以體驗懷孕之艱辛外，也讓學生知道，生命的誕生，是相當可貴和不易的。

這個體驗活動的方式，是讓每位參加的學生或老師，以書包或背包反負背於胸前，每人胸前所負之物必須達十公斤，並且不可以用雙手撐持，然後，所有參加的人以競賽接力的方式，只能快走，不可以奔跑，上下二樓的樓梯，體驗懷孕時，婦女腹中有胎兒的感覺。

這個活動，讓所有參與者了解懷孕婦女，當她們腹中有重物（嬰兒）時，不管走起來或者上下樓梯，都是多麼艱辛的一件事情。何況，從懷孕開始，懷孕婦女除了要克服身體不適外，如噁心、嘔吐、貧血昏眩、腹腔壓迫等，甚至還要面臨生產時，隨時可能碰到的血崩、心臟衰竭等危險情境，因此，做過這個體驗課程的學生，將更能體會父母的辛苦，更會珍惜自己的出生是一件不容易的事。

推展生命教育多年的臺中市曉明女中，在體驗活動的課程設計上，就曾出過《人生傳奇》、《生命傳奇》、《成長－曉明人的成人禮》三本著作，而在體驗課程設計上，曉明女中就設計過「生命的辨識」、「生命的孕育」、「意外的人生」、「口繪人生」、「墓誌銘」、「環保人生」、「合作人生」、「分享人生」、「和好人生」、「成人

禮」、「淨之旅」等活動，從這些體驗活動中，學生不但可以了解人生的價值與意義，也可以體會一些殘障者在失去雙手時的不便，進而以更寬容的態度來面對不同人生的境遇。

（二）「教育學生認真過生命中的每一天」之活動課程設計

　　1. 培訓學生的思考能力

　　(1) 認知記憶類思考

　　(2) 分析應用類思考

　　(3) 邏輯推理類思考

　　(4) 想像創造類思考

　　(5) 評鑑批判類思考

　　(6) 內省自明類思考

　　2. 教導學生社交技巧

　　(1) 社會技巧的開始

　　①傾聽

　　②開始交談

　　③進行交換

　　④詢問一個問題

　　⑤說聲謝謝

　　⑥介紹自己

　　⑦介紹他人

　　⑧恭維

　　(2) 社會技巧的提升

　　⑨要求協助

　　⑩參與

　　⑪教導（給予）

　　⑫遵循教導

　　⑬道歉

　　⑭說服他人

(3) 處理感覺技巧

⑮認識自己的感覺

⑯表達你的感覺

⑰了解他人的感覺

⑱處理他人的憤怒

⑲表達情感

⑳處理恐懼

㉑酬賞你自己

(4) 面對攻擊時，可選擇的技巧

㉒要求准許

㉓分享

㉔協助人

㉕妥協

㉖使用自我控制

㉗爭取自己的權利

㉘對捉弄作反應

㉙避免與人發生困擾

㉚避開打架

(5) 處理壓力技巧

㉛表達抱怨

㉜回答抱怨

㉝具有運動家精神（比賽後）

㉞處理窘態

㉟處理被冷落

㊱支持朋友的權利

㊲回應說服

㊳回應失敗

㊴處理混淆的訊息

㊵處理非難的責備

㊶準備好以應付困難的交談

㊷處理團體壓力

(6) 計畫技巧

㊸決定要做的事

㊹決定引發問題的原因

㊺決定目標

㊻決定你的能力

㊼蒐集資料

㊽以重要性安排問題順序

㊾做決定

㊿聚精會神於一個工作

3. 教導學生助人技巧

(1) 傾聽

(2) 同理心

(3) 隱藏式鼓勵

(4) 簡述語意

(5) 摘要

(6) 探問

(7) 澄清

(8) 具體化

(9) 解釋

(10) 提供參考架構

（三）「輔導學生掌握此時此刻，活在當下之活動課程設計
　　　自我肯定訓練課程（自信心訓練）

(1) 設定有效的情境目標

(2) 肯定的拒絕

(3) 肯定的請求

(5) 表達感覺

(5) 肯定的表達

(6) 防禦技巧

(7) 同理他人

(8) 自我貶損與自我伸張陳述

(9) 確認和改變自我語言

(10) 應變思考

(11) 思考轉換

(12) 思考停頓

(13) 察覺常用的模式

(14) 改變的轉移與持續

(四)「尋找生命楷模各組活動設計」

第一組　六本書

＊共同必讀的書：1.Hermann Hesse，《生命之歌》，遠流出版（2002）。2. 吳憶帆譯（2019），《生命之歌》（Hermann Hesse，Gertrud），《生命之歌》，新潮文庫56。

1. 《最後十四堂星期二的課》（大塊出版社）

讓學生體認死亡會是何種面貌？該以何種態度面對？尤其當生命一點一滴流失時，如何以積極的精神去畫上完美的句點。

2. 《時間好經營》（作者彭懷真，希代出版社）

使學生能好好規劃時間，學習如何把握住今日時光。

3. 《藝術欣賞與人生》（作者李霖燦，雄獅出版社）

體會中國文化中，生命象徵的符號都有其哲學意義，更能深入：「萬物靜觀皆自得，四時佳興與人同」的美感世界。

4. 《讓高牆倒下吧》（作者李家同，聯經出版社）

懂得從奉獻中體會到人生的真、善、美，不在乎功利，體認真愛的背後意義。

5. 《潛水鐘與蝴蝶》（大塊出版社）

當你面臨困境時，雖然全身動彈不得，但你的心可以很自由地，如蝴蝶般飛舞到各處。

6. 《紙牌的祕密》（智庫出版社）

認知人到底從哪裡來？爲什麼在這裡，生命的意義是什麼？而每個

人心目中的小丑又是什麼。

7. 其他有意義、動人的書章網路報導

第二組　六位人物

【一年級／理性與感性】　　　　　　　　　　　　　　一上／富蘭克林

配合高一國文哲學家皇帝（強調人文素養）且富蘭克林本身是文學家、發明家……對美國民主思想亦有深廣的貢獻，是一位具多種才華的人，對高一學生生涯規劃，了解自己的興趣、性向有助益。

一下／徐志摩

因「人間四月天」的播出，「市面上」形成一股徐志摩風，尤其是對其愛情的探討，但除此之外，徐志摩對理想的追求，對自由的熱愛，對朋友的眞誠，都值得去了解。

【二年級／逆境與順境】　　　　　　　　　　　　　　二上／王永慶

創造台塑王國的王永慶，只有國小的教育程度，但他憑藉自己的努力、智慧，開創別人所做不到的事業。且他很孝順，具有回饋社會的心，值得學生學習。

二下／余光中

表面上成長順利的他，亦有其特殊的成長背景－從中國大陸來臺灣，到香港回臺灣，但年屆七十的他精神鑭鑠，以詩歌豐富你我的生活，他以旺盛的生命力投注在文學創作上，是許多年輕人的典範。

【三年級／臺灣與世界】　　　　　　　　　　　　　　三上／張忠謀傳

身爲臺灣半導體之父、除個人魅力十足外，成長奮鬥歷程更吸引人，受全世界許多人崇拜外，其先進科技、毅力、智慧、品德是學習的重點。

三下／全球資訊

中國大陸及世界許多國家對臺灣有深遠的影響，高三學生應具備人文、生命價值批判的精神，由不同的角度去探討同一個問題，以求對全球政經問題有基本的了解。

第三組　六個適合帶學生去的地方

1. 育幼院

理由：遭遺棄的孩子，有著不同的生活內容，藉由參觀，可以讓學生更懂得惜福。

2. 少年感化院或菸毒勒戒所

理由：「少之時，血氣方剛，戒之在鬥」，與社會局查詢，洽談參觀。如果能找個人現身說法，將更具真實性。也讓學生心生警惕，以免誤入歧途之後，悔恨不已。

3. 老人院

理由：從社區的老人院、安養院關懷就近的老人，培養「老吾老，以及人之老」的精神，也從老人的身上感悟到人道精神。

4. 安寧病房

理由：藉由行前探討安樂死的必要性，引起學生的動機，再帶領他們到安寧病房，讓他們體會與死神接近的人，感受他們所感受的，進而珍惜生命，活得更積極。

5. 生態保育區

理由：高一到高二已認識人生的悲苦了，到高三上學期引領他們回到大自然，趁機討論環保，及人和動物、植物自然的種種關係，愛惜自己也尊重這塊土地上所有的生命。

6. 大學

理由：高三下學期，安排就近大學的參觀；人文、校園、學風的認識，可以為自己的生涯作明智的選擇，並激起學生強烈的衝刺動機。

第四組　六首歌

1. 快樂天堂（合唱曲）：～告訴你一個神祕的地方，一個孩子們的快樂天堂……有哭有笑，但是也會有悲傷，我們擁有同樣的陽光～

2. 明天會更好（合唱曲）：～唱出你的熱情，伸出你的雙手，讓我擁有你的夢～（告訴學生未來是一片光亮，只要有夢，明天會更好）

3. 祈禱（翁倩玉）：～讓我們敲希望的鐘啊！多少希望在心中……（訴說「希望」是環繞在每個人耳邊，只要心中有希望，美夢一定可成

眞）

4. 愛拼才會贏（葉啟田）：～（對生命的期待：Do your best）

5. 奉獻（蘇芮）：～長路奉獻給遠方，玫瑰奉獻給愛情，我拿什麼奉獻給你，我的小孩～（當生命中學會了感謝與付出，那人生就成功了一大半）

6. Greatest Love of All 或吾愛吾師 To Sir With Love

～Be sure the greatest love of all is happening to me. I found the greatest love of all inside of me.... The greatest love of all is easy to achieve. Learning to love yourself is the greatest love of all…..（如同歌詞所言，最偉大的愛是會發生在自己身上，是很容易得到的，只要你學著愛自己）

第五組　六部影片

1. 片名：**睡美人**

寓意：透過觀賞此片，讓同學體會生命的尊嚴和價值。生命是脆弱的，也是美麗的，一旦錯失，就是一種無法彌補的遺憾，能夠活著用心去生活、去愛、去享受、是多麼美好的一件事。

2. 片名：**心靈捕手**

寓意：正值青春期的孩子，不易認清自己，盲目追逐。藉由心靈捕手的呈現，幫助孩子肯定自我，找出自己的方向，建立自信，讓本身的才華、能量得以釋放。

3. 片名：**返家十萬里**

寓意：重視人與自然的互動，學習尊重自然、尊重生命，而片中親子關係由疏離到接納，也許能讓孩子用心去體會父母心。

4. 片名：**春風化雨**

寓意：透過藝術對親子與婚姻問題提出省思。

(1) 美育：音樂教育。

(2) 學習輔導：克服學習高原與障礙。

(3) 親子溝通：聾啞孩子與音樂家父親。

(4) 探討師生戀的情感昇華。

5. 片名：危險邊緣

寓意：對人性與危機應變有具體的探討。

(1) 人性：自私、貪婪、幻想的部分。

(2) 結合童軍教育：極地求生。

(3) 寬恕、良知。

6. 片名：辛德勒的名單

寓意：為猶太人受希特勒迫害的真實紀錄片。

(1) 人道主義／精神。

(2) 狹隘的民族主義。

(3) 生與死：生命教育的好題材。

（五）「觀看生命教育相關影帶」之活動設計

如果能善用一些視聽媒體，並參考媒體內容，設計一些情境問題，讓學生思考、討論、分享感受，相信會收到相當不錯的教學效果。以下提供參考，現代有許多非常好的影片，例如：齊柏林看見臺灣。

1. 劇情錄影帶

△片名：意外的人生

片長：93 分鐘

分級：普遍級

內容大概：一位名律師在意外腦傷的復健過程，重新檢視自己的過去，並找到了新的人生意義。

△片名：今天暫時停止

片長：100 分鐘

分級：普遍級

內容大概：男主角發現自己每天在同一天，同一時刻不斷的醒來，於是開始了一段的生命冒險與不同人生價值觀的追求過程。

建議：以上兩部影片，如果設計問題提供給學生參考時，不妨著重於「生命意義的自我抉擇」，讓學生澄清自己的人生價值觀，並思考不同抉擇後所可能產生的結果，想想利害、得失。

伍 結語

在教學過程中,強調學生不但要學會做學問,更要學會做人;但因教育過程中過於講究效益、功利與工具性的目的,教育似乎只為提供有用的知識技能,忽視教學生做人做事,漠視了人之所以為人及如何做人的道理,因而多數人在面對生命議題時,不知所措,侷促不安,其面對生命的能力更是令人存疑。於是回歸教育本質:人所以為人的「生命教育」受到正視。

事實上,生命教育並非新的知識,而是統整過去分散在各課程中有關生命的內涵與生命的智慧,透過教育與體驗的過程,使學生有能力去規畫自己,實踐生命,開展真、善、美、愛的人生;因此,只要有心,用心地規劃,一步一步地引導,讓全體師生能共同參與,相互分享,共同體驗,以成為學校教育的核心意義與價值,否則僅以政策宣導執行,流於口號,運動,很快地又將成了鏡花水月的「教育大事紀」。

以生命教育為職志的教師,須有「捨我其誰」的擔當與使命,絕不放棄任何一名學生,認真教導學生認識生命的意義,體驗生命的感受,尊重生命,珍惜生命的價值,進而創造有意義的生命,並藉由萬物生命的美妙體驗,激發學生內在的感覺和感動。

教育有愛,有教無類,人人都以「愛」來寫生命的歷史,將能在成長的過程中走進人生的新領域、新境界,而獲得新的接觸、新的感悟、新的驚喜,這才是推動生命教育最大的感動。

參考文獻

一、生命教育-高中教育雙月刊,第 7 期。

二、http://life.ascc.net。

三、http://210.60.194.100/life 2000/whatislife.htm。

四、http://210360.194.100/life 2000/net_university/paper/net_net_uni_paper_H1.htm。

五、教育資料與研究期刊，第 37 期，89 年 11 月出版。

六、網路各種平臺有關生命教育的專文。

七、教育部的官方網站。

八、卓秀多（1998、1999）。生命教育自編教案，未出版。

九、卓秀多（2015）。生命教育與生命關懷，中華人文自編教材，未出版。

十、Hermann Hesse 生命之歌，遠流文化出版（2002）。

十一、吳憶帆譯（2019）。生命之歌（Hermann Hesse, Gertrud），新潮文庫 56。

問題與討論

一、生命教育的意涵是什麼？為何是學生素養的核心課程？

二、學校推動生命教育的可行策略為何？分組討論提出至少二項具體可行的創意。

三、分組討論、共同設計出一種教學方法，提高對學生的生命教育效能。

四、當今網際網路資訊非常多元，可供教學資源充沛，請尋找二則「生命楷模」活動設計，以增加課程的生動活潑性。

五、分組或個別發表對生命教育課程的教學心得。

六、討論學校的潛在課程、活動課程設計，以融入生命教育的目標。

第九章

高級中等學校以下教師資格檢定考試機制現況、問題與精進策略之探究

蔡進雄

壹　前言

　　教師是教育的核心關鍵與靈魂，是以教師素質的良窳影響學校教育發展與進步，爰此師資職前教育、教師資格檢定、教育實習、教師評鑑及專業發展等，均應是師資培育所要關注的重要課題。長期以來，我國對於中小學師資的養成，一直是不遺餘力並投入大量資源，而師資培育政策也經過不同時段而有更迭，即不同時期有不同的教育政策轉變，例如：在 1994 年 2 月未公布之《師資培育法》之前，我國師資培育依《師範教育法》主要是由師範體系來培養，而在 1994 年《師資培育法》通過後，整個師資培育由一元化轉變成為多元化，各一般大學可共同培養國內高級中等學校以下教師。《師資培育法》下的教師培育讓中小學師資來源更為多元化，惟此師資培育政策仍衍生諸多問題，例如：吳武典曾於 2004 年歸納指出師資培育之問題癥結為師資培育供需失調、「流浪教師」日增、師資培育機構定位不明、教師資格檢定方式流於形式、教育實習缺乏妥善完整規劃、教育學程資源不足、教師遴選弊端叢生等，張德銳（2016）也陳述新制師資培育的困境是教職供需失調、師範院校轉型及一般師培大學人力物力資源不足、教師資格檢定教學實作能力有加強的必要，以及教師社會聲望降低等困境。透過市場機制使師資培育機構多元化發展而達成教育改革預期，是有其侷限的（謝卓君，2016），職此之故，由於多元的師資培育政策過度開放，師資儲備人員擴增，加上當前社會少子化，師資需求數量緊縮、師資專業化的需求等時空背景之衝擊下，而使得師資培育政策面對重大之挑戰（林新發、王秀玲、鄭珮秀，2007）。

　　顯然地，整個師資培育過程包括師資生遴選、師資職前教育、教師資格檢定、教育實習、正式教師甄選及教師專業發展評鑑等，都是環環相扣，若有一個環節出現了錯誤或問題，就有可能會影響優質專業教師之養成，而教師資格檢定正是師資培育相當重要的一環。扼要言之，教師檢定是教師專業構成的要件，教師檢定可說是教師專業發展的關鍵樞紐，其影響力不容忽視（李錫津，1996；葉連祺，2004）。國內原《高級中等以下學校及幼稚園教師資格檢定及教育實習辦法》規範實習教師

經複檢合格後，就會核發合格教師證書，因而常被詬病爲教師證書不似律師、醫師執照專業，書面文件檢繳流於「形式化」（林新發、王秀玲、鄭珮秀，2007），於是 2002 年《師資培育法》之修正條文，特別規定中央主管機關辦理教師資格檢定，應設師資檢定委員會，教師檢定由資料審查制改爲知能考驗制（張鈿富、葉連祺，2002），也就是說廢除初檢和複檢檢定程序，改爲參加教育部主辦的一年一次的「教師資格檢定考試」，及格後授予教師證書（吳武典，2004）。循此，我國中小學及幼稚園的教師資格檢定考試已於 2005 年 4 月第一次舉辦。

　　此外，在 2017 年修正公布新的《師資培育法》將先教育實習後教師資格檢定考試，修改爲先通過教師資格檢定考試之後，才參與教育實習。惟不論是此先教育實習、後教師資格檢定考試，亦或是先通過教師資格檢定考試、後教育實習，此教師資格檢定考試制度實施多年以來是採筆試測驗，惟筆試測驗的形式，一直受到國內外之質疑此方式之適切性，Wilson（1995）認爲紙筆測驗在於測量教師專業知識量，諸多學者與研究指出，紙筆測驗無法測量複雜的認知與教學實務表現能力，因而倡導眞實評量，且紙筆測驗是屬於低認知層次範疇，紙筆考試的結果表現難以反映出教師的實際教學能力（彭森明，1996；陳金貴，2004；黃嘉莉、葉怡芬、許瑛玿、曾元顯，2017；Darling-Hammond, 2001; Darling-Hammond & Snyder, 2000; Haertel, 1991），僅以師資檢定之紙筆測驗來考核師資培育階段所得的專業知能，亦有其偏限性（洪志成，2005），教師資格檢定方式應考慮筆試、口試、教學演示、實作演習等多元方式（張德銳，2005）。換言之，國內教師檢定考試科目偏重教育專業科目，未納入各學科任教的專門科目，且偏向紙筆測驗，未能眞正篩選或檢定出是否符合教師的資格，教師檢定考試是否能發揮教師專業發展及管制之功能，確實值得商榷，誠如張德銳（2016）所言，教師資格檢定上，其問題是考科多是教育專業知識，在學科教學知識及教學實作能力方面，有加強之必要，且可能是題目趨嚴及學生素質下降等因素，近幾年教師檢定通過率偏低。而上述這些教師資格檢定所衍生問題值得進行較有系統性之成效檢視及提出精進策略，進言之，教師資格檢定機制包含教師檢定的理念、檢定的時間、檢定的科目、檢定的方

式、檢定的內容、檢定的成效、檢定的功能發揮情形等,均值得進一步且全面性地加以探究。

綜言之,師資培育政策在於確保師資素質與師資供需的穩定性,師資培育多元化也是社會環境變遷之趨勢,但不論師資培育政策如何更迭,其目的是確保師資培育的專業化及優質化(吳武典,2004;張德銳,2016)。而師資培育過程之教師檢定制度就是師資培育政策很重要的一環,良好的教師檢定制度可確保師資的素質及品質,倘若教師檢定未能發揮檢定之把關管制及引導專業發展功能,則影響著後續正式教師甄試之優質師資來源,以及中小學學生之受教權益。

基於上述,本文首先探討師資培育過程、教師資格檢定考試的意涵、目的,其次陳述國內教師資格檢定考試的問題、教師檢定考試之相關研究,最後提出國內教師資格檢定考試的精進策略,以供調整或精進高級中等學校以下教師資格檢定考試機制之參考。

貳 師資培育過程之探討

關於師資培育政策,不僅是國內師資培育採開放政策,綜觀美國、日本、英國、德國等先進國家也大多是採自由、多元發展的方式培育師資,惟各國在檢定、實習、認證,甚至是甄選、任用、進修等,均設有嚴格之把關制度,落實擇優汰劣,以確保師資之素質(林新發、王秀玲、鄭珮秀,2007)。而我國之師資培育過程,如圖 1 所示,大致可分為師資職前教育、教師資格檢定、教育實習、教師甄試等以下幾個階段,以培育具專業化之師資(師資培育法,2017;莊朝勝、謝武成,2009;張裕程,2016;張德銳,2016;鄧可欣,2017):

一、師資職前教育階段

師資職前教育是師資培育的源頭,所謂好的開始是成功的一半,故職前教育階段的師資生遴選、課程設計、教學實施、環境設備及資源投入等,會影響優質教師的養成。

在 2017 年修正公布的《師資培育法》第 7 條規定,師資培育之大學辦理師資職前教育,應符合下列規定:1. 按中等學校、國民小學、

幼兒園及特殊教育學校（班）之師資類科，分別規劃；2. 各師資類科學科、領域、群科師資培育內容及各類科名額，應報中央主管機關核定後實施；3. 師資培育之大學辦理師資職前教育課程，應符合師資職前教育課程基準及《原住民族教育法》之規定等，此外新的《師資培育法》第8條也規定，大學師資培育相關學系之學生，其入學資格及修業年限，依《大學法》之規定。設有師資培育中心之大學，得甄選大學二年級以上及碩、博士班在校生修習師資職前教育課程。

二、教師資格檢定階段

　　教師檢定旨在落實師資檢定政策、管制教師素質及維護學生受教權（洪志成，2002），不管採取任何的教師檢定方式，為了確保教師素質，教師檢定方式不能流於形式，否則將會造成教師素質及教育品質的低落（吳清山，2010），循此，我國在 2002 年公布之《師資培育法》，將原來 20 條文增加為 26 條，廢除初檢和複檢之檢定程序，改為統一教師資格檢定考試，2005 年第一次辦理且對教師資格檢定類科及應試科目進行規定，考試科目訂為四科，每科平均需達六十分，沒有一科零分，且不得有二科未滿五十分，才能通過教檢（莊朝勝、謝武成，2009）。

　　值得一提的是，有鑑於先教育實習、後教師資格檢定考試，使實習教師為準備檢定考試，而無法全心於教育實習，且為避免實習完成後，卻沒有通過教師檢定，而白費於教育實習之現象，因此如果教師檢定先舉辦，通過後再教育實習，則一來實習教師會比過去減少，二來學校較可全力輔導且可讓師培生專心精進於教學專業（余祥，2016），爰此，2017 年新公布的《師資培育法》將過去先進行教育實習、後教師資格檢定考試，修改為先通過教師資格檢定考試、後參與教育實習。詳言之，2017 年公布的《師資培育法》之第 10 條明確規定教師資格檢定，依下列規定辦理：教師資格考試依其類科取得修畢師資職前教育證明書或證明者，始得參加，通過教師資格考試者，始得向師資培育之大學申請修習包括教學實習、導師（級務）實習、行政實習、研習活動之半年全時教育實習。

三、教師實習階段

　　教育實習的功能在於連結教育理論與實際、了解教師工作與職責、熟練教學實務知識、累積班級經營經驗、精熟學生輔導實務與加強教育專業素養等（林進材、林香河，2013）。在 1994 年公布之《師資培育法》規定教育實習階段的時間是一年，且師資生的身分為實習教師，每月領有補助津貼，自 2002 年修正之《師資培育法》將教育實習階段的時間改為半年，教育實習時間縮短，而師資生的身分是學生，且須繳實習學分費。

　　如前所述，先教育實習、後教師資格檢定考試之缺失為實習生因著準備教師資格檢定考試，無法專注於教育實習之學習成長，且先教師檢定可使實習人數減少，有助於實習學校之輔導，於是 2017 年公布的《師資培育法》將先教育實習、後教師資格檢定考試，修改為先教師資格檢定考試之後，才參與教育實習。質言之，教育實習是師資培育過程重要的一環，透過實習輔導教師在班級經營及教學的有效輔導，可使教師專業素養更為精進。

四、教師甄試階段

　　由於教師培育政策由計畫性改為人才儲備制，導致自由競爭的市場，唯有藉由提高自己的教育專業能力及競爭力，才較能順利通過考取教師甄選。換言之，教師職缺少而競爭者眾，是以必須要有強大的毅力及豐富的專業素養，並及早為教師甄選作預備，才有機會通過教師甄選之激烈篩選，取得正式教師之資格並於教育現場擔任教職從事教學任務與班級經營。

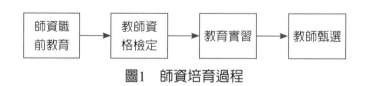

圖1　師資培育過程

　　綜合以上所述可知，國內師資培育已從早期《師範教育法》時代轉

變為《師資培育法》的年代，此外，師資培育專業化所涉及之歷程從吸引優秀人才就讀、職前教育、教師實習、教師檢定、一直到教師在職進修，更是需要相當長期的時間（張德銳，2005）。具體而言，師資培育過程之師資職前教育、教師資格檢定、教育實習、教師甄選及教師專業發展評鑑等每個環節都是相當重要，必須加以落實、不容忽視，否則將會影響優質教師之培育及選拔。

參　教師資格檢定的意涵與目的

　　教師資格檢定影響整個師資培育素質和教師生涯發展甚鉅（吳清山，2003），亦即教師資格檢定的主要目的是在確保教師的能力與品行能勝任其職（秦夢群，2001）。顯然地，教師檢定是管控教師素質的重要關口和方法，惟選用不同的檢定意涵，依據不同精神和理念，所產生的檢定制度、效果和影響也就不同（葉連祺，2004）。「檢定」係指經由通過證件審查和考試合格，以授予申請者某項資格。大體來說，教師檢定的核心理念是如何經由比較受檢者和預定目標物間之異同程度，以確認受檢者的符合度（consistence）（葉連祺，1997; 2005）。

　　美國各州均規定擔任公立學校教師者，需取得證書（certificate），秦夢群（2001）曾研究歸納指出，美國各州教師檢定制度建立的目的有五：1. 管制教師素質，確保大眾利益，維護學生受教權；2. 提供大眾在平等、合理及公正情形下，有擔任教職的機會；3. 評量師資培育機構的師資培養成效；4. 維護教學專業的尊嚴和教師地位；5. 促進有效教學，提升教育水準，促進國家和社會的發展。吳清山（2003）也認為教師資格檢定要能達到其選才的效果，使將來能夠在實際的教育現場發揮功能，不管是檢定的目標、方式和內容都應該要以教師專業為基本考量。黃嘉莉（2014）運用文件及相關文獻分析我國取得教師資格之制度發展，研究指出《師資培育法》之檢定制是政府開放師資養成市場後管控教師素質之方式，最終仍是以提升教師素質為考量，亦即在目前檢定制度下，我國教師資格制度會自我增強，並以提升教師素質為方向發展。林佳靜（2009）亦表示教師資格檢定制度應朝向教師品質檢驗與篩選的功能發展。

綜觀以上所述可知，教師資格檢定的意涵可定義為是指教師透過各項證明文件審查或通過各種考試的方式，以給予申請者或受試者某項資格。而教師資格檢定的目的亦可匯整歸納有二，其一是確保及提升教師專業素質，由於師資培育市場化，透過教師資格檢定機制可發揮擇優汰劣之功能，擇取優秀之師資人才並提升教師教業素質及標準；其二是維護學生的受教權益，良好的教師資格檢定可避免不適切教師進入教育體系現場任教，因而影響學生學習品質，故藉由教師資格檢定的實施，可維護學生的受教權。

肆 國內教師資格檢定考試的問題

辦理教師檢定考試需要多方面資源的配合，略述如下（洪志成，2002；張鈿富、葉連祺，2002）：1. 法令資源：教師資格檢定考試政策的相關條文規定，可以讓教師檢定促進教師專業有了合法性及正當性；2. 人力和設施資源：辦理教師檢定考試是繁複之事務，需要一定人力、時間和設施設備的有效配合；3. 方法和工具資源：實施教師檢定考試可說是技術和知識密集的工作，需要教學、測驗統計等領域的專業人士參與；4. 經費資源：辦理教師檢定考試需要龐大經費的支持，以發展檢定評量工具、支應參與檢定工作人員酬勞及相關支出。

張奕華在 2002 年表示教師檢定之目的係在於管制教師素質及提升師資標準，故除了基本文件的認可外，教師檢定宜加上其他的條件，例如：考試、教學實作評量、在職進修等，以確保教師之素質。張鈿富與葉連祺（2002）指出，教師檢定和其他教師專業發展環節之連結不強，教師檢定應發揮管制教師素質之功效。李克難（2004）陳述以筆試來檢定修習師資職前課程者之專業素養足夠與否，其檢定的方法與內容仍嫌單薄，應訂定更嚴謹的配套措施，才能使中小學及幼兒園教師資格檢定制度更趨完善。洪志成（2005）直陳教師檢定納入統一測驗已顯示師資培育政策繼多元開放後，另一項企圖促成教師專業的努力，但法令落實的現實面及脆弱性、檢定測量的行為特質缺乏紮實的實作架構及研究證據基礎，因此應建立教師教學專業標準（standards），作為遵循與努力的目標，才能讓教師檢定測驗能保證教師基本知能及教師專業品

質。

莊朝勝與謝武成（2009）則認為現今的教師檢定考試科目及內容，採統一的模式，故不管認證科目為何，考試標準都相同，且教師資格檢定的科目與教師甄試的科目內容差異性非常大，所以對師資生來說，這樣是否能提高師資的品質，值得商榷，而教師檢定的科目常會讓師資生只重視某些科目的選修，而忽略其他科目學習及影響學生多元學習。鄭崇趁（2015）指出目前教師的薪津高出一般公務員一成至二成，而教師資格檢定考試，嚴謹程度沒有國家高考精密，教師身分尚不能稱之為國家專門職業公務員，因此主張將教師資格檢定考試逐年轉為「國家專門職業高等考試」。張德銳（2016）認為在教師資格檢定上，確實有發揮品質把關的功能，但問題是考試科目多是教育專業知識，在教學實作能力及「學科教學知識」方面可待加強，且近幾年教師資格檢定的通過率偏低，對於已修畢教育學分又已投入一學期教育實習的師資生是不小的打擊。

此外，吳清山（2003）也陳述為了有效檢驗出教師專業知能，必須以專業性、價值性、公平性、合理性、便利性、多樣性及可行性為判斷之規準。葉連祺（2004）則曾指出中小學教師檢定政策評鑑模式之四個層面，內容頗為周延，值得精進教師檢定之參考，分述如下：1. 理念層面包括教師檢定的意涵、學理和觀點三項；2. 實務層面包括辦理流程、辦理者、受檢者、檢核物、辦理時間、辦理地點等項目；3. 後設評鑑層面乃是對於教師檢定政策本身細項進行檢視、查核理念的合理與正當性，檢視實務層面各因素的合理、正當、可行和有效性等；4. 情境層面指可能影響教師檢定政策施行的外部有利和不利因素。

綜上所述可知，國內教師資格檢定考試衍生之問題，舉其犖犖大者，主要可歸納以下幾項：

一、我們必須承認目前所採取的紙筆測驗無法真實反映出教師的教學專業能力，以學習之認知、情意及技能三大領域面向來看，紙筆測驗只能測量到教師較低層次之認知能力，並無法有效測量教師的情意之人格態度與教學之技能，且紙筆考試不易反映教師高階認知能力（例如：創造力）及實作能力。

二、教師資格檢定考試安排於教育實習之前，然所謂考試引導教學，以及沒通過教師資格檢定，就無法進行教育實習的壓力情況下，故如此設計可能會導致師資職前教育更加重要考試科目之準備，因而影響師培生之多元學習與多元能力之培養，使得師資職前教育更為窄化。

三、教師資格檢定考試之試題的信度及效度仍有待考驗及證實，且教師檢定考試的命題原則朝向情境題發展，教師資格檢定考試之筆試題型及內容之檢定成效，有待評估。

伍　教師資格檢定考試之相關研究

關於國內高級中等以下教師資格檢定考試制度之相關研究闡述如下，柯安南（2005）曾以國民小學教師為研究對象，研究發現國民小學教師認為重要的專業能力在教師資格檢定是不易測知的，且高自我效能感教師認為教師檢定所需專業能力以「人格特質」最為重要。張宏嘉與李田英（2010）研究發現，教育學程學生們認為教育基礎科目對教師檢定考試的幫助大於對教學的幫助，教育方法學各學科目對教學的幫助大於對教師檢定考試的幫助，該研究最後並建議教師檢定考試之內容應增強實務面，避免理論與實務分離。陳金貴（2011）研究結果明確指出：1. 教師的基本素質涉及層面廣泛，並無法用教師資格檢定考試制度來全面確保；2. 教師資格檢定制度對於儲備教師數量的控管有一定的作用；3. 教師資格檢定之方式無法有效測出應試者教學技能與心理態度。

陳雨靈（2014）探討特殊教育優良教師對特殊教育資格檢定考試試題的看法，研究發現特殊優良教師認為特殊師資資格檢定之專業科目兩科對於檢測「特殊教師現場所需的專業能力」是有幫助的，但特殊優良教師也認為特殊師資資格檢定之專業科目兩科部分試題對於檢測特殊教師現場所需的專業能力是「沒有幫助」的主要原因在於題目過於「學術理論」、「名詞定義」、「記憶性」、「原則性」，與教學現場實際應用的關聯性較小。

綜合以上高級中等學校以下教師資格檢定考試的相關研究，大致可以得知教師資格檢定有一定的管制作用，但多數教師也認為目前教師資

格檢定不易測知教師專業能力，與教學現場之關聯性較小。

陸　國內教師資格檢定考試機制的精進策略

基於前述教師資格檢定的問題及相關研究之探究，茲從「教師資格檢定考試的定位要更明確」、「教師資格檢定的方式可以更為多元」、「教師資格檢定考試試題信效度可再提升」、「教師資格檢定先於教育實習之成效可以再觀察評估」及「教師資格檢定考試宜與教師專業標準適切連結」等加以闡述。

一、教師資格檢定考試的定位要更明確

教師資格檢定考試近年來通過率維持在五至六成之間，高級中等學校以下教師資格檢定考試是趨嚴格或趨容易通過，是兩種不同的標準取向，以及教師資格檢定在於確保師資品質的定位應該更為明確，也就是說關於教師資格檢定考試的定位此一問題，未來應該要更為明確。

二、教師資格檢定的方式可以更為多元

眾所周知，紙筆測驗無法有效反映出實作能力，而教師專業應是理論與實務兼具，惟目前教師資格檢定是以選擇題及非選擇題方式來進行測驗，確實無法連結於教師教學專業能力之展現，因為會紙筆考試者不一定會教學及班級經營，循此，未來除了紙筆測驗，可以納入實作評量、真實評量、檔案評量等更多元的方式。總之，「評什麼，人們就重視什麼」，我們以紙筆測驗來實施評量，師培機構及師培生自然會被引導往此方向發展，故將來可研議教師資格檢定的方式更為多元，以有效引導師資培育之發展。

三、教師資格檢定考試試題信效度可再提升

歷年來的教師資格檢定考試已累積不少題目數量，在題目的信度及效度方面，仍未見提出更多的證明，故以目前採取筆試的情況下，對於試題信度及效度分析可再精進，以確保題目之鑑別力、誘答力及品質。

四、教師資格檢定先於教育實習之成效可以再觀察評估

　　2017 年公布的《師資培育法》規定先教檢、後實習，此一改變有待觀察與評估，因為過去先教育實習，再教師資格檢定，使得實習學生無法專心於實習，亦即一方面從事教育實習，另一方面也要同時準備教師資格檢定考試，因而未來將調整為先教師資格檢定考試，之後再教育實習，惟此一調整是否會讓師資職前教育更聚焦教師檢定考試之準備，而使師培的職前教育更為窄化，而忽略了成為良師之情意及教學技能的養成，以及目前教師檢定考試朝情境題發展，是否會讓沒有教學現場的師培生不易回答，而應考慮題目及教師檢定內涵的轉型，這些都是未來可以再觀察與評估的重要課題。

五、教師資格檢定考試宜與教師專業標準適切連結

　　依教育部 2016 年所公布的《中華民國教師專業標準指引》，我國十大教師專業發展標準分為具備教育專業知識並掌握重要教育議題、具備領域／學科知識及相關教學知能、具備課程與教學設計能力、善用教學策略進行有效教學、運用適切方法進行學習評量、發揮班級經營效能營造支持性學習環境、掌握學生差異進行相關輔導、善盡教育專業責任、致力教師專業成長、展現協作與領導能力。循此，為使教師資格檢定考試機制更能發揮其功能，國內教師檢定宜與教師專業標準更能適切連結，以促進教師之專業素養。

柒　結語

　　我國自古以來對於教師一職有著較為崇高的尊敬，所謂天地君親師，教師是列入其中之一，在現代社會於華人地區，教師仍有一定的社會地位，惟在新世紀的教育環境下，教師更強調其專業化，也就是說只有教師更為專業化，才能使得教師優質化並確保學生的學習品質。而師資培育過程之師培生遴選、師資職前教育、教師資格檢定、教育實習及教師在職進修等都應該要環環相扣，不得疏漏於某一環節，否則會影響整體教師專業發展及素質，其中教師資格檢定在師資培育過程就扮演著

提升教師專業素養的重要機制與角色。

　　本文於結語再次從幾個 W 加以歸納評析，首先是何謂（what）教師資格檢定，教師資格檢定的意涵可定義爲是指教師透過各項證明文件審查或通過各種考試的方式，以給予申請者或受試者某項資格；其次是爲什麼（why）要進行教師資格檢定，其理由於本研究之文獻探討不斷一再強調教師資格檢定在消極面可發揮教師素質的把關管制功能，在積極面上可引導及促進教師專業發展並確保學生的受教權；接著是關於如何（how）實施教師資格檢定，從實然面來看，國內高級中等學校以下教師資格檢定考試的時間是以一天時間舉辦，考試科目分共同科目及專業科目，檢定方式是以紙筆測驗來進行，而國內教師資格檢定考試最常被提出檢討的是以紙筆測驗無法有效反映教學實務能力，且教師資格檢定的定位值得進一步探究。

　　總括說來，教師資格檢定考試機制之有效實施，可確保教師專業素養及提升國家教育水準，而本文最後提出教師資格檢定考試的定位要更明確、教師資格檢定方式可以更爲多元、教師資格檢定考試試題信效度可再提升、教師資格檢定先於教育實習之成效可以再觀察評估，以及教師資格檢定考試宜與教師專業標準適切連結等具體建議，可供未來精進高級中等學校以下教師資格檢定考試機制之政策參考，以裨利於師資培育之健全發展、教師專業業養之精進提升，並得以確保學生之學習品質。

參考文獻

（一）中文部分

107 年度高級中等以下學校及幼兒園教師資格檢定考試簡章（2017）。

高級中等以下學校及幼兒園教師資格考試命題作業要點（2020）。

教育部（2016）。**中華民國教師專業標準指引**。臺北市：作者。

吳武典（2004）。師資培育與教師專業的挑戰。載於中國教育學會、中華民國師範教

育學會合編，**教師專業成長問題研究：理念、問題與革新**（頁3-24）。臺北市：
學富文化。

吳清山（2003）。教師資格檢定可行方案探析。**教育研究月刊，111**，113-124。

吳清山（2010）。**師資培育研究**。臺北市：高等教育。

余祥（2016年11月09日）。先教檢、再實習新師培法最快107年上路。**中時電子
報**。取自 http://www.chinatimes.com/realtimenews/20161109003825-260405

李克難（2005）。教師資格檢定：從教師角色的觀點探討。**現代教育論壇，12**，
478-489。

李錫津（1996）。教師實習與檢定制度之省思。載於中國教育學會、中華民國比較教
育學會、中華民國師範教育學會主編，**師範教育的挑戰與展望**（頁125-134）。
臺北市：師大書苑。

林志成（2017年04月17日）。今年教檢放榜及格率54.587%。**中時電子報**。取自
http://www.chinatimes.com/realtimenews/20170417003241-260405

林佳靜（2009）。新制教師資格檢定制度之探討。**國教之友，60**(3)，34-40。

林進材、林香河（2013）。**教育實習的理論與實務：成為合格教師**。臺北市：五南。

林新發、王秀玲、鄭珮秀（2007）。我國中小學師資培育現況、政策與展望。**教育研
究與發展期刊，3**(1)，57-97。

洪志成（2002）。教師檢定符合教師專業的前提。**教育研究月刊，103**，51-61。

洪志成（2005）。教師檢定測驗不是教師專業最後防線。**現代教育論壇，12** 462-
477。

柯安南（2005）。**國小教師專業能力知覺與自我效能感之研究──教師資格檢定觀
點**（未出版之碩士論文）。國立中正大學，嘉義縣。

高級中等以下學校及幼兒園教師資格檢考試命題作業要點（2017年7月19日修正）。

秦夢群（2001）。美國中小學教師檢定聘任制度之研究。**教育政策論壇，4**(1)，28-
52。

秦夢群、陳清溪、吳政達、郭昭佑（2013）。教師專業發展評鑑實施成效之調查研
究。**教育資料與研究，108**，57-84。師資培育法（2016年6月14日修正）。

莊朝勝、謝武成（2009）。師培心聲：一位師培中心主任的心情告白。**學校行政雙
月刊，64**，176-192。

張宏嘉、李田英（2010）。教育學程對教學實務與教師資格檢定之助益—師資生看法的個案研究。**科學教育月刊**，**334**，2-14。

張奕華（2002）。美國教師資格檢定：從教師素質的觀點探討之。**教育研究月刊**，**103**，39-50。

張裕程（2016）。臺灣師資培育政策 20 年之回顧與展望（1996-2016）。**學校行政雙月刊**，**104**，39-57。

張鈿富、葉連祺（2002）。我國高級中等以下學校教師檢定制度之問題和興革對策。**教育研究月刊**，**103**，31-38。

張德銳（2005）。**師資培育與教育革新研究**。臺北市：五南。

張德銳（2016）。在困境中前進—師資培育法實施 20 週年有感。**臺灣教育**，**697**，30-34。

彭森明（1996）。實作評量（Performance Assessment）理論與實際。**教育資料與研究**，**9**，44-75。

楊思偉、陳木金、張德銳、黃嘉莉、林政逸、陳盛賢、葉川榮（2015）。**師資培育白皮書解說：理念與策略**。臺北市：心理。

教育部（2014）。**中華民國師資培育統計年報**。臺北市：教育部。

陳金貴（2011）。**國民小學教育實習與教師資格檢定制度回應性評估之研究**（未出版之碩士論文）。國立臺北大學，新北市。

陳雨靈（2014）。**特殊教育優良教師對特殊教育教師資格檢定試題之意見調查研究**（未出版之碩士論文）。國立臺東大學，臺東市。

黃嘉莉（2014）。1949 年後臺灣取得教師資格制度歷史制度論的觀點。**中正教育研究**，**13**(1)，1-43。

黃嘉莉、葉怡芬、許瑛玿、曾元顯（2017）。取得中學教職的關鍵因素：運用決策樹探勘師資培育歷程。**教育科學研究期刊**，**62**(2)，89-123。

葉連祺（1997）。**美國中小學師資檢覈制度之研究**（未出版之博士論文）。國立政治大學，臺北市。

葉連祺（2004）。中小教師檢定政策評鑑模式之建構和應用—以促進教師專業發展爲核心。**教育資料集刊**，**28**，351-372。

葉連祺（2005）。中小學教師檢定方法相關課題之分析。**現代教育論壇**，**12**，490-

509。

鄧可欣（2017）。「師心」何往？談師資培育過程中的遺珠。**臺灣教育評論月刊，
** **6**(7)，54-58。

鄭崇趁（2015）。教師學與新師資培育政策——個責任良師造就責任公民的新世代。
師資培育與教師專業發展期刊，8(2)，25-40。

謝卓君（2016）。師資培育制度變革與師範校院轉型：社會制度論的分析與反思。**教
育科學研究期刊，61**(2)，29-56。

（二）英文部分

Darling-Hammond, L. (2001). Teacher testing and the improvement of practice. *Teachering Education*, *12*(1), 11-34.

Darling-Hammond, L., & Snyder, J. (2000). Authentic assessment of teaching in context. *Teaching and Teacher Education*, *16*(5-6), 523-545.

Feiman-Nemser, S. (1990). Teacher preparation: Structural and conceptual alternatives. In W.R.Houston (Ed.), *Handbook of research on teacher education* (pp.212-233). New York: MacMillan Publishinf Co..

Haertel, E. H. (1991). New forms of teacher assessment. *Review of Research in Education*, 17(1), 3-29.

Wilson, S. M. (1995). Performance-based assessment of teachers. In S.W.Soled (Ed.), *Assessment, testing and evaluation in teacher education* (pp.189-219). Norwood, NJ: Ablex.

問題與討論

一、國內高級中等學校以下教師資格檢定考試的目的及功能為何？

二、請具體陳述國內高級中等學校以下教師資格檢定考試所面對的挑戰與問題為何？

三、請闡述國內高級中等學校以下教師資格檢定考試機制的精進策略。

第二篇
議題趨勢篇

第十章

從教育 4.0 觀點分析國民中小學校長專業發展的前瞻

顏國樑、葉佐倫

清大校長賀陳弘：教育 4.0 時代，跨領域是學習者的 DNA（劉光瑩，2018）。

要將校長的領導能力和角色視為可以學習的東西（Petros & Helene, 2020）。

壹　前言

工業 4.0 的興起，伴隨而來的是對教育制度、教學、課程、教育人員專業發展、學生學習等方面的影響。隨著教育 4.0（education 4.0）的發展，各界正在如火如荼地進行了解其意涵，以及探討其對教育的影響。以往討論教育 4.0 的議題偏重於第四次工業革命的成果面所帶來的影響，未能透析其過程帶來的影響。如何應用教育 4.0 的特性與功能，促進教育的發展，是我們應該重視的課題。

隨著社會的發展，教育型態多元化與民主化是時代必然的趨勢。在學校中，校長是學校經營的靈魂人物，其領導行為深深影響學校辦學的績效。21 世紀校長的工作內涵已經從過去偏重的行政領導，行政與課程教學壁壘分明，轉變為學校行政、課程、教學三者兼具的領導，並強調以學習為中心的學習領導者。因此，一位校長如何因應教育 4.0 時代的來臨持續專業發展，提升學校經營績效，有必要加以探討。本文希冀以教育 4.0 的核心觀點為出發，釐清教育 4.0 的意涵，並梳理中小學校長其角色與職責，歸納教育 4.0 對國民中小學校長專業發展的意涵，最後提出可能的前瞻。

貳　教育4.0的源起與意涵

教育 4.0 現為教育跨領域的代名詞，目前仍未有明確的定義，係因未能深入了解工業 4.0 真正意涵所致，通常是看到其成果面為人們帶來智慧製造與科技文明的新知識，有此成果主要關鍵為製造的過程，過程才是成就工業 4.0 真正內涵所在。然而，教育 4.0 的想像源自於工業 4.0 的智慧觀點，需要探析教育 4.0 的智慧觀，才不致誤解真正的核心價值。

一、教育 4.0 的源起

　　教育是國家百年大計之立基石，國家未來發展的關鍵莫過於教育，現今「教育 4.0」一詞源於工業 4.0。最早出現於 2011 年德國的漢諾威工業展開幕時，由德國總理梅克爾致詞時宣布，德國即將進入第四次工業革命的新時代，這個新時代被稱為工業 4.0 的時代。漢諾威工業展開幕之後，由 Bosch 於 2013 年 4 月 8 日向德國政府提出工業 4.0 發展建議的最終報告，該報告指出德國第四次工業革命是以智慧製造為主，將工業革命提升為智慧化的管理，是該報告的重點。因此普遍將工業 4.0 定義為智慧化的工業時代，是智慧製造與智慧工廠的概念，此種概念能在工業 4.0 時發揮更大的效益（簡禎富、王宏鍇、傅文翰，2018；簡禎富、林國義、許鉅秉、吳政鴻，2016；顏國樑、閔詩紜，2019a）。

　　教育 4.0 的想像是以工業 4.0 產出的結果論述較多，鮮有關注其智慧製造的過程（Sendler, 2016）。工業 4.0 的核心概念並非僅有智慧化，還有「全週期管理與服務」、「跨領域」，此為成就智慧製造重要的核心。智慧化即是對事物具有分析與判斷的能力，有持續不斷反省的歷程，並且能快速地分析與判斷且提升準確率。有此智慧思維亦能生對事物創造與思考，透過跨領域的學習增加創造與思考的養分，以科技角度智慧化其實就是指能夠兼顧著創新與執行的能力，並且有效快速發展的技術（葉佐倫，2020）。進一步解析全週期管理與服務是一種持續反省與精進過程，透過這樣過程在做決策時能選出最佳策略（如：大數據分析），若無此反省與精進過程是難以有創造、創新的價值（葉佐倫，2019）。

二、教育 4.0 的意涵

　　教育 1.0 的內涵是建立在個人對個人的傳授；教育 2.0 的內涵是因為工業技術的進步，發明了印刷機，因此讓更多人有可以接受教育的機會；教育 3.0 的內涵則是因應科技的進步，改變了傳統教學的模式，並提供了學習平臺；教育 4.0 的內涵是智慧化，除了要有智慧製造的能力，必須要有全週期管理與服務，以及跨領域的學習，智慧製造並非是

拘泥於單一方面專精的專業知識，而是須有多元跨領域的汲取新知，並嘗試以跨領域的學習為主，將所學融合以期提升專業知識不斷精進與成長，進而產生創新思維與新知識、新技能，以及是一位具有持續學習的終身學習者（吳清山，2018；吳清基，2018；陳東園，2016；顏國樑、閔詩紜，2019a）。

　　然而這些專業知識、專業技能的養成，不僅只有教師需要專業成長，學校校長亦須跟著專業發展。因為校長是成就校內教職員工生專業成長的最大推手。尤其是在教育 4.0 下，如校長能讓學習者有創新和持續的生產知識（Harkins, 2018）。在此新世代環境，無論是教育本質、人才培育、教育目標、教育政策與制度、學校組織、課程與教學、學習與輔導等，皆須有新的思考和作為，才能發揮教育功能與效能（吳清山，2018）。教育的功能是以滿足學生的心智體驗，促進學生的統合能力以其為發展之目標（陳東園，2016），教育的效能是有效地促進學習者的發展。教育 4.0 的發展與社會、科技進步密切關聯。也就是說哪一個國家比較早能從教育 3.0 躍入教育 4.0，代表著該國家具有先進的技術，亦將成為人力資本的領頭羊，能為 21 世紀創意經濟體發展的領導者（吳清山、王令宜，2018；Harkins, 2018）。

　　綜上所述，教育 4.0 的智慧化觀點仍需以學習為核心，強調個別化服務，並具科技與跨領域的學習能力，是持續學習的終身學習，最終能成就智慧化的能力。

三、教育 4.0 的領導思維

　　校長在其職責綜理學校的校務，扮演推動校務順利運作及成長的重要角色。

　　在資訊量大的時代，需能夠理解資訊內容，然後判斷資訊的正確，理解與判斷能力是最為重要的。而且如何讓學校領導者有能力結合資訊組成整體的世界觀，即為創新的能力。此時如能透過有效跨領域學習，將所學知識傳遞給校內成員，然後以身作則鼓勵校內成員增進思考的方式，力求創造出新觀點，得以因應新時代之下教育的浪潮，教育應與時俱進，不過於強調一套技能，應多元化地跨領域學習較妥適。因我

們無法預測未來世界，以及就業市場會是什麼樣態，亦不知曉人類需要特定的哪些技能。因此，跨領域學習有助於開啟領導者在不同層面的視野，也能有效帶領校內組織成員的成長。

教育 4.0 的概念並非是無師，而是需考量傳統力量價值，其價值是人們的知識、經驗、態度與文化點滴積累的成果，是過往面對苦難與困境下的智慧財，基於此，校內成員個人成長的意願關係是否能往前邁進的因素。此時得依靠領導者的領導能力，如何帶領組織內成員邁向卓越。校長身為學校領導人，需要是一位終身學習者，能夠自省與反思教育，並擁有充分的知能協助校內成員專業發展，促使師生對於學習保持熱忱，能夠終身學習。

參　國民中小學校長的職責與角色

一、校長的職責

職責係指職務與責任的意思，從相關法規來分析，在《國民教育法》第 9 條與《國民教育法實施細則》第 13 條指出，校長的職責為綜理校務。舉凡校內外的一切事物皆屬校務，都是校長的職責範圍，泛指學校事務或學校的教育事務。簡言之，校務所涵蓋範圍為人、事、物三部分，在此三個面向的統籌管理。《公立高級中等以下學校校長成績考核辦法》第 5 條內容是與校長年終考核項目有關，其考核內容有「政策執行」、「教學領導」、「行政領導」、「倫理操守」、「其他項目」等，依內容而言，明顯為校長的職責範疇，與《國民教育法》所訂的綜理校務較為明確些，較有可以參考依循的方向。《教育人員任用條例》第 4 條與第 5 條指出，校長要有國民小學教師證書、中等學校教師證書證並達一併年資與擔任行政工作或教育工作最少滿二年以上，使具校長甄選資格。然而具甄試校長資格前，須有行政工作的歷練，亦是其職責之一。上述法規條文內容，歸納國民中小學校長的職責有「綜理校務」、「政策執行」、「教學領導」、「行政領導」、「倫理操守」、「其他項目」等。

從校長職責相關研究分析，如 Ubben 和 Hughes（1992）認為校長

的工作職責可以分為兩個層面（即領導層面與管理層面）與五個功能（即教學提升、課程發展、學生服務事項、經費與設備管理與社區關係）。校長是學校行政的最高首長，是學校的協調溝通者，要能聽取相關人員的建議，並且與人分享作決定的權力，本身要為學校教育品質負責，監督學校成員的表現，對上級教育主管機關的政策須依法執行，並且推動教育政策及行政事務。對校內提升成員士氣，領導教職員工推行上級政策與校務，以期營造給學生優質的學習環境，進而形塑良好的學校文化。校長作為教學的領導者，需引領與支持教師專業成長，以期提升教學成效，最後達成學校之教育目標及願景。此外，校長還須留意個人品德操守，堪為全校教職員工生表率，並且建立良好的校內外公共關係，校長之職責十分重大（李耿嘉，2015；張宏勳，1997）。如從校務評鑑來分析校長職責，大多包括校長領導、學校行政管理、課程教學與評量、教師專業發展、學生事務、學生輔導、校園營造與資源應用、家長與公共關係及自我精進、學生學習績效（新北市教育局，2020）。由上可知，校長工作職責，強調自我品保、學生學習成果、校長領導專業成長、課程教學、公共關係，以及教師專業發展。

二、校長的角色

常言道，校長是一所學校的靈魂，無疑是最重要的靈魂人物，亦是學校經營成敗最具關鍵性的人物。若任用一位適任的校長，校務經營可以蒸蒸日上；反之任用不適任的校長，除了校務發展會受到影響，還可能影響校譽。優質的國民中小學校長，除了要有正確的辦學與教育理念，並且在待人處事能以身作則外，尤須能明確地角色認知。校長身負校務領導的責任，不僅是學校的靈魂人物，更是教育政策的執行人，是為重心之所繫，倘若稍有差錯，將影響執行結果與成效。因此若能真正的全心全力投入於學校事務，並且對事務的處理是有條理與效率，以其職位對上能配合教育行政主管機關政策推行，對下堪為教職員工生的愛戴與表率，對外交際手腕高明，若能將校內外點線面的事務處理妥適，堪為好校長的定義（林文律，2000）。校長對學校的氣氛、教學品質等有決定性的影響力。鑑於此，校長甄選任用成為教育界掄才的重

要大事，如何選出在各方面能爲教職員工生表率，並且品格高超具有領導才能的校長，實在是教育發展之課題（李耿嘉，2015；張德銳、丁一顧，2000；劉依萍，2016）。

　　在 1996 年，由行政院教育改革審議委員會出版的《教育改革總諮議報告書》中，將校長定位爲學校的首席教師（head teacher）兼任行政主管，此報告書明確規範校長不僅是學校的行政領導者，亦是教學領導者。基於此，校長除具備學校領導與經營的專業以外，亦是教學領導的首席教師，須具備課程與教學的專業能力。由此可知，校長須具備行政領導與教學領導，兩者偏一皆不可爲之，若偏重於單一方面的領導方式較易受人詬病與質疑（楊振昇，2000）。

　　李耿嘉（2015）就校長領導與管理之角色，包括：1. 行政領導：帶領同仁發揮行政效能與效率，發揮團隊精神，打造優質團隊。2. 政策執行：依法行政，執行教育打造優質團隊。3. 教學領導：帶領教師進行教學專業發展，提升教師教學品質。4. 公共關係：與親師及社區人士建立良好互動關係，整合社區資源，協助學校推展各項教育活動。5. 學生學習：秉持教育機會均等理念，提供各項資源促進學生有效學習。

　　中華民國中小學校長協會（2021）發布中小學校長專業素養總說明指出，時至工業 4.0 的智慧科技社會，面對複雜與快速變遷的教育環境，中小學校長不再只是行政主管，而應該是一位學習領導者、願景領導者、行政領導者、課程與教學領導者、空間領導者、公共關係領導者以及道德領導者。

　　綜上所述，面對教育 4.0，中華民國中小學校長協會（2021）因應教育 4.0 時代所提出學習領導者、願景領導者、行政領導者、課程與教學領導者、空間領導者、公共關係領導者以及道德領導者七個角色，較符合 21 世紀的發展。但因爲教育 4.0 強調網路平臺教學支援系統的應用與學習，所以校長宜扮演科技領導的角色。

圖1　教育4.0校長的角色

資料來源：作者自行繪製。

肆　教育4.0國民中小學校長專業發展的意涵

一、教育 4.0 國中小學校長專業發展的意義

　　學校組織是「教學」及「行政」的組合體，行政支援教學，教學支持行政是雙向的支援。學校行政旨在支援教師教學，有優質的行政才能提供高品質的專業服務，讓師生能快樂有效的教與學（林志成，2016）。校長專業發展的意義係指校長在符合專業特質與原則下，經由專業組織之選任與支援，且在任職生涯中遵行組織倫理及滿足成長需求，培育專業素養及服務態度，並主動學習研修教育及經營校務的專業知能，以適應社會變遷，從而促進辦學之公關、品質與效能（林煥民、鄭彩鳳，2011）。以教育 4.0 的意涵而言，向下扎根莫過於國民中小學的學習者，此處的學習者包含校長與教職員工生，此為一層一層的關係鏈。本文係以校長的專業發展為主，因此不贅述校長在其初任教師時，專業成長的學習過程，倘若在當下汲取智慧化觀點，亦有助於未來有志擔任國民中小學的領導者之視野。尤其是課程教學領導方面靈活運用跟上科技時代的腳步，持續不斷精進與成長，定能創造新知識。

　　無論是行政或教學皆需領導者支持，從校長賦予角色觀之，不僅是教育政策的推動者，更是學校願景的帶領者、校務行政的決策者、課程教學的規劃者、教師熱情的激勵者、親師溝通的協調者、社會資源的

引進者、校園環境的營造者、主動積極的終身學習者等。以校長多元身分而言，其專業發展有助於提升學校品質與效能，在這之中扮演著關鍵性的角色。校長的養成與儲訓階段、職前與導入階段及在職與增能階段中，雖然形塑了對教育的核心價值，也累積許多實務經驗，但面對教育4.0 的時代，校長應對自己的角色有所覺知，必須增進面對教育時空環境變遷的適應能力，尋求專業發展使個人的專業知能不斷升級，才能回應社會對學校教育的期許與挑戰，確保教育品質與績效責任。

二、教育 4.0 國中小學校長專業發展的內涵

Diwan（2017）指出教育 1.0 是具有數百年的記憶經驗，教育 2.0 是基於互聯網的學習，教育 3.0 是消費和生產知識，教育 4.0 是賦予教育以創新的能力。因此教育單位主要是將過去技術基礎設施和社會環境的產物，因應現今形勢改變後如何迅速適應與應對（Davies & Fidle & Gorbis, 2011）。為符應教育 4.0 的教育政策需求有教育目標的變革、教材資訊傳送與下載使用形式的變異、教育組織形式的變革（陳東園，2016）。國民中小學校長面臨教育 4.0 智慧化型態的轉變，應領導與培養教師、學生具有能對未來生活挑戰要有的臨機應變、學習新事物的技能，並教育學生如何具有批判性思考、洞察力、分析能力、互相合作、自我調整等；在未來不熟悉的環境裡，如何克服陌生感，保持心理的平衡，教育現場隨著時代潮流改變的腳步，逐漸產生加速與一連串的教育轉型。

校長不應太重於特定工作技能，應強調通用的生活技能。其領導核心能與時俱進，才能回應挑戰以及屢創新局。在教育 4.0 的智慧化觀點下，其領導才能若能卓越圓融，勢必能展現績效，強化其專業能力有助於覺知問題，在發生前洞燭機先，以圓融與有效的知識與行動，化解各種行政、領導難題，是其專業發展的重要性。尤其是在壓力遽增，多元文化資訊爆炸的社會，能秉持教育初衷、持續專業發展，掌握時勢脈動，發揮領導的功能，得使學校持續成長（林志成、劉世涵，2008）。

Orphanos 和 Orr（2014）指出，校長培育與專業發展共同的有領導理論，其中包含學校改進與動能。而校長專業發展是指校長擔任該職位

任內過程中，須因應職務所需，不斷追求自己專業知識、技能與態度的成長與發展，以期能達到卓越與精進的歷程（楊銀興，2008）。專業發展能增進其專業知識、專業技能、專業態度的歷程與活動（Craft, 1996；Guskey, 2000）。1. 專業知識應有正確教育價值理念，以及專業的學識理論基礎與領導及法規知識。2. 專業技能須有豐富的行政經驗，促進行政決定效率提高，以及具備課程與教學領導的能力，校內教職員工生協調與溝通的能力。3. 專業態度領導者本身的自我管理能力，面對職涯的規劃能力並具終身學習理念，以期追求專業發展的態度，良好的專業素養與道德（陳珮瑛、林子斌，2015）。透過持續不斷教育、訓練、學習等，以應付時代變革與挑戰，以及複雜的教育環境，戮力提高辦學品質，營造具創造性的校園氣氛。如香港政府的法律規定，校長須持續地專業發展，並且透過同儕間的交流以及支援，共謀因應時代潮流挑戰和負起學校改革責任（彭新強，2011）。

校長的學習是個人之事，其學習成效皆以團體中產生居多，因此團體學習合作是專業成長的主因（林勝結，2004）。但其模式以短期講座、實務研討、專業成長工作坊、同儕經驗分享、參觀見習、參加研討會為主（吳延齡 2003；林錦杏，2000；陳順像，2003），此特徵是以大眾為主軸，忽略個別化的發展需求。礙於時間因素，成長進修有限，是實施校長專業發展最大的困難（李有村，2007；江志正，2005；林棟樑，2004；秦慧嫻，2000）。校長專業發展內涵著眼於未來，強調經營管理與問責、組織學習與動能、課程與教學領導、組織文化，也重視個人的能力與價值傾向的自覺、倫理和平等，以及領導思維的創新。

林煥民、鄭彩鳳（2011）從專業發展之理論基礎與相關文獻中，歸納出國中小學校長專業發展，計有四項領域，分別為組織資源、專業素養、經營知能、績效發展。其內涵強調：1. 組織支援校長專業發展，校長能自我應用或參與組織資源，以發展實習成長與進階認證。2. 組織應訂定專業素養與標準，形成校長從職前進入此專業職務之門檻，不論職前或年資深淺，也不論平時或進階都要持續加深、加廣專業紀律與涵養。3. 校長持續地學習，自許為終身學習者，能自主地研修及精進辦學

之教育領導、校務經營與問題解決等知能。4. 校長更應具辦學的成果導向，將專業知識與場境的脈絡與立即性做緊密的結合，以達成高度的成效與品質，促進績效與成果創新。

武曉霞（2014）的研究指出，我國國民中小學的專業標準有六個層面，包括：課程與教學、組織經營、願景與文化、專業發展、夥伴關係、道德倫理。各層面的內涵：1. 課程與教學的意涵為校長引導教師致力於課程與教學的研討與精進，確保課程與教學品質。2. 組織經營的意涵為校長營造支持的教學環境，維護成員的環境，並有效率地執行相關計畫。3. 願景與文化的意涵為校長與同仁一起塑造及落實學校願景，並創造共享合作的學校文化。4. 專業發展的意涵為校長領導學校持續進步，帶領學校成員組織學習，發展自我及他人。5. 夥伴關係的意涵為校長與校內同仁、社區、教育當局及學者等相關團體互動溝通，建立合作關係。6. 道德倫理的意涵為校長透過符合道德與公平正義的行動，帶領學校。上述各個層面的實施最終目標，都在使學生受益與進步。

中華民國中小學校長協會（2021）為回應 OECD「邁向 2030 幸福未來的學習圖像」，以及我國「十二年國民基本教育課程綱要」的開展，建構校長專業素養指引，期待我國中小學校長能：1. 實踐適性揚才，保障學習權益。2. 擘畫學校願景，領導校務發展。3. 善用行政領導，提升學校效能。4. 引領課程發展，精進教學成效。5. 優化學習情境，構築未來學校。6. 經營公共關係，建立互信文化。7. 守倫理規範，樹立專業形象。期盼校長、教師及家長共同為提升下一代孩子的競爭力與幸福感而努力。

目前相關研究提出教育 4.0 的智慧化觀點，認為教師專業發展之內涵有素養智慧化、創新智慧化、行動智慧化、服務智慧化、合作經營智慧化、課程教學智慧化（葉佐倫，2020）。此六個智慧化觀點，對校長專業發展亦有正面的借鏡。除科技新知的汲取，也代表未來人才的需求，亦是影響教育政策的訂定，然而教育政策的推行，有賴於學校端的領導者對新知的掌握能力與執行能力，若能隨教育 4.0 的核心理念與之發展，對領導者而言，不僅增添本職學能的養分，更可說教育 4.0 的意涵在於提升領導者的專業發展。

綜上所述，面對教育 4.0 的時代，國民中小學校長專業發展的內涵，應建構校長專業態度、專業知識、專業技能三個構面，其層面包括行動智慧化、服務智慧化、素養智慧化、創新智慧化、合作經營智慧化、課程教學智慧化六個層面。未來再根據教育 4.0 發展細項指標。

伍　教育4.0國民中小學校長專業發展的前瞻

綜合上述對教育 4.0 的意涵、國民中小學校長的職責與角色、教育 4.0 國中小學校長專業發展的意涵之分析與探討，以下提出幾點可行之前瞻策略供參考，希冀能為國民中小學校長專業發展帶來新的展望與樣態。

一、校長本身應是自主學習的終身學習者

校長是位學習者，也是自我的省思者，更是終身的學習者，必須採取適當有效的學習策略，以適應教育 4.0 的時代。對教育法令、課程內容、教學方法、教學科技不斷的進修並且與時俱進。在現今講求教育績效責任時代，校長對學生學習成效的責任是責無旁貸，普遍認為學習者學習表現為其重要責任，因此提升學習者學習表現成了社會關注之焦點。而學校行政、教學事務之推動，領導者若能以身作則率先向不同領域進行學習，以增進其專業知識與技能，能持續不斷地精進與成長，將有效地提升校務經營績效。

二、校長應建立以學生為中心的學習領導，提高學生學習效能

教育 4.0 強調校長扮演學習領導的角色，營造優質的學習環境，提升校務經營績效。校長學習領導強調校長應了解學習科學的核心議題與研究趨勢，了解學習的全貌與派典，回歸學習本位，擁抱個別差異為起點，重構學習環境與學習歷程（曾正宜，2015），並運用其專業知能、行政職權、組織管理與分布式領導策略等，掌握以學生為中心的關鍵，透過校內成員的合作、共享、持續專業發展，致力於改善和增進師生有效教學與學習成效的動態歷程。進而言之，校長學習領導的實踐，通過組織間的合作、共享與責任共擔之學習，能改善學生的學習

（顏國樑、閔詩紜，2019b）。

三、校長應重視科技領導，掌握未來學習趨勢

新冠疫情的爆發除了改變人們的生活方式，更爲教育教學提出了新的挑戰。校長應了解教師如何在這嚴峻的局勢下，確保課程教學質量，以及聚焦學生核心素養的培養。資訊科技的迅速發展帶來學習型態及知識的快速更新，加上新冠疫情的重擊，更催促了網路媒材及資訊科技的擴大運用（顏國樑、胡依珊，2021），例如：線上教學最大的特色是打破空間與時間限制，可以進行同步與非同步教學，學習將成爲多元表現方式。因此，校長專業發展應熟悉各教學互動平臺、線上開會與線上教學討論，以因應教師教學與學生學習方式的改變。

四、校長專業發展應兼顧跨領域學習，以提升學校經營的素養和知能

教育 4.0 強調多元與多專長的跨領域人才培育，以因應複雜多變的社會發展。在教育 4.0 的校長工作職責，強調自我品保、學生學習成果、校長領導專業成長、課程教學、公共關係，以及教師專業發展。因此，校長專業發展不宜強調行政領導或績效導向，僅單一或少數領域的專業發展，沒有足夠之專業能力，無法解決複雜的問題，應同時朝向跨領域的專業發展。

五、校長應強調課程教學的專業發展，確保學校課程品質與提高教師教學效能

教育 4.0 校長應扮演課程教學的角色，也是校長的工作職責。有關協助教師提升整體教學成效，或是促使教師做出教學改變的直接與間接之領導行爲，願景理念目標、決策、策略以及方法等，皆可稱爲教學領導。另外，面臨 108 課綱的變革與挑戰，校長需要敏銳覺察不同課程發展領域、脈絡之變化，運用得宜課程領導策略來處理課程相關事務。

六、校長應重視公共關係，進行民間與社區多元關係經營

學校辦學最主要的目的就是提升學校的效能，若有良好的公共關係

對學校的形象有正面加分效果，就整體而言得提升學校的效能，也能獲得家長或社區人士的信賴，此舉有助於學校的行銷。基此建立良好的學校公共關係，對內能維持組織氣氛與凝聚教師信念，對外能爭取更多的資源及經費等。若積極建立學校的績效口碑，開發不同層面的企業贊助，尤其是不同領域的企業更佳，藉以獲得更多資源經費，資金挹注可改善教學環境與更新教學設備等，這些都是可以讓學生在最優質的環境下學習，亦能提高學習成效。

七、校長應積極參與專業學習社群，建立專業發展支持系統

校長專業發展除了個人是主動學習的終身學習之外，可以參與校長專業學習社群，透過校長群體行動，採取合作、對話、省思及分享方式，共同探究校務經營、課程教學等教育實務問題，進而促進教師專業成長與提高學生學習。換言之，校長們共享價值和願景、共同的學習和學習管道、分享個人的專業實務及支持的環境，將校長專業知能付諸實際行動。例如：成立校長公開授課專業學習社群，藉由社群的參與，進行備課、觀課及議課的學習，展現校長課程與教學領導的專業形象，以身作則帶動教師專業成長，並形成校園教學分享合作之共學的學校文化。因此，校長專業學習社群是建立專業發展支持系統重要的途徑。

參考文獻

（一）中文部分

中華民國中小學校長協會（2021）。中小學校長專業素養總說明。臺北市：作者。

江志正（2005）。從實務看國民小學校長專業發展的時代意義、困境與實踐。教育研究月刊，129，15-26。

吳延齡（2003）。臺南縣國民中學校長專業發展需求之研究（未出版之碩士論文）。致遠管理學院，臺南縣。

吳清山（2018）。教育 4.0 新世代需要教育新作為。鮮活電子報，254。取自於：

http://welearning.taipei/mpage/webfile/userfiles/files/Epaper/254/sub04.html

吳清基（2018）。工業 4.0 對高教人才培育政策的挑戰。載於吳清基（主編），**教育政策與學校經營**（4-21 頁）。臺北市：五南。

吳清山、王令宜（2018）。教育 4.0 世代的人才培育探析。載於中國教育學會（主編），**邁向教育 4.0：智慧學校的想像與建構**（3-29 頁）。臺北市：學富文化。

李有村（2007）。**臺北縣公立國民小學校長專業發展之研究**（未出版之碩士論文）。臺北市立教育大學，臺北市。

李耿嘉（2015）。中小學校長的職責與角色。**臺灣教育評論月刊，4**(5)，99-105。

武曉霞（2014）。**國民中小學校長專業標準指標建構之研究**（未出版之博士論文）。國立政治大學，臺北市。

林文律（2000）。從校長必備能力看校長培育。**教育資料與研究雙月刊，28**，6-13。

林志成（2016）。學校行政專業的困境與突破。**學校行政，102**，19-28。

林志成、劉世涵（2008）。校長在職進修。載於國立臺中教育大學教育學系暨課程與教學研究所（主編），**校長專業發展**（349-360 頁）。臺北縣：冠學。

林勝結（2004）。**國民中學校長專業發展及其相關因素之研究**（未出版之博士論文）。國立政治大學，臺北市。

林棟樑（2004）。**國民中小學校長專業發展需求之調查研究：以臺北縣為例**（未出版之碩士論文）。輔仁大學，新北市。

林煥民、鄭彩鳳（2011）。校長的專業發展之研究——指標建構。**教育研究集刊，57**(4)，81-120。

林錦杏（2000）。**國民小學校長專業發展需求之研究**（未出版之碩士論文）。國立臺北師範學院，臺北市。

秦慧嫻（2000）。**國民小學校長專業發展需求及其因應策略以臺北市為例**（未出版之碩士論文）。國立臺北師範學院，臺北市。

張宏勳（1997）。**國民中小學實施學校本位管理之研究**（未出版之碩士論文）。國立臺灣師範大學，臺北市。

張德銳、丁一顧（2000）。美國中小學校長評鑑制度及校長專業發展。**教育資料與研究，37**，52-60。

陳東園（2016）。新媒體環境下教育 4.0 經營策略的研究。空大人文學報，**25**，

1-36。

陳珮瑛、林子斌（2015）。以異業合作的行動研究發展校長專業增能課程。**教育實踐與研究**，**28**(1)，131-166。

陳順像（2003）。**國小校長教改壓力與專業成長需求關係之研究**（未出版之碩士論文）。屏東教育大學，屏東市。

曾正宜（2015）。學習科學的核心議題與研究趨勢。**教育研究集刊**，**61**(3)，105-121。

彭新強（2011）。**全球化衝擊下香港校長培訓的專業發展**。發表於第二屆全國中小學校長培訓專業化研究論壇。北京教育學院，北京。

楊振昇（2000）。破除迷思、開創新猷：對「教學領導」應有的認識。**師友月刊**，**393**，41-45。

楊銀興（2008）。中小學校長專業發展的重要性、內涵與困境。載於國立臺中教育大學教育學系暨課程與教學研究所（主編），**校長專業發展**（11-20頁）。臺北縣：冠學。

新北市教育局（2020）。**新北市國民中小學校務評鑑手冊**。新北市：作者。

葉佐倫（2020）。**教育 4.0 國民中小學教師專業成長智慧化指標建構之研究**（未出版之碩士論文）。國立清華大學，新竹市。

葉佐倫、彭于蓁（2019）。**試論教育 4.0 對學校教師專業發展的影響**。發表於 2019 清華教育學國際論壇，國立清華大學。

劉光瑩（2018）。教育 4.0 時代，跨領域是學習者的 DNA。天下雜誌，**660**，100-103。取自於 https://www.cw.com.tw/article/5092757

劉依萍（2016）。中小學校長的角色與職責：如何促進學校與社區、上級長官、民意代表的對話、溝通。**臺灣教育評論月刊**，**5**(12)，41-47。

簡禎富、王宏鍇、傅文翰（2018）。工業 3.5 之先進智慧製造系統架構：半導體智慧製造為例。**管理評論**，**37**(3)，15-34。

簡禎富、林國義、許鉅秉、吳政鴻（2016）。臺灣生產與作業管理之相關期刊文獻回顧與前瞻：從工業 3.0 到工業 3.5。**管理學報**，**33**(1)，87-103。

顏國樑、閔詩紜（2019a）。工業 4.0 對教育政策的影響與前瞻。載於吳清基（主編），**教育政策與前瞻創新**（13-33 頁）。臺北市：五南。

顏國樑、閔詩紜（2019b）。國民中小學校長推動 108 課綱的領導取向與具體作為。**教育研究月刊，304**，80-97。

顏國樑、胡依珊（2021）。後疫情時代對教師教學的影響與因應對策。**教育研究月刊，323**，22-36。

（二）英文部分

Craft, A.(1996). *Continuing professional development: A practical guide for teachers and schools*. London: The Open University.

Davies, A., & Fidler, D., & Gorbis, M.(2011). *Future work skills 2020*. Retrieved from: https://reurl.cc/3NLeyX

Diwan, P.(2017). *Is education 4.0 an imperative for success of 4th Industrial Revolution*. Retrieved from: https://reurl.cc/7yXmj9

Guskey, T. R.(2000). *Evaluating professional development*(pp. 14-39). California: Corwin Press.

Harkins, A. M.(2018). Leapfrog principles and practices: Core components of education 3.0 and 4.0. *Futures Research Quarterly*, *8*, 1-15.

Orphanos, S., & Orr, M. T.(2014). Learning leadership matters: The influence of innovative school leadership preparation on teachers' experiences and outcomes. *Educational Management Administration & Leadership*, *42*(5), 680-700.

Petros, P., & Helene Ä.（2020）. *Bringing context and educational leadership together: fostering the professional development of school principals*. Retrieved from:https://doi.org/10.1080/19415257.2020.1747105

Sendler, U.(2016). *Industries 4.0 generations*. Springer-Verlag Berlin Heidelberg.

Ubben, G. C., & Hughes, L. W.(1992). *The principal: Creative leadership for effective schools*.(2nd ed.). Massachusetts: Allyn and Bacon.URL http://www.dfee.gov.uk/headshipnpqh/stg_1.html

問題與討論

一、請分析教育4.0的社會變遷，教育有何變與不變之處？

二、請闡述教育4.0國民中小學校長的職責與角色。

三、請闡述校長如何建立以學生為中心的學習理念，提高學生學習效能？

四、請闡述教育4.0校長專業發展的內涵。

五、請分析因應教育4.0的影響，校長專業發展有何前瞻性的策略？

第十一章

校長爲何做領導與如何做領導的啟示：跨域觀點

謝念慈

美式足球教練若要成功，可能得冷酷無情，但愈來愈多證據顯
示，要在商場上成功，擁有慈悲寬容的心智是關鍵。

　　　　　　　　　～William Vincent Campbell, Jr.（暱稱比爾・坎貝爾）

如何漂亮退場？最重要的一個觀念就是，要能「豁達」。所謂有
捨才有得！有捨，絕不等於有得，但不捨，是永遠不會有得。
默默耕耘成大局者，就是後世傳誦的傳奇（legend）！

　　　　　　　　　　　　　　　　　～前臺北市副市長邱文祥博士

十字架屬於宗教獨有。另一層的哲理，鉛直線表示個人此生的
「定海神針」，亦即此生所謂何來；水平線表示個人在這個世界
上要能「和諧圓融」。對校長而言，校長須清楚自己在學校的
「定海神針」是什麼？並營造「和諧圓融」的學校正向組織文化。

　　　　　　　　　　　　　　～臺北市立成淵高中陳世昌退休校長

壹　前言

　　作者曾擔任臺北市立高中的校長，而服務的高中又附設有國中部；
換句話說，等同高中與國中的校長一肩擔。那些年校長的日子，深刻體
驗、了解學校校長在領導與管理的重要及其挑戰。其實，校長要取得有
關領導與管理知識的書籍資訊，從來不缺，學習有關領導與管理知識的
進修研習也不乏。但是為什麼校長在領導與管理上仍有著諸多缺憾與苦
楚呢？究其因，不是校長的專業能力不足，而可能的傾向是當領導者的
心態不正確、不足與偏頗所致。

　　因此，作者在 2020 年 10 月五南出版的《教育政策與發展策略（吳
清基教授七十大壽論文集）》專書，曾撰文「『Mao's 管理理論』淺介
與初探及其對學校管理的啟示」，篇章中引用 2018 年前行政院長、目
前為陽明交大經營管理研究所兼任講座教授毛治國博士，其以他多年的
學思歷程與行政閱歷，深感世間萬事萬物都是「因緣和合」所生，也就
是「因緣成果」的現象（毛治國，2018），撰文專書《管理》上、下冊。
書中匯聚一生的學術、實務與最深刻的反思，提出管理學的大智慧～組

織的因緣成果公式（毛治國、謝念慈、陳政翊，2020）：

$$組織的因緣成果 = [\sum(M \times A)_{個人} \times 小外緣 o_{領導者}]_{系統內因}$$
$$\times 大外緣 O_{環境條件}$$

作者在專書專章中，特將其命名「Mao's 管理理論」，並於研究所當作教材授課，另對教育部國教署的「國中小校長及行政支援計畫」，提供校長領導與管理參考，無論是研究生或校長都有所感並受惠良多。

校長是學校的領導者，但是在臺灣中、小學擔任校長，不僅要做卓越前瞻的領導者，同時也需是務實創新的管理者，缺一不可，而領導與管理源自於教育學的少，取自於管理學的多。因此，更強化了作者的信念，學校校長在學校領導與管理的素養需要跨領域學習，本文係指向企業界與醫學界學習。

準此，本文除再精簡闡述「Mao's 管理理論」因緣成果公式外，擬就分別於 2020 年與 2019 年在臺灣出版的兩本有關領導與管理的書籍：《教練：價值兆元的管理課，賈伯斯、佩吉、皮查不公開教練的高績效團隊心法》與《12 週完美領導學：35 位國際醫界 CEO 的智慧結晶》，在企業界與醫學界的領導形上思維與形下作為，作者試著將其轉化並透過自我的反思對話，轉換至教育界，提供學校校長領導的思維與作為，並以跨域觀點，提出對學校校長「為何做領導」與「如何做領導」淺見啟示，以解惑為什麼滿腹領導與管理知識的校長，為何在領導上仍滿腹困惑與不解，進而轉化為一位學校成功的領導者。

貳 學校校長的領導力

領導（leadership）也稱為領導力，是個人或是組織帶領其他個人、團隊或是整個組織的能力，是實務技能（維基百科，2021）。其中「帶領」其他個人、團隊或是整個組織，就是所謂的「影響力」（influence）。因此，領導力是透過有形與無形的方式影響團隊成員的歷程，並讓組織有效變革（change），做到小者改善或大則改變組織成員認知及行為的能力，進而帶領團隊達成組織目標。以校長而言，就是要達成學

校教育目標及落實各項計畫、方案，其中可概區分為「行使法職權影響力」與「透過非法職權影響力」雙軌並行。

毛治國（2018，79頁）：

> 領導力的根本任務就是要「利用小外緣對系統內因所能產生的機會、影響力、乘數、規範」等效應，以「用勢不用力」的方式，達成「再造組織、改善現況、實現願景」的目標。

毛治國（2018，80頁）：

> 領導力展現的陽變量驅動陰變量的支配作用。不過人類組織與自然的組織系統不同，它的每一成員都是有自主意識的個體，不必然會盲從附和領導者的意見，並無條件接受支配；換句話說，組織成員必須被領導者說服、鼓勵與誘導後，才會心服口服加入領導者的變革陣營。因此，能否帶動組織變革、實現組織願景，就成為領導力的嚴苛考驗。

$$組織的因緣成果 = [\sum(M \times A)_{個人} \times 小外緣\ o_{領導者}]_{系統內因}$$
$$\times 大外緣\ O_{環境條件}$$

由上述公式，領導者影響的歷程，是透過領導者（他組織有形的手）給予組織成員方向，影響組織成員（自組織無形的手）為組織出力量（毛治國，2018）。亦即，領導者須扮演好自己在組織裡的「小外援」角色，並能引領組織每一位成員，發揮個人最大的執行力（展現最大的企圖心與發揮出最大的能力），整合出組織最大的組織成果。如：$[\sum(M \times A)_{個人} \times 小外緣\ o_{領導者}]_{系統內因}$。

此時只欠東風，領導者需審視組織所在環境主、客觀條件，並獲得認同及尋求的支持，方能因緣成果，實踐領導的成效。

如：$[\sum(M \times A)_{個人} \times 小外緣\ o_{領導者}]_{系統內因} \times 大外緣\ O_{環境條件}$

將領導轉至學校場域，吳清基（1990）認為學校行政領導是學校

行政人員，藉由學校團體間交互作用歷程的運作，運用充分的組織人力物力，實現學校教育目標的行政行為。吳清山（1991）認為學校行政領導是學校主管在學校試圖影響其成員的行為，以達成學校特定目標的歷程。從組織的因緣成果公式，觀達成學校行政領導的成效，校長要能透過自身有形之手，提出學校願景方向，影響學校全體同仁出力量的無形之手，展現其最大的企圖心與發揮出最大的能力，並尋求適切時間點（timing）獲取最大的外部教育主管機關或有關單位的支持與支援。

參　他山之石－跨域學習領導與管理：企業與醫學領域觀點的啟示

在偶然的機緣，於 2020 年 7 月 22 日的聯合報，閱讀了一篇由盛治仁撰寫的一篇「如何做領導 vs. 為何做領導」，引起作者對領導的再次重溫探究，重燃內心焰火，內容所提的觀點頗有同感，唯在題目的標題，作者認為宜替換為「如何做領導與為何做領導」。其實專文泉思來自《教練：價值兆元的管理課，賈伯斯、佩吉、皮查不公開教練的高績效團隊心法》。另，2019 年 9 月 20 日作者因緣參加臺北市前副市長邱文祥博士與拉爾夫・克萊曼（Ralph Victor Clayman）合著的《12 週完美領導學：35 位國際醫界 CEO 的智慧結晶》新書發表會，並獲贈此書。這兩本書背景分別為自企業界與醫學界的領導與管理。作者拜讀數遍後，並透過自身經歷的後設反思與對話，設法轉換成學校的場域解讀與運用，啟發學校校長領導與管理的參考。

一、《教練：價值兆元的管理課，賈伯斯、佩吉、皮查不公開教練的高績效團隊心法》的領導與管理對校長領導與管理之啟示

本書由 Google 前執行長艾力克・施密特（Eric Schmidt）與其同事，強納森・羅森柏格（Jonathan Rosenberg）與亞倫・伊格爾（Alan Eagle）共同撰寫的專書，書中主角小威廉・文森・坎貝爾（William Vincent Campbell, Jr.），書中都稱他為比爾・坎貝爾（Bill Campbell）。比爾沒有科技背景，卻成為加州矽谷大科技企業名人最信任的教練，以此背景，已可推測領導組織，存在著比領導的專業還重要的另一

面向。

茲舉幾則書中提到的領導與管理的心法，並轉化成對學校校長為何與如何做領導的啟示：

（一）校長職稱只讓您成為管理者，學校同仁才能使你成為學校的領導人

校長都非常清楚自己是學校的領導者，總認為接受校長聘書，並接篆視事那天起，就似乎昭告全校，我是學校的領導者，而且也以此稱冠頂。真正的領導學校是全體同仁發自內心真誠願意接受您的那一刻，願意跟隨您，那時的您才是真正的學校領導者。

（二）校長的首要之務，就是確保自己帶領的同仁能獲得幸福且成功

校長是學校的管理者，管理是為了解決問題，校長在學校是問題的解決者與仲裁者，帶領同仁是校長的職責，時時提醒自己，帶領同仁解決問題、仲裁問題，是要能讓同仁透過問題解決、仲裁後能獲致成就感，並擁有幸福。

（三）營造學校同仁有趣的工作環境，校長可透過與同仁閒聊其家庭生活，同仁覺得有趣的事

上面所提的學理稱為「社會情緒溝通」（socioemotional communication）。學校好比一個大家庭，校長是學校的大家長，關懷同仁日常生活是理所當然的事，不要整天只提工作的進度如何？每天只談公務的倡導，只做了半個領導。是否該高關懷同仁工作進度以外的私事？家庭生活或同仁喜歡的事，如同仁小孩目前的狀況？某同仁最近勤練馬拉松的進度？「社會情緒溝通」是拉近校長與同仁距離的引力，善用它吧。這些簡單的關懷，可以透過走動管理，走進辦公室串門子，與同仁「搏感情」。

（四）校長主持會議開始前，先以閒聊暖場

開會，在學校是常態，一天數場，稀鬆平常。校長確實辛苦忙碌於此，無論如何，保持著每一次都是初次會議，那般初始期待與熱情。但是無論這個會議是多麼的繁雜、甚至可能產生緊張或不悅。校長都應在

會議前先深呼吸，告訴自己不能有任何衝突時，血壓上升。會議時間開始，先簡單感謝大家的辛勞，然後再進入會議，為的是營造那氛圍。如，校長可以說，感謝大家在中午用餐與休息的時間，參加與會……等。讓同仁感受到校長的溫暖，後續會議中就容易受校長的影響，或許會議因此順暢不少。

（五）校長做問題解決，要尋找出最好的點子，而不是僅找出共識的普通點子而已

　　校長是學校問題的仲裁者與解決者，所以對任何問題或議題需要有決議或答案，校長一般會採取多數共識決，成為此次問題的答案，但是會議所決議的答案，有時候並非對學生學習成效最佳的解答，因為只是僅以教師群本位立場做出的決定。因此，校長不應該輕易妥協，或採便利決議決定，就以共識決作為答案。而應該好好地、費心地三思後決，找到問題的最佳解。

（六）校長和同仁討論決策時，永遠要最後一個發言

　　校長當久了以後，很奇怪的一種現象，就是喜歡講話，而且很愛講話，作者稱此現象為「拿著麥克風後，就放不下麥克風了！」但是要克制自己，告訴自己，不會因為您是校長，智商就立即大幅提升，同仁都不如您的那種優越感。金庸的《倚天屠龍記》最後寫著，好的領導者一定要會「忍」，多聽同仁的聲音，您會因而如虎添翼。

（七）校長做不了決定的破壞力，有可能和做錯決策一樣嚴重

　　許多校長在做決策時，經常出現該斷不斷，瞻前顧後，始終做不了決定，金庸的《倚天屠龍記》最後寫著，好的領導者一定要會「決斷明快」。同仁瞪著大眼，等候裁示，結果等個半天就是沒有答案，領導的決定是如此的優柔寡斷，或無能，久而久之，被同仁看破校長的能力與特質，其破壞力與錯誤決策等同嚴重，甚至成為災難。

（八）十次有八次團隊會得出最佳結論，不過還有兩次得由您來做出困難決定，然後要求所有人支持那個決定

　　目前學校決策生態幾乎是委員制較多，所以許多決議，幾乎都由委

員團隊決定，但總是有著棘手的燙手山芋，會留待給校長處理、做決定。如，不適任教師處理：霸凌事件等，特別是牽涉人的問題，往往校長會從委員制的一分子，突然轉成會議桌上的國王，靜待校長的決定。因此，雖然許多會議的決策是由委員制處理，但是棘手或困難的事件時，校長又取回首長制，校長的無奈與辛苦莫過於此，不過能及早知曉並調適，終能面對棘手挑戰。

（九）在任何情境下，總有一些不變的真理是每個人都能認同的。可以
　　　爭論看法，但不會爭論「第一原理」

　　上述「第一原理」（first principle）是在美國加州矽谷流行的名詞。作者比喻為康德在 1785 年出版的《道德形上學的基礎》一書中所提出的哲學概念「絕對命令 / 定言令式」。運用在學校情境，校長經常在一些會議的主持時，與會者發言出現公說理：婆亦有理的現象，更甚者可能有意見領袖教師，代表反映不支持校務的情事發生，如不願辦理「學習扶助計畫」，即使勉於同意，也提出請學校找大學生或退休教師授課，這種開課對「學習扶助計畫」注定失敗。此時，校長需沉得住氣，理直氣和地面對與會教師，聆聽教師不願支持該計畫的理由，傾聽之後，先採取接納意見，然後逐步退至這群學科學習落後學生，如果不請校內教師授課指導，能達成提升學習扶助成效嗎？而這「以學生為主體」就是所謂的真理，也是所謂的「第一原理」。

（十）校長面對桀驁不遜的同仁，要設底限與取捨

　　學校同仁一定有能力強，但是人格特質殊異、不同價值觀、不同性情的各式狀況。校長不可能對每一位同仁都能自然接納，正如同校內同仁也未必能完全認同、接納校長一樣。校長必須拿出規準檢視他的言行，如有無觸法？有無違反道德？有無霸凌同事？有無體罰學生等，如果沒有，只是在於他的高傲不羈、經常唱一些反調等，校長都需用最寬廣的胸襟接納他，只要他對學校有價值貢獻，一切都可以忍讓，且必須忍讓，作者描述為「校長要能容納有才華的同人的脾氣與性格」。作者記得昔日一位主任因為與校長某事的價值觀點不同，竟然提書面不願意兼職行政職務，但是他在該職務及其資訊能力相當稱職，對學校資訊發

展有其一定的貢獻與影響。校長安撫聆聽其內心的話後，只說了「校長可以被批判，但是學校不能沒有您的協助。」之後，因而一團和氣而繼續共事。

（十一）校長面對同仁的表現必須實話實說，但切記要保住當事人的尊嚴

校長面對同仁在公務上的表現，應該實話實講，但是宜注意圓融與技巧，特別是在技巧方面。校長與同仁對話就是溝通，溝通結束後，最重要的是下次大家還要共事、見面。因此，千萬別讓同仁難堪或不好意思，甚至失去尊嚴。如讚美，別產生這位同仁回到辦公室後，從此成為眾人眼中的「另類眼神關注」，陷於國王的人馬的窘境；同仁未達使命時，要講重話也需選擇私下空間好好說，保留同仁自尊非常重要。特別一提的是「校長講重話或所謂發脾氣」，建議參照原則：1.公領域要事前說明，同仁對極類似的事務處理達到第三次失誤時，校長會公開責備；2.如果是明日要責備，今日校長需寫下要指責的內容與時間的範疇；3.最重要的是來日再碰面，同事情誼依舊。三原則掌握好，對於連連失誤同仁的指責，就是高 EQ 型的指責。

（十二）校長不要用命令同仁該做什麼，用說故事引導同仁讓其做出最佳的決定

校務發展的各項計畫或日常行事，如果用命令的方式，同仁往往沒有成就感，而且也學不到能力，只像一部做事的機器在運作而已。人性始終需要被感動的，透過說故事的方式，引導同仁內心產生心流（flow），惠風和暢，形成共鳴，勝過一個口令一個動作。

（十三）讓同仁完整地做自己，並帶到工作中，則將產生工作效率最大值

校長要讓同仁沉浸於工作裡，樂於忘我，喜歡目前的工作與承辦事物或教學，要掌握一個讓同仁能自主做自己的空間與時間，如此，同仁才能盡情發揮才華，樂於工作，效能自然產生最大值。

（十四）想要關心同仁，要先懂得關心人，噓寒問暖同仁在工作以外的
　　　　生活，並了解他們的家人

　　雖然學校同仁領公家薪水，理應該任勞任怨，但是校長若是抱持這種心態面對同仁，久而久之，同仁勢必產生一種氛圍，那就是反正我們是來上班的，時間到，我就下班，這對校長領導會產生負面衝擊，因為學校處處需要動之以情、道德式勸說同仁共同無私奉獻，但是這種能量需建立在彼此的感情交融。曾經有位校長為了關心、肯定一位男性工友，為學校的環境修繕所付出的努力，選購了一條女性銀質項鍊，當面告訴他，校長每天見你著乾淨衣服而來，下班時卻已經非常髒穢了，但是隔天再見到你時，又見你衣衫整潔，推想一定是你太太幫你清洗的，所以校長要肯定你太太，請代表校長將此項鍊贈與你太太，並感謝她。從此之後，該工友加倍奉獻於學校總務事務及其他交辦事務。

二、《12 週完美領導學：35 位國際醫界 CEO 的智慧結晶》的領導與管理對校長領導與管理之啟示

　　拉爾夫‧克萊曼（Ralph Victor Clayman）在加州大學爾灣分校（University of California-Irvine）擔任醫學院院長期間著述一本《*The Compleat Dean: A Guide to Academic Leadership in an Age of Uncertainty*》，由邱文祥教授再編譯成中文版《12 週完美領導學：35 位國際醫界 CEO 的智慧結晶》。原文書名中 Compleat，是英文 Complete（完美、完整之意）的古字，《韋氏字典》釋義為「具備所有必要或渴求的條件或技巧」。

　　茲舉幾則書中提到的領導與管理的法則，並轉化成對學校校長為何與如何做領導的啟示：

（一）校長需具備的三項特質是毅力（Preserverance）、能孕育同仁的特質（Nurturing Personality）與創意（Innovation）

　　教育改革、校園民主，挑戰如同浪潮，一波又一波，校長在學校推動教改過程需要具備堅強的毅力與高 EQ，也要能孕育同仁優質的人格特質，並且能帶領同仁充滿創新與創造的能力。

（二）校長應該以透明建立信任，去了解同仁的期待與需求，同時也讓
　　　大家知道自己的工作進展，以及可能面臨的挑戰與威脅

　　學校裡難免會有不太願意變革或拒絕變革的同仁，儘管校長展現誠意與苦口婆心，他們依舊抱持著「教改如月亮，初一十五不一樣」。如，校長為補救學生的課業學習，計畫實施第八節課後輔導，有些教師就會提出學生就是如此這般了，放學後留下來也是多此一舉等異議，校長除了柔性的堅持外，更需要拿出辦法，如試著找有意願的教師授課，並給予他們機會使用新的教學設備或進修，再慢慢地感動那些教師。學校人才濟濟，各有長短，領導者如農夫，校園好比庭園，存在各種花草，好的農夫要能夠種好各種花草（邱文祥，2019）。

（三）新任校長剛開始，宜先了解學校組織的生態與環境

　　這裡所謂新任並非僅指初任校長，也包括轉任至新學校的校長，不論校長年資，只要到新學校，就是新任校長。新官上任一定要三把火？新任校長往往亟欲求績效，而導致傷痕累累。學校屬於比較保守型文化，事緩則圓很重要，慢慢地自己在學校積累了足夠的領導能量時，就可以「用勢不用力」的改革校園文化了。曾經一位初任校長，請示師父開示，如何做領導，師父不語一言，僅將繪製的一圖賜予，圖中有甲、乙兩點，其一直線相連；另一以彎曲線相接，一年半載的校長的洗禮，終明白箇中道理，那就是直線快，後遺症多；曲線雖慢，圓融！科學家愛因斯坦都證實了光的路徑不是直線。道理是直的，但是道路是彎的；不會轉彎的人，必定受傷累累。

（四）校長要能形塑正向的學校組織文化，這是非常重要的價值

　　卓越的校長不是為學校做了什麼，而是為學校形塑了什麼正向組織文化。常聽到校長提及自己為了學校爭取了多少的經費，改善了什麼教學設備與設施等，但是卓越的校長應該要做的是打造一個正向的優質學校文化，未來誰來擔任校長，誰在學校教學服務，都會安分敬業其中。記住！「三流的領導靠人；二流的領導靠制度，一流的領導靠組織。」校長要做一流的領導者，就需要靠正向的組織文化所建立的學校。

（五）校長不需對學校大小校務都事必躬親

學校的大小事情都是按照計畫去執行的，校長要著重的是願景、使命與計畫等，提供類似個案問題解決的成功與失敗案例，並掌控各處室計畫執行的管考。校長大小事都事必躬親，不但處室團隊沒有成就感，也無增能歷練的機會。況且親上火線遇到危機反而造成學校無法避免的後果，雖然如此，但是校長仍是最後的責任承擔者與守門員。對於危機發生的危機處理因應，除依據危機處理 SOP 流程，校長更應該要有「關起門來好好地做處室負責的檢討，而對外校長言明自己概括承受，全權負責。」的領導者勇氣（guts）與擔當。

（六）校長講話時要謹慎小心選擇自己的用字遣辭

校長與同仁溝通時，要注意自己的講話，應切記謹言慎行，特別是正式會議，當有同仁發言完後，校長的回應分寸宜拿捏好，有關的用辭要非常謹慎小心，如好主意、有趣、想法很有創意等，因為有些同仁可能會解讀成「校長認為我們可以採取行動了」，特別提醒：校長一言，駟馬難追。

（七）校長主持會議須讓會議有效率可採「翻轉會議」

校長常用會議來與同仁溝通，但是對多數同仁而言，都不太喜歡開會，總覺得浪費時間，影響工作時間。因此，校長要能讓會議進行的有效率，要掌握一些重點，如遵守會議禮節，特別是電子設備與手機，以身作則，不要在會議中使用，特別提醒校長本身要先以身作則。會議一開始的時候要詢問與會同仁，是否了解今天開會的目的及基本資訊，並對上次會議的執行情形充分發表意見，校長不需要強先發言，讓同仁暢所欲言，校長只須營造一個尊重發言的氛圍，過程中或許會有爭執，校長要能掌控在對事不對人的原則。會議不是例行公事，更重要的是藉此集眾腦力激盪，因此，會議資料應該在會前幾天就給與會同仁閱讀了解，類似翻轉教學，作者喻為「翻轉會議」。

（八）主任與組長會參照校長，形塑出校長的風格與樣貌

「領導者要能發現下一位領導者」，校長要能發現哪位主任能擔任

校長。為了培養主任能成為校長，如果主任參與校長遴選，校長應該公開在同仁面前做出鼓勵，「我們祝福○○主任去遴選校長，但是如果未能如願，我們仍展開雙臂擁抱他回來」。優秀的主任高升為校長，一定要祝福，因為是力量的擴散。至於遺留的職缺，將因此會有更多同仁願意被吸引而投入。曾經在臺北市有位資優校長，對於後進行政生涯發展的提攜與規劃不遺餘力，在其服務的某高中的主任遴選上校長後，無論在正式會議或非正式場合，常以該主任在校長之路的歷程做故事分享，有形、無形中激勵了每一位主任與組長，積極願意參與行政的意願與校長之途的企圖心。回首，這位校長也已經退休多年了，每當昔日行政團隊的聚會，茶餘飯後敘舊，數數在臺北市就有五位高中校長及一位國中校長，這就是主任與組長會參照校長，形塑出校長的風格與樣貌的最佳範例。

（九）校長在學校行政或教師的遴聘選用，宜優先考量校內拔擢的優先性

　　校長領導與管理學校，須要有堅強的行政團隊與優秀的教師群。以學校主任的選聘為例，校長在學校文化中選取的模式不外乎內升或外尋。無論從何種用人角度，即使再怎麼辛勞與權責，還是盡可能從學校內部栽培提攜為主。校長要建立一種用人文化，那是一種一視同仁的文化，一種用人唯才的文化，一種團隊合作的文化，不以裙帶關係為優先考量，應以學校確保找到合適的團隊成員為第一考量。然過程中應該要長期觀察與進行「暗中探訪」（hidden interview），要多詢問他的工作夥伴與利害關係人，而且這些受訪者的意見，票票等值，就如同質性研究的三角檢核法一般。前述例子，提及那位校長在學校改制高中後，原本的行政團隊與師資是國中背景，但是轉型後的高中校務發展急需要嫻熟高中事務的同仁參與，因為諸多主客觀因素，當時有兩個班級，每班人數近 60 位學生，校長特別安排一位具備公立高中教學經驗的老師帶班與教學，並觀察其教學與班級經營並做探訪。一年後，直接提攜擔任教務主任。這個例子主要說明的是該教師與校長完全無任何的關聯存在，校長僅憑藉用人唯才，選擇聘任。

（十）校長要接受學校成員一定會有同仁對「校長」就是不滿意

「世上沒有完美的人，完美的只有神吧！」校長也是人，校長日理百機，每天都要處理學校發生的大大小小問題，做出問題的仲裁與解決，過程與結果難免會順了姑意而逆了嫂意，總是會有同仁不愉快。換句話說，無論校長做的再怎麼周到，學校同仁就是會有人對校長不滿意，因為管理的過程中，總是難免得罪人。校長需要有堅定的信念——只要心中以學生學習為主體，雖千萬人吾往矣；只要無私奉獻於學校，時間將是最好的證明。

（十一）校長要小心「唐吉軻德症候群」（Don Quijote Syndrome）

沒有任何一個組織成員素質都是齊高水平。學校亦同，學校裡同仁素質不一，校長面對不適任同仁，切莫抱持著佛心領導、宗教家情懷，認為自己還能改變他，讓其脫胎換骨，煥然一新。如此做只會換來對學校更大的問題與後續的「災難」，該斷則斷，剪不斷理更亂，「今日的解答，是明日的問題」。特別一提的是，校長依法處理外，在該同仁離開學校時，校長宜營造一個當事者有尊嚴的離校氛圍為最高原則。

（十二）校長在危機處理的當下，處理同時要兼顧未來的變化

學校師生眾多，在方寸的校園裡，校園危機可能天天發生、隨時發生。其實，危機預防勝過危機處理，校長最好能保持警覺和防患未然。如危機發生了，除了組織「危機處理團隊」，並依照危機處理的SOP 流程外，校長在處理危機狀況時，更要保持血壓不要輕易上升的能耐。特別在人際關係的危機處理時，最重要的是掌控自己與相關人的情緒，好好的溝通、溝通、再溝通。

（十三）校長要有募款能力，並建立一個慈善（philanthropy）募款的文化

校長需具有募款的能力，聰明的募款，讓捐贈者做一件想完成的事。聰明的募款不是在求恩惠，而是在提供一個機會，讓捐贈者做一件他想完成的事情，他的善行將帶給他無比的欣慰。

（十四）安心走出辦公室，大家共好

校長能夠安心地離開學校，公務外出或私人事假，代表您對同仁有信心。自己也須將工作之餘留給家人，保持健康的身心，追求工作與生活的整合，而不是平衡。

（十五）留下漂亮的退場身影，成為校長傳奇（legend）

美式橄欖球聯盟最有價值球員吉姆·布朗（Jim Brown）說「不在板凳上結束你的職業生涯。」試著參透校長職務的斷、捨、離。擔任校長這個位置，明白自己何時卸任是相當困難的，很多時候是身不由己。一般常見的兩種選擇，不是自己決定，就是別人決定您如何下臺。領導者能夠做許多「善事」的大好機會，人在公門好修行。關於要待多久、決定何時結束，都是關鍵與智慧，上臺靠機會；下臺靠智慧。您的卸任計畫應該在任職之前就經過縝密的思考，唯有如此，您才能在任職期間一直完全照自己的原則果斷行事。所有的競逐到頭來都會有終點，也只有在終點時，您才知道賽道的長度有多長、有多艱辛，也有多美妙（R. V. Clayman, 2019）。

校長一職退下後，就是完全的退下，那已經不是我的事了，畢竟那場美好的仗，已經打過了。還想保有影響力，那會是不好的結果。可以接受被動的諮詢，但千萬不要主動地去干擾繼任校長的任何領導與管理。特別一提的是，許多學校行政同仁，常常出現一種症候群，「校長離，我們散」的文化。因此，校長即將離開學校的最後幾天，新任校長即將履新時，應該對行政團隊致謝外，要特別說出：「各位主任，你們是學校的主任，不是我校長的主任，只要新任校長需要，請繼續為學校服務與奉獻。」

　　如何漂亮從職務退場？最重要的一個觀念就是，要能「豁達」。
　　所謂有捨才有得！
　　人在沒錢的時候，把勤捨出去，錢就來了，這叫「天道酬勤」；
　　當有錢的時候，把錢捨出去，人就來了，這叫「輕財聚眾」。
　　當有人的時候，把愛捨出去，事業就來了，這叫「厚德載物」；

當事業成功後，把事業捨出去，喜悅就來了，這叫「德行天下」。

有捨絕不等於有得，但不捨，是永遠不會有得。默默耕耘成大局者，就是後世傳誦的傳奇（legend）！（邱文祥，2019）

肆　結語

從企業界與醫學界不同領域，談論卓越的領導者，幾乎沒有提及這些領導者在該領域的專業能力，著重的是領導者的願景、使命、價值與信念、正向的人格特質、眞誠的人性的關懷與無私的奉獻。

校長不只是專業面向的人，更是一位完整的全人。擔任校長的出發點是願意能夠服務同仁，讓學校因爲我而更好。這個心態，會決定您成爲什麼樣的校長，且其影響比任何看得見的能力更重要。

參考文獻

（一）中文部分

毛治國（2018）。管理（上）。國立交通大學。

毛治國（2018）。管理（下）。國立交通大學。

吳清基（1990）。精緻教育的理念。師大書苑。

吳清山（1991）。學校行政。心理出版社。

維基百科（2021）。領導。取自 https://zh.wikipedia.org/wiki/%E9%A0%98%E5%B0%8E%E5%8A%9B

毛治國、謝念慈、陳政翊（2020）。「Mao's 管理理論」初探及其對學校管理的啓示。教育政策與發展策略。五南。

（二）英文部分

Eric Schmidt, Jonathan Rosenberg, Alan Eagle（2020）。教練：價值兆元的管理課，賈伯斯、佩吉、皮查不公開教練的高績效團隊心法。〔許恬寧譯〕。天下雜誌。

（原著出版年：2019）

Ralph Victor Clayman、邱文祥（2019）。**12 週完美領導學：35 位國際醫界 CEO 的智慧結晶**。好人出版。

第十二章

中小學校長課程視導專業素養之分析

許籐繼

校長不只是學校課程發展背後的引擎和課程的管理者，也是課程實施問題的解決者和課程變革的推動者，更是學校課程品質和學生學習成果的把關者。（Jonyo & Jonyo, 2019）

壹 前言

在全球學習者中心教育改革趨勢下，許多國家頒布相關教育改革政策，授權中小學進行課程與教學的革新。希望藉由賦予學校更大的辦學自主權，以提升學校辦學品質，增進學生學習表現（Cecilia, Kagema, & Gachahi, 2019）。是以，中小學校長（以下簡稱校長）相較於過去，擁有更多的學校課程發展主導權也承擔更多的職責。換言之，校長不只是傳統的學校行政領導者，也扮演更多學校課程與教學領導的角色（Cobbold, Kofie, & Eshun, 2015; Kagema, 2019）。我國自 108 學年度推動《十二年國民基本教育課程綱要》（以下簡稱新課綱）以來，其訴求學校本位課程發展和學習者中心的精神，透過素養導向課程與教學實施，以培育學生成為終身學習者（教育部，2014；許籐繼，2019；蔡清田、邱家偉，2019）。前述新課綱的理想能否實現，端視其在學校課程落實的程度，而校長正是學校課程領導的關鍵人物。

校長作為學校首長，在賦權學校本位管理的今日，擁有更大課程自主權也同時承擔更多的責任（張茵倩、楊俊鴻，2019））。因此，校長不只要負責驅動學校課程發展與實施，帶領教師解決課程發展問題，更要成為學校課程品質的把關者。因此，近來課程視導逐漸演變為校長在學校課程領導與管理的重要職能之一，成為一種獨特的角色任務（Jonyo & Jonyo, 2019）。Eshun、Bordoh 與 Kofie（2015）特別指出，只有當校長在學校進行課程視導，也才能實現學校課程權力下放的轉變（Eshun, Bordoh, & Kofie, 2015; Manwadu, 2010）。然而，Yeop、Yunus 與 Ishak（2012）發現，過去大多數校長都忽視了本身作為課程視導者的職責，花在檢視課程和改進課程的時間相對較少，反而花在行政後勤的居多。然而，校長課程視導的有效實施，和提升課程實施品質與教師專業發展之間具有顯著的正相關。其他相關研究（Chenge & Syomwene, 2016; Cecilia, Kagema, & Gachahi, 2019; Jonyo & Jonyo,

2019; Manwadu, 2010）亦顯示，校長進行校本課程視導確實能夠促進教師課程專業的發展，有助於教師應對學科內容、課程實施和課程管理等方面的挑戰，對改善學生學習品質具有正向積極的作用。可見，有效的校長課程視導是促進我國目前中小學新課綱落實的重要途徑。

　　觀諸我國目前中小學校長課程視導的現況，仍存在許多的困難有待克服，例如：校長課程視導實施仍不夠普及、缺乏系統性課程視導模式、校長作爲課程視導者的專業素養和資源不足等（施杰翰，2014；許籐繼，2019）。前述的困境中，以校長課程視導專業素養的不足，影響最爲關鍵，然而，校長應具備哪些課程視導專業素養內涵，至今尚未有清楚的論述和研究。因此，本文以此作爲探討的重點。以下先從發展視角分析校長課程視導的涵義，其次提出校長課程視導專業素養的思考架構，再進行校長課程視導專業素養內涵的分析。

貳　校長課程視導的涵義

　　校長課程視導的涵義可以從發展演進的觀點進行探討，自 1654 年課程視導的概念首先出現於美國，剛開始其被學校外在機構運用在學校聘用教師的信仰與私德的視導（Manwadu, 2010）。17 世紀後期，政府將課程視導委託給學校，學校逐漸獲得視導的權限，到 18 世紀則將課程視導權授予學校委員會，主要在於檢查並改進教師的學習課程和課堂教學技巧。1830 年代後期，政府將課程視導視爲一種學校系統內的正式活動，明確授權校長進行課程視導，檢查教師是否遵循相關的課程規定，此時取消校外神職人員、受託人和公民委員會等機構與人員的視導職責。1910 至 1935 年間，課程視導重點轉爲由校長進行教師課堂教學的視導，主要目的在於透過直接課堂觀察和示範來協助教師改進教學。1935 至 1953 年間，將校長課程視導性質由階層的上下督導，轉變爲彼此合作的教育領導。課程視導者也由校長，擴及課程主任等人擔任。1964 年代，課程視導被視爲視導者與受視導者之間的合作努力。該時期由於受到杜威兒童中心的體驗式課程理論影響，使校長課程視導的重點從評估教師需求和機械重複的教學協議，轉變爲對學生的自然好奇心和爲不同程度學生準備的多樣化教學（Cobbold, Kofie, & Eshun,

2015）。此外，該時期也受到臨床視導概念的影響，使課程視導更關注於檢視實際教學情境的課程實施以及對於學生學習的影響。最後，受到學校重構運動的影響，賦予學校更大的自主權和辦學自由並負起相應的績效責任，也更重視教師的專業參與和影響，課程視導因而更重視學校本位課程管理以及教師支持服務的需要（Cobbold, Kofie, & Eshun, 2015）。

新世紀以來，許多研究者也針對校長課程視導提出了許多的觀點與看法，Manwadu（2010）指出，校長課程視導應是一種校本活動，雖然對於校長課程視導的內容並未達成真正的共識，但是有相當多的觀點都支持校長課程視導係為校長課程領導的一環，其目的在於檢視並協助改進教師的課程質量。Zuker-Skerrif 與 Roche（2004）將課程視導視為一種學校行政階段的作為，主要在於選擇適當的課程實踐以達成預期課程結果。Manwadu（2010）認為校長課程視導即是校長視導和評估教師課程實施的過程，主要目標在提高教師的教學質量。Yeop、Yunus 與 Ishak（2012）認為校長課程視導是學校教育領導的一環，其涉及校長對於教師在課程實施、教材準備和提高課程專業水平方面的識別與監督。Eshun、Bordoh 與 Kofie（2015）也認為校長課程視導是校長行政和管理工作的核心，透過監督（monitor）、檢查（inspect）和努力提高（attempt to improve）教師在課程的質量。Eshun、Bordoh 與 Kofie（2015）認為如果將課程視導對象僅限於課堂互動，是一種狹隘的觀點。其認為校長課程視導對象除了課堂互動之外，還應包括支持教師發展課程思維、課程材料開發、課程後勤資源檢視、以及開展課程行動研究以促進教師課程專業成長。Cobbold、Kofie 與 Eshun（2015）則認為，校長課程視導目的，除與教師共享課程發展訊息之外，也包括監控教師課程發展績效。Glatthorn、Boschee 和 Whitehead（2006）將課程視導區分為視導「教授的課程」（the taught curriculum）和視導「支持的課程」（the supported curriculum）。施杰翰（2014）認為校長課程視導是指「校長為導引教職員改進課程成效，在各個課程發展階段進行資料蒐集，採取支持性的態度與民主性互動，協助其釐清目標與改善課程，以增進課程品質與人員課程專業的歷程。」許籐繼（2021）則從

系統性、合作性、專業性與發展性的觀點，將校長課程視導界定為「在
學校情境脈絡中，校長有系統的運用各種視察與輔導方式，在不同課程
發展階段與相關人員共同合作，運用專業檢視與評估課程，澄清課程問
題並予以改進，以促進人員的課程專業知能，提升學校課程品質，增進
學生學習效果的歷程。」

　　從上述課程視導不同演進時期與新世紀以來研究者的多元觀點，對
於課程視導的涵義，有以下的發現：其一，課程視導者從校外機構人員
逐漸轉變為校內校長與課程專業人員；其二，課程視導的場域普遍聚焦
在學校情境之中；其三，課程視導性質從階層的督導控制，轉變為民主
與專業的平等合作；其四，課程視導的目的，從監控教師的個人信仰、
課程政策與規範的遵守，逐漸轉變為支持教師因應學生不同學習特質的
課程準備與實施；其五，課程視導的對象範疇，從課程行政規範，到課
堂互動，逐漸擴大到整個課程規劃、設計、實施與評量的整體發展。因
此，可以將校長課程視導界定為校長在學校情境脈絡中，透過與教師的
合作，針對教師不同課程發展階段的任務，以準備合作、檢視分析與回
饋改進過程進行視導，達到協助教師澄清問題並改進課程，促進教師課
程專業知能，提升教師課程品質，增進學生學習之目的與歷程。

參　校長課程視導專業素養的架構

　　從上述的校長課程視導涵義分析，顯示校長課程視導是以教師在不
同課程發展階段任務為對象進行視導。據此，提出校長課程視導專業素
養的思考架構，如圖 1 所示。

　　根據圖 1 所示，校長課程視導專業素養的架構由兩個循環的交互作
用所構成。內圈為教師課程發展的循環，外圈為校長視導的循環，兩者
彼此互動。以下進一步說明：

一、內圈為教師課程發展循環作為校長課程視導的核心：教師課程發展
　　的循環，包括課程規劃設計、課程實施活動與成果評量（黃光雄、
　　楊龍立，2004），是校長課程視導的主要任務。因此，校長應具
　　備有關課程發展相關理論與實踐的專業素養。

二、外圈為視導循環作為校長課程視導的主要歷程：無論針對教師在哪

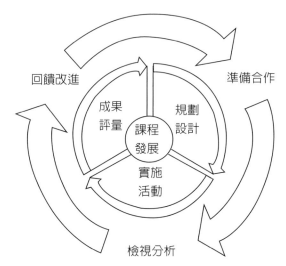

圖1 校長課程視導專業素養的架構

　　一個課程發展階段的校長課程視導，其視導歷程包括準備合作、檢視分析與回饋改進（許籐繼，2019；Acheson & Gall, 1996）。因此，校長應具備有關視導理論與實踐的專業素養。

三、內外圈互動為課程視導的實踐：內外圈的互動顯示，校長針對教師不同課程發展階段的課程任務進行視導，那是一種動態變化的歷程。因此，校長應具備在課程視導過程，因應動態變化的實踐專業素養。

肆　校長課程視導專業素養的內涵

　　有關校長課程視導專業素養的內涵，根據上述校長課程視導的涵義與素養思考架構，以視導的準備合作、檢視分析與回饋改進三階段為主軸，探討校長針對教師在不同課程發展階段的課程任務，進行課程視導實踐所應具備的專業素養。

一、準備合作階段的專業素養

　　校長課程視導在準備合作階段所應具備的專業素養涉及四個部分，

即人際溝通知能、視導專業知能、課程專業知能、衝突管理知能，茲分述如下：

（一）人際溝通知能

21 世紀的視導需要加強協作關係、參與式決策、反思性聆聽及教師自我指導（Kagema, 2019）。校長作為課程視導者與教師作為受視導者之間，需要建立相互的信任、融洽與協作關係，促進彼此有效的合作，提供教師在課程改進的反饋並形成共識。然而，這一切都有賴於彼此良好的人際溝通互動，如果彼此缺乏信任，則將會滋生不友好和猜疑，前述的美好願望也將無法達成（Cobbold, Kofie, & Eshun, 2015）。因此，校長的人際溝通知能是校長進行課程視導的基礎，其將影響彼此的信任關係，共同目標的確定，回饋教師的反思和成長。故校長必須具備良好的人際溝通知能，成為一位具備有效溝通的課程視導者（Manwadu, 2010; Yeop, Yunus, & Ishak, 2012）。校長應具備哪些人際溝通知能呢？誠如 Jonyo 與 Jonyo（2019）指出，校長需要具備口頭和書面溝通的技巧，以便在不同時間與教師進行有效溝通。許籐繼（2005）提出視導人員應具備的人際溝通知能，包括具有正向開放的人格特質、有效傾聽的技巧以及敏於理解他人的知能。可見，校長作為課程視導者，應具備的人際溝通知能，包括正向同理的態度、良好口頭與文字溝通技巧，熱情助人特質、主動親切提問、接納傾聽的技巧、理解他人的回饋以及數位溝通管道的運用等（Hawkins & Shohet, 2012）。

（二）視導專業知能

校長作為課程視導者需要具備視導的專業知識與技能，包括視導目的、標準、理論模式、技術與實施策略等。就視導目的而言，主要在於促進教師思維模式的改變與專業實踐的發展，以提升學生學習成就（Eshun, Bordoh, & Kofie, 2015）。就視導標準而言，是指課程視導可以參照課程標準進行，因此校長需要了解國家或地方政府所頒布的課程標準（Manwadu, 2010）。就視導理論模式而言，可以參考 Pajak（2000）所歸納的四大模式，分別是初始臨床視導模式、人文和藝術視導模式、技術教導視導模式、發展和反省性視導模式。初始臨床視導及技術

教導視導模式乃基於行為主義和績效主義理論所發展的模式，強調視導者臨床協助受視導者專業實踐技巧的習得、精熟和目標達成；人文和藝術視導、發展和反省性視導模式則基於人文主義和認知主義所發展的模式，強調視導者協助受視導者發展個人風格，提升認知思考與反省實踐（陳木金、邱馨儀，2012；許籐繼，2005）。校長需了解不同視導模式的特性並善加選擇和運用，例如：如果校長想要協助教師糾正偏離學校目標的課程實施行為，可以採取初始臨床視導。反之，如果校長想要提升教師的思維能力，發展教師課程自主權，幫助其開展課程行動研究以解決問題，可以採取發展性視導模式（Glatthorn, et al., 2006）。

　　就視導的技術與策略而言，校長應具有視導計畫管理、視導組織帶領、視導策略選用等能力。具體而言，校長應具有和教師共同擬定課程視導計畫的能力，包括發展課程視導目標、安排課程視導時間表、規劃課程視導歷程、選用適切課程視導技術與方法（Cobbold, Kofie, & Eshun, 2015; Manwadu, 2010）。此外，校長要具備帶領課程視導小組或團隊的能力，藉由團隊成員共同評價、研究和修訂課程（Cobbold, Kofie, & Eshun, 2015）。最後，校長應具備多元視導策略的能力，如系統性逐步引導策略、學習社群的團隊策略、差異化個別視導策略、示範與觀議課策略、檢核表運用策略、資訊科技融入策略等（許籐繼，2021b）。

（三）課程專業知能

　　校長課程視導的對象為教師在不同課程發展階段的任務，因此，校長應具備課程專業知能，包括課程理論與課程實務。在課程理論方面，需要掌握課程理論觀點、課程發展與設計模式、課程結構與組織、課程評鑑與研究等（黃光雄、楊龍立，2004；Manwadu, 2010）。具體的課程理論觀點，如強調學習者中心的課程理念（Jonyo & Jonyo, 2019）。在課程實務方面，校長需要具備課程發展各階段的課程實踐與類型。Glatthorn、Boschee 與 Whitehead（2006）將校長所要視導的課程區分為教授的課程和支持的課程，前者教授的課程類似 Eshun、Bordoh 與 Kofie（2015）所提的教學課程，這類課程也是過去課程視導

的重點，認為該類課程屬於教師與學生互動的活動課程，對於學生的技能、知識、態度和學習策略會產生直接的影響。

後者支持的課程涉及學習者中心的課程典範、課程願景與目標、特色課程定位、學科知識、課程材料、教學大綱、課程資源、課程準備、課程時間分配、課程架構、課程計畫、學生自主學習策略和計畫等（Kagema, 2019）。在有效課程實施中，教師會分配大量課堂時間來指導學生的基本內容和技能學習（Kagema, 2019）。Glatthorn 等人將其定義「為確保課程有效實施而提供的所有資源」，其主要出現於課程規劃與設計階段。校長作為學校課程主管，在支持教師有效課程實施和學生學習所需資源方面，發揮著至關重要的作用（Manwadu, 2010）。根據前述，校長課程視導的對象，即教師在學校不同層級與課程發展階段的主要課程任務，整理如表 1，這些課程也是校長所需要了解與掌握的課程。

表 1 教師在學校不同層級與課程發展階段的課程任務

課程任務　層級　課程發展階段	全校	領域	課堂
規劃設計	1. 全校課程願景 2. 全校課程目標 3. 全校課程架構 4. 全校課程計畫	1.（跨）領域課程目標 2.（跨）領域課程主題 3.（跨）領域課程組織 4.（跨）領域課程計畫	單元課程目標 單元課程主題 單元課程架構 單元課程計畫
實施活動	全校性課程活動	（跨）領域課程活動	單元教學活動
成果評量	全校性成果發表	（跨）領域課程評量	單元教學評量

（四）衝突管理知能

校長課程視導實踐的動態過程，可能會因為教師的配合而順利進行，但是也可能會因為教師的抗拒或衝突而產生阻礙。衝突的可能原因，包括教師認為課程視導缺乏法令或政策的支持、課程哲學觀的差異、課程視導科層運作方式的排斥、侷限於傳統視導認知的誤差、不

願開放的心態、教師專業自主權的意識形態、對於校長人際和學科專業的不信任、學校組織封閉氛圍的影響、統一標準的反抗等（Eshun, Bordoh & Kofie, 2015; Yeop, Yunus, & Ishak, 2012）。校長進行課程視導過程中，面對前述不同原因所導致的衝突，必須具備衝突管理的知能。具體而言，校長應具備接受爭議的民主態度、尊重教師專業的同理心溝通、專業引介消除專業衝突的問題、逐步營造有利的學校組織氛圍等。

進一步而言，首先，校長要能夠接納並展現尊重教師專業與民主的態度，作為與教師建立信任關係與解決衝突的基礎。其次，有些教師認為視導就是一種官僚的、壓抑的和控制的作為，因此校長需要透過自身態度與實際合作式的運作來加以化解（Manwadu, 2010）。第三，就尊重教師專業的同理心溝通而言，校長要能夠以尊重教師專業的態度，邀請教師參與並合作課程視導計畫的決定與運作，藉此消弭教師對課程視導削弱教師信譽和信心的擔憂，提供其發揮專業自主的機會（Yeop, Yunus, & Ishak, 2012）。第四，就內外部專業人員引介溝通，以消除專業衝突的問題而言，校長與教師之間對於課程哲學觀的差異，以及教師侷限於傳統視導認知的誤解，除校長本身與教師的持續專業對話之外，藉由引介內外部專家進行溝通互動，以彌合彼此的差異，讓彼此之間能接受更多元而彈性的專業互動與差異化安排，避免彼此之間觀點的零和衝突（Cobbold, Kofie, & Eshun, 2015）。

二、檢視分析階段的專業素養

校長課程視導在於檢視教師在不同課程發展階段的課程任務，以提升學校課程品質、教師課程專業發展與學生學習成就（Manwadu, 2010）。因此，校長應具備課程視導檢視分析階段的專業知能，主要有以下三種，分別是觀察檢視分析、訪談檢視分析與文件檢視分析，茲分述如下：

（一）觀察檢視分析的專業知能

校長需要具備教師在不同階段課程任務與成果的觀察檢視分析能

力，才能夠在教師課程發展的規劃設計、實施活動與成果評量階段，運用觀察法來蒐集各階段課程的第一手資料。校長需要具備的觀察檢視分析專業知能，主要包括以標準爲基礎觀察記錄分析和開放式焦點觀察記錄分析的能力（Eshun, Bordoh, & Kofie, 2015; Manwadu, 2010）。標準爲基礎的觀察記錄分析知能主要係指校長要能夠了解各種課程發展階段的課程品質標準，並據以設計課程發展的觀察工具，以進行以標準爲基礎的質量觀察記錄和分析。例如：游家政（2002）提出統整主題課程方案規準，包括系統性、主體性、參與性、完整性、成效性五大項。校長如果要視導教師的統整主題課程方案，可利用此標準進行觀察工具的設計並據以進行觀察記錄分析。開放式焦點觀察則由校長與教師進行觀察前討論，共同訂定校長對教師進行課程視導的時間與焦點，由校長進行課程焦點的觀察記錄與分析（許籐繼，2005；Acheson & Gall, 1996）。例如：當教師與校長討論之後，希望校長能夠針對其課程實施內容的教材概念爲焦點進行觀察時，校長要有能力針對課程概念進行有效的焦點觀察記錄與分析，包括發現教師在課程概念呈現的適切性、概念解說的清晰度以及學生對概念的理解程度等進行觀察記錄與分析。

（二）訪談檢視分析的專業知能

　　校長需要具備教師在不同階段課程任務與成果的訪談檢視分析能力，包括針對教師在不同課程發展規劃設計、實施活動與成果評量階段的課程，校長應具備正式或非正式訪談教師或學生的知能，進行有關課程對象訊息的蒐集、檢視與分析（Manwadu, 2010）。例如：校長可以在訪談教師有關課程規劃設計時，提出反思性問題（McQueen, 2021），如爲什麼會設計此一課程主題和架構？是否符應國家課程改革政策精神？是否符應學校課程願景與學生需求？是否有利於實現課程目標？另外，校長也可以訪談教師在課程實施時，其活動課程遭遇何種問題或挑戰？如何解決？等問題。校長可以訪談教師在課程評量階段，其評量課程如何設計？如何實施？是否能夠有效評量出學生的學習效果？對課程調整或修正提供何種回饋？校長可以根據前述教師訪談的

回應，進行追問或者引導教師檢視原先設定目標與評量結果的落差加以反思（Cobbold, Kofie, & Eshun, 2015）。

因此，校長在訪談教師不同課程發展階段的課程問題時，校長本身除了要掌握課程發展各階段涉及的課程任務之外，也要具備訪談實務的能力。具體而言，首先是訪談規劃能力，即在實際訪談前，就要先想好訪談對象、訪談重點或訪談大綱、時間與地點等項目的準備與聯繫；其次是實際訪談的能力，即具備實際訪談時所應掌握的友善、輕鬆自然與開放態度，以及良好的訪談技巧，包括訪談原則，如尊重原則、同理原則、正向假定原則、好奇追問原則、脈絡原則等；第三則是訪談後的紀錄處理，如經受訪者同意進行錄音或錄影時，可據以進行資料的客觀分類整理與分析、描述與解讀，並從中發現課程發展的意義與問題（McQueen, 2021）。

（三）文件檢視分析的專業知能

校長需要具備教師在不同階段課程任務與成果的文件檢視分析能力，校長可以針對教師課程發展過程所產生的課程文件進行視導，如學校總體課程計畫、（跨）領域課程計畫、校訂課程計畫、新興議題融入各領域課程計畫、各科教學大綱、單元教學計畫、教師課堂教學札記、學生學習計畫、學生工作簿或筆記、學生學習作業或學習單、學生學習作品或學習檔案、學生評量計畫、學生成績統計表等（許籐繼，2019；Cecilia, Kagema, & Gachahi, 2019; Yeop, Yunus, & Ishak, 2012）。因此，校長需要具備檢視前述涵蓋書面課程、教導課程、測驗課程等文件的能力，可進一步區分為兩大部分，其一為透過文件檢核表的檢視，如教師運用反向設計（Understanding by Design, UbD）進行單元教學設計時，校長可以運用 UbD 的關鍵要素，即大創意、基本問題和表現評估任務等要素，形成單元教學設計檢核表進行計畫的檢視，並據以分析計畫符應這些要素的情形。如基本問題旨在隨著時間的推移而探索，而不是在一堂課結束時完全回答。同樣地，真實的學生表演任務和項目無法在一堂課的時間內全部完成等，藉此可以檢視教師在單元教學設計所提供的課程探索時間是否充足（McTighe, 2021）。其

二為透過多元文件的對照比較進行檢視分析。如校長針對教師在規劃設計階段所發展的課程目標和架構文件，可以對照比較國家課程政策與學校願景文件，以評估課程目標與架構符應國家課程政策精神與學校願景方向的程度。再如，校長可以透過教師的領域課程目標文件與學生領域成績統計文件進行對照比較分析，以了解教師所預設課程目標的達成情形並探討其原因（Manwadu, 2010）。

三、回饋改進階段的專業素養

校長應具備課程視導回饋改進階段的專業素養，以提供教師在不同發展階段的課程修正與專業成長。綜合而言，這些專業素養主要涉及三個部分，即課程分析資料的呈現、課程革新方案的形成與課程專業成長的促進，茲分述如下。

（一）課程分析資料呈現的專業知能

校長針對教師在不同發展階段的課程進行檢視分析之後，需將這些資料提供並呈現給教師，以作為彼此課程研討的依據。例如：校長針對教師在實施活動階段的課程檢視分析後，必須將這些資料提供並客觀呈現給教師，校長與教師根據這些資料所顯示的課程實施效果和問題進行研討。再如，校長也可能針對教師在成果評量階段的課程檢視分析後，將資料提供並客觀呈現給教師，校長與教師根據這些資料所顯示的課程目標達成情形、學生學習需求滿足狀況、以及學生學習成績達到標準情形進行討論，並發現可能的影響因素而據以提出改善（Cobbold, Kofie, & Eshun, 2015; Manwadu, 2010）。

因此，校長需要具備課程分析資料呈現的能力，具體而言，包括三大部分，即掌握客觀呈現的能力、提供具體事例協助教師回憶、分享解釋形成共識。首先，掌握客觀呈現的能力，係指校長要具備以客觀而非主觀或情緒性判斷的態度，來呈現課程分析的資料，以避免造成教師防衛心態而阻斷彼此的溝通與研討（Hawkins & Shohet, 2012）。其次，提供具體事例協助教師回憶，則是指校長要具備提供教師具體課程事例的能力，以引導教師的課程發展回憶、感受與解讀。第三，分享解釋形

成共識，是指校長能夠與教師站在同一立場進行合作與討論，針對分析資料一起進行問題辨認與解讀，藉由校長的增強運用，引導並鼓勵教師積極發表，以形成對於資料意義和問題的共識（許籐繼，2005；Jonyo & Jonyo, 2019）。

（二）課程革新方案形成的專業知能

校長針對不同發展階段課程視導資料分析的呈現與討論之後，協助教師了解不同階段課程的問題，接下來就必須針對問題進行課程的改善。舉例而言，如果教師發現單元課程計畫的教學內容太多以至於時間不足，則校長要有能力引導教師提出課程單元計畫的修改方案。再者，如果教師發現課程實施活動無法引發學生的學習動機和獲得明確的課程概念，則校長要有能力鼓勵教師提出解決方案，改善學生學習動機不佳和概念學習模糊的狀況（Hawkins & Shohet, 2012）。因此，校長在與教師討論並形成課程發展問題共識的基礎上，應具備課程革新方案形成的專業知能，包括敏察與解決課程問題的專業知能和引導教師討論形成課程問題解決方案的專業知能（Manwadu, 2010）。

就前者敏察與解決課程問題的專業知能而言，即校長應具備課程學科知識診斷專業知能，這是校長協助教師形成課程革新方案的專業基礎（Jonyo & Jonyo, 2019）。就後者引導教師討論共同形成課程問題解決方案的專業知能而言，即於校長應具備課程革新技術（許籐繼，2005；Kagema, 2019），包括透過與教師的會談討論以釐清課程問題焦點、採取賦權方式鼓勵教師腦力激盪並提出課程改變行動、支持教師就革新方案進行嘗試與修正，直到課程問題解決，達到預期的課程標準或目標為止。

（三）課程專業成長促進的專業知能

校長協助教師了解不同階段課程問題與進行課程修改過程中，也要能協助教師從中反思自我課程專業增能的需求。例如：在規劃設計階段，教師所提出的單元課程目標係由領域學習重點的解讀與轉換而來，但是當教師在轉換學習重點為單元課程目標時，發現自己對於素養導向課程政策內涵和概念仍不夠清晰時，校長應協助其對於素養導向課

程議題進行專業成長，以支持教師勝任素養導向的課程設計，包括根據
學習重點轉換爲單元課程目標的能力（許籐繼，2021a）。因此，校長
應具有促進教師課程專業成長的專業知能，具體而言，包括實踐示範課
程實作的知能、課程發展的教練知能、帶領教師行動研究的知能。

　　首先，校長應具備實踐示範課程實作的知能，包括校長能夠提出不
同層級課程計畫、參與課程教材編製、實地進行教學與評量等（Eshun,
Bordoh & Kofie, 2015）。其次，校長應具有課程發展的教練知能，即
校長要能夠引導教師進行有效的課程行動，並允許教師透過課程行動的
練習與回饋以建立其正確性。教練過程可分爲五個步驟，即檢視目標
和期望、評估表現水準、提供回饋和引導、發展行動計畫和建立追蹤機
制（許籐繼，2005）。第三，校長應具有帶領教師從事課程行動研究
的知能，以促進教師的課程專業成長。具體而言，校長所應具備的知
能，包括引導教師反思課程問題的意識，根據問題焦點和參考相關文獻
與經驗提出問題解決行動方案，透過行動方案的實施、反省與修正，引
導教師獲得課程問題的解決與教師課程專業思考能力的增進（Hawkins
& Shohet, 2012; Kagema, 2019）。

伍　結論與建議

　　在國內外的教育改革浪潮中，課程教學無疑是教育革新的核心，而
校長課程視導則是促進中小學新課綱落實的重要途徑，也是校長推動
學校課程變革與確保教師課程品質的重要手段。然而，校長要能夠有效
地落實課程視導，關鍵在於校長應具備良好的課程視導專業素養，才能
有效地進行課程視導的實踐（Kagema, 2019）。本文透過資料的蒐集
與分析，提出內外循環的思考架構，系統性探究校長課程視導的專業素
養，提出三個階段十項專業知能，如表 2 所示，分別爲準備合作階段，
包括人際溝通、視導專業、課程專業、衝突管理的專業知能；檢視分析
階段，包括觀察檢視分析、訪談檢視分析、文件檢視分析的專業知能；
回饋改進階段，包括課程分析資料呈現、課程革新方案形成、課程專業
成長促進的專業知能。本文所提出的校長課程視導專業素養，可作爲校
長在該方面能力檢核與培訓規劃的參考，也可作爲未來進一步實證研

究，建構更嚴謹校長課程視導專業素養指標的基礎。

表 2　校長課程視導專業素養

階段	專業知能
準備合作階段	人際溝通、視導專業、課程專業、衝突管理
檢視分析階段	觀察檢視分析、訪談檢視分析、文件檢視分析
回饋改進階段	課程分析資料呈現、課程革新方案形成、課程專業成長促進

參考文獻

（一）中文部分

施杰翰（2014）。**國民小學校長實施課程視導之調查研究**（未出版之碩士論文）。
　　國立臺灣海洋大學，基隆市。

教育部（2014）。**十二年國民基本教育課程綱要**。臺北市：教育部。

張茵倩、楊俊鴻（2019）。從校訂到校本：校長課程領導的行動策略。**課程研究**，
　　14(2)，49-65。

許籐繼（2005）。**教學視導人員能力指標建構之研究**（第二版）。臺北市：師大書
　　苑。

許籐繼（2019）。**誰來檢視課程？校長課程視導的意涵與實踐**。載於吳清基主編，
　　教育政策與前瞻創新（頁 172-188）。臺北市：五南。

許籐繼（2021a）。落差與彌合：中小學教師實施素養導向評量的問題與對策。**臺灣**
　　教育評論月刊，**10(3)**，08-15。

許籐繼（2021b）。國小校長課程視導之個案研究。**教育研究月刊**，**327**，82-102。

游家政（2002）。**課程革新**（第二版）。臺北市：師大書苑。

陳木金、邱馨儀（2012，11月）。校長的教學視導的能力指標之建構。發表於「**2012**
　　年兩岸三地校長學學術研討會」論文集（A4.1-15），國立臺北教育大學，臺北
　　市。

黃光雄、楊龍立（2004）。**課程發展與設計：理念與實作**。師大書苑。

蔡清田、邱家偉（2019）。核心素養與學校本位課程發展：以嘉義大學附設實驗小學
爲例。**教育研究月刊，298，**20-36。

（二）英文部分

Acheson, K. A., & Gall, M. D. (1996). *Techniques in the clinical supervision of teaching: Preservice and inservice application* (4th ed.). N. Y.: Longman.

Cecilia, I., Kagema, J., & Gachahi, M.(2019). Principals' supervision of teaching and its influence on promoting learners' performance. *Journal of Pedagogical Sociology and Psychology, 1*(1), 33-44.

Chenge, D., & Syomwene, A. (2016). Internal curriculum supervision of life skill education in public secondary schools: A case of Lugari sub-county, Kenya. *European Journal of Education Studies, 2*(10), 14-33.

Cobbold, C., Kofie., S., & Eshun, I. (2015). Functions and practices of curriculum supervision in senior high schools in the assin north municipality of Ghana. *American Journal of Social Sciences, 3(*4), 120-128.

Eshun, I., Bordoh, A., & Kofie, S. (2015). Perceived scope and approaches of curriculum supervision. *American Journal of Psychology and Behavioral Sciences, 2*(4), 146-151.

Glatthorn, A. A., Boschee, F., & Whitehead, R. M. (2006). *Curriculum leadership: Development and implementation.* Thousand Oakes: Sages.

Hawkins, P. & Shohet, R. (2012). *4 Supervision in the helping professions: An individual, group and organizational approach.* Milton Keynes: Open University Press.

Jonyo, D. O., & Jonyo, B. O. (2019). Curriculum supervision and implementation in Kenya: The role of secondary school heads. *European Journal of Educational Sciences, 6*(2), 46-56.

Kagema, J. (2019). Evaluating principals' role in curriculum supervision through effective transformative leadership. *Journal of Pedagogical Sociology and Psychology, 1*(1), 1-5.

Manwadu, N. C. (2010). *The impact of the principal's task of curriculum supervision on teaching and learning in primary schools: A case study in Vhembt District, Limpopo* (unpublished master's dissertation). the University Of South Africa, Pretoria.

McQueen, C. (2021). Follow the instructional leader. *The Empowered Principal*, *78*(7), 1-7.

McTighe, J. (2021). *For school leaders, reviewing isolated lessons isn't enough*. Retried from https://www.ascd.org/el/articles/for-school-leaders-reviewing-isolated-lessons-isnt-enough

Pajak, E. (2000). *Approaches to clinical supervision: Alternatives for instruction*. Norwood: Christopher-Gordon Publishers.

Yeop, N. K., Yunus, J. N., & Ishak, S. (2012). The school principal's roles in teaching supervision in selected schools in Perak, Malaysia. *Asian Journal of Business and Management Sciences*, *1*(2), 50-55.

Zuber-Skerrit, O. & Roche V. (2004). A constructivist model for evaluating postgraduate supervision. *Quality Assurance in Education*, *12*(2), 82-93.

問題與討論

一、從美國的課程視導演進中，發現校長課程視導的涵義為何？

二、校長課程視導專業素養的思考架構為何？

三、校長課程視導專業素養的內涵為何？

四、如何運用校長課程視導專業素養的內涵，設計校長課程視導能力檢核工具？

五、根據校長課程視導專業素養的內涵，對校長課程視導的專業成長有何啟示？

第十三章

新冠疫情衝擊下校長課程領導意見的調查研究：嘉義市為例

林立生

　　2020-2021 年新冠疫情嚴峻，至 2021 年 6 月止，仍有 33.1% 的全球學生受到學校關閉影響，5.8 億學生不能正常上學，31 個國家的學校仍然關閉（聯合國教科文組織，2021）。對全人類的文明造成莫大的衝擊，教育作為人類文明的一環，面對疫情衝擊，產生的改變，甚是巨大，各國莫不在教育模式上做出積極回應與調整，以維持最大程度的教育正常運作。而臺灣在 2021 年也因新冠疫情延燒，致使教育部於 5 月 18 日公布全國學校停課二週，後來甚至停課到暑假，可見疫情來得又急又猛，教育現場也不得不加快回應腳步，以安定教育、安定親師生不安的心。由於沒了教室，家裡自然就成了教室，學習也就成為真正生活中的一部分，教學與學習的型態大幅轉變，充分考驗著親師生，更考驗著「關鍵的課程領導者—校長」的因應作為。

　　嘉義市的校長從「課程、教學、補課、評量」等方面引導親師生。首先，配合教育部的政策，鼓勵教師以學習的「方便、有效」為目標，採多元、彈性方式，實施遠距教學，除了同步線上教學外，非同步、混成等教學方式也都被鼓勵採用；其次，配合課程的性質，讓教師也可以實施自己的遠距教學或補課的方式，以利達成教學目標。在遠距教學的網路連結規劃上，設置從學校可連結到各班、各老師課表的遠距教學平臺，並於第一時間推播通知給學生與家長，讓學生與家長迅速掌握正式上課的訊息，方便透過網路，進到學校、班級，點選老師規劃的遠距課程來學習。在遠距教學與學習理念的溝通上，聚焦「疫情帶我們進到一場教育科技的教育革新中，是被動地讓疫情逼著我們走，還是勇敢地超越疫情，走出線上教學的康莊大道，而讓學生真正能遠距學習、自主學習，希望大家同行、進步、共好」。這個觀念也充分結合 108 課綱的「共好」價值（教育部，2014）。

　　「疫情加溫，沒了教室；家裡就成了教室，生活就變成了教科書」是正在全國，甚至全世界每個家庭中發生的事。而好的溝通引導與實施方式，可以讓教育不但不會因疫情，停下進步的步伐；相反的，透過價值論述、科技運用、線上推播、網路連結、同理關懷、異業結盟、簡化步驟、媒體宣傳……做好每一步的系統規劃、務實修正，更能讓學校、教師、家長、學生知道該怎麼做，放心地跟著學校規劃的方式來進

行「遠距學習」。正是新冠疫情衝擊下，發生在嘉義市校長課程領導的初始面貌。

　　為了更科學的了解此面貌的內涵，設計問卷，調查本市公立國民中小所有校長 28 位，表達面對疫情的課程領導作為與想法，並以定性與定量的方式分析這些課程領導的作為與想法的原始資料，希望找出校長課程領導重要意見共識的蛛絲馬跡，進而歸納整理出結論，以作為進一步假設、研究與實踐的建議。相信本成果也可以作為 2020-2021 年全球新冠疫情衝擊下，臺灣校長課程領導典範轉移之參考範例。

　　以下分別就研究目的與待答問題、文獻探討與問卷設計、研究方法與質量分析、研究結果與討論、結論與建議，敘述本研究的過程與結果。

壹　研究目的與待答問題

　　本研究的目的是在「了解新冠疫情衝擊下，校長課程領導的特徵」。意圖透過對嘉義市 28 位國中小校長的意見調查，了解新冠疫情衝擊下，校長課程領導的特徵。並根據上述研究結果，提供進一步假設研究與實踐建議的意見。另，也可提供給面對突發類似新冠疫情事件時「校長課程領導典範轉移」相關研究的參考。依據研究目的，本研究提出如下的待答問題：

一、研究新冠疫情衝擊下，嘉義市校長課程領導六個面向的特徵為何？

二、研究新冠疫情衝擊下，嘉義市校長課程領導八大主題的特徵為何？

三、研究新冠疫情衝擊下，嘉義市校長課程領導的特徵為何？

　　研究時，以問卷調查方式蒐集新冠疫情衝擊下，校長為使學校正常運作，甚而成為轉型成功的典範，採取的課程領導想法與行動的原始意見資料，透過定性與定量的統計與分析，找出校長的課程領導的特徵。問卷設計前，並以文獻探討整理課程領導的意義，協助問卷設計的內容與架構。

貳 文獻探討與問卷設計

在文獻探討方面：透過釐清典範轉移、課程領導與校長的課程領導、課程領導的典範轉移與校長的課程領導的典範轉移三個主題，找出「新冠疫情衝擊下」，「校長課程領導」的內涵，作為問卷設計的內容依據。

在問卷設計方面：則依據文獻探討，設計兩類問卷。第一項是針對文獻探討的八大課程領導主題，進行新冠疫情衝擊下，校長課程領導的問卷設計。第二項是探討新冠疫情造成停課不停學的現象，是否符合課程領導典範轉移的內涵的探索性問卷。此探索性問卷依據文獻探討課程領導典範轉移的操作型定義，提列出六項主題，所設計的問卷。前者為本研究呈現的論文主體，後者為當有需要進一步研究時，再分析的預備。

一、文獻探討

首先探討新冠疫情衝擊的停課不停學現象，與典範轉移的關係，因為是作為校長課程領導的論述根基，屬於理論基礎，有其較嚴謹的界定，需釐清；其次，探討課程領導的文獻，找出與新冠疫情衝擊下，可為校長課程領導問卷的內涵；最後整理內涵中，可作為校長課程領導的主題與面向，設計問卷，蒐集「新冠疫情衝擊下，校長課程領導特徵」的原始資料。

（一）典範轉移（paradigm shift）

「典範」有二種意義：1. 在解決問題方面，以完全新的方法與新的觀念解決而成功的範例；2. 這個成功的範例可成為追隨者以同樣的方式解決其他類似問題的模範（蕭明慧譯，1991：12）。最早在學術社群的研究領域中被討論與運用。本文採用上述二個典範的意義。

「典範轉移」就是科學革命，指的是在價值、信念或方法上的轉變過程（程樹德等譯，1989）。有如下四項特性：1. 從一個處於危機中的典範中，轉移到一個新的典範，在一個新基礎上，重新創建新的解決問題的成功範例；2. 典範轉移過程是複雜的，且需要較長時間的淬鍊；

3. 在轉移過程中，可能有典範間相互競爭，或新典範提出者動機的問題；4. 典範轉移標誌著一種通過革新突破的進步過程（國家教育研究院，2012）。綜上，筆者認爲新冠疫情衝擊下的停課不停學現象，符應上述的危機、新典範需求、複雜、長時間淬鍊、典範競爭等特性，正在導引一場教育界的典範轉移，校長的課程領導正身處其中。

（二）課程領導與校長的課程領導

　　「課程領導」的定義，強調的是功能，而非角色，其定義爲「課程領導所發揮的功能，在使學校的體系及其學校，能達成增進學生學習品質的目標（單文經等譯，2001：28）。」本文採用上述課程領導的意義。

　　「校長的課程領導」方面，Allan A. Glathorn 認爲：校長能對與課程相關的知識，有較深度與廣度的認識，那麼校長的領導者角色即能有最佳的表現；對於州定的課程要協助教師把這些州定課程標準當作其專業工作的一部分，並且進一步理解這些課程的長處與短處，轉化爲學校課程領導的助力（單文經等譯，2001：4-6）；而當課程領導區分爲中央、地方、學校、班級四層級的課程領導，各有其專注的重點之餘，校長在學校的課程領導所扮演的角色，預期將更有穿針引線之效；Hord 與 Hall 就曾總結說：校長發揮的強有力的領導是決定課程領導成效的重要關鍵；若是採取主動積極的引導風格，是有效課程實施得以保證的重要原因；此引導式風格有四個態度與行爲的特徵：1. 有清楚的長程目標。2. 對於學生有高度的期望，也能傳達與修正這項期望的作法。3. 試圖改變學區課程和政策方針。4. 能察納教師同仁的意見，且能做明快的決策（引自單文經等譯，2001：30）。本研究也參考上述校長的課程領導的意義與特徵。

　　由於，校長的課程領導，要能達成增進學生學習品質的目標。爲達成上述目標，筆者參考相關文獻（吳清山、林天祐，2001；王月美，2001），加上筆者曾任課程領導的實務經驗，提列校長課程領導的面向，包括：課程願景、課程計畫、特色課程、課程設計、教學方式、有效教學、課程評鑑、資源整合等八個面向。作爲本研究問卷設計與新冠疫情衝擊下，校長課程領導特徵分析的資料來源。

（三）課程領導的典範轉移與校長的課程領導的典範轉移

James G.Handerson & Richard D.Hawthorne 引用 Brown（1988）的觀點認爲：革新課程領導的理念之革新（transformative）一詞，所傳達的理念是根本的改變——對抗根深柢固的信念與社會結構的改革方式，此一改革方式也可以描述爲「典範轉移」。並且，革新的課程領導必須「……不是在做控制，而是引導其他人做高層次的判斷與自我管理（Snauwaert, 1993:7）。」是以「課程領導的典範轉移」在社會變遷的關鍵時間點，是可以被深入研究與探討的。而 2020-2021 年新冠疫情對全球的衝擊，正是社會變遷的關鍵時間點。

吳清基（2020：4-19）曾分析了工業 4.0 對智慧化校園教育發展之影響。搭上此波新冠疫情全國停課的社會變遷關鍵時間點，筆者預期各學校面對全球化疫情連動下的社會變遷，校長也將不得不被推向新一波的課程領導的風頭浪尖上，積極應對，做好智慧化校園的課程領導。這也連帶地讓新冠疫情衝擊下，校長課程領導與典範轉移現象，變成值得深入探討的教育課題。

綜上三點，本文將新冠疫情衝擊的停課不停學現象，視爲典範轉移的關鍵，特別將「校長課程領導典範轉移的操作型定義」設定爲：當學校面臨教育大環境的社會變遷，校長爲解決因社會變遷形成的課程與教學問題時，採用的新觀念與新方法，成功帶領學校突破困境，並保障學生有效學習，可成爲模範的課程領導特徵。本操作型定義作爲本研究第二份問卷設計主題與內容的依據。

二、問卷設計

在問卷設計方面，綜合上述文獻探討，設計兩類問卷，了解新冠疫情衝擊下，校長的課程領導的特徵。一類是新冠疫情衝擊下，校長課程領導的問卷；一類是新冠疫情衝擊下，校長對課程領導典範轉移的意見調查問卷。第一項是針對文獻探討的八大課程領導主題，進行新冠疫情衝擊下，校長課程領導的問卷設計；第二項是針對校長課程領導典範轉移的操作型定義，提列的六項主題的問卷。

第一份問卷是新冠疫情衝擊下，校長課程領導的問卷，設計八大主

題分別是：1. 課程願景的思考；2. 課程計畫的調整；3. 特色課程的改變；4. 課程設計的因應；5. 教學方法的作為；6. 有效教學的確保；7. 課程評鑑的方式；8. 資源整合的作法等八個主題。以六個面向進行問題設計，包括：1. 重新定位的重要性。2. 重新思考的程度。3. 推測全校同仁主動想要重新調整的人數。4. 面對衝擊願意帶領同仁一起改變的程度。5. 推測經帶領後同仁願意改變的人數。6. 最終，學校既有八大課程主題，是否會因新冠疫情衝擊而改變的「會與不會」的想法。

　　第二份問卷則是為了解校長課程領導典範轉移的操作型定義，設計的六個面向問卷，問卷內容參考了聯合國教科文組織（2021）、魏麗珊（2020）、王文科（2009）的文獻。六個面向分別是：1. 新冠疫情造成教育大環境變遷的特徵；2. 學校面臨課程與教學的哪些挑戰；3. 學校應採用什麼樣的觀念面對疫情的挑戰；4. 學校會採用或已採用什麼樣的新作法突破困境；5. 面對疫情的挑戰，學校如何保障學生的有效學習；6. 你認為學校的因應，有哪些可以讓他校來學習的。計六個主題進行問卷設計。

　　第一份問卷為本研究呈現的論文主體分析來源，第二份問卷為當有需要進一步研究時，作為佐證分析的預備。

參　研究方法與質量分析

　　本研究採用的是問卷調查的研究方法，經問卷調查嘉義市 28 位公立國中、小校長的意見後，對所蒐集到的意見資料，進行定量與定性的分析，透過定量與定性的過程，找出新冠疫情衝擊下，校長課程領導的特徵。

　　定量的分析方式採集中量數，百分比統計與分析，Excel 作為統計工具，將 Google 表單的原始資料，轉成 Excel 資料，再使用 Excel 的統計功能，進行百分比統計與圓形圖輸出，方便判讀與比較分析。本問卷以 Google 表單作填答，表單問題類型設計方式配合原始問卷題目的類型，第一份表單以「選擇題」作為設定。第二份表單因原始問卷題目設計，需作更精細的設定，以「核取方塊」、「單選方格」、「下拉式選單」輔以「簡答」，以呈現原始問卷不同「排序」的填答方式需求。

藉由 Google 表單後端產生的試算表及圖表摘要數據（圓餅圖、長條圖），能將填答資料轉化為 Excel 檔，作為後續所有資料檢視與處理，並顯示各問題作答者填答的相對應數值與百分比，作為進一步作問卷表單的分析處理及應用，統計作答結果。

　　定性的分析為定量分析之後的分析，以集中量數的集中性數值作為共識數值，推演出共識內容為定性的內容，推演關鍵在於將定性的內容，以聚焦研究目的的「文字的邏輯、意義的推演、用字的精準」作為確定特徵內容的定性過程標準。採取的是研究者本身即為研究工具的專家效度，進行定性分析。

肆　研究結果與討論

　　以下就新冠疫情衝擊下「校長課程領導」問卷的調查結果，進行定量與定性的分析與討論。

　　本問卷共計八大「校長課程領導」問題，每大題由六個面向來架構，由28位校長填答。八大主題分別是：1.學校課程願景的思考？2.課程計畫的調整？3.特色課程的改變？4.課程設計的因應？5.教學方式的改變？6.有效教學的確保？7.課程評鑑的方式？8.資源整合的作為？每大題的六個面向分別是：1.重新定位的重要性。2.重新思考的程度。3.推測全校同仁主動想要重新調整的人數。4.面對衝擊願意帶領同仁一起改變的程度。5.推測經帶領後同仁願意改變的人數。6.最終，學校既有八大課程主題，是否會因新冠疫情衝擊而改變的「會與不會」的想法。

一、調查結果

　　新冠疫情衝擊下，校長課程領導「八大主題、六個面向」的問卷調查資料，經統計處理後，將結果整理如下表1新冠疫情衝擊下，校長課程領導八大主題、六個面向的調查結果一覽表。

表1　新冠疫情衝擊下，校長課程領導「八大主題、六個面向」的調查結果一覽表

主題 面向	課程願景	課程計畫	特色課程	課程設計	教學方式	有效教學	課程評鑑	資源整合
重要性	85.8% 的校長認為非常重要與重要	92.8% 的校長認為非常重要與重要	78.6% 的校長認為非常重要與重要	92.8% 的校長認為非常重要與重要	96.4% 的校長認為非常重要與重要	100% 的校長認為非常重要與重要	92.8% 的校長認為非常重要與重要	100% 的校長認為非常重要與重要
思考程度	50% 的校長會全盤思考	50% 的校長會全盤思考	42.9% 的校長會全盤思考	50% 的校長會全盤思考	82.1% 的校長會全盤思考	75% 的校長會全盤思考	67.9% 的校長會全盤思考	92.9% 的校長會全盤思考
推測一半以上教師願意改變的占比	60.7% 的校長	85.7% 的校長	78.5% 的校長	96.5% 的校長	100% 的校長	100% 的校長	85.7% 的校長	100% 的校長
會帶領領導改變的占比	92.9% 的校長	100% 的校長	92.9% 的校長	100% 的校長	100% 的校長	100% 的校長	96.4% 的校長	100% 的校長
帶領後推測一半以上教師願意改變的占比	85.7% 的校長	89.3% 的校長	89.3% 的校長	100% 的校長	100% 的校長	100% 的校長	89.3% 的校長	100% 的校長
是否改變的意見	60.7% 的校長認為會	75% 的校長認為會	67.9% 的校長認為會	85.7% 的校長認為會	92.9% 的校長認為會	96.4% 的校長認為學習效果更低	75% 的校長認為會	67.9% 的校長認為會

二、六個面向的分析與討論

　　依據原始數據與表 1 整理後數據，分別就新冠疫情衝擊下，校長課程領導六個面向的調查結果，進行分析與討論。

（一）重要性

　　經調查，嘉義市公立國民中、小學校長認為：1. 新冠疫情衝擊下，校長課程領導的八大主題中，所有校長都認為「有效教學」和「資源整合」重要或非常重要；2. 其中，認為「資源整合」非常重要的比率更高達 92.9%，「有效教學」非常重要的比率則為 78.6%。3. 八大主題，都至少獲得 78.6% 以上校長認為重要或非常重要。4. 至於「特色課程」重要或非常重要，比率相對較低的原因，值得探討。5. 根據原始資料，仍有校長認為新冠疫情衝擊下，進行「課程願景」（10.7% 的校長）與「特色課程」（7.1% 的校長）的課程領導不重要，原因也值得探討。

（二）思考程度

　　經調查，嘉義市公立國民中、小學校長的意見顯示：1. 在新冠疫情衝擊下，公立國民中、小學校長對校長課程領導八大主題的思考，以「教學方式」、「有效教學」、「資源整合」三項主題的全盤思考的占比最高。2. 特別是「資源整合」的全盤思考占比更高達 92.9%。3. 並且，除了「特色課程」全盤思考占比 42.9% 低於 50% 之外，其他七大主題，都有 50% 以上的校長會全盤思考。4. 至於「特色課程」一項的全盤思考占比相對較低的原因，值得探討。5. 整體看來，在新冠疫情衝擊下，嘉義市公立國民中、小學校長，都會對校長課程領導的八大主題，進行不同程度的思考，以積極因應新冠疫情對學校課程與教學的衝擊。

（三）推測一半以上教師願意改變的占比

　　經調查，嘉義市公立國民中、小學校長的意見顯示：1. 在新冠疫情衝擊下，公立國民中小學校長推測，學校一半以上的教師願意改變，主要在「教學方式」、「有效教學」、「資源整合」三項；2. 這三項的占比都是 100%，表示所有嘉義市中、小學校長一致認為，每個學校都有

一半以上教師願意因應新冠疫情衝擊，而改變「教學方式」、「有效教學」、「資源整合」。3. 其中，有 60.7% 的校長推測認為，「課程願景」一項，每校都會有一半以上老師，會因新冠疫情衝擊而改變對課程願景的想法，這是八項中意見中相對較低的占比。4. 至於為何相對較低，值得探討。5. 另外，根據原始資料顯示，仍有 7.1% 的校長認為，新冠疫情衝擊下，學校教師不會對「課程願景」與「特色課程」兩項，做任何想法或作法的改變，原因也值得探討。

（四）會帶領改變的占比

　　經調查，嘉義市公立國民中、小學校長的意見顯示：1. 在新冠疫情衝擊下，所有的公立國民中、小學校長會帶領同仁在「課程計畫」、「課程設計」、「教學方式」、「有效教學」、「資源整合」五項，進行因應；2. 在「課程願景」、「特色課程」、「課程評鑑」三項，至少有高達 92.9% 以上的校長，會進行帶領。3. 特別的是，根據原始數據，並沒有「絕對不會」進行帶領的校長；只有 7.1% 校長對「課程願景」與「特色課程」表示「應該不會」進行帶領，3.5% 校長對「課程評鑑」表示「應該不會」進行帶領。4. 至於為何「應該不會」進行帶領的原因，值得探討。5. 整體看來，在新冠疫情衝擊下，嘉義市公立國民中、小學，仍有 92.9% 以上的校長，會對「校長課程領導」八大主題，進行不同程度的帶領，幫助老師突破新冠疫情對課程與教學造成衝擊的難關。

（五）帶領後推測一半以上教師願意改變的占比

　　經調查，嘉義市公立國民中小學校長的意見顯示：1. 在新冠疫情衝擊下，經過帶領，認為學校一半以上教師願意改變的公立國民中、小學校長意見占比，以「課程設計」、「教學方式」、「有效教學」、「資源整合」四項最高；2. 所有嘉義市中、小學校長一致認為，經過引領，每個學校都有一半以上教師願意因應新冠疫情衝擊，而調整「課程設計」、改變「教學方式」，關注「有效教學」，做好「資源整合」。3. 其中，有 85.7% 的校長推測認為，對「課程願景」一項，經過引領，每校都會有一半以上老師，會因新冠疫情衝擊而改變對課程願景的想

法，是相對較低的占比，但相較於未引領前，教師願意接受改變的推測，是大幅成長 25%，顯然校長對於自己的帶領是有自信的。4. 至於為何仍相對較低，或為何校長們預估能大幅成長，是值得探討的。5. 另外，根據原始資料，原有 7.1% 的校長認為新冠疫情衝擊下，學校教師不會對「課程願景」與「特色課程」兩項主題，做任何想法或作法的改變，但在校長帶領後，降為 0%，可見校長們預估經過帶領，教師們仍願意做些改變，原因也值得關注。

經過校長引領前後的比較發現：1. 推測一半以上教師願意在「課程願景」改變的占比，上升 25%；2. 推測一半以上教師願意在「課程計畫」改變的占比，上升 3.6%。3. 推測一半以上教師願意在「特色課程」改變的占比，上升 10.8%。4. 推測一半以上教師願意在「課程設計」改變的占比，上升 3.5%。5. 推測一半以上教師願意在「教學方式」、「有效教學」、「資源整合」改變的占比，維持在 100%。6. 推測一半以上教師願意在「課程評鑑」改變的占比，上升 3.6%。整體而言，校長們預估自己的介入引領，能幫助老師在所有課程領導主題上產生改變，以因應新冠疫情對教師的課程與教學的衝擊。

值得注意的是，在原始數據的比對過程中，發現「有效教學」與「資源整合」兩項，雖然在校長帶領前後，校長們推測，教師們都有 100% 的改變情形，但是程度上卻產生有趣的現象：1. 有效教學方面，校長們推測，在校長介入帶領後，反而讓「絕對會」關注有效教學的老師占比降低，從引領前的 57.1%，降到引領後的 53.6%，降低了 3.5%。2. 資源整合方面，校長們推測，在校長介入帶領後，雖然讓「絕對會」關注資源整合的老師占比上升，從引領前的 67.9%，升到引領後的 71.4%，上升了 3.5%；卻在「大部分會」關注資源整合的老師占比下降，從引領前的 28.6%，降到引領後的 17.9%，下降了 10.7%；而「約一半會」關注資源整合的老師占比上升了，從引領前的 3.5%，升到引領後的 10.7%，上升了 7.2%。筆者推測：可能是校長們認為，當教師們主動改變的意願很高時，就不需再過度介入，否則易有反效果。但仍需進一步確認。

（六）是否改變的意見

　　最後，因應新冠疫情衝擊，嘉義市公立國民中、小學校長提出了總結性的意見，調查資料顯示：1. 有 60.7% 的校長認為會改變「課程願景」；2. 有 75% 的校長認為會改變「課程計畫」；3. 有 67.9% 的校長認為會改變「特色課程」；4. 有 85.7% 的校長認為會改變「課程設計」；5. 有 92.9% 的校長認為會改變「教學方式」；6. 有 96.4% 的校長認為「有效教學」的教學效果會降低；7. 有 75% 的校長認為會調整「課程評鑑」；8. 有 67.9% 的校長認為會重新盤整「教學資源」。其中，認為「有效教學」的教學效果會降低的比率最高，會改變「課程願景」的比率最低。值得注意的是：上列那些數值，都比前五題的數值低，值得深入探討，並且也將在下面的八大主題的分析與討論中，呈現深入探討的結果。

三、八大主題的分析與討論

　　依據原始數據與表 1 整理後數據，分別就新冠疫情衝擊下，校長課程領導八大主題的調查結果，進行分析與討論。

（一）課程願景

　　在新冠疫情衝擊下，雖然有 85.8% 的校長認為「課程願景」的重新定位是非常重要與重要的，所有校長也都願意全盤、大部分、部分、少部分的思考如何重新定位「課程願景」，甚至有 50% 的校長會全盤思考。加上，也有 60.7% 的校長推測一半以上的教師會想要主動重新調整學校既有的「課程願景」，甚至有 92.9% 的校長願意幫助教師，引領「課程願景」的改變；相較之下，85.7% 的校長推估，經過引領，一半以上的教師願意重新思考與調整學校既有的「課程願景」，前後相比，成長 25%，顯然校長對於自己引領的效果是有自信的；然而，卻只有 60.7% 的校長認為「課程願景」會改變。

　　顯然，當回到執行面，面對新冠疫情的衝擊，筆者假設「校長們還是會持較保守的態度來面對課程願景的調整與改變」，但是仍有約六成以上的校長認為，有改變的契機，應也是對應了 60.7% 的校長推測一

半以上的教師會想要主動重新調整學校既有的「課程願景」的意見。

（二）課程計畫

　　在新冠疫情衝擊下，雖然有 92.8% 的校長認為「課程計畫」的重新調整是非常重要與重要的，所有校長也都願意全盤、部分、大部分思考如何重新定位「課程計畫」，甚至有 50% 的校長會全盤思考。加上，也有 85.7% 的校長推測一半以上的校內教師會想要主動重新調整學校既有的「課程計畫」，甚至全部的校長都願意幫助教師，引領「課程計畫」的改變；相較之下，89.3% 的校長推估，經過引領，一半以上的校內教師願意重新思考與調整學校既有的「課程計畫」，成長 3.6%；然而，卻只有 75% 的校長認為「課程計畫」會改變。

　　顯然，相較於 85.7% 的校長推測一半以上校內教師會想要主動重新調整學校既有的「課程計畫」，占比是低約 10% 的，應該也是執行面的考慮。因此，筆者假設：面對新冠疫情的衝擊，在實務面上，校長們還是會持較保守的態度來面對「課程計畫」的調整與改變。

（三）特色課程

　　在新冠疫情衝擊下，雖然有 78.6% 的校長認為「特色課程」的重新調整是非常重要與重要的，所有校長也都願意全盤、大部分、部分、少部分的思考既有「特色課程」的方向，甚至有 42.9% 的校長會全盤思考，雖然相較其他七項主題的占比最低，仍具意義。加上，也有 78.5% 的校長推測一半以上的同仁會想要主動重新調整學校既有的「特色課程」，甚至 92.9% 的校長願意幫助教師，引領「特色課程」的改變；相較之下，89.3% 的校長推估，經過引領，一半以上的教師願意重新思考與調整學校既有的「特色課程」，成長了 10.8%，顯然校長對於自己引領的效果是有自信的；然而，卻只有 67.9% 的校長認為「特色課程」會改變。

　　顯然，相較於 78.5% 的校長推測「一半以上的教師」會想要主動重新調整學校既有的「特色課程」，卻只有 67.9% 的校長推測「一半以上的教師」會改變，降低了約 10%。可推測，當回到執行面，校長們還是會持較保守的態度來面對「特色課程」的調整與改變。

（四）課程設計

　　在新冠疫情衝擊下，雖然有 92.8% 的校長認為重新調整課程內容的「課程設計」是非常重要與重要的，所有校長也都願意全盤、部分、大部分的思考如何重新調整「課程設計」以因應改變，甚至還有 50% 的校長會做全盤思考。加上，也有 96.5% 的校長推測校內一半以上的教師同仁會想要主動重新調整學校既有的「課程設計」，甚至全部的校長也都願意幫助教師，引領「課程設計」的調整，以因應改變；相較之下，100% 的校長推估，經過引領，一半以上的教師願意重新思考與調整學校既有課程內容的「課程設計」，也較之未引領前的 96.5%，成長 3.5%；最後，85.7% 的校長認為既有課程內容的「課程設計」會因新冠疫情衝擊而調整改變，相較於 96.5% 校長認為有約一半以上教師有意願自主進行課程設計的改變，低了約 10%。

　　顯然，執行面改變的預期上，低了約 10%，校長也似乎持較保守的看法，值得探究。但是，仍有約 85.7% 的校長認為「約一半以上教師」願意進行課程設計的改變，對老師仍有高度期待。

（五）教學方式

　　在新冠疫情衝擊下，雖然有 96.4% 的校長認為「教學方式」的重新調整是非常重要與重要的，所有校長也都願意全盤、部分、大部分思考如何重新調整「教學方式」以帶領教師符合學生的需要，甚至有 82.1% 的校長會全盤思考。加上，所有校長都推測學校一半以上的教師會想要主動重新調整自己既有的「教學方式」以因應新冠疫情衝擊下的遠距教學需求，甚至全部的校長也都願意幫助教師，引領「教學方式」的改變；相較之下，所有校長推估，經過引領，一半以上的教師願意重新思考與調整既有的「教學方式」以因應改變。只是，最後的意見顯示，雖有高達 92.9% 校長認為教師們的「教學方式」會因新冠疫情的衝擊而改變教學方式，仍有 7.1% 的校長認為教師不會改變既有的教學方式。

　　值得注意的是，校長的意見顯示，經過校長的引領，一半以上教師的「教學方式」從大部分會調整的比率，提升到絕對會調整的比率，上

升了 7.1%，校長顯然頗具自信能引領教師在新冠疫情衝擊下，改變教學方式，以符學生所需。

（六）有效教學

在新冠疫情衝擊下，所有校長都認為檢視已調整的遠距教學的「有效教學」是非常重要與重要的，有「75% 的校長會全盤思考，25% 會大部分思考」遠距教學的有效性問題。加上，所有校長也推測學校會有「一半以上的教師」會重視遠距教學方式是否有效的問題，全部的校長也都願意幫助教師，引領改變或調整遠距教學，使更「有效教學」；當然，全部校長也推估，經過引領，學校會有「一半以上的教師」願意改變或調整遠距教學，使能「有效教學」。最後，有高達 96.4% 的校長認為學校教師的遠距教學方式，其效果會比新冠疫情衝擊前的實體教學的效果更降低。

顯然，面對新冠疫情的衝擊，遠距教學是否是「有效教學」，是否是比實體教學更有效的教學，是校長們更憂心的。值得注意的是，校長們推測，在校長介入引領後，反而讓「絕對會」關注有效教學的老師占比降低，從引領前的 57.1%，降到引領後的 53.6%，降低了 3.5%，值得探討。

（七）課程評鑑

在新冠疫情衝擊下，92.8% 的校長認為「課程評鑑」的調整是非常重要與重要的，所有校長也都願意全盤、部分、大部分思考如何務實調整「課程評鑑」的作法，甚至有 67.9% 的校長會做全盤思考。加上，也有 85.7% 的校長推測「一半以上的教師」也會因應新冠疫情的衝擊，主動調整既有的「課程評鑑」方式。在引領教師進行「課程評鑑」方式的改變方面，也有 96.4% 的校長都願意幫助教師；相較之下，89.3% 的校長推測，經過引領，校內「一半以上的教師」願意重新思考與調整既有的「課程評鑑」方式，引領前後的比較，成長 3.6%；最後，75% 的校長認為學校的「課程評鑑」，會因新冠疫情衝擊而調整改變。

顯然，相較於 85.7% 校長認為有約「一半以上教師」有意願自主進行「課程評鑑」方式的改變，與最後 75% 校長的改變意見相較，低

約 10%，顯示執行面的審慎思考，校長似乎也較保守了些，其原因值得深入探究。

（八）資源整合

在新冠疫情衝擊下，所有校長都認為「資源整合」的準備是非常重要與重要的，有 92.9% 的校長會全盤思考如何資源整合，從整合觀點的思考比率非常高。所有校長也推測校內「一半以上教師」會願意主動「資源整合」讓自己的遠距教學更順利。全部的校長甚至都願意幫助教師進行「資源整合」，讓遠距教學更順利；相較之下，所有校長推測，經過帶領，學校仍會有「一半以上的教師」願意持續進行資源整合。最後，只有 67.9% 的校長認為學校的遠距教學資源，會因新冠疫情衝擊而重整盤點，相較於 100% 校長認為有約「一半以上教師」有意願進行遠距教學的資源整合，似乎也有了一致性的對應。

值得注意的是：校長們推測，在校長介入引領後「絕對會」關注資源整合的老師占比略升，從引領前的 67.9%，升到引領後的 71.4%，提升了 3.5%；但是，「大部分會」關注資源整合的老師占比下降，從引領前的 28.6%，降到引領後的 17.9%，下降了 10.7%；約「一半教師會」關注資源整合的占比也略升，從引領前的 3.5%，升到引領後的 10.7%，提升了 7.2%。綜合比較校長引領前後的占比，是降低的，原因值得探討。筆者推測，或許是對於資源不足憂慮的意見反映。

伍　研究結論與建議

綜合上述研究結果與討論，整理出：一、新冠疫情衝擊下，嘉義市校長課程領導六個面向的特徵；二、新冠疫情衝擊下，嘉義市校長課程領導八大主題的特徵。並架構出新冠疫情衝擊下，嘉義市校長課程領導的主要特徵，及提出進一步的建議。以下敘述結論與建議：

（一）新冠疫情衝擊下，嘉義市校長課程領導六個面向的特徵

1. 面對新冠疫情的衝擊，校長課程領導，以「有效教學」和「資源整合」最為重要。

2. 校長會對「教學方式」、「有效教學」、「資源整合」三項主題

進行「全盤思考」的占比最高。

　　3. 所有校長一致認為，每個學校都有一半以上教師，主動願意因應新冠疫情衝擊而改變「教學方式」、重視「有效教學」、努力「資源整合」。

　　4. 有九成以上的校長，會對「校長課程領導」八大主題，進行不同程度的帶領，幫助老師突破新冠疫情對課程與教學造成衝擊的難關。

　　5. 經過帶領，學校一半以上教師願意在「課程設計」、「教學方式」、「有效教學」、「資源整合」進行改變，較之未帶領前，新增「課程設計」一項，其中「課程願景」改變的占比，上升 25%，為所有項目中上升最多，教師改變的預期最大。

　　6. 在校長的總結性意見中，認為遠距教學的效果會降低的比率最高，會改變課程願景的比率最低；值得注意的是，總結性意見的數值，都比前五題的數值低，值得深入探討。

（二）新冠疫情衝擊下，嘉義市校長課程領導八大主題的特徵

　　1. 面對新冠疫情的衝擊，有 60.7% 的校長認為「課程願景」會改變，與 60.7% 的校長推測一半以上的校內教師會想要主動調整「課程願景」的意見，有一致性。

　　2. 有 75% 的校長認為「課程計畫」會改變，與 85.7% 的校長推測一半以上的校內教師會想要主動調整「課程計畫」，低約 10%，預估是執行面的考慮。

　　3. 有 67.9% 的校長認為「特色課程」會改變，與 78.5% 的校長推測一半以上校內教師會想要主動調整「特色課程」，低約 10%，預估也是執行面的考慮。值得注意的是，只有 42.9% 的校長會全盤思考「特色課程」的改變問題，相較其他七項主題的占比最低，顯然面對疫情衝擊，特色課程是校長課程領導項目中，最不被關注的。

　　4. 85.7% 的校長認為「課程設計」會因新冠疫情衝擊而調整改變，與 96.5% 校長推測一半以上的校內教師有意願調整課程設計，低了約10%，預估也是執行面的考慮。值得注意的是，仍有高達 85.7% 的校長認為約「一半以上校內教師」會改變，顯然對老師仍有高度的自信與期待。

5. 有高達 92.9% 校長認為教師們的「教學方式」會改變，與 100% 校長都推測「一半以上校內教師」會想要主動調整「教學方式」的預期，有一致性，因為若是一半以上教師會改變，校長是有百分之百的自信，若要全部教師都改變，校長也是不敢保證，所以才有至少 7.1% 的校長認為教師不會改變既有教學方式的最後意見。

6. 有高達 96.4% 的校長認為學校教師的遠距教學方式，其效果會比新冠疫情衝擊前的實體教學的效果更降低，這是個警訊，須審慎面對找出策略，讓遠距教學真正成為常態性的「有效教學」。另外，調查資料顯示，校長憂慮校長介入帶領後，反而讓「絕對會」關注有效教學的老師占比降低，似乎也是在自省與提醒校長要介入專業的有效教學，宜小心謹慎。

7. 有 75% 的校長認為「課程評鑑」會改變，與 85.7% 校長認為約「一半以上教師」有意願主動調整「課程評鑑」，低約 10%，預估也是執行面的考慮。

8. 有 67.9% 校長認為學校的遠距教學資源，會因新冠疫情衝擊而重整盤點，相較於 100% 校長認為有約「一半以上教師」有意願進行遠距教學的資源整合，似乎也有了一致性的對應。因為若是一半以上教師會整合改變，校長是有百分之百的自信；若要全部教師都改變，校長也是不敢保證，所有才只有 67.9% 校長認為學校的遠距教學資源，會因新冠疫情衝擊而重整盤點的最後意見。筆者推測，或許也是對於資源不足憂慮的意見反映。

（三）新冠疫情衝擊下，嘉義市校長課程領導的主要特徵

綜合整理上述課程領導六個面向與八大主題的特徵，找出新冠疫情衝擊下，嘉義市校長課程領導的五點主要特徵。

1. 最重視「有效教學」和「資源整合」的課程領導。

2. 最有自信的課程領導項目是「課程願景」，帶領後改變的占比，上升 25% 最高。

3. 最憂心遠距教學的效果降低，無法達成「有效教學」的目標。

4. 有九成以上的校長，會對八項課程領導主題，進行不同程度的課

程領導，幫助老師突破困境。

5.重要性相對較最低的是「特色課程」，會全盤思考比率也是最低。

（四）進一步的建議

綜合整理上述課程領導六個面向與八大主題的特徵，找出新冠疫情衝擊下，本研究進一步發展的六點建議。

1.校長憂慮介入「有效教學」的帶領後，反而讓「絕對會」關注有效教學的老師占比降低，似乎也是在自省與提醒校長要介入專業自主的有效教學時，宜更小心謹慎。

2.校長預估的「課程計畫」、「特色課程」、「課程設計」、「課程評鑑」會改變，與一半以上的校內教師會想要主動改變，占比相較，都低約10%，預估是執行面務實的考慮。應該在校長務實執行上列課程領導時，投入資源予以協助，拉近自信比率。

3.由於「特色課程」是校長課程領導項目中，重要性與會全盤思考比率相對最低的項目，建議深入了解原因。

4.最憂心遠距教學的效果降低，無法達成「有效教學」的目標。這是個警訊，建議審慎面對找出策略，讓遠距教學真正成為常態性的「有效教學」。

5.至少7.1%的校長認為教師不會改變既有的「教學方式」，建議深入這些教師個案，予以協助。

6.校長認為「一半以上教師」都有意願進行遠距教學的資源整合，筆者認為若是資源充足，相信更多教師願意投入遠距教學的資源整合，建議應盡早投入全國性或全市性的遠距教學資源整合的系統規劃，積極協助。

綜上，本研究透過對嘉義市28位國中小校長的意見調查，了解在新冠疫情衝擊下，校長課程領導的五點主要特徵，與提出六點進一步的建議。希望上述研究結果，能提供進一步研究，與課程領導實踐的協助。研究成果也可作為當面對突發類似新冠疫情事件時「校長課程領導典範轉移」深入研究的參考案例。

參考文獻

（一）中文部分

王文科（2009）。王文科教授的課程領導論述。檢索日期：2021 年 7 月 21 日，取自：https://blog.xuite.net/kc6191/study/22648391

王月美（2001）。國小校長課程領導之個案研究——以九年一貫課程試辦學校為例。國立臺北師範學院課程與教學研究所碩士論文，未出版，臺北市。

吳清山、林天祐（2001）。教育名詞——課程領導。教育資料與研究，**38**，47。

吳清基（2020）。工業 **4.0** 對未來師資培育政策之挑戰與因應。載於吳清基主編《教育政策與發戰策略》。臺北市：五南。

單文經、高新建、高博詮、蔡清田譯（2001）。**校長的課程領導**。臺北：學富文化。

教育部（2014）。十二年國民基本教育課程綱要總綱。中華民國 103 年 11 月 28 日臺教授國部字第 1030135678A 號令訂定發布。

程樹德等譯（1989）。科學革命的結構。臺北市：遠流。

國家教育研究院（2012）。**典範轉移**。檢索日期：2021 年 6 月 21 日，取自：https://terms.naer.edu.tw/detail/1679330/

聯合國教科文組織（2021）。**停課不停學：教育領域對新冠病毒的應對**。檢索日期：2021 年 7 月 21 日，取自：https://zh.unesco.org/covid19/educationresponse/global-coalition

聯合國教科文組織（2021）。**學校停課的不良後果**。檢索日期：2021 年 7 月 21 日，取自：https://zh.unesco.org/themes/education-emergencies/coronavirus-school-closures/consequences

魏麗珊（2020）。淺談疫情下中學教師如何實現線下到線上教學的轉換。載於國語文教育電子報 27 期。檢索日期：2021 年 7 月 21 日，取自：https://cirn.moe.edu.tw/Upload/file/33473/88827.pdf

蕭明慧譯（1991）。**科學哲學與實驗**。臺北市：桂冠。

（二）英文部分

Snauwaert, D. T. (1993). *Democracy, education, and governance: A development conception*. Albany: State University of New York Press.

第十四章

以色列新創向度對臺灣後疫情時代教育的啟示

郭怡立、張明文

你並沒有看到世界的本來面目，你看到的世界是你本來的樣子。

（You don't see the world as it is, you see the world as you are.）

——塔木德：希伯來智慧語錄（*The Talmud*）

 緒論

2020 年 2 月 COVID-19 疫情方興，以色列特拉維夫等大都市封城，雖然人們了解疫苗並非百分百有效，也了解即便接種疫苗的人可能仍會傳播病毒。但這個總人口數僅臺灣的五分之二的國家，爲了達成全體免疫的安全，展現了分散風險的果斷，以色列不僅簽下莫德納 600 萬劑，也接續購入輝瑞、AZ 的疫苗，經實際測試後，以色列選擇接種內容屬於 mRNA COVID-19 疫苗 BioNTech 爲主，短短四個月內打了超過 1,000 萬劑，期望達到一定比例的疫苗接種覆蓋率後，達成群體免疫。該國受益於集中的醫療保健系統，持續地戴口罩規定，重要的是幾乎沒有猶豫的疫苗決策。以色列的大學及創新部門，扮演著研究拓荒者與產業新創者的推手，例如：魏茨曼研究所（Weizmann Institute of Science in Rehovot, Israel）的數據科學家統計生物學教授 Eran Segal 與他的同僚們，從以色列衛生部在 2020 年 8 月 28 日至 2021 年 2 月 24 日期間蒐集的數據進行了回顧性分析（Rossman, H. etc., 2021），疫苗驅動累積了一個數據庫，將此有效性的觀察，以色列向合作藥廠提供流行病學數據，例如：確診的 COVID-19 病例數、住院人數、使用呼吸機的患者人數、死亡人數以及年齡和其他人口統計數據。建構起疫苗有效性偵測的強大平臺，讓國家社會快速穩定持續正常生活。

COVID-19 大流行不僅代表著全球健康危機，不過這也可能標誌著經濟活動新樣態的轉型開始。往昔許多圍繞著以色列研究的論文，對其領先世界的跨國新創公司制度，及其兼容多元文化的教育創新環境，多有著墨。該國歷經 COVID-19 大疫的世紀浩劫，棋手著先，已然是正在發生成功應變的過去式，其應對傳染性極強的 Delta 變種的處置，更是值得觀察的未來式，這樣的研究可能受限疫情期間，實地行旅不便，往來困難，致較少論述。本研究以 2020 年疫情方興起至 2021 年 6 月疫情未艾，作爲資料蒐集的時間切片，內容則以以色列國家創新

局、跨國科技新創公司與大學科研共同攜手，面向疫情帶來變局的作為，反思臺灣相應的現況，從教育的觀點，論述他山之石，可以提供我們的啟示。

 內文

一、疫情對以色列帶來的經濟與社會衝擊

　　隨著病毒傳播，世界各地在經濟發展與維護生命安全之間兩難。邇來變種病毒已有蔓延之勢，以色列 COVID-19 政府諮詢委員會針對超過三分之一的人口（主要是兒童和青少年）未接種疫苗研議，研究顯示注射 BNT 兩劑疫苗預防有效性為 96%，因此衛生部（Stuart Winer and Toi Staff，2021）加緊綢繆，晚近以色列在 6 月初批准了針對十二至十五歲兒童的疫苗，及至 2021 年 6 月底，希望為 30 萬兒童接種疫苗，接種疫苗的人中，有 Michal Bennett，她是總理 Naftali Bennett 的十四歲女兒。總理在推特上發了一張他女兒接受注射的照片，並呼籲其他人去接種疫苗（Toi Staff, 2021）。官方表示，對未接種疫苗的孩子在從國外進入該國時，必須按照規定進行隔離。儘管疫苗覆蓋率高，但佩戴口罩要求和旅行出入境的限制，仍然在以色列廣泛實施。6 月起，放寬通行系統，允許所有公民平等進入餐廳、體育賽事、文化活動等。以色列快速調動政府專項資金用於疫苗採購，及時簽訂大量疫苗，創新冷鏈技術響應，解決了輝瑞 BNT 疫苗苛刻的冷藏要求（攝氏零下 60 度至零下 80 度的超低溫中保存和運送），以色列在應急準備方面的投資，擁有最先進電子病歷的健康計畫，能夠精準地識別不同年齡層的患者，展現其一貫的創新文化，並根據不斷變化的情況做出快速調整，高效率的應變，使其成為全球典範。以色列政府為了讓人民更加安心施打，已向人民承諾，與製藥公司達成健康計畫協議，COVID-19 疫苗將納入《疫苗受害者保險法》（Insurance for Victims of Vaccines Law）的給付範圍（Rosen, B., Waitzberg, R., & Israeli, A., 2021）。這意味著政府決心，對因接種疫苗而健康受到損害的任何個人，給予補償。整體而言，政府處置得宜，民眾配合度高，緩解了疫情帶來的社會衝擊。

二、以色列應對疫情的產業發展

（一）新創國度的發展

　　以色列向來是創新的領導者，為政府鼓勵創新政策的成功，提供了完美的榜樣。該國被稱為「新創國度」，主要是由政府推動創新政策，政府深度參與市場，並決定了技術進步的範疇（Katz, Y., 2021）。截至 2020 年，以色列擁有「世界上人均初創企業數量最多的國家」，擁有超過 6,500 家初創企業和 300 多個中心（Start-Up Nation Central, 2020）。根據 Startup-Nation Finder 的報告，以色列初創企業專注於六個主要領域：1. 農業生物科技、2. 網絡資通安全、3. 數位健康醫療、4. 升級工業 4.0、5. 金融科技和 6. 海水淡化技術。世界許多跨國公司的研發（R&D）中心也把以色列，視為一個值得在此設立辦事處的地方（Israel Innovation Authority, 2021）。

　　對於許多新創高科技企業而言，以色列擁有許多吸引外國投資者的資產：強大的高科技研發部門和多語種的勞動力，因此吸引了大量外資。以色列創新局隸屬於以色列經濟產業部，負責協助初創專案技術孵化，並提供技術創新支援，為成長型企業提供研發基金，為大型公司提供研發融資支持等。自疫情蔓延以來，居所受限，然而部分行業的活動卻急遽增加，明顯的是醫療保健、遠端程式工作、網絡安全和電子商務。（Israel Innovation Authority, 2021）以色列研發創新標準及激勵措施，並設置重點企業（Priority Enterprise）規範減稅來吸引投資。大致上以三種形式：第一「初創企業技術孵化項目補貼」：由創新局批准，內容是政府補貼專案投資預算的 85%，最高為 350 萬新謝克爾（1 以色列新謝克爾約合 8.55 新臺幣）。項目團隊擁有初創企業 50% 的股份和八年技術專營權；第二「技術創新實驗室建設補貼」：政府補貼實驗室基礎設施建設費用的 33%，最高為 400 萬新謝克爾。研究領域為數位健康和生物技術的實驗室可獲取額外補貼，最高為 50 萬新謝克爾。特別的是相關技術智慧財產權，由在以色列註冊成立的企業所有；第三「指定項目研發基金支持」：是指從事軟硬體、資訊、生命科學、醫療設備、物聯網、金融科技等領域的研發。且必須在以色列註冊成立

的公司才能成為補助對象，政府撥款專案投資預算的 20%-50%，最高
為 350 萬新謝克爾。特別鼓勵在加薩屯墾區設置的公司，另予優惠。一
項創新狀態的研究（Korbet, R., 2019）指出以色列 536 家跨國公司屬
於開放式創新（如圖 1），包括所有涉及與第三方合作，這些第三方可
能是新創企業，或是具有創造性的成熟公司（PWC and Start-Up Nation
Central, 2019）。

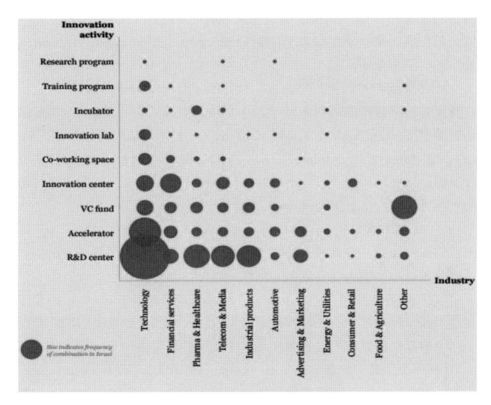

圖1　以色列新創公司在以色列的活動分析

資料來源：PWC analysis identifying 536 multinational companies innovating in Israel.

　　上圖橫座標標明以色列 536 家新創公司投資的向度，縱座標則顯
示他們服務的項目。這些跨國公司往往將傳統的研發活動與多元化的開
放式創新活動相結合，包含研發中心、加速器、孵化器與聯合辦公空

間等。也可以觀察到科技公司是跨國公司主力，接序是製藥和醫療保健、金融服務、工業產品和電信與媒體也有很大的足跡。

（二）創新局的角色定位

我們再換一個「公部門」的視角，以色列創新局處理新創問題，分成六個運營部門處理。因應疫情來襲，老部門有了新方向，透過這六大運營部門，作為解決創新生態系統挑戰的利器。每個部門都專注於特定的任務和客戶，除了維持往昔提供其獨特的服務外，也提出新計畫，做了新配置，來應對整個產業的新挑戰（Israeli Innovation Authority, 2021）。分述如下：

1. 創業及業務發展部（startup and business development division）

原有扶持新創的初階構思計畫（ideation tnufa program）、科技創新實驗室（technological innovation labs），推進海法的科技創業（advancing technology entrepreneurship in haifa）以及旨在利用教育部科技基礎設施（如科學中心和科學博物館）開發知識和產品方面獲得經驗的青年創業（young entrepreneurship）計畫。

(1)面向疫情擴充了種子投資計畫（seed program）：提供種子輪融資的40%，旨在鼓勵有經驗的風險資本投資者投資高風險創業公司，從而鼓勵在這些領域建立更多的創業公司。

(2)技術孵化器項目（technological incubators programs）：孵化器是透過競爭程序選擇的，特許經營期為五年，刺激處於發展初期的初創公司，鼓勵從研究機構到復雜和高風險領域的產業進一步商業化。

(3)周邊計畫中的創業孵化器（entrepreneurial incubators in the periphery program）：獲得創新局批准預算的85%補助，在工業4.0、農業技術、塑料和醫用大麻等這些領域創業，該計畫旨在透過指定的孵化器，圈起大學、學生、企業家和初創公司通力合作，促進以色列周邊地區創新體系、技術創業和就業發展。

2. 成長部（the growth division）

原已設置研發基金（R&D fund），政府聯合支持高科技技術創新試點（pilots）：通常找上市場表現失靈，需要高水準技術的促進城市

智慧化，爲公眾提供了更好地獲得監管、國有資產和公共基礎設施方面試點。此外，空間創新支持計畫（support program for space innovation）由航天和技術部的創新局和以色列航天局聯合運營，布局全球航天航空市場。面向疫情擴充了 C4IR 以色列工業 4.0 中心：該中心與世界經濟論壇（WEF）合作監管的主要業務項目是無人自駕車、無人機，及各個領域的 AI 工具的同化和開發。

3. 社會挑戰部（the societal challenges division）

社會挑戰部門致力於開發高科技領域專家人力資本。原有人力資本項目（human capital programs）創新局加強學術機構的重要活動，協助高科技公司人工智能方面的培訓。

面向疫情擴充了 HaSadna 計畫：作爲緊急培訓計畫，投資 1,000 萬新謝克爾，資助率 66%，讓兩個集團擬在三年內培訓 800 名高科技人員員工，妥適安置阿拉伯社會、極端正統派和以色列地理邊緣的居民背景的畢業生。

4. 國際合作部（international collaboration division）

致力於促進和全球跨國公司或領先研究機構的合作，成爲知識獲取與創新的夥伴關係。原有四個雙邊基金（There are currently four bi-national funds）：以色列—印度基金（I4F）、以色列—美國基金（BIRD）、以色列—新加坡基金（SIIRD）、以色列—韓國基金（KORIL）。

面向疫情擴充了 Covid 和綠色技術作爲 Horizon 2020 的部分計畫（Covid and Green technologies as part of horizon 2020）：與歐盟合作，以提案徵集的方式，挹注 450 萬歐元給九家以色列實體公司，以研發用於治療、監測和控制的醫療技術、數字工具和人工智能等，用來應對 Covid19 疫情爆發。此外，綠色交易（green deal）：也是與歐盟合作，研發提升資源有效利用，專注清潔循環經濟，鎖定保護生物多樣性，減量環境汙染，以達成聯合國訂定的 2050 年實現氣候復原力爲目標。

5. 技術基礎設施部（technological infrastructure division）

負責推動具有開創性技術的開發，引導學術知識向產業轉移。原有

MAGNET 財團計畫：接合以色列工業公司財團和學術研究團體共同努力，成爲廣泛合作夥伴關係。

面向疫情擴充了幾個新區塊，諸如：CRISPR IL（基因編輯）聯盟（gene editing consortium）：這項基因革命性技術，能夠修復或關閉在疾病中活躍的基因，提升農產與製藥的質量；又如 NLP（自然語言處理）聯盟（natural language processing）：透過自然語言識別 AI 技術開發潛在客戶。廣泛應用在銀行、保險、通信、醫療保健、教育，甚至國防情報系統等；資助希伯來大學開發溫室的屋頂上生產光伏發電計畫：希伯來大學的研究人員推出獨特太陽能電池板發電。這款太陽能兼有兩個功能，電池板（提高能源利用）和植物實現了最佳的光吸收（增加農業收益），可做有效的能量互換。

6. 先進製造事業部（advanced manufacturing division）

原有 MOFET（製造業研發）（R&D in the manufacturing industry）公司旨在提交重點研發計畫，包括新產品的開發、先進材料的使用、創新生產工藝的開發、或實施先進的製造方法。

面向疫情則擴充了以先進技術製造業在以國建廠研發（establishing factories in israel with advanced technology）計畫：聚焦於涉及醫療器械、製藥、能源、替代蛋白質等領域，兼重研發與製造。

小結上述，創新局傾力支援學界與業界各有新應，斧鑿彌新，本研究整理如圖 2。

（三）國家參與模式

接著我們再從「運作系統」的視角研究，以色列國家創新體系的特點是國家積極參與該部門的發展，創新活動具有系統性，即 NIS（National Innovation System，國家創新系統）將政府、科研機構、教育單位、私營企業部門和銀行之間的串聯。在經濟發展中發揮既創造又儲存的有機作用，可以想像這是個雙層的內外環（如圖 3），三個主要參與者，包含公司（企業）、政府和大學居其中（Israeli, M., 2020）。分述如下：

內圈（視爲創新潛能區，innovation potential）部分：政府在大

種子投資計畫
技術孵化器項目
周邊計畫中的創業孵化器

以先進技術製造業
在以色列建廠研發

C4IR
以色列工業4.0中心

**創業及
業務發展部**
01

**先進製造
事業部** 06

以色列
創新局
面向疫情

成長部
02

CRISPRIL（基因編輯）聯盟
NLP（自然語言處理）聯盟
溫室的屋頂上 **技術基礎**
生產光伏發電計畫 **設施部**

05

03
社會挑戰部 HaSadna計畫

04
國際合作部

Covid和綠色技術作為Horizon 2020的部分計畫
綠色交易

圖2 以色列新創局面向疫情新對策

資料來源：研究者自繪整理。

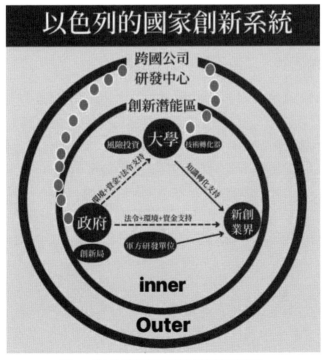

圖3 以色列創新系統雙層關係圖

資料來源：參考Israeli, M. (2020)，研究者自繪。

學生態系統中扮演著重要角色，國家財政提供大學各種贈款和計畫創新。在政府支持下創新局從科學到工業技術，進行發展轉移，以國所有大學都參與推動。在大學部分，該模型代表其他技術轉讓組織，如：技術孵化器（technological incubators）、風險投資資本機構（venture capital institutions, VC）都被納入參照的模型。在公司部分，內圈包含本地高科技公司與部分軍事技術單位，由以色列國防軍（IDF）轉移支持。面對鄰國威脅，以色列軍方也扮演積極的角色，疫情期間 2020 年 7 月財政部，評估縮短役期能裁減龐大的國防預算，發揮作為社會融合平臺作用，若服役後更早進入工作職場，應能促進以色列的經濟。因此，男性義務役的徵兵制兵役時間縮短了三個月，女性兵役時間則依舊維持兩年。（Itsik, R., 2020）以色列國防部研發單位啟動、開發和營運，特別與業界高科技公司合作，國防工業外溢效應能夠結合技術，幫助商轉，找到解決方案來縮小運營差距。

外圈（視為國際資源區）部分：主要是以色列市場之外的外層，包含許多跨國公司的研發中心，與政府和大學透過投資獎勵，跨國合作等方式雙向流通資源，成為新創養分。

三、面對世界疫情，以色列高等教育的角色

疫情衝擊對以色列教育的影響雖大，但政府應變快速，自 2021 年 4 月 18 日起，教育系統已恢復全面運行，從幼兒園到 K12，全國上課。雖然有部分學者建議，政治和官僚主義，應該與以色列高等教育系統的管理分開，讓大學研究獲得更多自由（Davidovitch, N., & Cohen, E., 2021）。但以色列是世界上在美國納斯達克市場上市公司總數排名第三多的國家，政府銳意經營下，高等教育科研風氣沛然，是經濟強悍和走向繁榮的動力。以民辦的「荷茲利亞跨學科中心 IDC」（Interdisciplinary Center Herzliya）建立艾德森創業學院（Adelson School of Entrepreneurship）為例，指引方向滿足創業渴望，就是一個典範。拆除科目藩籬，創建多學科學習路徑，為其畢業生提供各種工具。旨在支持以色列本土創新，讓它們走向全球市場，校方期待他們是未來以色列商業領導人。其課程綜合了高科技、精密科學、經濟學和工商管理

等領域，學生能夠跨域學習，舉凡心理哲學、文學藝術、文化研究等（Harel, R., Schwartz, D., & Kaufmann, D., 2020）。

大學是促進發展的引擎，透過知識轉移開展經濟。從巨觀層面來看，以色列大學以創業教育養成，充分扮演串接政商，共同發展的角色（郭怡立、張明文，2020）。

事實上，以色列大學在涵化學生，建構自己的創新知識體系，其大學城所在都市的氛圍，絕對具備一定的影響力。以色列幾個重點城市，創新與商業氣息濃厚，科研的氛圍與人文薈萃大學城相得益彰。諸如：特拉維夫（Tel-Aviv）：濱地中海岸，企業總部櫛比鱗次，以色列商業、金融及文化中心，Intel 公司在此建立了第一個海外研究中心，工商銀行、媒體電商高度集中，結合連續第六年出現在「最受創投青睞的企業家」排名上的特拉維夫大學（Tel-Aviv University）、化學與計算機科學擅長的魏茲曼科學研究院（Weizmann Institute of Science）等高等教育學府均設於特拉維夫及其鄰近地區；其次，有 15 位諾貝爾獎得主的耶路撒冷希伯來大學（Hebrew University of Jerusalem），醫學方面的研究中心較多，主要有人類壽命研究中心，糖尿病研究中心，遺傳工程研究中心，心臟病研究及預防中心，傳染病及熱帶疾病研究中心等；復次，有各種石化工業的海港兼工業中心海法（Haifa）：擁有以色列科技學院（Technion-Israel Institute of Technology）和海法大學（Haifa University）兩所高等教育學府，培育眾多高科技人才，以色列理工學院排名為世界五百強的大學，在化學、生醫、製藥、人造衛星等領域皆有世界級的成就，而 IBM 公司在海法大學建立了美國境外最大的研究中心，其海洋學學院是以色列唯一一家世界領先的地中海海洋研究機構（經濟部投資業務處，2019）。對於創業教育的推動，這些大學內部又是如何運作呢？

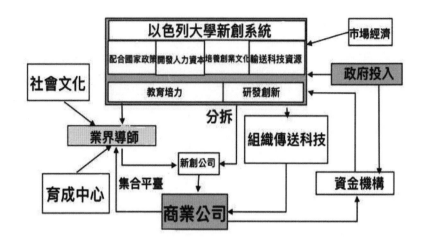

圖4　以色列大學新創系統（Israeli, M., & Blagorazumnaya, O., 2020）

　　大學是以色列創新生態系統的核心，在校園中創建創業文化、創業教育，進而促進科學研究的商業化。綜合多家以色列大學，發現大學有類通的創新生態系統（University Innovation Ecosystems, UIE）內含四個要素：創新政治（innovative politic）、人力資本（human capital）、組織的企業文化（organizational corporate culture）、技術資源（technical resources），允許將科學研究與教育和創業組成部分，結合成一個相輔相成的網絡。生態系統內其他元素與大學相互作用，如圖4所示。大學還與企業家合作進行技術轉移，創造有利的環境（Israeli, M., & Blagorazumnaya, O., 2020）。其次，在疫情流行期間，大學開始更密集地使用線上會議與教學（例如：免費大眾化的 MOOCs 課程），傳統學習和行動學習融合。大學教學政策，得到了教育部與創新局、社會各界和其他對創業發展感興趣的非政府組織支持，確保了大學引領投資的吸引力。大學邀請企業代表與學生分享他們的經驗，舉行如何為商業項目籌集資金的講座，透過技術轉移公司（technology transfer company）整合了師生努力的成果。

四、疫情下，臺灣新創教育與產業面臨的機遇

世界疫情因病毒變異仍未趨緩，臺灣則苦於階段性疫苗不足，盱衡各國政府政策，皆在公衛與經濟之間陷入兩難。但困知勉行，政府與民間仍然協力突破，以下從三個角度加以審視：

（一）臺灣在疫情中，尋求產業轉型

1. 從政策端努力打造友善創業環境

政府紓困方案以融資與補助為主，具體的行動包含國發基金（行政院國家發展基金管理委員會，2020）以特別股方式紓困新創事業，提供新創事業六至十二個月營運資金，還款期限達三年，這些透過投資的產業，大多涵蓋觀光旅遊、虛擬實境、生技產業、人工智慧、民生消費及電商平臺等；此外，為預鋪後疫情時代的國際合作新契機，林口新創園招募以色列新創公司落地林口，稱之 IP2（Innovation Park x Israel Project）臺以專區計畫，目前遴選了 10 家臺灣新創公司進駐，讓雙方有更多的合作與交流。

2. 後疫情的新經濟型態

現階段檢疫隔離等管制措施，所謂零接觸經濟興起，外送平臺需求大增，協助電子購物、美食外送等數位消費之接受度高，電子遊樂器及套裝軟體零售、在宅生活服務全面迎來高成長，資策會等單位對於引領雲端經濟，輔導企業善用更多大數據服務，然而中小企業數位轉型時常面臨「專業人才不足」與「投資金額門檻」等難題，需要政府、學界與業界更快速地再進化。

3. 先進科技廠商擇機轉型離場工作

疫情升溫，讓企業主重新正視「遠距辦公」對於企業運營的重要性。尤其跨國資訊業者，率先實施遠距辦公，總公司在疫情嚴重的美國Twitter 與 Facebook 都採無限期遠距工作，昭示了遠距工作新模式加速來到。實施遠距作業，需要檢視企業整體資訊環境，並以漸進式的布署數位轉型，採購雲端服務和資訊安全相關解決方案，相信技術革新就是產業升級的主要推手。此時，跨境人才流動引進高端技術成為可能，國外與本土公司合作的可能性大增，資料儲存方式、資通安全、甚至雇主

與員工信賴的文化，帶來新的調適，如何堅持信任乾淨與安全，才能打造吸引世界創投的生態聚落。

（二）臺灣高等教育參與新創加速器的樣態

　　研究者參考 109 年度「績優創育機構暨破殼而出企業」得獎名單（經濟部中小企業處，2020）中，大學自營或合作加速器，探究其聚焦新創的領域、分工合作的模式及其營運內容，歸納如下表：

表 1　臺灣高等教育與新創加速器合作的模式舉隅

加速器名稱	聚焦新創領域	分工合作模式	營運內容
臺大創意創業中心與聯合報系合作成立「UDN 垂直加速器」	「熟齡健身」及「健康照護」兩大領域	臺大創創中心協助媒合新創，而在育成過程由聯合報系灌注集團資源與新創共同創造新產品、新商模等	招募媒合、設計培育課程與活動、尋找創投投資人等，企業則負責提出需求與提供企業資源、試驗場域、產業知識建議等。運用第三方加速器系統化的經營 know-how，能減少企業摸索的期間
北醫生醫加速器	「數位醫療」、「人工智慧」與「醫療器材」三大主題	設有產業鏈結中心、技術移轉中心、商品化規劃中心及經營管理部門與政府機關、事業機關、民間團體、學術研究機構等單位進行合作，辦理專題研究、測試檢驗、功效驗證、技術服務、諮詢顧問、人體研究、臨床試驗等產學合作事宜	協助新創團隊創業資金募集、新創社群與國際資源的鏈結、輔導團隊技能與協助降低產品開發風險、與臨床試驗規劃並建立醫療通路，並善用北醫完善的醫療臨床場域與專業醫師，輔導新創團隊產品在臨床試驗的研發策略，使新創團隊加速研究成果商品化並鏈結國際生態圈

（續上表）

加速器名稱	聚焦新創領域	分工合作模式	營運內容
成大新創加速中心	建築應用類：模組式微負壓防疫門窗系統、生醫類：泛素特異性胜肽酶24抑制劑、含此之醫藥組成物及其用於延緩或逆轉癌症多重抗藥性的方法、綠能產業：提升鋰離子電池的正極材料效能等	於產學創新總中心之下設立專責輔導與加速新創事業之新創加速中心，另設企業關係與技轉中心、航空太空科技研究中心、業務組與行政組等，協助校園新創團隊發展	協助教師技轉服務、智權專利，提供新創學生領袖微學程內容，提供學生學習創新創業重要概念性知識之平臺與實踐創業核心能力之場域，協助至新創公司的各個里程
中原大學產業加速器暨育成中心	以精密機械、資訊電子、化工薄膜及生技醫療等為主要輔導產業應用服務	整合校內特色研究中心資源，以「技術創業、產業鏈結、資源整合、創新精進」為經營理念，結合在地資源發展創業育成、產學合作、企業加速及國際育成	推動國際育成、特色產業輔導網絡、多元行銷平臺、產業聚落和新興產業加速育成等功能
高雄醫學大學產學營運處創新育成中心	具生醫研發技術跨校媒合平臺，運動與生技產品產學技術聯盟等，推動生醫與醫材轉譯加值人才培訓計畫	高雄醫學大學設營運長，下有產學合作組、智財保護與科技管理組，創新育成中心設主任與專業經理人	連結校內醫療體系及外部產業資源並聚焦以生技醫藥之產業領域，輔導以高技術含量及聚焦於產學研究、技轉為基礎而衍生的新創企業為主，強化定向產業服務價值鏈
國立臺灣科技大學創新育成中心	資訊、通訊及消費性電子產業精密機械、自控、化工，特殊材料及電動車產業、環保、生物醫療產業、建築營建相關技術產業、數位內容與設計相關產業	校友會成立美國「臺科大矽谷中心」國際產學媒合，校方設置產學長、育成中心主任，並委託專業經理人團隊服務	進駐企業服務項目，包含：提供專業顧問與諮詢、管理與技術教育培訓課程，協助產品行銷推廣上架等。師生服務項目，包含：微型車庫培育課程，協助技術推廣與產學媒合等

（續上表）

加速器名稱	聚焦新創領域	分工合作模式	營運內容
國立雲林科技大學產學與智財育成營運中心	承接經濟部工業局委託「產業園區競爭力推升計畫」，並根據雲林縣地方重點發展產業，選定核心培育領域	藉由專業經理人整合各方資源，對業界提供統合的學校資源和專業的技術與諮詢服務，並依廠商需求聘請業界人士或相關專長教授予以輔導及協助	產學與智財育成營運中心結合育成進駐、產學合作及技術移轉，整合校內四大學院技術能力、法律服務、商品設計、工程設計與解決方案，以任務導向支援進駐企業創新與養成及輔導產業轉型升級
國立清華大學創新育成中心	各系所研究成果之專利申請多元呈現，但2020因應疫情，主要配合教育部生醫產業與新農業創新創業計畫。	國際產學營運中心下設育成中心，另設技轉中心、營運組，與清華校友自強基金會（TCFST）、科技新創育成加速器等合作	鼓勵產、學、研跨界/跨域的創新合作，串連學校與產業的珍貴資源，發展前瞻技術跨領域應用研究及服務社會之需要，得於產學聯合研究中心設置各類產學功能性，而育成中心支持清華人才教育、研究創新與社會責任
國立臺北商業大學創新育成中心	數據應用、金融管理創新服務	中心主任外設置專業經理人，處理招商推廣育成業務、育成企業之產官學研合作案媒合及推動	協助中小企業升級轉型，並提供進駐空間、設備、技術及管理諮詢等多項資源，藉由整合校內外資源，致力於提升創新產業的國際競爭力及推動本校研發成果的商品化
國立虎尾科技大學中小企業創新育成中心	光電、生物醫療、電路的轉換效率、車輛無線加速儀防盜裝置等專利	中心主任外設置專業經理人，處理技術加速器、創業導引、資金募集與電商平臺建置等事務	協助進駐廠商創櫃板推薦（上市櫃前哨站）及創業資金加速器推介，幫助進駐企業行銷推廣，包括：實體通路、電商平臺、國內外會展參與、異業結盟與成果發

（續上表）

加速器名稱	聚焦新創領域	分工合作模式	營運內容
			表辦理。整合基礎培育、學界研發、技術移轉、產業發展等不同面向，強化產學合作之產業效益，以促成資源運用效益最大化
國立臺北科技大學創新育成中心	IoT 智慧物聯與電子資訊產業	委託華南金與瑞光育成的服務支援下，一條龍輔導培育機制，從校園端的前育成、育成、加速器及國際化，打造學校接軌企業的橋梁	為團隊爭取資源投入以及拓展國際商機，創造募資機會，強化創新創業國際鏈結網絡，打造正循環運作的「創新創業循環生態系」

資料來源：研究者整理。

　　分析上表舉隅的觀察，總結臺灣高教與新創加速器合作樣態，約有兩類：其一是部分大學委請有經驗的第三方加速器協助，探客製化方式針對企業需求，借助其實戰的 know-how 企業經營垂直加速器計畫，積極媒合新創團隊間的「橫向鏈結」合作，並透過「垂直整合」方式串起業界，目標導向的招募新創團隊；其二是部分大學自營自聘，對內必須能轉譯大學新創需求及方向，彙整大學內部資源以尋找適合新創；對外則要能設計加速器培訓的課程與活動、鏈結投資人及業師等。

（三）從臺灣產業投資舉隅，省思教育的新局

　　以 2020 年出版的《臺灣創育產業關鍵報告》中，盤點獲得法人、政府投資或國內外天使的新創產業約 90 家（經濟部中小企業處，2020），多元領域的經濟事業體，研究者舉其二三，從在地與國際的觀點做觀察與反思：

1. 在地化展現溫度帶來教育省思

　　在疫情蔓延下，物流能耐被迫調整，以因應空運或船期的不穩定

性，往昔的供應鏈正在被限縮，對於在地資源、在地市場、在地製造更加追求，也更盼望永續。思考如何提升防疫醫療量能的產業、監控社區公共衛生的產業之餘，如何新創產業解決在地需求，注入社會共好的意涵，帶動企業找到新商機。舉例而言：台泥綠能選擇在臺東興建「紅葉谷地熱園區」，透過 AI 模組計算與追蹤製程碳排放強度，蒐集地熱開發結合當地人文觀光，利用循環地熱烘乾農產技術與溫泉戲水，創生循環經濟；裕隆集團以行動超前部署，兼顧安全防護與科技配備，面對臺灣快速進入超高齡社會，以行動力積極落實「責任生產與消費」，投入涵蓋全年齡用車需求產品布局，車尾設計有伸縮式斜坡板，斜坡板向後翻轉伸展而出時，足夠支撐輪椅使用者與照護人。能提供輪椅成員輕鬆便利進出車室；眼控互動遊戲由台灣大哥大基金會與社會企業「森思眼動」攜手合作，針對早療兒童開發的「紫斑蝶趣過冬」所延伸出來，幫助先天性重症、重度身障而無法對外溝通的孩子，藉由智慧醫療協助失能、失語者表達認知與意願，免費提供讓近 2.7 萬名孩子受惠；臺灣在數位醫療發展上的痛點在於醫病關係的維持，為預防感染，保持社交距離的措施，無奈使民眾處於社會孤立狀態，因而導致心理疾病發作。此時通訊心理診療平臺 FarHugs 取名「遠距抱抱」，將心理醫療資源分級式地以衛教、諮詢、診療三種模式導入民眾的生活中，這個新創平臺可以銜接醫療院所，作為醫病關係的延伸。

2. 國際化拓展募資帶來教育省思：

群眾募資平臺的國際化，過程有許多潛藏的風險，但透過創意巧思曝光，用世界共通的語言，足以擄獲人心，反而能夠吸引更寬廣的通路。聯齊科技（NextDrive）以名為「Cube」內建一套四核心電腦的產品，提供軟硬體整合及雲端智能電網服務，功能是在 App 中給用戶設定預算，後臺與電費方案連結，即可達成用電最佳化管理，由於反應客戶需求服務快，獲得日本軟銀基金，風行銷售在日本建築市場；炳碩生醫開發骨科手術機器人輔助系統，隨著人口高齡化，自然腰椎退化性疾患者逐年增加，然而脊椎微創手術能有效改善傳統開放式手術的缺陷，建立個人化的 3D 醫學影像脊椎模型，即時導航影像回饋，將 AI 數據醫師手感數位化，得以更精準判斷器械的手術路徑，投資者包含臺

杉投資、TransLink Capital 與國發基金；耐能智慧（Kneron）創立於美國加州，有台達電與鴻海支持，以兼有超低功耗與超高性能晶片，強大的 AI 演算法，優化影像識別、瞬時語音處理，可連結多樣化感測器，包括應用至無人機的晶片，主要投資者為 Horizons Ventures；沛星互動（Appier Incorporated）涵蓋人工智慧、蒐集資料分析與分散式系統等領域。一個應用在某日系美妝品牌銷售，即時推出獨家，透過 AI 溝通，AiDeal 進一步觀察訪客來店後的行為特徵，歸納每週猶豫交易的高峰時段，限時優惠活動成功讓美妝網交易完成率大增。主要投資者包含了新加坡淡馬錫、上海蘭亭投資、Insignia Venture Partners、日本集富亞洲等創投。

　　從上述的觀察，過去談到新創實務，常常面臨的挑戰不外是：政府促進天使投資量能是否充足？大學裡創新育成如何幫助學生創業團隊的經營？這些仍然重要，但疫情襲來，讓我們有機會反思，要能以人為本與地方永續共生，我們的創業教育要更具前瞻亮點，才能吸引更多外資。

參　以色列對臺灣教育的啟示

　　本文一開始即站在教育關懷的視野，關注疫情下的以色列青少年與兒童的健康防護，闡述臺以防疫對降低社會動盪成本的重要性。其次，聚焦於大學學術合作，推動科技新創產業，反思疫情下的國內外產業消長變化，為後疫情時代青年就業與國家經濟復甦尋思。以下僅從幾個面向，歸納他山之石，供吾輩共同努力：

一、臺以應增加更多產學研並進的交流與學習

　　從產業的觀點看，以色列有許多高科技產業樂利民生，國際接軌性強，而臺灣產業則長於行銷及製造，如能加強與其業者交流，一定有助於提升我國新創公司產品在國際市場上的競爭力。儘管 COVID-19 疫情嚴峻，臺灣與以色列政府雙方，就循環經濟與產業研發等議題，在2020 年底第十三屆臺以經濟技術合作會議，積極對話（以色列工業貿易勞工部對外貿易局，2021），觀察 2020 年前九個月，臺以貿易額比

去年同期增長 14.7%。

　　從教育的觀點看，以色列東進計畫（Israel's East-looking drive）包含日韓、印度、中國大陸與新加坡皆為他們密切合作的夥伴，而臺灣的高等教育研發實力，也被以方列為有計畫性的新興夥伴（emerging partnership）之一（Sobol, M., 2019），未來可期。以色列針對國家發展的中長程願景，鏈結海外創新創業網絡之機制，值得仿效。臺灣育成中心串連教師能量，也有聚焦特定優勢領域的培育機制，但大學知識創造與累積，亦著眼基礎科研人才的培育，政府在科研投資的經費，皆需長期耕耘才能見到成果，常常期限過了，補助停了，無法真正深化。串聯產學研，創新技術導向與創新需求導向應振若兩翼，透過客製化實務專題程模組培訓，拉起學術研究與產業應用並進的火箭。

二、學校教育是培育創業家精神的沃土

　　以色列許多大學在正規的學程外，都提供創業型課程（entrepre-neurial curriculum），授予創業的學位及證書，也引導著不同文化背景的學生，進行創業解決全球性問題的多樣化學習。臺灣位處東南亞、東北亞與中國大陸市場的輻輳，多元文化絕對是推動新創教育的助力。從概念發想到雛型實作，起點一定是學生獲得啟發與嚮往，遠大的創業明星未必能讓學生心嚮往之，但優質的學長學姊，成功的校友典範，可能引領更多年輕人的熱血，教育就是透過激勵找回敢冒險、肯突破的創業家精神。猶太裔的哈佛大學教育科學學者布魯納，主張「如果學生想要對物理獲得真正的理解，差異只是程度上的不同，而不是類別的差異。學童應該像物理學家一樣學習物理」（Bruner, J. S., 1971）。大學新創學程的學習也像物理科目一樣，主要兩大核心工作，其一像個創業家一樣思考，建立容許失敗的創業環境，給予滾動修正歷程的支持；其二是鼓勵企業提供優質實習職缺，置於真實創業困境，讓船屋中的水手航向大海，在戰役中品味規模化發展的崎嶇，每個個人成長了，團體自然也挺立，後續產品競爭力與企業文化的創新能力，一併拉起來。創業人才成功的要素，源自於創業精神的培養，從敏於連結的好奇心，百折不撓的執行力；多途徑的解決問題方式，自我激勵，勇於學習，渴望

成功等心智拼圖，少有與生俱來的創業傾向，多的是依賴後天家庭教育、學校教育與社會教育不斷融陶，尤其是創業家精神的培養，理應從校園做起。

三、創業教育與城市本身發展的產業重點可以相得益彰

海法城市的理工大學 Technion 迎接了英特爾半導體企業，特拉維夫城市與特拉維夫等大學迎來 Google 與微軟等科技大廠，耶路撒冷城市與耶路撒冷大學迎來 Consumer Physics 等創投。回頭盤點臺灣，都市人口稠密，交通便捷，也各有其特殊產業資源，例如：北北基的區塊，結合北部眾多大學可發展人工智能、數位平臺、文創產業；桃竹苗是許多科學工業園區的聚落，搭配清華、陽明交大與中央中原等大學，重點產業可落在電商物聯網、物流運輸、綠能科技、生醫產業等；中彰投雲則借助此間大學發展精緻農業、生物科技、離岸風電等產業；嘉南高屏與成大、高醫、屏東科技大學等校合作，對於智慧電網、乾淨能源與熱帶醫學製藥投資著力。城市與大學攜手推升新創公司，分享資源，找尋合作夥伴，我們也可以創造屬於自己的價值產業鏈。

四、創業教育取徑臺以連結增添教育國際化新義

我國高教參與國際合作研究計畫的量能，一直尚待拉提，平心而論，高教制度與法規還要鬆綁，學位認證制度需要更彈性，以吸引國際學生走進來。但疫情期間，仍不乏國內大學持續關注這一塊，有心發展各種樣態的國際觸角。例如：東海大學引進亞馬遜 AWS 成立雲創學院，再結盟姊妹校以色列海法大學，深化雙方研究；此外，科技部以每年100 萬臺幣左右補助，徵求「2022 年度臺灣─以色列共同研究計畫」，特別指定在數位健康與農業生技等領域，有更多連結。全球高等教育致力於國際化發展，臺灣高等教育也將國際化列入大學校務評鑑指標，因此包括了打造雙語化環境、多元文化教育、姊妹校簽訂、南進的國際理解、交換學生、推動雙聯學制等點滴匯集。近年來，臺灣推展雙語國家政策，六都的地方教育亦蔚為風潮，但是否能全面的落實，不自囿於考試機器，讓聽說讀寫學習與國際接軌，應有一段值得努力的長路。

五、創業競技活動豐富創業教育的風貌

　　特拉維夫大學所屬的創新發展中心（StarTAU），每年 5 月的 In-novation Day，藉由舉辦創業競賽，注入校園學子的創業熱潮。為了落實學校提供學生創業團隊，轉化為新創企業，串起資金、課程與諮詢，臺灣教育部「大專校院推動創新創業教育計畫」（EC-SOS）已行之有年（Wang, B. J., 2018），這個平臺既有課程也有活動，例如：設定「AI 人工智慧面試」這樣的主題，透過 AI 面試機器人，根據模擬求職者當時情緒辨識、語音轉譯、智慧題庫等數據分析，給出適當建議及評價；或是實戰模擬學習平臺，指導學生提案影片如何製作，就建議標題別超過 15 個字，否則評審及民眾也記不起來，至於影片要求在短短 3 分鐘內，得說到產品使用痛點，讓劇情帶出品牌故事感動觀眾。這種競賽式的歷程，從衍生團隊至登上真實募資平臺，引導學生親自走一遭，往往比課堂講授更加有感。中央部會與各縣市的青創負責單位，提供創業實踐力展示平臺，也常以 Startup 創業競技場的方式，攜手大專院校學生線上報名，如：教育部高教司成立 APEC 人力資源發展工作小組，除了舉辦論壇促進國際交流外，指導臺北科技大學主辦「2021青創競賽」，鼓勵有志於數位科技領域創業的年輕人組隊競賽，考評提案內容的市場及行銷策略、商業模式完整度等，都以全英文進行口頭簡報與答詢；桃園青年局與台電合作，推 GE 卓越創新獎提案，以「提供任何能夠增加供電並降低臺灣碳排放的創新想法」和「提出減少臺灣能源需求或消耗的創新解決方案」為主題，一則鼓勵學生以團隊方式，進行創業企劃發想，再則讓學生跨域多元學習、學以致用。這些創業競技行動，讓推動創業教育成為一扇亮麗的櫥窗。

六、軍旅教育也應有接合未來產業的創新思維

　　從本文前述以色列新創模式，發現軍方扮演著重要的角色，高中畢業後先當兵，軍中提供的科技與體能訓練，退役後選擇適合的大學科系，更能接軌未來發展。高科技的精密軍事裝備，亟需高素質的人力操作。Senor 和 Singer 做了「以色列如何從強敵環伺，逆境文化中驅動

的國家研究」（Senor, D., & Singer, S., 2018），作者推崇以色列國防軍是一所堪比美國常春藤盟校的頂級教育機構，嚴謹的海選與心理測驗，為每位應屆高中畢業生，找到最適合科技兵種發揮的位置。國防軍和希伯來大學合作，為期四年的科技和帶狀培訓，用以提升跨部門解決軍事問題的能力。所以服役期間時空不虛度，仍然能有效將創業、教育與軍旅做一接合；臺灣中科院研發替代役培育產業界人才，或台積電 2021 國防役徵才為例，研發工程師需投入先進的 CMOS（Complementary Metal-Oxide-Semiconductor）感光元件，這些役男在產業界與部隊雙向流動，預期對國家與個人都能成功發展，國防部推動募兵制，與高中職學校簽訂國防培育班、與大學簽訂大學儲備軍官訓練團（ROTC），當臺灣軍旅生活也能同時吸納了創意負責、紀律團隊、專業技能，又兼有人性關懷等寶貴資產，這才是國家未來要打造的年輕世代。

七、疫情加速數位科技與學習成效的磨合

疫情停課來得猛然，包括了教師資訊融入教學能力迅速提升，學生在學習平臺的操作更嫻熟，但數位教材的製作過程備及考驗，因為必需仰賴資訊工程師與各科專業教師合作，品質才有保證。Hadas Nezer Dagan 在一篇反思的文章中，舉了從以色列 Hadar 這所小學畢業生放出來的視頻做例子，疫情期間遠距學習生活的小插曲（Nezer Dagan, H., & Ribak, R., 2021）：有學生被老師上課背景中的食物分心；一位母親在考試中對女兒耳語；打擾家人和鄰居的音樂和體育課；和更多其他的狀況。當然教師如何保持對學生對課程關注；螢幕的彼端，學生如何使用技術來蒙混師長；以及家庭成員出出入入不經意的干預學生學習。這樣的情節畫面，不可諱言，確與本地許多遠距學習相仿，設若線上教學隨著人類與病毒發展，尚有共存的漫長歲月要走，如何確保孩子的學習成效？會是我們共同面對的課題。如何檢核並確保數位學習的學力成效？是線上教師與主管機關需要檢討思考的。

八、創業教育需要開放的生態系統支援

　　創業文化厚薄能陶融出一個創業者，前文提及以色列大學城的創業氛圍猶如美國矽谷，從以色列大學新創系統中發現，它就是一個開放的大生態，透過大學或公私部門培育的對象，包含新創經理人、業界導師、協助科技商轉的專業經理人及在校修習創新創業學程的學生等四類，相互交會激盪。就拿以色列 Yissum 這家企業為例，是耶路撒冷希伯來大學的技術轉移公司，它負責營銷大學師生的發明和專有技術，讓科研單位可以更高效率專注產品本身，節省許多的枝節處理。轉換場景到臺灣，培育成本受創業學程或育成中心預定的進行方式（如課堂、現場實作、實習、跨國交流等）、軟硬體設備成本、教材、師資等因素影響。但總體而言，創業教育就是課堂上談的創新實踐，栽培在校學生符合經濟效益，因有課程以初階實務為主，學程學生的國際觀與實作機會需要更加開放，教育的目標非僅是商業或就業層面，是為學生創造未來發展的夢想和機會，培養具有首創精神貢獻社會的人生。

九、教育創新能量跨越學習年段，都會偏鄉百花齊放推動地方創生

　　2020 年 7 月經濟部中小企業處，假林口新創園設置臺以專區（IP² Launchpad），匯集以色列大學，生技相關的 10 家新創公司，舉辦「Israel Day 一起揭開以色列生醫創新祕密」培訓研討會，透過交流增加臺以學界與業界的了解。為將來讓學校與地方資源、科技產業深度連結，分別從師生兩方面，導入教育科技與創新教學的知識庫。在教師方面，於 108 年 10 月及 109 年 1 月，共舉辦 4 場不同教育科技主題的工作坊，受到熱烈迴響，共有 181 人次的偏鄉教師參與。如「當我們 Code 在一起」工作坊，導入運算思維作為課程設計基礎，協助偏鄉老師找到跨學科領域教學的施力點。

　　在學生方面，為讓偏鄉學校的學生，能有機會平衡城鄉教育資源差距，於提供偏鄉中小學與 8 個教育新創團隊進行合作，開立創新課程，讓學生體驗到多元領域的知識。如新創公司「生鮮時書」扎根臺南市國小，透過故事刺激學生的聯想和創作的動力及數位閱讀平臺，讓學生透過自己雙手，並結合 3D 列印、雷射切割等技藝，自己做樂器，玩自己

的音樂。

十、透過資料分析找出產學重點，提高教育品質

　　2021 年 4 月春天，以色列在 Beersheba 這座城市，假沙漠地區的本古里安大學（Ben-Gurion University of the Negev）舉辦了名為「Big-Dat 2021 Spring」的全球培訓邀請活動，旨在讓參與者了解疫情下，討論大數據分析、管理和存儲的議題，學習世界構面的大數據模型。幾乎同一時間，宏碁集團創辦人施振榮榮譽董事長，臺灣創業家先輩，以「創新創業密碼：施振榮 Stan 哥的王道心法」為名出書（施振榮、林信昌，2021），暢談其經營哲學及實踐案例。其中，他特別語重心長的詮釋創業的「價值創造」，認為各行各業都要有「兼商」（兼著做商人）的觀念。所謂「工業 4.0」時代，來源非常多樣的大數據，能用在解析消費行為上，如：社交隔離政策造成雲端醫療、醫材業者投入大量呼吸器生產、遠端視訊教育、宅經濟蓬勃發展，善用數據，提供更便捷客製化體驗；大數據更運用在創育歷程的管理，臺經院曾做過分析顯示，臺灣的創育組織服務項目以三種最為需要：共同工作空間、學校育成中心與新創孵化器。面向疫情蔓延帶來瞬息萬變的新局，適用各行各業都適用，讓非結構化調查的大數據，成為我們談創造教育新價值時，一項掌握未來的利器。

參考文獻

（一）中文部分

以色列工業貿易勞工部對外貿易局（2021）。**第 13 屆臺以經技合作會議於近日登場**。取自 Https://Itrade.Gov.Il/Taiwan/2020/Economiccommittee/

行政院國家發展基金管理委員會（2020）。**國發基金「對受嚴重特殊傳染性肺炎影響新創事業投資專案」Q&A**。取自 https://www.df.gov.tw/News_Content.aspx?n=A8E217141D1854A6&sms=4B2F838635C6C2D6&s=1B98EEB25F4224B6

施振榮、林信昌（2021）。**創新創業密碼：施振榮 Stan 哥的王道心法**。新竹市：國立陽明交通大學出版社。

科技部（2015）。日本東京地區產學合作及科學園區參訪報告。取自 https://report.nat.gov.tw/ReportFront/ReportDetail/detail?sysId=C10400624

教育部（2019）。**108 年技術及職業教育發展報告書：104 學年度及 105 學年度**。臺北市：教育部。

郭怡立、張明文（2020）。**生態導向之創業教育研究**。載於吳清基主編，教育政策與發展策略吳清基教授七十大壽論文集。臺北市：五南。

經濟部中小企業處（2020）。**2020 臺灣創育產業關鍵報告**。臺北市：經濟部。

經濟部中小企業處（2020）。**109 年度「績優創育機構暨破殼而出企業」得獎名單**。取自 Https://Incubator.Moeasmea.Gov.Tw/News/Incubator-News/1776-2020_10_08.Html

經濟部投資業務處（2019）。**以色列投資環境簡介**。臺北市：經濟部。

（二）英文部分

Bruner, J. S. (1971). "The Process of Education" Revisited. *The Phi Delta Kappan*, *53*(1), 18-21.

Davidovitch, N., & Cohen, E. (2021). Effective Regulation of the Israeli Higher Education System in the Global and Neoliberal Era. *Higher Education*, *11*(3).

Harel, R., Schwartz, D., & Kaufmann, D. (2020). Organizational culture processes for promoting innovation in small businesses. *EuroMed Journal of Business*.

Israeli, M. (2020). National innovation systems of Israel: features and structure. *EcoSoEn*, *1*(1-2), 155-163.

Itsik, R. (2020). Compulsory military service as a social integrator. *Security and Defence Quarterly*, *30*(3), 65-80.

Israeli Innovation Authority (2021) Innovation Report 2020-2021. Available online at: https://innovationisrael.org.il/en/reportchapter/activity-israel-innovation-authorit ys-divisions

Israeli, M., & Blagorazumnaya, O. (2020). Innovative ecosystem of Israel's universities as a vector of sustainable development. *In Paradigme moderne în dezvoltarea economiei naţionale şi mondiale* (pp. 33-38).

Israeli Innovation Authority (2021). *Innovation Report 2020–2021.* Available online at: https://innovationisrael.org.il/en/news/israel-innovation-authority-2021-19-report

Israel Ministry of Health. COVID-19 daily situation report. https://datadashboard.health.gov.il/COVID-19/general (accessed April 20, 2021; in Hebrew).

Nezer Dagan, H., & Ribak, R. (2021). "Amazing opportunity": reflecting on online communication in Israeli schools during the pandemic. *Journal of Children and Media, 15*(1), 101-104.

Korbet, R. (2019). Start-up Nation Central: Finder Insights Series–The State of the Israeli Ecosystem in 2018. *Start-up Nation Central.*

Katz, Y. (2021). Government's Role in Advancing Innovation. *Randwick International of Social Science Journal, 2*(2), 31-45.

Komani, L., & Bobek, V. (2020). What can be learned from Israel by the European Union in the field of innovation?. *International Journal of Diplomacy and Economy, 6*(1), 51-66.

PWC and Start-Up Nation Central (2019) *The state of inno vation.* Available onlin e at: https://lp.startupnationcentral.org/mnc2019/

Rossman, H., Shilo, S., Meir, T., Gorfine, M., Shalit, U., & Segal, E. (2021). COVID-19 dynamics after a national immunization program in Israel。*Nature Medicine*, 27 (6), 1055-1061. https://doi.org/10.1038/s41591-021-01337-2

Rosen, B., Waitzberg, R., & Israeli, A. (2021). Israel's rapid rollout of vaccinations for CO-VID-19. *Israel journal of health policy research, 10*(1), 1-14.

Stuart Winer and Toi Staff（2021,June 2）Israel to begin vaccinating 12-to 15-year-olds next week. timesofisrael .https://www.timesofisrael.com/israel-to-begin-vaccinating-12-to-15-year-olds-next-week/

Start-Up Nation Central.（2020）. *Start-Up Nation Finder.* https://fnde r.startupnationcentral.org/

Senor, D., & Singer, S. (2018). *Start up Nation-La historia del milagro económico de Israel.*

Nagrela Editores, SL.

Sobol, M. (2019). Revisiting Israel-Taiwan relations. *Israel Affairs*, *25*(6), 1026-1040. Toi Staff（2021,June 30）Israel's COVID vaccination rate soars again as teens flock to shot centers. timesofisrael. https://www.timesofisrael.com/israels-covid-vaccination-rate-soars-again-as-teen s-flock-to-shot-centers/

Wang, B. J. (2018). 建構學生學習本位為教學典範之高教深耕計畫 . *Jiaoyu Yanjiu Yuekan= Journal of Education Research*, (286), 4-19.

問題與討論

一、疫情衝擊下，自然永續經營的理念更加受到重視。您的創業教育教學活動，會以什麼方式展現在地關懷與國際接軌？

二、疫情阻隔了實體的國際交流，請發揮新課綱主動共好的精神，與以色列的學生進行相互遠距共學，您將指導孩子列出怎樣的具體行動方案？

三、如果您是學校行政主管，您有哪些活動模式可以融入創業家精神，以培養明日創業家？

第十五章

後疫情時代網路教學與學童學習素養之探究

王滿馨、陳穎

教育熱忱沒有距離～成就每一位學生。

 前言

　　嚴重特殊傳染性肺炎（COVID-19）又稱新型冠狀病毒，引發全球大流行疫情，2020 年 5 月 8 日中央流行疫情指揮中心宣布隨著國內疫情逐漸趨緩推行防疫樂活新態度，鼓勵民眾力行「防疫新生活運動」，希望在維持個人防疫措施的情況下，民生逐步恢復正常運作（衛生福利部疾病管制署，2020）。時隔一年，疫情再度升溫，雙北紛紛於 2021 年 5 月 18 日宣布停課至 5 月 28 日（聯合報，2021）。疫情再趨嚴峻，國內每天都有上百個確診案例，雙北尤為嚴重。因此，教育部長潘文忠也於 2021 年 5 月 25 日宣布全國延長停課至 6 月 14 日，其後再宣布全國各級學校因應疫情延長停止到校上課至學期結束（教育部，2021a、2021b）。為因應這波疫情學校實施線上教學方式，學生改採居家線上學習，以多元評量取代實體評量。立刻上線的網路教學政策，讓第一線教師與家長疲於應對，各種網路教學問題產生，學生自主學習成效也堪慮？有鑑於此，本文試圖對這波因應疫情網路教學政策與學生的學習素養進行了解，並提出改善建議。

貳 疫情衝擊下，網路教學政策的實施與挑戰

　　教育政策既是政府對教育的所作所為，政策問題又具有動態性，解決方法必須隨著時空的轉移而變動。在面對瞬息萬變的時代，教育政策亦常變遷，從國民教育政策到高等教育政策等各類政策幾乎都在進行政策變遷，以不斷精進及呼應國家教育需求（蔡進雄，2020）。後疫情時代意味著人類因應疫情而使生活方式產生重大改變，不管在疫情中或在疫情後，屬於人類的「後疫情時代」的政治、經濟、文化與教育環境才正要開始。微觀教育層面，包括教師個人的教學方式、學生的學習模式、學校的行政與策略，都會產生改變。巨觀的教育層面，從縣市政府、中央以及國際間也會因應疫情而有所調整。在疫情影響下，許多的教育政策會產生變遷，在政府部門中的決策會受到別處策略的影響（阮孝齊、王麗雲，2017）。在這波疫情發展下，網路教學線上學習成為世

界各國的教學主流，教師必須馬上學會網路教學方法。教育部為因應遠距教學需求，持續擴充線上教學與學習輔助資源，因材網 YouTube 頻道擴充各類課程的單元學習資源，「DeltaMOOCx 台達磨課師」YouTube 頻道提供高中五學科學習資源。地方政府也針對中小學提供許多線上學習平臺與課程內容。第一線的教師也要學會如何因勢引導學生在線上學習。基層教師認為疫情嚴峻學校停課不停學，能理解中央的決策。但線上教學品質不如實體課程，教育部在決定政策時，也應該提出完整配套措施，保障學生受教權益（張睿廷，2021）。網路教學配套不足引發的爭議，包括如下：

一、硬體不足、軟體操作不熟稔，還有家庭的問題

「停課不停學」是中央與地方教育主管機構的共識，學校不開放，學習還得繼續。但雲端學習不是單向的老師錄影片，學生「擇時」觀看而已。良好效果的雲端學習，強調師生即時互動的雙向模式。這就使每個學生對硬體配備有更多的需求，包括電腦、鏡頭、麥克風、喇叭、頻寬網速等（葉家興，2021）。網路教學與學生學習在都會與偏鄉形成對比，住在臺北的家長蘇美智（2021）回顧我家的線上學習第一天，孩子們花了整整一個小時，還是無法登入教育局認證的「酷課雲」，然後被告知要大遷徙到 Google Meet，家長在旁邊看著孩子的學習：

> 第一堂課，幾個成功進「教室」的同學發現老師不在，攬著鏡頭樂瘋地玩了好一會；第二堂課，女兒歷盡艱辛進入「教室」，卻發現只有她一人，像被遺落在虛擬的荒漠中，獨個兒慌張……；第三堂課，全班終於到齊，太興奮了！於是每張小嘴都有話要說……；第四堂課，再錯入荒漠，這回還有伴。弄了一會，伴兒丟下一句「Bye，我去吃雪糕了！」瀟灑下線……。

同樣地，疫情也凸顯數位時代的社會階級落差，並反應出弱勢族群的現實狀況。雲林縣三崙國小教導主任陳柏元指出，雲林縣只有 700 個

網路卡可以提供給縣內中小學使用，三崙國小只分配到 6 張，在許多孩子家中沒有 wifi、只能靠家長手機分享熱點；臺東縣成功鎮信義國小校長廖允伶指出，雖然臺東縣政府教育處補助信義國小硬體設備，另有企業贊助 sim 卡，但孩子對數位工具到現在都還不會連網。南投縣盧山國小 50 位學生家中多半沒有電腦或平板，只能靠家長的手機線上參與。基隆市八斗國小教學組車組長指出，許多孩子沒有電腦或平板，只能用家長的手機，很多家長都不太管小孩，且大部分都對硬體、軟體不熟悉（楊語芸，2021）。疫情下的網路教學不僅是數位落差，還有家庭的問題，都將影響學童學習，其後果就是學習品質的問題。

二、同步和非同步教學與學習品質低落問題

　　網路教學的另一項問題是七堂課都要同步線上上課，對學生而言，實在太累。學生長時間閱讀電子書，網路資訊會隨著螢幕的亮度來增減瞳孔收縮，造成視覺疲乏，及認知負荷，進而影響學習成效（Cheng,Su,Chien, & Huang,2018）。但若是以非同步的方式學習，由教師上傳課程內容，再讓學生自行學習，把同步和非同步的線上學習依照比例混合進行，減輕學生學習的疲累感。但對低年級的學童而言，太困難，也容易出現情緒困難。再者，網路學習不只是硬體、軟體的配置，家長的態度與觀念也非常重要。較重視學生課業的家長，就算線上課程上不完，他們也會協助課後輔導。但資源不足、父母較忙的學生無法享有同等待遇，課業程度的差異就會愈差愈大。再者，大量的網路線上教學，網路延遲問題就更嚴重，老師往往上課上到一半就無法連線，學生也動不動搞失蹤，老師上課時得不斷花時間確認同學有沒有在位置上，或是掛機打電動去（張睿廷，2021）。

三、網路教學無法取代實作課程，及社交障礙問題

　　當課程改成線上，缺乏互動交流，一小時的教學影片，老師都對著鏡頭、教材，不斷講課。許多學生都出現分心、翹課，或是直接開雙螢幕做其他工作。再者，一些實作相關課程，像美術課、音樂課、體育課搬到線上，若無調整上課內容，實在難以在家進行，甚至有學生在家吹

直笛、彈鋼琴，打擾到其他同在上課的手足（邱于瑄，2021）。課堂不能被網路替代的地方，另一個層面是人與人之間在真實生活中的互動。網路教學容易導致人際互動不足，缺少同步回饋，學生會覺得失望而不想參與互動，網路學習形成的空間，也會讓有些學生不知道該怎樣進行互動（林甘敏、陳年興，2002）。

　　實體教學在普通教育階段是非常重要，是一種被控制在良好氣氛的小型社會，學生在此可以進行全方位學習，培育均衡的全人格素養。但在疫情下，雲端課程是一個很便捷的自主學習平臺，自主學習必須建立在學生有趣、好玩的教學設計上，教師必須花時間，並且有很強的課程設計能力，才能幫助學生逐步建構應有的知識體系（張永慶，2020）。因此網路教學對學童的學習素養，正在考驗教師的課程設計能力。

參　網路教學對學童學習素養的影響

　　十二年國民基本教育課程發展主軸就是「核心素養」，「素」是指平素、平常，「養」即修習、涵養，「素養」便是平常修習、涵養而成的素質，表現出真知力行與修己善群的實踐。素養導向學習的課程與教學設計，重視知識、技能和態度的整合。並在情境脈絡中，使學習者感覺到學習的意義，達到真正的理解（陳偉仁、楊婷雅，2020）。108新課綱教育目標強調自主行動、溝通互動、社會參與，為因應素養導向的教學目標，教師就必須不斷精進自我的教學策略，以培養學生能夠自我學習的動機。國際間COVID-19自2019年起，已延燒數十國，疫情在不同國家產生不同程度的傷害與影響。國內疫情大爆發至今，中央與地方縣市政府不得不實施全國停課不停學的線上教學策略。在實施初期打亂各級學校的行事步驟，而今師生已慢慢能適應網路教學。在香港歷經一年的網路教學經驗裡，其精彩的教學互動內容可提供國內參考（蘇美智，2021）：

　　　　靈活推進互動課堂：老師用E-book講故事；把影片和圖片等各種網上資源融匯貫通，豐富課程主題；又善用小組功能，讓孩子在虛擬空間分組討論，自己出入各組觀察；討論時

限一到，「小房間」自動關閉，同學又全體聚集上課了。老師
也請學生自備白板寫答案，像電視遊戲節目般答題，把氣氛
也變得熱鬧……。有體育老師邀請同學的弟妹一起做運動，
歡樂地跳跳玩玩；也有音樂老師安排線上大合奏，效果非常精
彩……。

目前國內網路教學在國中小教學現場也發現，各縣市教育處（局）
的用心，如新北市教育局成立阿文仔局長的學習社群，讓老師們從慌
亂不知所措到善用網路資訊，並組成教學群組，如臺灣線上教學社群目
前已有數萬老師在線上互相傳授教學祕笈，另外也成立中華未來學校教
育學會線上親子素養講座，提供家長獲得新的親子互動資訊。臺北市政
府教育局也立刻成立臺北酷課雲，提供各項線上操作手冊、網路進入平
臺，及其他線上學習資源。桃園市政府教育局成立線上教學公播提供國
中小學習平臺……。當硬體已上線，軟體的操作與教學技巧會是影響學
童學習成效的主要因素。教師該如何在這波疫情下，精進自我的教學技
能並配合核心素養提供學生在網路的世界裡獲得新知，提供下列策略作
為參考：

一、網路課程學習鷹架的轉變

在教學過程中搭建鷹架，運用鷹架理論的教學策略，可以隨著孩子
能力的提升，讓孩子擁有自主學習的能力，並享受其探索與發現歷程的
快樂。《十二年國民教育綱要總綱》在課綱中課程的主體為學生，透過
各教育階段的課程規劃，領域綱要設定，依學生不同身心發展訂立不同
的學習階段，在不同階段中完成其核心素養，以激發學生的學習動機和
興趣，使學生能適才適性發展。108課綱目的，不僅在培養學生的學習
動機與興趣，更希望運用不同教學策略讓學生主動學習。並提供成功的
機會與經驗、多元的學習型態、充滿新意與活力的課程、學習探索、及
競爭元素等，以多元課程教學策略，來提升學生的學習動機（吳昀臻、
鄭雅婷，2020）。網路教學較實體教學需要花更多的時間，鷹架的建
構方式也不同，必須依照課程內容與網路設備調整教學架構，才能引發

學生的學習興趣。

二、教學內容技巧的調整

　　「聯合國教科文組織」為世界各國提供「線上學習」相關學習平臺和工具的相關資訊，與學習相關的網路資訊（陳偉泓，2020），包括：1.數位學習管理系統（Digital learning management systems）：如 classDojo, Edmodo, Google classroom, Moodle, Schology, Canvas。2.磨課師線上學習平臺（Massive Open Online Course［MOOC］Platforms）：如 Alison,Canvas, European Schoolnet Academy, EdX, TED-Ed Earth School。3.自主學習平臺（Self-directed learning content）：如 ABRA ,British Council, Byju's,Code It, Quizlet, Code.org, Khan Academy, YouTube。4.視訊合作平臺（Collaboration platforms that support live-video communication）：如 Dingtalk, Hangouts Meet, Teams, Skype, Zoom, Cisco Webex. 5.數位學習內容教師創作工具（Tools for teachers to create of digital learning content）：如 Thinglink, EdPuzzle, Nearpod, Trello。因應這波疫情發展，中央與地方縣市政府以滾動式調整疫情警戒級數，目前三級警戒下，全部學校以停課不停學方式，讓學生居家線上學習。中小學主要配合地方縣市政府教育處（局）的學習平臺進行在家遠距學習。此外，也會大量借助視訊平臺如 Teams、Cisco Webex、Hangouts 等進行視訊教學，對教學現場也提供大量有用的資訊。

　　許多複雜的理論與講解在實體課程裡相對較容易，但在網路課程裡，就必須考量學生的理解力，可搭配圖解與影片，化繁為簡，精心處理細節部分並加以說明，如製作輔助動畫、圖片註解幫助學生學習（葉建宏、葉貞妮，2020）。數位學習發展能促進教師增能以提升數位教學效益，老師將有機會測試不同的數位學習解決方案，並了解如何使用技術來促進學生深度學習，以及他們如何將自己的專業知識與教育科技結合起來（王令宜，2020）。善用網路虛擬教室與虛擬人物的動態設計，讓學生如置身在真實的教室中，配合不同的人物造型與背景圖片，豐富課程的教學內容。葉丙成教授在 2021 年 5 月底舉辦兩場「香港翻協 x 無界塾 By the student!」教學活動，翻轉網路教學設計技巧，

如香港李偉銘老師設計的虛擬教室、陳雯琦老師利用 LINE 虛擬人物設計線上教學課程，讓簡報動起來，學生一上線就能看到老師和大家說話及揮手，教室的背景也讓學生置身於校園中，效果非常好（陳雯琦，2021）。網路教學課程設計技巧與人物背景的轉換，能有效提升學生的學習動機。

三、提升學生自主學習動機與投入興趣

線上學習所面臨的挑戰是創造一個讓學生想參與投入的學習環境，遠距學習無法控管學生，必須學生願意投入、主動學習，因此網路課程的設計必須讓學生保有自主學習的動機，以及想要學習的興趣與慾望。所以，教師每天都要不斷地設計教學或改編教學材料，教師是教學設計者、課程內容專家和教學交付者（Gyabak, Ottenbreit-Leftwich, & Ray, 2015）。與其一直要求學生在教師陪伴下，才能學習，倒不如培養學生自動自發的自主學習，這才是目前力推的素養教學。先透過平臺進行部分課程引導，並且利用平時與學生在教學過程裡所形成的共識，交代學習的要點與步驟，協助學生完成作業，最後要求學生借用資訊設備將學習成果上傳平臺，再透過平臺進行批閱，並與學生互動交流（林俊宏，2021）。在交流過程中，了解學生的學習需求，提供有興趣的教材內容與問題，提升學生主動學習與投入的興趣。

四、課程編排要能掌控時間，避免學童眼睛疲勞及認知負荷

過於豐富的媒體組合反而會造成學習者的認知負擔，因此使用多媒體資訊避免集中在單一感官刺激（陳彙芳、范懿文，2000）。再者，長時間網路螢幕注視，容易造成眼睛疲勞。遠距教學設計、影片播放、個人態度與注意力都會影響認知負荷。因此，教學設計上要能注意時間的安排，讓學生有休息的時間，教學內容題材要具有吸引力及可看性，避免視覺疲乏。

五、線上討論與回饋機制，避免學習阻礙

線上互動行為、問題導向學習與專業社群認同皆為影響學習成效的

主要因素（王思峰、李昌雄，2005）。師生互動網路教學不如實體課堂來得容易，因此，課程設計要考慮線上討論與回饋機制，配合學校的教學平臺，並建立即時討論軟體及班上討論群組（LINE 社群），讓學生在課中及課餘皆能互動。因此，精心設計討論提示，要求學生發布、回應和反思他們自己的想法，再將反饋單分發給學生，能反映學生的學習需求與學習成果（McCuin, 2021; Zimmerman, Altman, & Simunich, 2020）。

　　在面對突來嚴峻的疫情，網路教學是一個無法逃避的挑戰，在嘗試進入數位資訊的教學時代，改變網路的價值，網路不僅可用於休閒娛樂，網路也可以成為虛擬教室。危機也預示著未來世代的需求，讓原本的數位落差在中央與縣市教育局與學校的用心經營下，彌補縮短數位硬體的不足，再接著引導基層教師配合素養導向的教學策略展現數位學習的教學魅力。

🄰 網路教學案例介紹

　　由於後疫情時代來臨，學校面臨停課不停學政策。教師必須採用多元方式進行教學模式，教師採用網路教學模式應配合學生的學習任務與目標，讓學生能夠獲得核心素養。從熟悉線上教學開始，再搭配學習任務目標，並能評估學生的學習概況，據以學生之弱項進行協助與輔導。

　　研究者（作者二）針對小熊（匿名）國民小學六年級 6 位學習扶助學生，以同步線上教學方式進行學習扶助教學。係透過資訊平臺設定學生每次應達成的學習目標（圖 1），讓學生進行任務目標之操作與練習（圖 2）。當學生完成學習任務目標後，研究者就能夠掌握學生的學習概況，藉由學生之學習概況找出學生容易錯誤的問題（圖 3）。學生在資訊平臺操作解題後，因平臺附有詳細解題過程，學生就能在學習錯誤時，根據詳細解答過程釐清自己錯誤的觀念（圖 4）。研究者會再次確認學生是否能有效習得知識，再根據學生錯誤的題目進行篩選並且設計出類似題型，並讓學生再次作答（圖 5）。

　　每次設計的題目均由學生一起進行解題，學生操作完畢後，再與教學者核對答案。若學生作答正確，則請學生將自己的作答方式進行講解

及說明。教學者及其他學生可以根據作答學生的解題策略，提出自己的看法與問題，並由作答學生回答。若作答學生再次做題仍然有誤，則教學者會先詳細說明解題過程，並讓學習者提出對於該題目之問題，並由教學者進行回答。當教學者講解完整的解題過程後，會讓作答學生思考作答的方式，再利用自己的方式進行解題（圖6）。最終目的，使作答學生能夠用自己的方式進行解題說明，以獲得自主行動、溝通互動、社會參與的核心能力。

組別	學生	2021/06/08 分數與小數... 分析解告 ＋複製任務	2021/06/01 圖形到底行... 分析報告 ＋複製任務	2021/05/30 測就對了... 分析報告 ＋複製任務
無組別 如何分組？	((((邱滾謙))))	38/49	9/9	7/7
	以面 宿儒	0/49	3/9	7/7
	梓璃	5/49	3/9	✗ 7/7
	羊咩咩	6/49	0/9	7/7
	茵♥62442	0/49	4/9	7/7
	高雄市長	1/49	9/9	7/7

已完成
- 【暖身】分數的除法 ✓
- 【暖身】小數的除法 ✓
- 【暖身】估算 ✓
- 【暖身】分數與小數的四則運算 ✓
- 【暖身】最大公因數與最小公倍數 ✓
- 【暖身】基準量與比較量 ✓
- 【暖身】怎樣解題：數量關係 ✓

圖1　資訊平臺之學生應學習之任務目標

倍數	最大公因數	公倍數	公因數	【五年級】倍數與公倍數	【六年級】比與比值	比的應用	【五年級】整數四則運算	
	第22題	第23題	第24題	第25題	第26題	第27題	第28題	第29題	第30題
	5/6	4/6	5/6	6/6	0/6	4/6	5/6	4/6	5/6
	83%	67%	83%	100%	0%	67%	83%	67%	83%
項	▼共3項	▼共3項	▼共4項	▼共2項	▼共5項	▼共4項	▼共2項	▼共3項	▼共10項
	X	O	O	O	X	O	O	O	X
	O	O	O	O	X	X	O	X	O
	O	O	O	O	X	X	O	O	O
	O	X	O	O	X	O	O	O	O
	O	X	X	O	X	O	X	O	O
	O	O	O	O	X	O	O	O	O

圖2　教學者根據任務目標達成了解學生學習概況

下列關於相等的比，哪個選項是錯誤的？

(A) $2 : 5 = \dfrac{1}{2} : \dfrac{1}{5}$

(B) $\dfrac{1}{2} : \dfrac{1}{3} = 3 : 2$

(C) $3 : 6 = 2 : 4$

(D) $3 : 2 = 24 : 16$

圖3　教學者檢視學生易錯誤之題目類型

解題說明

1/5

(A) 將 $\dfrac{1}{2} : \dfrac{1}{5}$ 化為最簡整數比

$\dfrac{1}{2} \times 10 : \dfrac{1}{5} \times 10 = 5 : 2$

$5 : 2 \neq 2 : 5$

2/5

(B) 將 $\dfrac{1}{2} : \dfrac{1}{3}$ 化為最簡整數比

$\dfrac{1}{2} \times 6 : \dfrac{1}{3} \times 6 = 3 : 2$

3/5

(C) 將 $3 : 6$ 化為最簡整數比

$3 : 6 = 3 \div 3 : 6 \div 3 = 1 : 2$

$1 : 2 = 1 \times 2 : 2 \times 2 = 2 : 4$

$3 : 6 = 2 : 4$

4/5

(D)

$3 : 2 = 3 \times 8 : 2 \times 8 = 24 : 16$

5/5

只有 (A) 的兩個比不相等，

答案為 (A)。

圖4　資訊平臺之詳解

Q2. 下列關於相等的比，哪個選項是正確的?

(A)4:9=$\frac{1}{4}$:$\frac{1}{9}$

(B)$\frac{1}{10}$:$\frac{1}{6}$=3:5

(C)11:4=12:33

(D)7:14=2:10

圖5　教學者根據學習者錯誤題型出類似題型

ANS2.(B)

(A)4:9=$\frac{1}{4}$:$\frac{1}{9}$

(B)$\frac{1}{10}$:$\frac{1}{6}$=3:5

(C)11:4=12:33

(D)7:14=2:10

(A)4:9 共同除以 36=$\frac{4}{36}$:$\frac{9}{36}$

　　(經過約分之後)‥‥=$\frac{1}{9}$:$\frac{1}{4}$

$\frac{1}{10}$:$\frac{1}{6}$共同乘以 30=$\frac{30}{10}$:$\frac{30}{6}$

　　(經過約分之後)‥‥=3:5

(C)11:4=33:12‥‥‥‥‥‥‥‥‥(D)7:14=1:2=2:4

圖6　教學者詳細解說類似題型之解題過程

伍　結論

　　這波疫情使網路教學典範再度被討論，以網路教學取代實體教學雖是不得不的教學現場轉變，卻也呈現出家庭社經問題與教學輔助之間的關係。雖然在疫情衝擊下，網路教學政策的實施發生許多問題，包括：1.硬體不足、軟體操作不熟稔，還有家庭的問題；2.同步和非同步教學與學習品質低落問題；3.網路教學無法取代實作課程，及社交障礙問題等。正因如此，更需要教師課程設計與網路教學引導的專業成長，包括：1.網路課程學習鷹架的轉變；2.教學內容技巧的調整；3.提升學生自主學習動機與投入興趣；4.課程編排要能掌控時間，避免學童眼睛疲勞及認知負荷；5.線上討論與回饋機制，避免學習阻礙等。為提升學童自主學習的興趣與能力，在設計網路課程（Online course design）時，必須包括：1.組織課程結構；2.課程設計包含討論與回饋；3.提供探究的關鍵字、問題與作業；4.教材呈現與結構的整合；5.減少無意義的動畫、視訊與圖形；6.依教材單元採用適當的多媒體；7.建立上線與離線同儕評量；8.賦予學生自我評量；9.明確定義教學與學習的目標；10.提供學習者參與課程內容的研究小組機會。在疫情衝擊下，停課不停學能精進教師的科技教學素養，透過科技學習使學生了解學習場域不限於課堂。科技教學可以拉近偏鄉資源的不足，不放棄每個孩子，讓學習成為一種興趣。本研究以線上實例教學說明教師除了要熟悉網路教學硬體設備，最重要的目的在於導入核心素養，讓學生雖在網路學習也能獲得核心能力。成就每一位學生不僅是108課綱核心能力的體現外，核心素養是培養21世紀人才的關鍵能力，善用科技提升素養更是網路教學的重要內涵。

參考文獻

（一）中文部分

王令宜（2020）。後疫情時代─校園防疫新生活。國家教育研究院電子報。

2021 年 6 月 3 日，取自 https://epaper.naer.edu.tw/edm.php?grp_no=2&edm_no=198&content_no=3496

王思峰、李昌雄（2005）。如何增進線上學習成效：線上實務社群的浮現觀點。中山管理評論，**13**(2)，749-776。

吳昀臻、鄭雅婷（2020）。淺談鷹架理論與課程的效益。**臺灣教育評論月刊**，**9**(2)，69-73。

阮孝齊、王麗雲（2017）。縣市教育資源對學習共同體擴散影響之研究。**教育研究集刊**，**63**(1)，69-107。

林甘敏、陳年興（2002）。網路大學學習問題探討。資訊管理研究，**4**(2)，65-86。

林俊宏（2021）。**既然要線上學習，就別再套用老觀念！**2021 年 06 月 09 日，取自天下雜誌獨立評論 https://opinion.cw.com.tw/blog/profile/52/article/9264

邱于瑄（2021）。**停課不停學，家長喊崩潰！遠距教學三大問題怎解？**2021 年 05 月 19 日，取自 https://www.gvm.com.tw/article/79632

張永慶（2020）。疫情時代發展線上教學的反思。華教導報，**114**，16-17。

張睿廷（2021）。**教師喊線上教學品質差教育部應提完整配套保障學生**。2021 年 6 月 7 日，取自聯合新聞網 https://udn.com/news/story/120960/5515779

教育部（2021a）。**疫情升溫教育部：全國延長停課至 6/14**。2021 年 6 月 9 日，取自 https://www.cna.com.tw/news/firstnews/202105255007.aspx

教育部（2021b）。全國各級學校因應疫情延長停止到校上課至學期結束。2021 年 6 月 7 日，取自 https://cpd.moe.gov.tw/page_two.php?id=34926

陳偉仁、楊婷雅（2020）。素養導向課程設計：「設計本位學習」的應用。**雲嘉特教期刊**，**32**，10-23。

陳偉泓（2020）。後疫情時代，如何有效學習？點教育，**2**(2)，7-12。

陳雯琦（2021）。**線上教學再進化！Q 版虛擬教室，讓學生眼睛一路發亮**。2021 年 6 月 30 日，取自 https://flipedu.parenting.com.tw/article/6665

陳彙芳、范懿文（2000）。認知負荷對多媒體電腦輔助學習成效之影響研究。**資訊管理研究**，**2**(2)，45-60。

楊語芸（2021）。疫情停課硬體不足、軟體不熟、父母不在不能上網，別讓弱勢學童成為疫情下的教育難民。2021 年 5 月 21 日，取自 https://www.newsmarket.

com.tw/blog/152453

葉建宏、葉貞妮（2020）。COVID-19 疫情下的遠距教育教學策略探討。**臺灣教育評論月刊，9**(11)，145-149。

葉家興（2021）。**雲端的美麗，數位的哀愁**。2021 年 06 月 08 日，取自天下雜誌獨立評論 https://opinion.cw.com.tw/blog/profile/61/article/9236

蔡進雄（2020）。論教育政策變遷對教育政策制定的啟示。**學校行政，128**，284-295。

衛生福利部疾病管制署（2020）。**防疫樂活新態度，指揮中心啟動「防疫新生活運動」，請多多響應**。取自 https://reurl.cc/D9z70O

聯合報（2021）。疫情急雙北高中以下停課到 5 月 28 日。2021 年 06 月 09 日，取自 https://udn.com/news/story/120960/5465428

蘇美智（2021）。**我家的線上學習第一天：網路教室的「危」與「機」**。2021 年 06 月 08 日，取自天下雜誌獨立評論 https://opinion.cw.com.tw/blog/profile/506/article/10868

（二）英文部分

Cheng, P. Y., Su. Y. N., Chien, Y. C., Wu, T. T.,& Huang, Y. M. (2018). An investigation of visual fatigue in elementary school students resulting from reading e-books. *Journal of Internet Technology*, *19*(5),1285-1292.

Gyabak, K. Ottenbreit-Leftwich, A. & Ray, J. (2015). Teachers Using Designerly Thinking in K-12 Online Course Design. *Journal of Online Learning Research*, *1*(3), 253-274.

McCuin, D.(2021). Online discussion threads: an exercise in civil discourse. *Educational Research: Theory and Practice*, *32*(1), 30-42.

Zimmerman, W., Altman, B. & Simunich, B. (2020). Evaluating Online Course Quality: A Study on Implementation of Course Quality Standards. *Online Learning*, *24*(4), 147-163.

問題與討論

一、遠距教學對學生學習的利弊得失是什麼？

二、實施網路教學對學校整體環境的影響是什麼？

三、學校行政與教師在實施線上教學策略時，該如何精進學生的核心素養
　　能力？

第十六章

邁向素養導向的師資培育——國內外的教師專業素養指標的啟示

白雲霞

教育必須要思考的是面向未來，不能只顧眼前的現在。

—— Vygotsky

　　臺灣的課程改革在《十二年國民基本教育課程總綱綱要》公布之後，正式邁入另一次新的里程碑。這次的課程改革強調學生素養的培育，教學上倡導素養導向教學，為落實課綱的理念與願景，訂定「啟發生命潛能」、「陶養生活知能」、「促進生涯發展」、「涵育公民責任」等四項總體課程目標，貫穿十二年國民基本教育，考量各學習階段特性，結合核心素養加以發展。

　　然而當學生的核心素養被公布的同時，師資培育應如何給予因應？若師資培育的方式能夠跟國中小教育現場的素養導向教學，相互回應的時候，師資生將更容易了解並在教學現場中實踐素養導向教學。因此，本文將從歐盟及澳洲等國家及其他機構對教師專業素養的訴求，來探究我國如何提升素養導向的師資培育。

壹　十二年國民基本教育課程綱要總綱的核心素養

　　「核心素養」是指一個人為了適應現在生活及面對未來挑戰，所應具備的知識、能力與態度，強調學習不侷限於學科知識及技能，而應關注學習與生活的結合。《十二年國民基本教育課程綱要總綱》中，核心素養以三面九項作為訴求重點，著重培養以人為本的「終身學習者」，回應基本理念（自發、互動、共好），並分為三大面向：「自主行動」、「溝通互動」、「社會參與」，此三大面向再細分為九大項目，且強調素養是與生活情境有緊密連結與互動的關係（教育部，2019），如圖 1 所示。

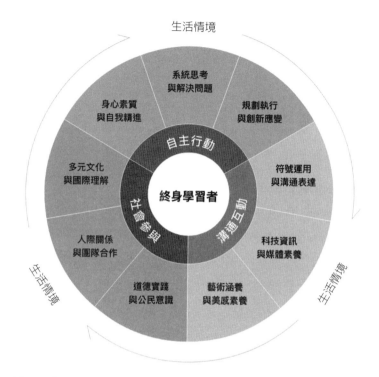

圖1　十二年國民基本教育課程綱要總綱核心素養的内涵

資料來源：十二年國民基本教育課程綱要總綱。教育部，2019。

貳　素養與教師專業素養的意義

對於「能力」／「素養」（competence）一詞，存在許多不同的觀點。Kouwenhoven（2009）便提到 competence 缺乏被普遍接受的操作性定義。但到目前為止，"competence" 的定義已經從執行特定任務的一組受限制的能力到更全面和更新的概念，也就是將技能、知識、態度和價值觀結合起來以實現特定目標的能力。

而《十二年國民基本教育課程綱要總綱》中，「核心素養」是指一個人為了適應現在生活及面對未來挑戰，所應具備的知識、能力與態度。核心素養強調學習不侷限於學科知識及技能，而應關注學習與生活的結合，二者有共同的概念基礎。

OECD 的教育研究與革新中心（Centre for Educational Research and Innovation, CERI）2013 年的報告中，提到要對教師知識目標訂出素養架構（competence framework），有相當程度的挑戰，對於 "competence" 之一詞，在國際上基本都是持整體觀（holistic view）的視野，因為狹隘的觀點，會阻礙師資培育教育，特別是將其當作課程文件（curriculum document）來教授不連續任務（discrete tasks）或以變成膚淺的「清單取向」（checklist approach）來評估學生的素養能力（Bourgonje & Tromp, 2011）。

Bourgonje 與 Tromp（2011）提到將素養當作為一種發展過程的概念，便與終身教育（lifelong education）的理念相聯繫，後者將個人視為永久性教學/學習過程的積極主體，並側重於在不同環境中獲得的學習和素養。例如：在歐盟調整計畫（EU's Tuning Project）中，素養被解釋為一個人所建構與發展的知識、理解和技能的動態組合，並且可以表現出一定的成就水準。

素養既是知識、理解和技能，而教師專業素養也不可避免地承襲這概念。Kerka（1998）認為，從廣義上講，素養不是受過訓練的行為，而是深思熟慮的能力和發展過程。以此種發展歷程的觀點而言，素養的培育，為不同級別的能力留下了發展的空間，例如：入門或新手、有經驗的專家教師。TKCOM（2018）由歐盟贊助所提出的全教師關鍵素養架構中，提到當區分技能（skill）和素養（competence）的這二個概念時，技能通常被理解為解決任務和問題的能力，而素養是指在定義的環境中充分應用學習成果的能力。也就是說，素養側重解決情況並回應特定和確定環境的挑戰。歐盟委員會（The European Commission）2013 年採用 Deakin Crick（2008）對素養的定義，將 "competence" 描述為「知識、技能、理解、價值觀、態度和願望的複雜組合，在特定領域的人類行動中體現出有效性」。該文件更進一步指出，在師資培育教育上，教學素養的組成成分通常包括知識、技能和態度（The European Commission, 2013）。

參　我國教師專業素養指標

在十二年國民基本教育新課綱的課程改革衝擊下，對教育、教學、教育角色、學生學習方式與學習情境的認知、作法上，師資培育都面臨重新定義與定位的契機。植基於此，教育部因應課程綱要的頒定與公布，制定了教師專業素養及其指標（表 1）。從表 1 的內容來看，教育部所訂定的教師專業素養及其指標，共可分為 5 大類：1. 了解教育發展的理念與實務；2. 了解並尊重學習者的發展與學習需求；3. 規劃適切的課程、教學及多元評量；4. 建立正向學習環境並適性輔導；5. 認同並實踐教師專業倫理。

表 1　教師專業素養及其指標

專業素養	專業素養指標
1 了解教育發展的理念與實務	1-1 了解有關教育目的和價值的主要理論或思想，以建構自身的教育理念與信念。
	1-2 敏銳覺察社會環境對學生學習影響，以利教育機會均等。
	1-3 了解我國教育政策、法規及學校實務，以作為教育實踐的基礎。
2 了解並尊重學習者的發展與學習需求	2-1 了解並尊重學生身心發展、社經及文化背景的差異，以作為教學與輔導的依據。
	2-2 了解並運用學習原理，以符合學生個別的學習需求與發展。
	2-3 了解特殊需求學生的特質及鑑定歷程，以提供適切的教育與支持。
3 規劃適切的課程、教學及多元評量	3-1 依據課程綱要／大綱、課程理論及教學原理，以規劃素養導向課程、教學及評量。
	3-2 依據課程綱要／大綱、課程理論及教學原理，以協同發展跨領域／群科／科目課程、教學及評量。
	3-3 具備任教領域／群科／科目所需的專門知識與學科教學知能，以進行教學。
	3-4 掌握社會變遷趨勢與議題，以融入課程與教學。

（續上表）

專業素養	專業素養指標
	3-5 應用多元教學策略、教學媒材及學習科技，以促進學生有效學習。
	3-6 根據多元評量結果調整課程與教學，以提升學生學習成效。
4 建立正向學習環境並適性輔導	4-1 應用正向支持原理，共創安全、友善及對話的班級與學習環境，以養成學生良好品格及有效學習。
	4-2 應用輔導原理與技巧進行學生輔導，以促進適性發展。
5 認同並實踐教師專業倫理	5-1 思辨與認同教師專業倫理，以維護學生福祉。
	5-2 透過教育實踐關懷弱勢學生，以體認教師專業角色。
	5-3 透過教育實踐與省思，以發展溝通、團隊合作、問題解決及持續專業成長的意願與能力。

資料來源：《中華民國教師專業素養指引—師資職前教育階段暨師資職前教育課程基準》。教育部，2021。

從這 5 大類的專業素養指標，可以清楚地對應出師資培育的專業課程及其學科內容，可謂為師資培育專業內容的重要指引。此 5 大類主要分布於理念與實務，學習者的學習、課程、教學及多元評量、環境及適性輔導與教師專業倫理。

肆 國外師資培育的專業素養指標

教師素養的概念化與專業願景、教與學理論、優質文化和社會文化觀點有關（European Commission, 2013）。因此各國對於教師專業素養也有不同的看法，知識面上的訴求一致性高，但其他方面，由於所關注的焦點不同，仍然有一些差異性，以下分別說明不同國家或組織對於教師專業素養指標的看法，作為國內師資培育機構邁向素養導向師資培育的參考。

一、西澳大利亞教師素養架構

西澳大利亞教師素養架構（如圖 1）包含了 5 個專業實踐的向度，

每個向度都描述了教師工作的一般特徵，這些特徵對達到專業有效性至關重要。架構中以三個階段來貫穿 5 個向度，這三個階段是有效教學的能力標準，描述了教師在連續實踐中（continuum）的工作，它是動態的，與服務年限無關。教師可以在任何階段進行實踐他們的教學生涯階段。

其 5 個向度分別是：1. 促進學生學習；2. 評量與報導學生學習；3. 專業學習的參與；4. 參與課程政策與其他關注產出的方案；5. 在學校內締結夥伴關係。向度 1，描述了複雜的教與學任務，概述了教師如何計畫，發展、經營和應用各種教學策略，以支持高質量的學生學習；向度

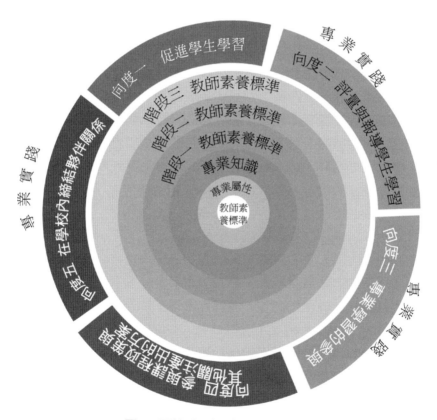

圖2　西澳大利亞教師素養架構

資料來源：“Competency framework for teachers”, by Department of Education and Training, 2004, p.4.

2，描述教師如何監控、評估、記錄和報導學生學習；向度 3 描述了教師如何管理自己的專業成長學習並對同儕的專業學習產生貢獻；向度 4 描述教師在他們特定的學校環境中，如何參與課程的開發和管理；向度 5 描述教師如何與學生、同事、家長和其他托育人員，建立、促進和維持工作關係，以促進學生的學習。簡言之，向度 1 和 2 描述在教學實踐上的意見和闡明教師和學生之間的有效互動。向度 3、4 和 5 描述支持有效教學的工作環境。每一個向度皆有三個階段，階段 1 到階段 3 普遍呈現從個人到群體，從貢獻到領導的趨勢。而專業屬性（professional attributes）提供了決定和行動的基本價值觀、信念和技能，它是教師透過促進學生學習，所展現的態度和行為。專業屬性分別為合作的、堅定的、有效的溝通者、倫理、創新的、包容的、積極的、反思的。

此架構值得國內教師專業素養研究借鑑者，是將不同向度分階段進行描述，方便師資培育者分向度、分階段規劃相關課程與教學活動，使學生逐步達到 5 個向度的標準。在此架構當中，更明確指出教師的專業屬性，對於涵育師資生價值觀、態度、教育信念，有指引的作用，並且可以作為情意或態度評量的標準。此外，該架構特別強調專業實踐，不管是在階段 1 到階段 3 或者是向度 1 到向度 5，其課程與教育活動的實施側重專業實踐的歷程，對於目前國內師資培育機構課程邁向探究與實作、體驗與問題解決的教學取向，提供改變的支持。

二、TKCOM 建議的初等教育教師專業素養

TKCOM（Teacher Key Com）2018 年提出了有關初等教育教師專業素養的建議書，該標準是在一些國際機構如歐盟的協助和參考許多國家的各種文件（如聯合國 ICT 教師素養、OECD、歐盟、西澳、美國、兩岸四地、東南亞、韓國、英國、西班牙、葡萄牙）下提出的，其中有歐洲和亞洲國家的大學參與。

所建議的國小教師專業素養，包含「特定」與「跨學科」的素養兩個層面。其認為跨學科能力為個人全面發展所必須的能力，是所有專業領域都需要的學習。「特定的」專業素養，包括規劃（教學實踐——創新、多樣和動態的任務／教學內容的知識）、班級經營、學習評量、包

容性（包容的態度）、社群行動力（與家庭、專業人士、學校和社區的合作與協作）。而「跨學科」的專業素養，則包括自我反省與專業發展、資訊及通訊技術、溝通（溝通技巧）、倫理承諾（教師倫理／對規範學校和教育的政策和法律的認識）等。二者的內涵如表 2 所示。

表 2　KCOM 建議的初等教育教師專業素養

	向度	素養	要素
特定的專業素養	規劃	能夠計畫、組織和創新教學歷程，以及應用計畫和評估應用成果	識別學習者的需求，以便設計、發展、提供和評估有利於學習過程的課程計畫、學習環境和教學策略。 ✓ 有創意地解決問題。 ✓ 運用有助於深度學習的資源和教學材料。 ✓ 促進自身教學實踐的創新性。 ✓ 促進學生的積極參與。 ✓ 考量學生先備知識和能力，以作為規劃教學實施的參考，並使用有利於深入和有意義學習的策略。 ✓ 統整運用與自身教學年級的專業知識和跨學科知識。 ✓ 使用課程知識為學生提供經驗，幫助他／她理解學科的特定概念及協助其探究、合作和溝通。
	班級經營	能夠使用一系列策略來經營課堂和促進學習	✓ 基於信任的學生關係。 ✓ 以建設性方式促進參與和克服衝突的群體動態。 ✓ 根據班級情境脈絡調整教學實施，創造隨機教育與提升內在動機的機會。 ✓ 透過空間、時間和學生分組的安排，促進學生的學習、互動與交流。 ✓ 評估不同於傳統課堂的組織和教學系統的可能性。

（續上表）

向度	素養	要素
評量	評估學生能力以證明學習成效，改進學習歷程和教學實施	✓ 分為出於認證目的（包括規範性要求）的總結性評量，但也有形成性目的的評量，允許教師做出促進和有利於教學過程的決定。 ✓ 使用不同的評估方法、策略和工具。 ✓ 評量報告和有效反饋學習成果。 ✓ 評量過程和學習成果，側重於不同的內容和能力。 ✓ 根據學生的不同特性調整評量策略。 ✓ 讓家長了解評量結果以及孩子在學習過程中的進展和困難。
包容性	能夠關注多樣性和平等性，從而包容所有學生	✓ 將多樣性視為必須積極整合的自然事實，發展出防止排斥和歧視發生的策略，並為所有學生和多元文化提供平等機會。 ✓ 考量不同出身、能力、興趣、家庭和社區的學生需求，建立和發展對應的目標、學習評量策略 ✓ 調整教學行動以解決阻礙學習的障礙並促進自主學習。 ✓ 不論是對學習、行為、情感或社會經濟困難的學生或是資賦優異學生，都能加以識別並給予支持，提供服務和專家建議，以支持多樣化的教育需求。
社群行動力	能夠與家長建立有效的關係，與同事和社區的其他機構合作	✓ 家長參與各項事務，如輔導活動、決策等，以促進孩子的進步和福祉。 ✓ 與同事建立專業合作關係（分享知識和教學經驗），展示與團隊合作的能力，並在必要時，尋求專業支持。 ✓ 積極參與學校計畫。 ✓ 與同事合作，以辨識並滿足學生的不同需求，將學校理解為融合教育的空間。 ✓ 與來自社區和學校環境的其他組織合作，有利於學校與其環境之間的關係。 ✓ 積極參與學校生活。

（續上表）

向度		素養	要素
跨學科的素養	自我反省與專業發展	與自身教學實施和持續專業發展和學習的自我反思相關的能力	✓ 研究、自我評估和與同事共同評估提高自己的專業水平和對教學改進的影響。 ✓ 建立與同事分享教學的系統。 ✓ 成為反思的實踐者，從個人的實踐中獲取知識。 ✓ 能夠識別自己的培訓需求，分析、重視和使用資訊並接受培訓並規劃教學生涯。 ✓ 自我調節自身學習的能力，理解教育的複雜性，尤其是教學過程的複雜性。 ✓ 參與與教與學相關的創新和研究計畫。 ✓ 不斷深化，以更好地掌握教學和學科知識。 ✓ 基於對評量的充分理解，反思自己的評量。
	資訊及通訊技術	使用適當的資訊及通訊技術（ICT）和社交網絡來教授、交流和分享知識的數位能力	✓ 根據教育目標、背景和可用資源選擇合適的 ICT 工具。 ✓ 資訊及通訊技術（ICT）以及社交網絡在引導性和自主二種教學活動中的整合，了解其使用的特點和可能性。 ✓ 協助學生透過 ICT 獲取知識（科技素養）。 ✓ 掌握與資訊的恢復、處理和使用以及使用線上資源的相關策略。 ✓ 使用 ICT 與學生、同事、家庭和行政人員評估、輔導、交流和分享知識。 ✓ 使用 ICT 和社交網絡的倫理與安全。
	溝通（溝通技巧）	與學生、家長、同事、行政管理團隊和其他教育社群的溝通能力	✓ 以有效的方式傳遞訊息、想法、陳述問題並提出口頭和書面解決方案。 ✓ 與學生、家人、同事、管理團隊和教育社群的關係和溝通能力。 ✓ 正確使用和熟練掌握語言。 ✓ 搜索、使用和整合訊息的能力。 ✓ 根據情況調整口頭和非口頭交流。

（續上表）

向度	素養	要素
倫理承諾	與學生的學習和教學品質提高的倫理承諾和專業責任相關的能力	✓ 尊重和體諒所有學生，培養積極的態度、毅力和奉獻精神。 ✓ 對學生的學習和支持抱有很高的期望，以便他們充分發揮學習潛能。 ✓ 依法保障學生身心健康。 ✓ 根據所在國家和學校的道德價值觀進行介入。 ✓ 熟悉對學校系統有影響的法律和規範結構，以及熟悉教育計畫所依據的學校法規。 ✓ 具有批判能力及自我批判和反思倫理、專業倫理以及自身實踐的能力。

資料來源："Global teachers key competences framework.", by TKCOM, 2018, pp.10-12.

三、歐盟建議的教師專業素養

歐盟（European Commission）2013 年參考了許多與教師專業素養的相關研究及各國的師資培育政策（Darling-Hammond & Bransford, 2005；Feiman-Nemser, 2001, 2008; Geijsel et al. 2009; González & Wagenaar, 2005; Hagger & McIntyre, 2006；Hatano & Oura, 2003; Kelly & Grenfell, 2004; Krauss et al., 2008; Mishra & Koehler, 2006; Williamson McDiarmid & Clevenger-Bright, 2008）建議了一套教師專業素養，其對於教師專業素養的表現方式，分為「知識與理解」、「技能」、「信念、態度、價值觀的承諾」。該架構在教師專業素養維度的分類上，與歐盟 2030 的「面向 2030 的學習羅盤」中，學生素養的維度（知識、技能、態度、價值）不謀而合，此種呈現教師專業素養的維度與前述文獻或國內所提出的教師專業素養的維度較為不同，但其以「知識與理解」、「技能」、「信念、態度、價值觀的承諾」，三個維度的框架，回應了學生素養的維度，相當具有一致性，值得參考。內容如表 3 所示。

表 3　歐盟建議的教師專業素養

知識與理解	1. 學科知識
	2. 學科教學知識（PCK），意味著對主題內容和結構的深入了解： (1) 任務、學習脈絡和目標的知識 (2) 了解學生的先備知識和反覆出現的特定學科的學習困難 (3) 教學方法和課程教材的策略性知識
	3. 教學知識（教學和學習過程的知識）
	4. 課程知識（學科課程知識——例如：特定學科內容的計畫性和指導性學習）
	5. 教育科學基礎（跨文化、歷史、哲學、心理學、社會學知識）
	6. 教育政策的背景、制度、組織
	7. 包容性和多樣性議題
	8. 在學習科技的有效使用
技能	1. 教學的規劃、管理和協調
	2. 教材和科技的使用
	3. 學生和小組的管理
	4. 監控、調整和評估教學／學習目標和過程
	5. 為專業決策和教學／學習改進蒐集、分析，並依據學校學習證據和數據等成果與外部評估結果進行解釋
	6. 使用、開發和創造研究知識來為實踐提供訊息
	7. 與同事、家長和社會服務機構合作
	8. 談判技巧（與多個教育利益相關者、參與者和環境進行社會和政策的互動）
	9. 個人和在專業社群學習的反思、後設認知、人際交往能力
	10. 對具有交互影響的多層次動態特徵的教育環境進行調適（從政府政策的宏觀層面到學校脈絡的中觀層面，以及課堂和學生動態的微觀層面）
信念、態度、價值觀的承諾	1. 認識論意識（有關學科領域的特徵和歷史發展及其與其他學科領域相關的議題） (1) 內容教學技能 (2) 可帶著走的技能（transferable skills）

（續上表）

	2. 改變、靈活性、持續學習和專業成長，包括學習與研究
	3. 致力於促進所有學生的學習
	4. 促進學生作為歐洲公民應有的民主態度和實踐（包括對多樣性和多元文化的欣賞）的態度
	5. 對自己教學的批判態度（檢核、探討、質疑）
	6. 團隊合作、協作和網絡的態度
	7. 自我效能感

資料來源："Supporting teacher competence development for better learning outcomes," by European Commission, 2013, pp.45-46.

　　歐盟所建議的教師專業素養中，不僅側重專業知識或學科專門知識，更強調許多教師應有的信念、價值與技能，特別是有關專業成長、人際互動、團隊合作、運用 ICT 能力、自我效能感、包容性、靈活性、批判與談判能力等，可供未來國內在建構教師專業素養指標時更進一步的依據。特別是在目前多元文化的社會脈絡中，教師應該對於多元文化有更深入的了解，同時更應具備在跨文化關係當中，進行互動、溝通與交流的能力，這些則奠基於教師包容性的提升，特別是在師資生跨入教學現場之後，包容性更將顯現於融合教育的多樣態教室當中。面對多元文化與多樣態的學生，教師應該如何以包容、欣賞的角度來面對學生個別差異，亦為歐盟所倡議的教師專業素養發展課題。

四、聯合國教師資訊與通信科技素養架構

　　無論是在歐盟或西澳大利亞、TKCOM 所提出來的教師專業素養架構，皆在其中指出資訊與通訊科技能力是未來教師重要的專業素養。而單獨的此項能力上面，聯合國（2018）修改了第三版教師資訊與通信科技能力架構（UNESCO ICT Competency Framework for Teachers）來說明資訊與通信科技在教師專業素養上的重要性，並同時提供 ICT 的專業素養架構，作為師資培訓和教師自我專業成長，應具備之各項能力的依據。其內容分為「知識獲取」、「知識深化」及「知識創新」三

個階段，每個階段都涵蓋理解 ICT 教育政策、課程及評量、教學法、應用數位技巧、組織與管理及教師專業知能六個面向，交叉縱橫，創建了 ICT 素養的課程架構，從了解數位工具與資源階段、整合使用階段，再到創新、跨域使用階段。特別在 2020-2021 年來，Covid-19 疫情衝擊下，學校面臨新的教學與學習型態改變，數位教學與學習的方式，已經成為教師不可或缺的教學能力。是以，筆者認為 ICT 素養也應該被匡列為目前教師專業素養的重要基本能力之一。

伍　邁向素養導向師資培育的具體策略

　　從《十二年國民基本教育綱要總綱》的訴求及本文中所介紹的各國對學習的主張，都可以發現素養導向教學是未來的重要教學方向，在國內素養導向師資培育的相關文獻中，符碧真（2018）曾以「探究式師資培育」的方式提出研擬素養導向師資培育的作法，以系統觀規劃師資職前教育必修課程，並以教育實踐課程貫穿整個職前教育課程，教育實踐課程透過探究與實作、整理學習歷程檔案，以進行反思，從一般教學到教育實習，著重在教學現場實踐並驗證假設方案能否解決問題，以呼應「探究式師資培育模式」的精神。吳芝儀（2019）指出可將團隊力、同理心、欣賞力、創新力、跨域力作為新世代師資生「教學力」，前者從課程的安排來描述臺大的師資培育方式，後者從教學力的觀點來呈現嘉義大學的師資培育標準。

　　上述的文獻提供了國內兩所師資培育機構的素養導向師資培育策略。而筆者在本文中，更探究了國內外的教師專業素養架構，在綜合諸多學者的文獻與各國或各組織所提出來的教師專業素養內涵，筆者在本文中也提供師資培育機構未來可規劃的方向，期待師資培育機構，以素養導向教學取向為原則，透過正式或非正式課程設計與教學安排，進行師資培育，使師資生未來投入教育職場之後，很自然地將素養導向教學的元素與精神，融入於其領域或學科教學中。

　　經過本文前述所探究的國內外教師專業素養，筆者提出下列思考點作為素養導向師資培育的未來方向，希望拋磚引玉，引發更多的回應。

一、師資培育課程的重新檢視

　　從 1994 年《師資培育法》施行後，各師資培育機構的課程，目前主要依據教育部（2013）「中等學校教師職前教育課程教育專業課程科目及學分對照表」開課，師資生必須修讀 4 門教育基礎課程中的 2 門，6 門教育方法課程中選 5 門，以及教材教法與教學實習（2 門）與教育實習等課程，國民小學教師師資職前教育課程教育專業課程科目，則應至少修 40 學分。Hsieh、Wang、Hsieh、Tang 與 Chao（2010）在數學師資培育的一項跨國比較研究指出，國中實習教師認爲大學所學與中學現場的契合度，在 15 個參與國中，我國排名倒數第三。由此可見，師資生在師資培育機構當中所學的知識與技能，在現場的轉化上，遭遇到了一定程度的困難，由此也顯見師資培育機構對於師資培育課程的安排，實有必要再度檢視與調整。

　　由《國民小學及中等學校教師職前教育課程教育專業課程科目及學分對照表》來看，基本上已涵蓋教育理論知識、學科知識、課程知識、教學法知識、學科教學知識、教育行政與政策等，然而就目前所規定的相關學分與科目當中，仍有少數的不足之處，如下所列：

　　1. 數位、資訊與通訊科技或學習科技等相關議題納入基本學習科目

　　在教育學習科技的使用上，目前相關的學科只有在選修科目中出現，專業的能力在未來 21 世紀的教學當中，將成爲基本的學科能力，因此有關於數位、資訊與通訊科技或學習科技等相關議題，實有必要納爲基本的學習科目。

　　2. 人際溝通知能納入師資培育課程

　　師資培育教育中的素養應擴展到包括「社交」或「情感」，相關研究表示，情感能力的培訓對於教師的幸福感和教學成功是必要的，例如：逆境的適應能力或自我監控表現等（Davies & Bryer, 2003）、有效地管理和發展學生的情感發展（Palomera, Fernandez-Berrocal, & Brackett, 2008）。

　　雖然許多大學教育課程進行時，包括團隊合作的歷程，然而學生在人際溝通的正向引導上，仍應有相關課程作爲輔助，使學生能夠深入

習得與人際溝通互動的正向技巧及價值觀。有許多學生，由於缺乏相關的社交技巧，不僅在學校中有人際互動的困難，任教職後，問題更凸顯於教師同儕的互動及與家長的溝通，因此，僅安排小組學習與團隊活動，使其自行體驗社交與人際互動，對學生而言，仍有不足。

3. 共備觀議課知能

教師透過共備、觀議課可以促進學科內容的了解、改善教師教學策略與提升學生學習品質，因此在近年來被視爲對教師的專業成長的重要策略，但師資生在現有的課程中，並未有機會學習完整的觀議課技巧與策略，導致觀課的成效無法充分彰顯。檢視目前的職前教師課程，在教育基礎與教育方法兩類課程中，僅有教學原理、課程發展與設計與此概念有較密切的關聯，觀議課在各科教材教法與教學實習課程中，皆是重要的應用技術；然而就教學的內容分量而言，若在現有科目中增加共備、觀議課的相關知能，易形成上述科目過量的教學負擔，因此筆者建議增加選修或於合併於教育概論或安排觀議課技巧與策略訓練於相關的正式與非正式課程中。

二、師資培育者的教學活動再構

1. 虛實並進的翻轉教學

在數位科技的 21 世紀，我們期待高級中學、國民中小學教師能夠善用數位科技、設備，結合虛擬實境，擴增實境等方式進行教學，並在課堂活用多元教學方法。首先，師資培育者應該開始著手設計數位課程，採虛實並進的授課方式，並運用多媒體教材或錄製教學視頻，以進行翻轉教室，在課堂上將學習時間用於解決學生的問題、分組討論、引導學生探究與實作、完成學習任務，並進入教學實際環境，體驗學習及深度省思等。而課堂上的講授，部分可採用非同步線上教材的方式進行。

2. 推動問題導向的總結性整合課程

Arnett 等人（2020）在微軟的贊助下提出一份《2030 的成員：面對未來的教學》報告提出，教師培訓應體現爲動態學習環境改革者，學校應該改變停滯不前的說教式教學，而提供更多個性化、更具互動性的

學習。因此，教學建議能體現動態學習的元素，例如：以問題導向專題教學法引導師資生完成總結性整合課程，過程中可以讓學生以小組分組學習、蒐集資料與討論的方式，解決課程中的相關問題與任務，進而提升學生合作的團隊精神及解決問題的能力，最後成果展現的型態，可採用專題歷程檔案製作、小組專題成果報告、學生同儕互評、辦理專題研討會、專題展覽的方式進行。

3. 強調探究與實作

新課綱中強調素養的培養，將學習與生活結合，透過實踐力行，來達到核心素養，而在師資培育機構中，Darling-Hammond（2010）認為師資培育必須面對的核心問題是如何在實踐中促進學習及從實踐中學習，他同時提到大學與學校之間的關係，應該要進行重大的改革，否則理論與實務的實踐之間各種聯繫的策略，則很難成功，任何課程作業本身都無法跟實際實作的體驗課程相比擬。

4. 建構學習共備社群

Barnett（2010）提到教師素質的討論不再僅是在衡量個別教師在個別課堂上的有效性。相反，大多數政策制定者更感興趣的是教師如何在專業上成長並將他們的知識傳播給他人。而到 2030 年，教育績效將更加重視無論是在實體或虛擬環境中，教師如何與同伴、導師和訓練者在團隊中一起進行團隊學習。因此，筆者建議在師資培育的過程中，學校可以透過非正式課程要求學生求學階段至少組成一個學習社群，針對學習議題進行探究。另外，在教學實習課程上，教師可以讓學生分組組成共備社群，讓師資生共同備課、協同學習、共同設計即將使用的教案，並將小組成員分派到不同的班級進行教學，再蒐集受教對象的回饋資料，據以修改原教案，教學實踐過程中，要求小組同學彼此互相觀課，並進行議課，最後撰寫觀議課心得且針對個人在觀議課的專業能力進行後設評估，以了解個人在觀議課專業知能的達成度與改進方向。

5. 結合情境的學習任務

世界教育創新峰會（The World Innovative Summit in Education, WISE）對進行了一項 2030 學校的調查，來自世界各地的 645 名不同部門的專家（Qatar Foundation, 2014），其中 83% 的專家表示，他們

認爲學習將個別化，以滿足個性化的需求與學習者的需要。大多數專家也表示，教師將成爲學習的嚮導，而不再是訊息的傳遞者；由於學習材料將數位化，學習者能夠使用數位技術瀏覽學習材料，將使教師的角色轉變爲學習的促進者。這項調查的結果，也揭示教育系統應爲學習者提供獨立學習的技能。

因此，師資培育者應該善於布置實踐型的學習任務，而非僅僅讓學生閱讀相關課程內容，再提出想法而已，上臺分享的主題更不應僅限於課本上的知識內涵，更重要的是如何應用該知識內涵於教學現場。師資培育教師在布置學習任務時，應儘量以教學現場的情境爲本，並且學習任務應該提供機會讓學生能將知識、態度與技能相整合。例如：給予班級經營的情境任務以供思考，並且要求學生到教育現場進行採訪，以了解眞實情境中，師生互動的狀況，與可能發生的情況。或者在課程設計的課程中，要求學生進行不同取向的教材與活動設計，並進入教學實際現場進行實踐，過程中蒐集原班教師及學生的反應，再回到課堂之上，與師生進行分享，並討論與探究其中相關的問題、可能涉及的理論或研究。也可以要求學生依據教學心理學，設計合適的多媒體教材並且到教學現場實施，蒐集相關問題點，撰寫與問題對應的修正方案並再實施一次，之後再回到課堂上與同學教師分享。

6. 應用科技的學習評量

我們期望學生未來可以成爲具有 ICT 能力的學生，在師資培育機構，師資培育者可以運用科技進行即時評量，一方面可以提高學生的參與率；另一方面，了解學生的知識差距，提供進一步的支持性學習。技術可以多種不同方式進行，例如：在學習的過程中，透過雲端技術進行實時評估或即時投票，以了解學生的學習情形；使用相關的 App，例如：Kahoot 等發布測驗，或以 Google 表單製作隨堂測驗，讓同學作答並取得即時回饋等；使用 Google 線上共作平臺或 Google meet room 的白板功能，讓學生於線上共同合作完成教師所發布的作業；或以 Google classroom 進行班級的管理。

三、融入信念價值與態度之跨域能力的培育

跨域能力，是未來教師提升知識應用程度的一種展現，由於期望師資生未來在教學現場能夠設計跨領域課程，並加以實踐，是以規劃師資生本身有跨域經驗的體驗是其重點。目前師資培育課程的學習，大多數採單科課程作為學習標的，並且由一至二位教師在單科課程中授課，然而師資培育機構可以對目前課表時間與學習型態進行解構，嘗試創新改變，成就不同的學習型態。例如：每科課程可以授課 16 週，另外兩週的時間可以結合其他學科，進行跨領域的學習，例如：至教學現場體驗實習。師資培育機構可以與辦學績優的學校簽訂專業發展學校，雙方合作提供學生實習場域，設定主題，從大學一年級即開始進入學校現場進行觀摩、體驗、學習、訪問、服務、參加家長會、家訪和社區學習活動等活動。此舉可以提早讓師資生了解自己的興趣與傾向，進行定向學習，一方面減少師資生至大學四年級才發現自己不適合擔任教職；另一方面，透過不同主題的設定，由淺至深，由易而難，讓學生逐步進入教學場域，了解教學現場實況，有助於未來學習相關教育理論或進行教學實踐，理論與實務循環印證，相輔相成。

此外，此方式除了可以達到前述的效果，師資生在觀察、體驗、理論驗證與實踐交互結合、循環互動的歷程中，由於接觸實際教學現場，也有助於逐步形成教學價值觀、教師倫理，並培養教學的正向態度與興趣。

四、運用 I CT 的教學能力在師資培育課程

未來的教學，教師必須能夠使用新興的數位科技在虛擬環境中教導學生（Campbell & Cameron, 2016）。因為隨著數位技術的日益普及和全球開放教育資源（Open Educational Resources, OER）的使用，學習者將透過數位資源滿足他們對資訊的需求與取得，而不必再依賴個別教師。例如：在化學和生物課中，教師可以使用虛擬實境技術讓學生對一些實驗或身體系統進行虛擬演練，在歷史課中，教師可以使用擴增實境技術為學生提供歷史事件的虛擬體驗或參觀數位歷史博物館。隨著數位

科技的普及、穿戴裝置新興技術的推廣，未來的教師使用這些新興技術來教授學生是可期的。

如果在師資培育，我們仍然用傳統的教學方法，而到教學現場卻要求師資生以 ICT 進行有效地教學，無異於讓新人想像他們從未見過的東西或建議他們「做相反的事情」，是不可能的。換言之，若不能改善師資生被迫在傳統的學校環境中進行培育，那麼期望其未來將數位科技應用於課室中，其實並不切實際（Alley, 2019）。

如同 Alley（2019）所言，現在的學生可以形容為「永遠在線」（always on），因此未來的教師教學也須回應學生的學習型態。由 Barnett Berry 和 Teacher Solutions 2030 Team 所撰寫的《未來教育－2030 年教師備忘錄》（*Teaching 2030*）一書中，勾勒出 2030 年的教師以及美國公立教育的展望。「無法想像，就無法創造」，所以培養學生的想像力和創造力是學校教育最應關注的重點內容，傳統的教學和學習模式已經發生了很大的改變，我們必須重新思考「實體」教育與「虛擬」教學融合的可能性，教師使用新興科技可以弭平學生之間的學習差距，2030 年，教學被視為複雜的工作，教學的場景除了實體教室外，也包括虛擬世界，他們指出我們的記憶量不需要像以前那麼龐大，但是必須更努力地思考，批判思考及分析能力也要變得更好（Barnett, 2010；李弘善譯，2013）。因此，在師資培育階段，課程可以搭配數位科技進行，例如：教授「學校行政」時，安排師資生自行至國民中小學拍攝建築相片，或進行影片的拍攝，剪接後製成影片並配上旁白，並對學校內各項建築進行評析，提出相關的改進方向，若學生能力許可則可以與學習科技課程協同授課，製作成虛擬實境或擴增實境的素材。也可以徵得家長、教師與學校的同意，至學校拍攝學校的一天、親師座談會實錄並與師生分享，共同討論教師、學生、家長想法等。

陸　結語

2030 年，能夠取得教職的老師，將須是身懷多元的教法以及完善的教學策略，不管在虛擬或實體的教學場域，都能與學生共同成長，有高品質的互動合作。屆時將會出現一些傑出教師，身兼多重角色，可

稱之為「教師企業家」（teacher preneurs）。他們除了尋常的教學工作外，還從事學生支援、教師培養，或者擔任網上的虛擬導師（mentors）（Barnett, 2010；李弘善譯，2013），是以，未來的教師素養培育應具有前瞻性，師資培育者，應該以上述方向培育未來的教師，同時，接軌國際的教師專業素養應該更進一步地被探究，師資培育機構的教學行動研究主題，也期待朝培育具知識力、靈活性、包容性、具倫理的、科技力、教學力的教師邁進。

參考文獻

（一）中文部分

吳芝儀（2019）。因應新課綱素養導向之師資培育。**臺灣教育評論月刊，8**(12)，19-23。

李弘善譯（2013）。Barnett Berry & the Teacher Solutions 2030 Team 著。未來教育：**2030 年教師備忘錄**。臺北：遠流。

符碧真（2018）。素養導向國教新課綱的師資培育：國立臺灣大學「探究式—素養導向的師資培育」理想芻議。**教育科學研究期刊，63**(4)，59-87。

教育部（2021）。**中華民國教師專業素養指引—師資職前教育階段暨師資職前教育課程基準**。臺北：教育部。

（二）英文部分

Ally, M. (2019). Competency Profile of the Digital and Online Teacher in Future Education. *International Review of Research in Open and Distributed Learning*, 20(2). DOI: https://doi.org/10.19173/irrodl.v20i2.4206

Arnett, T., Hincapié, D., Kellaway, L., Khan, S., Van Damme, D., Wojcicki, E., & Zhao, Y. (2020). *Staff of 2030: Future-ready teaching.* The Economist Intelligence Unit.

Barnett, B. (2010). T*he Teachers of 2030: Creating a Student-Centered Profession for the 21st Century.* Retrieved from https://files.eric.ed.gov/fulltext/ED509721.pdf

Berry, Barnett & Teacher solutions 2030 Team. (2011). *Teaching2030: What We Must Do for Our Students and Our Public Schools Now and in the Future.* NY: Teachers College Press.

Bourgonje, P., & R. Tromp (2011). *Quality Educators: An International Study of Teacher Competences and Standard.* Education International/Oxfam Publishing.

Campbell, C., & Cameron, L. (2016). Scaffolding learning through the use of virtual worlds. In S. Gregory, M. J. W. Lee, B. Dalgarno, & B. Tynan (Eds.), *Learning in virtual worlds: Research and applications* (pp. 241-259). Edmonton, Canada: AU Press.

Centre for Educational Research and Innovation Governing Board (2013). *Innovative teaching for effective learning.* retrieved from https://www.oecd.org/officialdocuments/publi cdisplaydocumentpdf/?cote=EDU/CERI/CD/RD(2013)6&docLanguage=En

Conway, P. F, R. Murphy, A. Rath & K. Hall (2009). *Learning to teach and its implications for the continuum of teacher education: A nine-country cross-national study.* Teaching Council, Ireland.

Darling-Hammond, L. (2010). Teacher Education and the American Future. *Journal of Teacher Education, 61*(1-2), 35-47.

Davies, M. & Bryer F. (2003). Developing Emotional Competence in Teacher Education Students: The Emotional Intelligence Agenda [online]. In: Bartlett, B. et al. (Eds). *Reimagining Practice: Researching Change: Volume 1.* Nathan, Qld.: Griffith University, School of Cognition, Language and Special Education, 136-148.

Deakin Crick, R. (2008). Pedagogy for citizenship. In F. Oser & W. Veugelers (Eds.), Getting involved: Global citizenship development and sources of moral values (31-55). Rotterdam: Sense Publishers.

European Commission (2013). *Supporting teacher competence development for better learning outcomes.* Retrieved from https://ec.europa.eu/assets/eac/education/experts-groups/2011-2013/teacher/teachercomp_en.pdf

Hsieh, F.-J., Wang, T.-Y., Hsieh, C.-J., Tang, S.-J., & Chao, G. (2010). A milestone of an international study in Taiwan teacher education — An international comparison of Taiwan mathematics teacher preparation (Taiwan TEDS-2008). Retrieved from http://

tedsm.math.ntnu.edu.tw/TEDS-M_2008_International_Study_in_Taiwan_Mathematics_Teacher_Education.pdf

Kouwenhoven, W. (2009). *Competence-based curriculum development in Higher Education: A Globalised Concept?*, in Lazinica, A. and C. Calafate (Eds.), Technology Education and Development. retrieved from https://www.intechopen.com/chapters/9410

Lynch, D., Smith, R. (2013). T*eacher education in Australia : investigations into programming, practicum and partnership.* Publisher: Oxford Global Press.

Mulder, M., T. Weigel & K. Collins (2006). The concept of competence in the development of vocational education and training in selected EU member states. A critical analysis. *Journal of Vocational Education and Training, 59,* 1, 65-85.

Palomera, R., P. Fernandez-Berrocal & M. A. Brackett (2008). Emotional Intelligence as a Basic Competency in Pre-Service Teacher Training: Some Evidence. *Electronic Journal of Research in Educational Psychology*, 6(2), 437-454.

Qatar Foundation. (2014). *2014 WISE survey: School in 2030.* Retrieved from https://www.wiseqatar.org/sites/default/files/wise-survey-school-in-2030.pdf

TKCOM (2018). *Global teachers' key competences framework.* Barcelona: TKCOM.

UNESCO (2018). *UNESCO ICT Competency Framework for Teachers.* Paris: The United Nations Educational, Scientific and Cultural Organization.

第十七章

基於模組化素養導向課程評量系統設計與實務：以社會、國語文跨領域為例

邱彥鈞、黃淳亮、趙芳玉、邱昌其

壹 前言

　　模組化課程（modularized curriculum）是整合知識和技能學習的最小單元（Yoseph, Mekuwanint, 2015; Malik, 2012），以提供學習者自主學習，且具有累積性以獲得指定學習成果或學分（credit）資格（Dorothy, 2019）。基於模組化課程具有學習者自我學習（self-learning）意涵，以引導學習者朝向最終學習目標，並對學習成效有所助益（教育大辭書，2001）。另一方面，課程地圖（curriculum map）的建構是依據課程目標與課程內容統整連貫，具有系統性、層次性與完整性的學習進程。而甄曉蘭（2019）指出課程模組內，包括學習主題、教學活動等，而課程模組集合成學習方案或教育方案，此與課程地圖顯示課程彼此間關聯，不謀而合。

　　臺灣自 2019 年公布「108 課綱」強調核心素養課程與教學外，其特色有「三統」。首先，強調統整知識、能力與態度，有別於單純學科知識學習；其次，關注跨領域或跨學科的統整課程之學習，有別於單一學科之學習；最後，是著重統合心智技能（psycho-motor）的學習成果（learning outcome），有別於傳統紙筆成績學習等。但是，游自達副教授（2019）在〈素養導向教學的實踐：深化學習的開展〉一文中，指出素養導向學習的活動有待深化。探究其因，首先，教學現場上，大多數教師還是教科書中心的教學，缺乏促進素養所強調核心能力的專業教學（趙曉美，2019）。其次，上述「三統」的素養導向課程教材不足，更是推動素養導向教學的第一難題。最後，雖教育主管單位在素養導向課程挹注經費發展，但都為典範案例（亮點），缺乏以領綱為核心的整體學習徑路（learning pathway）縱向和橫向連結的統整。

　　有鑑於此，本研究試圖以學習成果導向模組化課程觀點，以課程領綱為核心，探究取向教與學為半徑，建構發展出模組化素養課程與評量系統平臺，以提供全國中小學教師公益使用。

貳　素養導向一貫化課程設計與發展

一、建構素養導向一貫化課程地圖

基於素養無法速成培養，是個體必須在學習歷程中透過主動、參與、嘗試、探究、討論、尊重、反思、選擇等行為不斷累積與涵養而成（周淑卿等人，2018）。而十二年國民基本教育是從學習階段 I 至學習階段 V，因此，本研究將「課程領綱」作為素養教育的整體課程地圖，同時將各領域課程領綱中的學習重點作為設計依據，並呼應三面九項核心素養內涵。

二、發展素養導向課程模組化

本研究強調以「課綱為本」發展素養導向的課程與教學活動（pedagogical activities）。從課程模組化觀點，包括學習方案、學習內容（知識單、學習單、操作單）、學習評量（assessment）等，以涵養十二年國教強調素養概念，包括：個體所習得的知識（knowledge）、技能（skill）與態度（attitude），促進學習者能在真實生活情境產生問題解決實踐力。而課程模組化的概念，大抵區分課程系統（system）、課程模組（module）、模組元素（element）三個層次。課程系統可以視為一個完整教育方案，例如：學習領域，甚或是一個完整學科。課程模組是課程設計與發展核心，其包括完整的教學內涵，例如：教學目標、教學策略、教學教材、教學評量等，以提供學習者完整自主學習的質量。模組元素即課程模組化最小單位，例如：學習重點、學習策略等。

綜上所述，本研究素養導向課程模組概念，如圖 1。

（一）學習重點模組元素

本研究課程模組化過程中，在模組中的方塊可稱為元素（elements）。鑑於素養導向教學並非屏除知識學習，基本或領域知識學習是提供學習者在情境脈絡問題解決的思考框架。因此，本研究課程模組化先以選取各領域課程綱要中的學習重點，同時與各領域核心素養進行對應。下列為學習重點的模組元素進行說明，如圖 2。

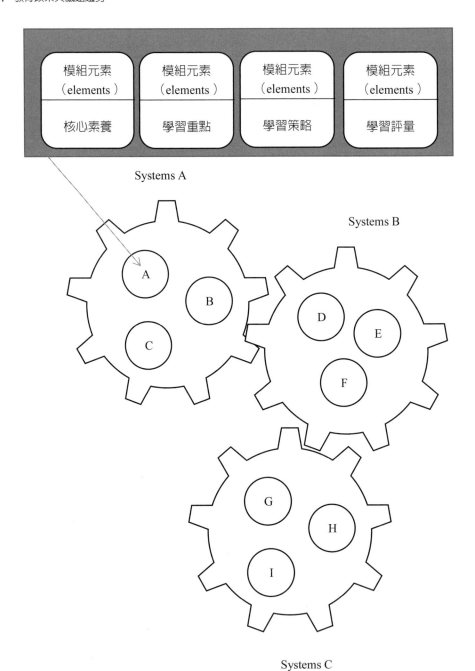

圖1　素養導向模組化課程概念架構

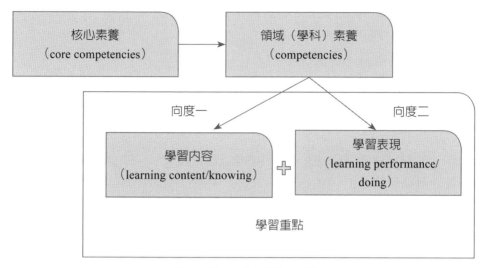

圖2　學習重點模組架構

1. 學習內容

學習內容比較偏向學習素材，即知識習得，包括 What、When、Where、Who、事實性、概念性、原理原則等陳述性記憶。另一種為強調 How 的程序性記憶，如技能實施步驟、後設認知中策略應用等。

2. 學習表現

學習表現強調認知歷程、技能歷程與態度養成。而學習表現是學習內容展開，其選定可參考領綱，學習內容可對應學習表現。

（二）素養導向教學策略模組元素

另外，設計素養導向課程與教學強調情境脈絡，並將之嵌入於課程模組中。本研究統整實施素養導向教學實踐研究，諸如現象本位教學（洪詠善，2016）、問題本位教學（張民杰，2018）、專題本位教學（王金國，2018）等，以進行課程模組教學實施流程。下列為素養導向教學模組元素之流程說明：

1. 準備活動引起學習者動機的參與（engagement）。

2. 發展活動促進學習者探究實踐活動（exploration 和 experience）。

3.學習者探究實踐活動的解釋、回饋、表達分享（explain 和 expression）。

4.教學者對探究實踐活動後的教學歸納和精緻化（elaboration）。

5.綜合活動的學習評估，更甚者學生進一步水平遷移的活動（evaluation 和 enrichment）。

綜合上述，本研究課程模組化中，除兼顧基本知識與領域知識的學習外，並關注如何有助於「核心素養」的達成。易言之，課程模組可參照各領域課綱中的「領域核心素養」，透過領域內涵（學習重點）體現，以落實核心素養的精神。圖 3 為素養導向課程模組設計流程。

參 社會、國語文跨領域課程與評量模組化案例實務

課程統整的概念源自於進步主義「以學生為中心」的教育理念，而另一個與之相對的是「以學科中心」的課程取向。在課程統整的立論基礎可分為心理學、社會學和哲學三方面的觀點。在心理學方面，傳統心理學的 Piaget 的「學習者發展階段」、Bruner 的「螺旋式學習」等，部分學者援引大腦發展的學習歷程來支持課程統整，認為其有助於高層次思維的理解層次。在社會學方面，學校課程對社會高階層有利，學校現行課程大多以學科中心為主流，學校教育會著重於生產有高地位的學科知識，相對於其他學科知識將有被弱化現象。學術劃分界線明顯地為「集合型」課程，在教學上強調知識由上而下的傳遞，而在「統整型」課程中，則強調教學為教師與學生的共同參與過程，以議題式學習，有助於學習者更貼近社會進而改善社會。在哲學方面，課程統整是源自於進步主義「以學習者為中心」的課程取向，而在統整向度可分為「經驗的統整」、「社會的統整」、「知識的統整」、「課程設計的統整」，現行課程知識含量已非常龐大，新的知識又不斷向內擴張，為了精要課程內容，統整課程有其必要存在（陳健生，2008）。

課程統整是課程設計中的一種設計模式，係將相關的知識與經驗加以整合、組織與規劃後，使各部分的知識和經驗產生交互作用與連結。在學習過程裡，學生能透過統整性的意義化學習，應用於日常生活與社會環境中，並學以致用達到較佳的學習成效。在統整課程教學

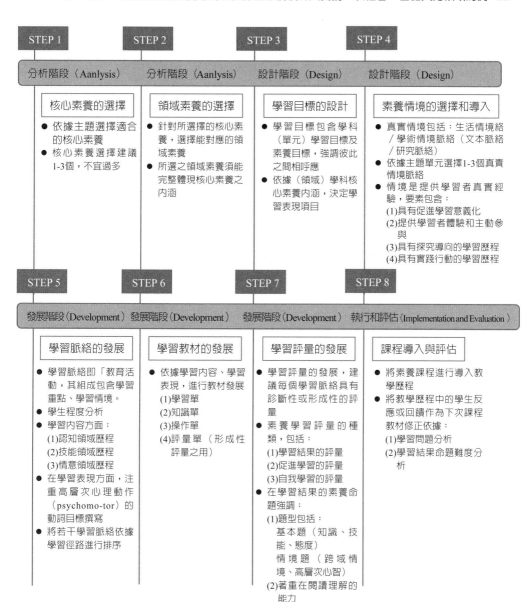

圖3　素養導向課程模組設計

上，是環繞著一個主題活動，以跨概念、跨科、跨領域等形式呈現，共同規劃與設計合宜的課程內容，以縱向及橫向連結知識、技能交錯學習，加深加廣學生對於該主題的學習。

　　本研究試以國中社會領域主題單元跨領域結合國語文學習內容，以「從西周到隋唐政治制度變遷」為主題，規劃模組化課程，以下為本研究之課程與評量模組。

　　從圖4可見「從西周到隋唐政治制度變遷」大學習主題（可視為大課程模組），可以區分「從權力制度看古代」、「人才輸入法」、「文字變變變」三個子課程模組，每個子課程模組有其學習單元、學習目標、學習活動、學習評量等。以下就素養導向課程模組設計流程步驟分項說明：

一、分析階段

　　108課綱強調的核心素養係指「適應現在生活及面對未來挑戰，所具備的知識、能力與態度」，而核心素養作為課程發展及連貫的主軸，所具備的知識、能力與態度不再是單一性，而是必須具備統整性，為達此教學目標，課程間更講求連結性、連貫性及整合性，讓所學不再只是零碎的知識。本素養導向課程設計以提出問題意識與問題解決作為學習核心，故核心素養以「A自主行動」之「A2系統思考與解決問題」為核心素養目標，選定社會領域素養：社-J-A2覺察人類生活相關議題，進而分析判斷及反思，並嘗試改善或解決問題為領域核心目標，作為教學設計之核心目標依據。

二、設計階段

（一）學習目標設計

　　學習目標細目設計則依上述總綱A2及社-J-A2作為設計，並配合社會領域的「學習表現」構面，包含認知歷程、情意態度與技能行動，以「理解及思辨」、「態度及價值」和「實作及參與」作為領域的共同架構，設計學習目標。

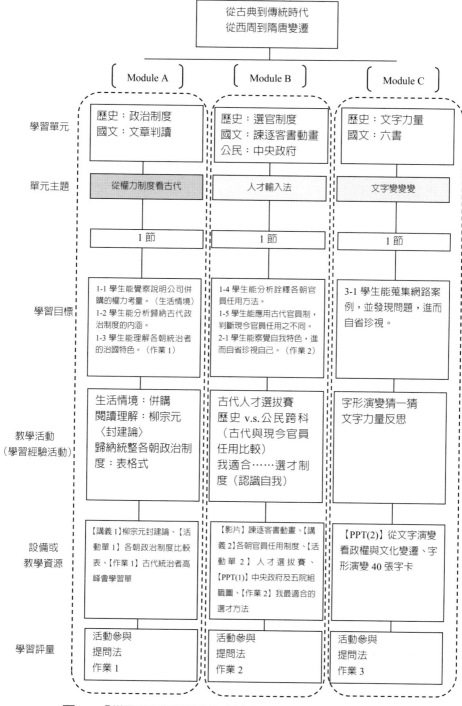

圖4　「從西周到隋唐政治制度變遷」課程模組心智架構

1. 理解及思辨	2. 態度及價值	3. 實作及參與
a. 覺察說明 b. 分析詮釋 c. 判斷創新	a. 敏覺關懷 b. 同理尊重 c. 自省珍視	a. 問題發現 b. 資料蒐整與應用 c. 溝通合作 d. 規劃執行

範例：

1-a 覺察說明各國吞併的權力考量。（生活情境）

1-b 分析歸納古代政治制度的內涵。

1-a 理解各朝統治者的治國特色。（作業 1）

1-b 分析詮釋各朝官員任用方法。

1-c 應用古代官員制，判斷現今官員任用之不同。

2-a 察覺自我特色，進而自省珍視自己。（作業 2）

3-a 蒐集網路案例，並發現問題，進而自省珍視。（作業 3）

　　就社會領域之學習表現構面進行學習目標設計，在教學整體規劃上，能更有一致性，以避免較為發散的教學設計。

（二）素養情境的選擇和導入

　　本研究之學習主題以中國上古時期的歷史為學習教材，對於學習情境欲以更貼近學生生活情境作為學習動機引導，企圖讓學習者體驗和主動參與教學過程，同時以學習者生活經驗為學習中心，並融入跨領域教學，提供學習者真實經驗之教學設計。

範例：

一、大雄在今年成功拓展及收購 6 家飲料店，各分店皆須由店長領軍，如果你是大雄，你將指派擔任店長的優先順序為何？，並寫出排序第一及最後的原因（4 分鐘）

A. 創始店的員工

B. 妻子的親朋好友

C. 大雄的親朋好友

D. 被併購的員工

E. 被併購的老闆

F. 重新應聘新人

二、自願或點名二位同學做回答。（4 分鐘）

S1：CABFDE（中央集權式的管理）

外派到外地各分店，以自家人為優先，可以形成家族企業的默契，但缺點可能會過於僵化或守舊。被併購的老闆雖然很理解該店家的經營情形，但是否有反撲效應或仍經營不善的問題，所以不列入考量人選。

S2：DABCFE

以北部而言，高雄的員工或家人可能不熟悉地方特色，建議由併購的員工直升，可提高忠誠度，並讓原店員工不會有失業問題，被併購的老闆難保不會有恨意，因此建議不要納入員工編制中。

教師小結：管理一間公司或連鎖企業就如同在管理一個國家，剛剛在題目設定都是以老闆任命（聘用）為主，這就是中央集權其中的一大特色。且同學有沒有發現，A、B、C 三種人都算是「自己人」，這跟古代的分封諸侯是不是很像呢？

而公司的拓展與國家的形成也極為相似：

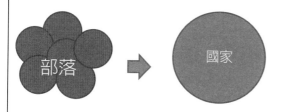

三、發展階段

(一)學習脈絡的發展

　　學習脈絡即教學活動設計，本研究以「從權力制度看古代」、「人才輸入法」及「文字變變變」三個單元。跨領域結合柳宗元〈封建論〉一文了解古代封建社會；跨科結合公民科，利用古今官員任用比較，設計我適合……選才制度，用以認識自我；跨領域國語文六書，讓學生從文字演化過程，反思文字的力量。

範例：

一、字形變變變

字體	字形									
甲骨文							X	X		X	
金文								X		X	
小篆								X			
隸書								X			
楷書	黃	帝	夏	商	周	秦	漢	魏	晉	隋	唐

二、我問你答

你覺得歷代以來為什麼文字的書寫的樣式會改變？
請各組討論後選一個答案寫在小白板上。

書寫載體不同　　　　發明紙張

秦始皇統一文字

寫字工具改變

節省寫字時間

（二）學習教材的發展

學習單、知識單、操作單、評量單等教材設計，本教學設計以學生生活經驗為學習核心，故在學習活動單上，以趣味性的方式帶入古人的考試成績，讓學生評估何種考試制度適合某古人投考，最後以問答題方式，讓學生反思自己適合哪種考試制度，企圖從中讓學生了解自我學習知識方式，以提高學習效率與效能。

範例：

國中社會領域素養導向課程教材學習活動單

學習主題（小主題）	人才輸入法			
學習內容		學習表現		
學習（任務）活動名稱	升官就靠走後門			

一、

考生姓名	四書成績	五經成績	評語	背景／事蹟	選拔賽
方孝孺	98	96	聰明好學、機警敏捷	株連十族	
西門慶	68	75	風流、好色之徒	富二代	
董永	80	85	孝心感動天地	賣身葬父	
王維	90	85	詩中有畫，畫中有詩	和太平公主有一腿	
蒲松齡	80	80	寫鬼寫妖高人一等	家道中落	

二、請問在上述考生中，你覺得還有哪位學生適合科舉制度考試？為什麼？

學習成果規準〔表現本位評量（performance-based assessment）〕

項目	任務要求面向			
	優	佳	尚可	待改進
字詞運用	用字遣詞精確	用字遣詞流暢	用字遣詞尚通順	用字遣詞欠通順
統整歸納	主題內容正確率100%	主題內容正確率90%	主題內容正確率80%	主題內容正確率70%
口語表達	條理分明口齒清晰	表達清楚口齒尚可	表達尚可脈絡不清	表達不完整無提出意見

（三）學習評量的設計

　　學生是學習的主體，教師的教學應關注學生的學習成效，重視學生是否學會，而非僅以完成進度為目標。為了解學生的學習過程與成效，應使用多元的學習評量方式，並依據學習評量的結果，提供不同需求的學習輔導（總綱 2014）。學習評量的發展，建議每個學習脈絡可具有診斷性或形成性的評量，其素養學習評量的種類，包括：學習結果的評量、促進學習的評量、自我學習的評量。在學習結果的素養命題強調：題型包括基本題（知識、技能、態度）、情境題（跨域情境、高層次心智），及著重在閱讀理解的能力。以下就跨領域之學習結果評量舉隅。

範例：

國中社會領域素養導向課程教材學習評量單		
核心素養（可複選）	A. 自主行動	☐ A1 身心素養與自我精進 ■ A2 系統思考與解決問題 ☐ A3 規劃執行與創新應變
	B. 溝通互動	■ B1 符號運用與溝通表達 ☐ B2 科技資訊與媒體素養 ☐ B3 藝術涵養與美感素養
	C. 社會參與	☐ C1 道德實踐與公民意識 ☐ C2 人際關係與團隊合作 ☐ C3 多元文化與國際理解
試題本文 中心學科（選 1）	下圖甲乙丙丁各為一個朝代的首都，請根據地圖標示，回答下列問題：	

■歷史□地理 □公民 跨科／跨域（擇1或2） □歷史■地理 □公民□其他_____ 課綱十九大議題融入 □_____	
資料來源	
問題題幹1	韓愈參加唐代科舉考試，預計前往首都參加殿試，請問前往考試的地點，最有可能是地圖標示的哪個位置？ (A) 甲 (B) 乙 (C) 丙 (D) 丁
答案	(C) 為唐朝首都長安
答案說明	(A) 甲：殷墟 (B) 乙：開封 (C) 丙：長安 (D) 丁：北京
難度預估 （亦可使用測驗藍圖）	□易（75% 以上會答對） ■中（50-75% 會答對） □難（50% 以下會答對）
問題題幹2	地圖標示的地區是中國某些朝代的首都，其曾經選拔官員的方式，下列組合何者為適當？ (A) 甲實施世襲制度；丙實施科舉考試 (B) 乙實施九品官人法；丁實施世襲制 (C) 甲實施科舉考試；乙實施世襲制度 (D) 丙實施科舉制度；丁實施察舉制度

答案	(A)
答案說明	甲為殷墟，為商朝首都，其實施世襲制度，分封諸侯。 乙為開封，為宋代首都，隋代開始逐漸實施科舉考試來選拔人才。 丙為長安，為漢朝及唐朝首都，漢朝實施九品官人法，唐朝則施行科舉考試。 丁為北京，是清代首都，以科舉考試及八股文作為選拔人才方法。
難度預估 （亦可使用測驗藍圖）	□易（75% 以上會答對） □中（50-75% 會答對） ■難（50% 以下會答對）

肆　素養教育資源與資訊平臺

　　本研究將模組化課程與命題進行數位化，進而設計素養教育資源與資訊平臺（Educational Resource and Information for Competency，以下簡稱 ERIC），以易於提供全國中小學教師進行教學使用。鑑於，課程模組化是種元素—系統（element-system）概念，因此易於進行資訊數位化。在 ERIC 課程模組元素中的欄位進行資料庫基模化（schema），例如核心素養、學習階段、學習領域、學習年級、學習內容、學習表現、十九項議題、教學時間等。基模化是設計資料庫索引欄位設計重要步驟，且其精細程度攸關未來使用效益。圖 5 為課程模組與基模關係示意。

　　本研究課程模組在基模化並進行實務設計，如圖 5。ERIC 提供教師、學生兩類對象進行使用。ERIC 平臺重要功能說明如下：

　　1. 最新資訊：提供素養教育專業文章、關於素養導向教師研習等課程資訊。

　　2. 創新教案：提供依據核心素養或學習重點素養導向課程教案搜尋。

　　3. 命題設計：提供依據學習重點素養導向命題搜尋。

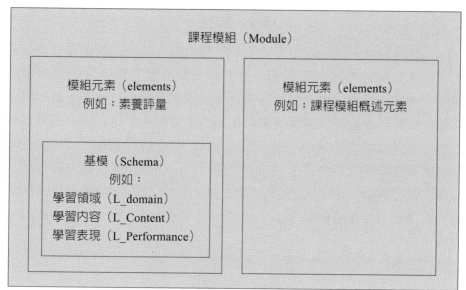

圖5　課程模組與基模關係

4. 影音專區：提供素養導向課程、教學、命題、專訪等影音。

5. 線上測驗：設計給予學生進行素養命題練習，此線上測驗不只練習也提供學生素養解析外，更重要具有讓孩子知道其在整體素養練習後的成績的 PR 值。

伍 結論

以往教育革新只注重政府由上而下的推動，而臺灣在素養導向課程改革最大特點是由下而上，即教師參與課程改革列車中。但素養導向課程與教學須要優質教師，教師良窳攸關素養教育成功與否。然如何建立起教師具有素養課程與教學能力是刻不容緩的，亦是目前素養導向課程與教學最重要的課題。因此，本研究以模組化課程觀點，以提供教師未來在設計課程之參考外，同時也透過 ERIC 平臺提供相關實務案例，增進教師素養導向課程與教學知能，縮短教師在課程理論與實務間差距，以促進十二年國教願景「成就每一個孩子：適性揚才、終身學習」達成。

參考文獻

（一）中文部分

王金國（2018）。以專題式學習法培養國民核心素養。**臺灣教育評論月刊，7**(2)，頁107-111。

周淑卿、吳璧純、林永豐、張景媛、陳美如（2018）。素養導向教學設計參考手冊。教育部國民及學前教育署出版。

洪詠善（2016）。學習趨勢：跨領域、現象為本的統整學習。國家教育研究電子報，第134期。

陳健生（2008）。課程統整初探。**教育曙光，56**(3)，頁88-98。

張民杰（2018）。運用問題導向學習設計與實施素養導向教學可行性之探究。**課程研究，13**(2)，頁43-58。

游自達（2019）。素養導向教學的實踐。**臺灣教育評論月刊，8**(10)，頁6-12。

甄曉蘭（2019）。課程模組與課程地圖概念解析。檢索日期：2021年7月20日，檢索來源：https://web.ntnu.edu.tw/~trico/shares/1080330/01.pdf

趙曉美（2019）。素養導向教學的思考與課堂實踐。**臺灣教育評論月刊，8**(10)，頁27-30。

（二）英文部分

Dorothy, C. (2019). The practice of modularized curriculum in higher education institution: Active learning and continuous assessment in focus. Cogent Education, Vol.6(1),, DOI: 10.1080/2331186X.2019.1611052

Malik, K. (2012). Effects of modular and traditional approaches on students' general comprehension. Elixir Social Studies, 42, 6228-6231

Yoseph, G., & Mekuwanint, T. (2015). The suitability of the modular curriculum to offer/learn skill in EFL undergraduate classes. International Journal of Current Research, 7(4), 14686-14696.

第十八章

學校型態實驗教育
校務治理之個案探析

林錫恩、范熾文

國民教育新視野：借鑑、蛻變與創新。借鑑，避免重蹈覆轍；蛻
變，樹立特色品牌；創新，維繫永續發展。

～溫明麗等人（2015）

學習的目標要放棄選擇分化，而非放棄學習成就；學習成就的
共同原則強調個別化（Differenzierung）、動態發展性（Dyna-
mität）與多面性（Allseitigkeit）。

～引自陳惠邦（2003 年 12 月）；Steiner, R.（1991/2004）

 壹　緒論

　　校長要有宏觀視野與堅定信念，以試圖解決教育現場問題的責任與
使命。隨著全球化時代來臨，教育思潮與其發展趨勢普受影響，關注地
方本位教育或學校本位教育成為另類思考的顯學（洪如玉，2010）；
因應教育民主化、分權化與自治化的新思維，檢視教育治理、學校治理
或校務治理議題，已成為探究校務經營的主流趨勢（林雍智、吳清山，
2018）。晚近以來，教育呈現多元開放、多樣共榮（余亭薇，2016；
馮朝霖，2017），實驗教育大浪爆發式的開展，其發展將愈趨多元，
為教育發展開創新契機。

　　檢視臺灣教育發展脈絡，1999 年公布《教育基本法》，賦予實驗
教育的法源依據。2014 年可視為重要的里程碑，教育部制定「實驗
教育三法」，讓在行之有年的實驗教育得以具有法制性的多元樣貌開
展，以開創教育多元實踐與自由創新的發展新契機；同年公布《十二
年國民基本教育課程綱要總綱》（教育部，2014）。當創新實驗教育
與新課程綱要遭逢時，其願景大致環繞在「適性揚才，成就每一個孩
子」，與「自發、互動、共好」的理念，其累進發展原則，更彰顯得其
重要性與時代價值。冀望能彰顯機會均等、公平正義、多元智能、教育
市場化與教育選擇權；藉以舒緩學生壓力，落實多元學習，讓有教無
類、因材施教、適性揚才、多元進路、優質銜接的理念能具體實踐（林
純真，2015）。

　　臺灣教育變革歷經理念思維的衝擊、體制結構的鬆綁、課程教學的

翻轉等革新歷程（詹志禹、蔡金火，2001）；具有實驗本質的教育普遍存在追求優質與邁向卓越的潛在目標，以彰顯其創新的價值性。實驗教育講求型態多元、追求自由、突破框架，強調尊重個性，重視學生主體，講求彈性自主，加以辦學體制不同，因此就常被視為創新與特色，但是否符應實驗規範所主張的「特定教育理念」或「校務治理特色」（溫明麗，2017，頁 18-24）？值得深入加以檢視與驗證。

　　為辦理學校型態的整合性實驗教育，參酌世界先進國家的教育經驗，賦予此類實驗教育型態的學校，得排除現行法令與體制限制，依據特定理念辦理完整的學校型態實驗教育。此類學校享有充分辦學自主性，得以尋求創新變革思維，促進教育多元發展，回應社會多元需求，並落實教育改革的價值（詹家惠，2015）。珍愛臺灣，要從教育做起，實驗教育從體制外走進體制內，促發教育發展的藍天（果哲，2016）。檢視教育變革脈動與理念深耕，值得深思探究實驗教育校務治理的實踐情形。

貳　學校型態實驗教育的意涵與發展

　　「實驗教育」是對傳統主流教育的檢討反思，旨在落實家長的教育選擇權，實踐教育的想像性、可能性與理想性。不同型態的實驗教育，並非全新的理念與作為，其關鍵在於「應用巧妙」、「著力深淺」與「理念宣稱」的不同（陳世聰，2016a）。即使同屬相同特定理念或類型的實驗學校，其辦學風格亦呈現多姿風采，呈現出多樣豐富的樣態與特色。

一、學校型態實驗教育的意涵

　　本文探究之「實驗教育」（experimental education）屬廣泛的術語，其概念與「另類教育」、「理念學校」皆奠基於特定教育的理念，實踐與非傳統或非主流的教育思維；係指為促進教育革新，在理念思維引導，以完整的教育單位為範圍，彰顯保障教育選擇權與學生學習權，在實務工作中採用實驗的方法與步驟，探究與發現改進教育實務的原理、原則與作法（吳清山、林天祐，2007；吳清山，2015；陳毅鴻，

2016；游惠音，2016）。

　　「實驗教育」係指《學校型態實驗教育實施條例》推行的教育樣態，根據個人或學校基於特定教育理念，以非營利爲主要目標，從事各種實驗性的教育探究；進而發展更具彈性、自主性、多樣態的課程發展、教學實施與多元評量，以符應家長的選擇權、關照學生個別需求，協助其有效學習，讓國民學習權的價值得以彰顯。爲求行文之流暢，不特別加以區隔「另類教育」與「理念學校」等概念。

　　一般而言，「實驗教育」其與日本「他類教育」、韓國「代案教育」或「特性化學校」相近似（林雍智，2016年10月14日，2019年3月18日）；其強調實驗與創新的精神，鼓勵以多元的課程、體驗的教學、適性的學習，提供學生探索多元智能的機會。在2014年實驗教育法制化前，其用詞尚未被確立或專用前，均奠基於另類性質或特定的教育理念，常使用另類教育、理念教育、民主教育或開放教育等語彙，透過非主流教育的否定性特徵，來指稱或論述（馮朝霖，2017；陳伯璋、李文富，2011）。

　　「實驗教育三法」係指《學校型態實驗教育實施條例》、《高級中等以下教育階段非學校型態實驗教育實施條例》、《公立國民小學及國民中學委託私人辦理條例》，其強化國民學習權，強調彈性自主管理；探究實驗教育策略、借鏡教育實驗的經驗與力求創新突破，遂興起對此議題深入探究之動機。期盼藉由學校創新實驗教育的理念與經驗，讓此經驗能深耕與生根，回歸到教育本質，以滿足不同學習者的價值需求。

　　實驗教育因實驗教育三法的法制化因素，不再只是對立於傳統主流教育的另類教育（劉育忠，2011）。其法制化歷程規範其政策執行的權利義務，具有前瞻的價值意義，可視爲非學校型態制度的開展晉級與本土化「賦予法制」；對公立國中小委託私人辦理法制化的「彈性規範」；更是推動學校型態實驗教育條例的「新創鬆綁」（李柏佳，2016）。

二、學校型態實驗教育的發展

　　隨著全球化、資訊化、教育市場化、少子女化與知識經濟等外在大

環境的變遷，教育環境同時亦面臨績效責任、標準本位等內部環境的質變，因應隨著知識經濟時代的高度競爭（游惠音，2016），人才是國家最重要的資產，全球各國均致力於教育實驗創新，藉由提升教育力以強化國家競爭力，落實以學生學習為教育核心目標之達成。《中華民國教育報告書》揭示尊重包容多元文化、重視利害相關人需求、回應社會各界期待與提升教育品質的改革思潮（教育部，2011）。

　　學校型態實驗教育因具有適性化、彈性化、自主性、多元化的課程與教學，尤其偏鄉小校轉型成實驗教育已逐漸成為趨勢，對學校傳統行政型態勢必會產生衝擊（陳榮政，2016a；2016b）。相較於公辦民營實驗教育，公辦公營學校組織成員皆從原學校內部師資結構遷移而來，對於學校辦學而言，此為助力亦可能是阻力。轉型前的學校成員對於學校文化、氛圍、環境及相關事務等具有一定的認知，對校務創新經營具加成效果，但在轉型歷程中，總有守成派的教師存在抗拒革新的思維；因此學校領導者在帶領轉型實驗教育時，扮演非常重要的角色（陳榮政，2016a，2016b，2017）。

　　參酌林錫恩（2021）；林錫恩、范熾文（2018）研究，綜整實驗教育發展脈絡，普遍認為1999年《教育基本法》與《國民教育法》修訂、2014年通過實驗教育三法，提高法制發展位階，賦予明確法源依據；均為其發展重要里程碑。茲將其區分為「意識覺醒期」、「理念萌芽期」、「擴充整備期」、「法制發展期」四個期程。從實驗教育發展脈絡可以發現，諸多具理念與理想性格的教育工作者投入其中；只是實驗教育常出現諸多變異與不確定性，除其名稱、適用法規不斷演變外，經營管理亦屬不易，如：沙卡學校、雅歌實驗小學、北政國中自主學習、開放教育等皆已走入歷史（唐宗浩，2006；楊文貴、游琇雯，2011）。然而，其創新理念與作為已為教育注入新活水，活化校園教育與學生學習的新未來。

　　教育部（2014）公布《十二年國民基本教育課程綱要總綱》，倡議推動適性揚才的十二年國民基本教育政策。當其與學校創新實驗教育遭逢時，更彰顯自發、互動、共好的學習理念的重要性與時代價值。實驗教育與十二年國教均強調提升國民教育育品質、成就每個生命的主體

性、以厚植國家競爭力；彰顯機會均等、公平正義、多元智能、教育市場化與教育選擇權。揆諸此項政策期望舒緩學生的升學壓力，落實多元學習，讓有教無類、因材施教、適性揚才、多元進路、優質銜接的理念能具體實踐（林錫恩、范熾文，2017）。

　　審視世界各國實驗創新發展的經驗，透過理解與學習其創新發展趨勢，諸如美國的特許學校、磁性學校；英國的夏山學校、自由學校；德國的耶拿學校、華德福學校、蒙特梭利學校；中國晚近積極推展實驗學校，揭櫫「未來路線圖：實驗學校」推動方案（Future Roadmap Experimental School, FRES）（教育部學校規劃建設發展中心等人，2020），都值得深究其教育理念與觀摩學習其校務治理。

參　校務治理的概念意涵與理念思維

　　「治理」是權益關係人間多元互動的歷程，呈現出彼此權力平等的特徵，係共同管理公共事務諸多作為的總稱，象徵公私部門或其他單位等行動者在公共事務管理的理念與實踐策略的轉變（陳盈宏，2015）。在學校層級的「校務治理」（school governance），透過強化學校自主與自律的經營模式；鼓勵家長與社區仕紳等權益關係人參與校務活動，進行學校經營體制的組織變革；強調校務的透明化、建立績效責任制度。

一、校務治理的概念意涵

　　晚近以來，「治理」（governance）成為學術界的流行語，是個複雜的名詞；對不同的研究者，可能依其需要給予適合的闡述（陳金貴，2013）。廣義而言，治理可以泛指組織機構或團體的各種行為。狹義而言，係指與某類組織相聯繫的特定「層次」治理、或是指與某種活動或結果相關的特定「領域」的治理、或某特定「模式」的治理。此外，治理不僅可以被用來描述這些多元化的課題，還可用以界定規範或其實際議程。「公平治理」或「良善治理」的規範概念，在公共的、自願的與私人部門的組織中均屬常見（林雍智，2018）。

　　新管理主義的出現，促使國家角色產生轉變，其與公共服務的互動

交融，蘊含新公共管理、市場本位的公共行政、企業型政府等概念，深刻影響教育行政與學校經營的理念（陳榮政，2019）。「治理」相對於傳統「統治」或「管理」而言，傾向於分享決策權力、發展共同利益與協力參與歷程。治理係指不同於官僚體系與市場機制的網絡化治理，其組織成員間，透過制度性規則相互影響與協作。換言之，公共治理係透過特定系統行使權力的過程；此系統包含行政機關（第一部門）、企業組織（第二部門）、非營利組織（第三部門）；與法令、經費與行政程序間多層次網絡結構（Starling, 2011）。

「教育治理」係公共治理的一環，從政府單一管理取向轉型為權力下放的互動取向，針對組織內外各種因素協調統整，才能產生較大的治理效果，提供最佳的教育服務（吳清山、林天祐，2009）。「校務治理」既為公共教育部門治理的重要基礎，應關注各類學校決策參與者網絡管理，透過合法機制統整學校內外資源，以提供優質教育服務。

學校事務大致分為「教學」與「行政」。「教學」是師生間的教學活動，為直接達成教育目標的活動；「行政」則是教學外的其他工作或活動，旨在支援教學活動，屬於間接達成教育目標的事務（謝文全，2018）。教育行政的理論發展、計畫、決定、組織、溝通、領導、視導、激勵、創新、制度、人員、正義、倫理、危機管理、教育制度、校本治理、學校行政實務、趨勢與展望等。

根據林雍智（2018）研究結果發現，國民小學校務治理機制，係由教師、家長與社區人士等權益關係人直接參與教育實踐事務，透過參與各種校內委員會進行決策所組成的正式治理機制；包括參與校務治理教育專業、一般學校行政事務與課程教學及學生學習等事項。

二、校務治理的理念思維

教育係國家重大政務深切影響個人成長需求與公共效益福祉（陳世聰，2016b）。校長依其治校理念，與學校成員研擬訂定辦學願景，參酌新興的企業管理思維，統整內部組織架構，以求能彈性變動因應所需；強化與社會中各組織或團體協力合作，爭取其資金挹注或人力援助，並控管組織績效、帶領學校組織走向學校永續發展目標（林雍智，

2017；鄭雅文，2018）。「校務治理」（黃志順，2020 年 10 月 30-31 日）與「學校治理」（林雍智，2018；林雍智、吳清山，2018）其內涵大致相同，但仍有其偏重，但與因行文需要，不再加以特別區分。

「校務治理」為教育治理的下位概念，係將教育治理的範圍界定在學校層級內進行治理運作的歷程，權益關係人參與校務運作活動，其為影響學校能否永續經營的重要因素。在教育實驗創新校務治理歷程中，應加強研究與執行層面的互動，爭取多數權益關係人（stakeholder）的認同與支持，以有效彌合政策目標與執行層面間的差距，才能達成預期的改革成效。

基於教育改革趨勢的引領對實驗教育差異性與多元創新的重視；由於家長參與治理學校權力逐漸高漲，間接影響教師的教學自主權（張芷瑄，2021）。準此，校務治理經營勢必趨向多元樣態與創新特色；當教育選擇權開展與實驗教育法制化的確立，加速新型態學習機制來臨，彰顯學生是自我學習的主體、學習的動力來自其內心深處的動力。檢視其原因常因家長不了解學校對家長的期望，不知悉如何有效協助其子女的學業；缺乏相關知能均會影響家長參與學校教育的立意與成效（王順平，2007）。

臺灣自 1994 年推動教育改革後，彰顯教育鬆綁與權力下放的思潮，校務治理的決策模式逐漸朝向校本經營、自主治理與協力參與的方向轉型，強調合議制的各種委員會與校務會議孕育而生，協力治理來進行決策，教師組織與家長參與校務日益深化。然而，校務治理模式思維雖逐漸深耕萌芽與轉變，但校長權責不清的爭議、自主法制化密度與授權不足與校務參與或干預界線不明，常導致的校務治理發展受限或經營困窘的現象（李柏佳，2016）。

學校可視為靈魂的歸宿，是未來希望的所在；學校一旦整併、廢棄或閒置，社區可能會快速消失或凋零，形成惡性循環的窘境（詹志禹、吳璧純，2015）。讓住民充滿幸福感，傳衍善解、教育、歸屬與無私，常是社區翻轉的力量，也是教育生根的基礎（陳清圳，2018）。校務治理強調以學校為主體，經營學校發展的新方向，此再生的歷程，較符合「積極差別待遇」的理念，試圖考量校務發展願景與價值性，兼顧

在地輿情需求，爲學校營造新樣態的風貌圖像。

　　人口結構變化是偏鄉發展受限的重要關鍵因素之一，諸如少子女化、高齡化、新住民子女增多等結構性變化，則造成經濟弱勢、城鄉落差、學校規模不足、教育成本升高、教育經費不足，設備維護不易、師資供需失衡、人力超額浮動、同儕互動機會減少、文化刺激不足等問題（陳聖謨，2012）。校務治理應跳脫以「學生人數」或「經濟規模」考量其裁併的觀點，彰顯學生權益的社會正義，積極思考學校存在的價值性與教育發展的可能性。

　　實驗教育轉型爲臺灣的教育開展出新契機與其可能性。王昭傑（2020）綜合文獻探討與調整學校改革運作模式、實驗轉型模板、才能發展構念等要素，針對學校型態實驗教育的轉型機制與經驗，發展出「實、驗、轉、型」轉型 VIEW 模式，包含充實知能、驗證跨域、轉化資源、形塑共識等層面，以提供實驗教育校務治理轉型的參照。

　　簡茂發曾對教育提出其實踐體悟，主張「教育可以多樣，不可以走樣；實踐可以方便，不可以隨便；方式可以隨機，不可以投機」（引自簡茂興，2018）。實驗教育追求自由、彈性、多樣與創新，上述主張頗能提供借鏡與指引。實驗教育建立在學生個別學習需求上，尊重個體的差異性，重視學生的能力、興趣與需求進行個別化學習，不以集體性與共同性爲辦學主軸，通常沒有統一的學習評量或檢核機制（吳清山等人，2016）。

肆　實驗學校校務治理的個案探析

　　本文採立意取樣（purposeful sampling）係屬有目的性或具意識判斷性的取樣；強調根據其研究主題來判斷適合參與該研究的樣本（王文科、王智弘，2010）；並擇取特定的場景、人物、事件，以便獲取其他抽樣方法所無法得到的重要資訊（Maxwell, 1996, 2001）。茲以擘畫主題課程軸心的北都實驗學校（化名）爲研究個案；聚焦在實驗學校，探究其校務治理的深耕；在資料蒐集的過程中，先編製訪談工具，進行訪談。在資料整理的過程中，以校長的訪談與文件蒐集爲主要資料來源，並以相關人員的訪談、文件資料、網路資訊與現場參觀，作爲輔助

性以及驗證用的資料。透過蒐集個案學校上述資料後，接著進行初步整理，再進行綜整比較與主題分析，分別整理出研究問題，系統化成爲探究焦點，形成學校型態實驗教育的推展脈絡與研究。

北都實驗學校位於臺灣北部都會區，係全新籌建的公辦公營實驗國民小學，亦爲全國於《學校型態實驗教育條例》法制化公告施行後之首例，自籌備起即肩負起繼往開來的創新辦學使命。由於係公辦公營的學校型態實驗教育辦學模式，因此須審視國民教育本質的公共性，並通透實驗教育意涵，進而釐清一般國民教育與實驗教育間的辨證性，作爲籌設新校或轉型發展的利基根本。

一、傳承地方教育治理政策需求，接軌素養導向的創校期待

北都實驗學校自許是有別於一般的公立小學，但因其公辦公營性質，自應強化其公共性的責任與價值；《臺北市中長程教育施政綱要》強調幸福未來與躍升教育，呼應《十二年國民基本教育課程綱要總綱》成就每一個孩子，彰顯適性揚才、終身學習的教育願景，積極深耕素養導向教育，並接軌經濟合作暨發展組織（OECD）所提出未來2030年學習所需的核心素養，揭櫫以反思、進步、創新、實驗、當責、分享，引導教育政策發展（臺北市政府教育局，2018，頁1）。

> 重視與發展素養導向整合學習等方式，以培養學生具有解決問題、適應未來的能力（文NR181116）。

北都實驗學校實驗教育計畫書提及，依據《學校型態實驗教育實施條例》，援引豐富的教育資源，建構完善系統性的實驗教育體系；臺北市整體教育發展更企圖建立有意義願景，符應教育思潮，反思與回應政策發展趨勢，帶領組織成員完成使命，以全人教育、終身學習、人文關懷爲發展基礎，致力引導學校創新、激發學生潛能、發展教師專業與推廣終身學習，增進教育的潛能與可能。

臺北市政府教育局（2018，頁11）強調深化教育實踐研究、精進教師專業發展、創新課程與教學領導、展現以專業培養專業，營造更適

合的學習模式與環境，讓每位學生都有發展優勢潛能的機會，培育其未來具備的核心素養。以系統性的思維、整體的規劃，整編以學生、教師、組織、環境為軸線，推展各項策略及行動方案，以翻轉傳統課堂，進而能迎向未來、適性揚才、學習成功、特色發展、朝向接軌國際的方向邁進。

　　北都實驗學校的設校期許，植基在臺北市政府教育局（2018，頁 11-12）的實驗創新政策與策略指導，致力於推動實驗教育，以開展學生學習潛能與強化創新教學；諸如：「垂直上下整合，水平擴充交流」、「推動校際聯盟，建立特色課程」、「推動雙語實驗課程計畫」、「打破學科框架的主題式課程與教學」、「素養導向的評量引導教學翻轉」。

　　　　結合學界資源組成專業陪伴小組，入校支持輔導協助，完成具實驗潛力之小型學校，逐年轉型為實驗小學及實驗完全中學。（文 NR181116）

　　　　提供學校教室予實驗教育團體與機構申請租用，並立於輔導及提供資源之協助角色，鼓勵具備教育理念之團體及機構辦學（文 NR181116）。

　　推動實驗教育最大的關鍵在老師的心態。校長領導肩負校務治理秉持公平正義原則，創新經營校務發展，強化辦學品質保證與績效責任，行政要盡最大的力量，協助第一線教學人員，支持學生學習的相關作為（范熾文，2015，2019；張文權、范熾文，2018；范熾文、張文權，2016，2019；范熾文、張文權、陳碧卿，2020；梁榮仁、范熾文，2020）。

　　此外，積極穩定實驗學校發展，落實特定教育理念，依據《學校型態實驗教育實施條例》，將鬆綁實驗學校校長任期，不受連選連任一次的規定，以增加校長在校服務期間，穩健發展實驗教育課程，陪伴親師生共同成長。此外，強化實驗教育理論與實務交流、公私協力合作，籌

組實驗教育園區。

二、企圖尋求教育的本來面目，應許具備自主學習的能力

北都實驗學校的實驗教育計畫揭櫫：《國民教育法》與《教育基本法》均係直接影響國民教育實質內涵的重要法源，清楚指陳以全人教育、人文教育、民主法治、資訊素養、體能健康、創造思考、生態人權、國際教育等現代性教育觀點。各級學校普遍秉持此教育理念，並施以辦學作為，以期獲得充分優質的保障。然而，值得深切省思的是教育的本來面目為何？

> 從教育現場的實踐反思，始終受到教育人員、社會輿論、學界研究，甚至是民間團體相當嚴屬的批判。（文NR170321）

北都實驗學校創校精神承載國民教育所揭櫫的現代性教育理想，力求突破因受到既有的文化慣性、升學觀念、士大夫價值、辦學規章、組織氛圍等條件限制無法做到而飽受批評的部分（文 NR170321），交融揉合奠基於體制外的本土實務辦學經驗，期盼經營治理有別於一般的公立小學，開啟國民教育體系下，開展實驗教育新樣態，提供更多元發展的機會與空間。

北都實驗學校校長，長期作為教育工作，且同時是一雙子女的父親，曾深切反思「實驗教育要深切尋求教育的本來面目」（訪NP190401）。然而，現階段國民教育體制籠罩在形式管理與升學競爭的雙重壓力，學校教育端普遍呈現「虛應故事心態應付形式管理」、「課程教學專業無法切中需求」、「學校運作創新難得動能生機」；家庭教育端則出現「升學制度導致家長期待失衡」、「僵化測驗考試失去學習喜悅」、「缺乏期待無法享受學習熱情」的困窘（文NR170321）；值得教育工作者與其相關權益關係人共思對策、協力突破。

　　現階段國民教育體制下的公立小學，依然籠罩在「形式主義」及「升學競爭」雙重壓力下，學校同仁及行政人員經常以虛應故事方式應付各種形式管理，學校老師的專業發展仍然雜亂無章、無法切中需求，學校的運作及發展則難以獲得創新的動能與生機。（文 NR170321）

　　教育應積極培養學生的自主學習力（self-regulation learning）（陳美如、郭昭佑，2019）。實驗教育三法的實施目的在鼓勵教育創新與實驗，讓學生可以選擇其適合的學習型態，增加教育選擇機會，並促進教育多元發展，具有新教育的價值。面對前述困境與問題、學校應積極思考如何釐清方向、化解突破、建構營造或全新作爲，引導學生自主學習，有效提升學習興趣與能力？

　　理解的主題式課程，還好主題式課程比較不是偏向華德福，它就是個很鮮明的教學理論，這部分比較符合我們自己的專長。（訪 NB190401）

　　北都實驗學校爲達成其辦學理念，應培養有情緒自主、健康自主與學力自主的學習目標（訪 NA190425）。對照吳清山（2005）所言，教育實驗創新的諸多作爲，若無法增進學生學習效益，提升其學習成就，其創新意義或實驗試探將不具價值；頗有異曲同工之妙。

　　我們無法成爲一所體制內的「華德福學校」或「種籽學苑」，其實也不想；但我們要能成爲一所完全與眾不同的公立學校。（訪 NP190401）

　　眞正做到以「學生適性」和「有效學習」爲核心精神，又能讓學生充分展能、發光發熱的「有別一般的公立小學」。（訪 NP190401）

三、擘畫立體式學習主軸架構，建構整合發展的主題課程

　　北都實驗學校企圖從時間軸、空間軸與知識軸，建構立體式的學習向度，重視文化發展軸（時間軸）、生活經驗軸（空間軸）、學習領域軸（知識軸），強調橫向探索的關懷生活經驗，與縱向脈絡的探究文化發展，相互對應發展，架構成四學季、規劃成 24 個主題課程（文 NR170321），再以學習領域軸對應能力指標，滾動修正，以確認學生其基本能力的養成與保障。

　　　　在解構再建構過程中，就是我們會發展主題課程，所以我
　　　們要打破框架，建立學校的課程地圖，不會強硬地把某個課程
　　　強教給小孩，我們要配合實際的課程，把這些內容放進去。
　　（訪 NA190425）

　　北都實驗學校強調「應許孩子具備自主學習的能力及充分展能」。北都實驗學校學生入學前需親自參加招生說明會，明瞭並同意校務治理理念、學校特色與家長應盡的權利與義務，並填具家長參與實驗教育檢核問卷、家長參與實驗教育同意書，強調在教育路上需要親師協力與家校合作，如此受益最大將會是學生。

　　實驗教育實踐應思考在世界觀、人性觀與知識觀層面，履行妥適解放與彈性突破（劉育忠、王慧蘭，2017）。面對實驗教育普遍關注敏於覺察嶄新而重要的問題意識、應植基於追求更好的理念思維；具有非主流與不確定性、且鼓勵合理冒險的勇氣、成為有規劃的行動，並兼顧專業倫理，以多元證據為評估等特徵（詹志禹，2017）。符應吳清山（2018）曾為實驗教育提出頗為深刻的註解，「回首另類來時路，山高路遠無坦途；實驗教育作夥行，共創學習新地步」。

　　　　北都實驗學校其辦學精神，強調培養學生自主學習精神，
　　　透過適性的規劃，教師負責從旁協助與提供資源。從世界趨
　　　勢、教育實驗法及實驗教育組織，無不強調學會學習並能自主

學習之重要（陳美如、郭昭佑，2019）。

四、掌握遭逢邂逅的領導美學，擘畫自主學習機會與可能

　　個案學校的實驗教育計畫書，大致包含實驗學校基本資料外，還需彰顯特定教育理念、規劃課程教學架構、研擬期程典章制度、思考組織型態運作、盤點環境設備設施、精進人員任用增能、建立入學管控機制、強化學生事務輔導、評量績效學習成就、整合社區家長參與、規範評鑑獎勵措施（鄭同僚、詹志禹（審訂），2019）。

　　實驗教育計畫旨在提供彈性化的課程、多元的教學方法、差異化的教學，達成學生個別化的學習，以提升其學習成效（Aron, 2006；陳榮政，2017）。實驗教育不只是對其學業成就的重視，更應聚焦對個人主體性的關懷，關注學生的身心是否能充分發展（Raywid, 1998；陳榮政，2017）。

　　邂逅總是個無法預見的事件，總能給人賜福或溫馨的深刻經驗，在邂逅中，可能自我發現與自我實現。教育工作者雖然不能籌備邂逅，但須了解邂逅發生的緣由，因而能使其行為朝其可能方向。因此，邂逅如果發生，乃是謹慎細緻照顧的後果。教育難以製造邂逅，但其也絕非在毫無預備的狀態下產生。只有在其所修練或關心的領域中，透過用心涵養與學習，具備有關的能力與素養，當因緣成熟時，邂逅才有可能發生（馮朝霖，2006b，2016）。

　　遭逢（encounter）就其字面的思索理解，其與領導（leadership）的實踐性相投契；其依序而導引，可分為三個層次：「隨緣而遇」、「隨緣而遇，進以脫離舒適圈」、「遭逢即份、隨緣而遇，進而脫離舒適圈」（文 NP181129）。古籍中，范雲〈古意贈王中書〉：「遭逢聖明后，來棲桐樹枝」；其中「遭逢」乃指「碰上、遇著」。文天祥〈過零丁洋〉：「辛苦遭逢起一經，干戈落落四周星」；此處「遭逢」乃是「人生的際遇」。因此，「遭逢」與「邂逅」常被列為同義詞。

　　教育部國語推行委員會（2015）《重編國語辭典修訂本》將「邂逅」定義為「沒有事先約定，而偶然相遇」；其出自《詩經》（國風、唐

風、綢繆）：「今夕何夕，見此邂逅。子兮子兮，如此邂逅何！」《後漢書》（杜根傳）：「邂逅發露，禍及知親」。《三國演義》（第 37 回）：「備久聞二公大名，幸得邂逅」。《儒林外史》（第 33 回）：「只道聞名不能見面，何圖今日邂逅高賢」！

　　　　唯有在邂逅中，人才能成爲他自己。具有此等意義下的「邂逅」與在其中的人可以開展自己、豐富自己的「教育」，是有部分的相通之處。（引自方永泉，2000）

　　「所有眞實的生活都是邂逅」（Alles wirkliche Leben ist Begegnung）（引自馮朝霖，2006b）。「領導即是遭逢」（Leadership as encounter）是北都實驗學校校長所提出的「原創性概念」。其與僕人式領導（servant leadership）、領導就是建立學習氛圍（leaders are responsible for learning）（文 NP181129）、「所有眞實的生活都是邂逅」，頗有異曲同工之妙。

　　　　自然而然就想到！遭逢，就是人跟人的相遇，就像我本來不認識你啊，爲什麼出個聲就來了，因爲人的發展有三個階段，見自己、見天地、見眾生，我也是眾生之一，遭逢就相互學習。（訪 NP190401）

　　「邂逅」應用至教育上時，仍有其限制：狹義的「邂逅」僅指人與人之間主動參與的相會，但是教育不只包括人與人間的邂逅，也包括學生與教材間的邂逅。此外，邂逅所強調的「向人的最深處存有發問」，並不適合全部的教學活動，尤以自然科學的理性思維教學。基於前述限制，如何將「邂逅」作擴充性的教育方面應用時，仍然保持邂逅的特性，畫定在教育中適用於邂逅的範圍，應該是值得教育研究者再加深思的問題。

　　「理解」、「珍視」與「陶養」可視爲「邂逅」的預備過程（馮朝霖，2006b，2016；薛雅慈，2011）。「邂逅」常指不期而遇，或者偶

然相遇，其神態通常顯得歡喜愉悅。邂逅與相遇雖然詞義相近，但涵義略有差異。「邂逅」常指互相認識或久別的親友沒有事先約定，而偶然遇到；「相遇」則屬較通用詞，可以是舊友的巧遇相逢，也可指陌生人的遇見或會面。「領導」之於「遭逢」、「邂逅」、「相遇」，即是影響力發揮，可視為帶人做事，成就圓滿的歷程。領導者要能帶人做事，德望要擺第一；成就需圓滿，卓越才會看得見（方永泉，2000；吳明清，2010；顏永進，2013）。

> 只要你關心教育，只要你願意跟我聊你孩子的學習，不管你是誰，我都很願意跟你聊，人跟人之間就是相逢啊！（訪NP190401）

「領導即是遭逢」（黃志順，2018），強調能夠遭逢即份、隨緣而遇，進而脫離舒適圈；換言之，隨著學校創生、存在與演化的情勢變化與演進歷程（訪 NP201031），擴大其人際互動與接觸層面，並積極面對其治理的環境變化，擴大其人際互動與接觸層面，並積極面對其治理的環境變化。當校長帶領團隊做事，其成員愈多，其領導的意義與效益愈加彰顯。唯有團隊群策群力，共謀校務發展，才是領導上策（吳明清，2010）。以庶民思維而言，常歸諸於領導者的手段與方法是否「厚道」與「有效」，而較少去論及其「謀略」與「技術」等細節。

> 所謂的「遭逢」：明天或下一刻會遇到什麼人、什麼事，我根本就不知道；但是我非常清楚：隨著學校「創生」、「存在」和「演化」的情勢變化與演進歷程，遭逢即緣份、隨緣而安遇。（文 NP181129）

> 因為我以及這一群老師們早已脫離舒適圈，迎向每個充滿未知及挑戰的創新與務實，朝著相互理解與彼此珍視的價值前進。（文 NP181129）

　　若對於教育毫無基本修練或涵養者，即使遇見其心儀或嚮往的議題，也難以發生動人的「互動交融」、「創生」、「存在」或「演化」（文 NP181129）。因此體認邂逅在教育與生命中的意義，才有可能放下宰制與操縱，還給學習者自由成長與學習探索的機會，深化其「自主學習」的動能，醞釀諸多成長與學習的契機，邀約學習者與其價值世界的真善美有碰觸感通的發生，而非一廂情願的灌輸、說教或強迫，都可說是醞釀邂逅的實踐歷程！

　　此外，保持邂逅的特性，並妥適擴充運用其意義與範圍到教育議題，頗值得吾人再加深思。換言之，狹義的「邂逅」係指人與人間的參與相會，但是教育還擴展包含學生與教材的邂逅；且邂逅具有的偶然或突發性質，與教育中的「計畫」本質略有不同。此外，邂逅強調向人的最深處存有發問或探求，對於理性思維的自然科學學門具有其侷限性（方永泉，2000）。

伍　實驗學校校務治理的契機影響

　　「實驗教育」有別於傳統主流教育的規範束縛，企圖堅持「特定教育理念」，進行教育理念的實踐。實驗教育具有較大的彈性與自主性，以個別化、彈性化、多元化、適性化為原則；以落實家長的教育選擇權與學生學習權，實踐教育的想像性、可能性與理想性；創新學習或學校體制的新樣態，以更彈性開放的態度接納各式教育實驗或創新經營，彰顯教育多元發展的價值。

一、教育創新產生發展新契機，彰顯國民教育權普受尊重

　　在實驗教育法制化的號角帶領下，教育創新產生發展新契機、彰顯國民教育權普受尊重，落實教育選擇權與學生學習權，加以教育政策執行鬆綁、少女子化與異質化的影響，讓實驗教育逐漸走向自主新舞臺（田建中，2021）。實驗教育試圖走出以往的刻板教育框架，致力於教育創新經營與差異主張，為臺灣教育注入新的活力，開啟更多的想像空間，刺激主流進行改革並不斷進步。體驗創新是教育發展的關鍵因素。

　　「以國民學習權取代國家教育權，實現以學習者爲中心的教育」係現階段教育的核心理念（教育部統計處，2020），在國民教育能穩健落實適性教育、鄰近就學，發展實驗教育與創新；彰顯實驗教育本來面目的核心價值，教育作爲回到學生爲主體，以多元取徑讓學生能自主開展其潛力，協助其培養具備問題解決、生活適應、跨域整合、多元創新、團隊合作等素養與能力。

　　實驗教育的興起與推展，代表對教育的觀念從「國家教育權」轉變爲「國民學習權」。從以國家爲教育權主體，轉變爲以個人爲主體，透過適當的學習情境和活動，對個人潛能發展人權的體現（吳清山等人，2011）。秦夢群（2015）認爲其具有「對主流教育的反動，實踐不同的教育思維」、「民權運動的興起，追求自由與平等的精神」、「市場控制的教育政策，基於特定教育理念」、「親師、社區人士等權益關係人，主動介入教育政策」等積極意義。

　　實驗教育的理想師生互動景象，是透過鷹架導向的雙向對話，使學生的經驗受到有智慧與經驗的教師的鼓勵與導引（Carr, 2003）。學校教育不應是扼殺理想想像與壓迫學生習得無能感（learned helplessness）的恐怖工廠或監獄；學校型態實驗教育更應積極扮演翻轉教育的另類途徑，讓學校成爲促進激勵學習（encouraging learning）的希望所在（馮朝霖，2015）。實驗教育常被歸屬於另類的社會價值中，其可被視爲是演進的催化劑，更可積極表徵文明進步與自由民主的程度，扮演著創新前進與多元關懷的實踐動力與價值。

二、面對變革的調適性挑戰時，關照權益關係人庶民思維

　　就實驗教育的結構改變或精進，可分爲：改善學生學習、改善校務運作、改善教育系統等層級（陳榮政，2017，2019；Raywid, 1998）。「教育本質」、「核心價值」與「發展願景」是教育政策能否達成預定目標的核心（林錫恩，2021）。卓越領導應關照庶民思維；其中庶民就是平民百姓，隨遇而安的普羅大眾。從行政與經營的專業場域來看，庶民常是爲數眾多的權益關係人（stakeholders）。若從領導的角色關係而言，被領導者較具有庶民的性質（吳明清，2010）。

　　相對於校長與行政主管的領導角色，教師、職員工、家長與社區民眾均可類歸屬於庶民。庶民思維展現的是經驗性、脈絡性、集體性與相對主觀性。溝通互動與理解包容是教育治理的共識基礎；惟能釐清教育政策核心概念的意涵，建立政策執行的共識，才能避免民意綁架政策的盲從，或政策霸凌民意的亂象（吳明清，2015）。公平治理或良善治理的規範概念，在公共性組織、自願性組織與私人部門中，均屬常見。

　　實驗教育應具有妥適的特定教育理念爲基石，能幫助學習者的縱向發展產生連貫，能促進學習領域間的橫向關係產生連結，讓整體實驗教育計畫的架構具有創新性、價值性、合理性與可行性，以達成教育理念當中的教育目的與理想價值。因此，若雙語學校或特色學校若不具特定教育理念，或缺乏環環相扣的系統思維，難以規劃整合性的實踐方式與過程，則不屬於學校型態實驗教育。

　　面對變革的調適性挑戰時，領導者需要提升其心智複雜度，並協助參與者進行轉型學習，以達成克服個人的變革免疫與提升組織學習動能爲目標（吳新傑，2017，2021）。推動學校型態實驗教育的目的係指依據「特定教育理念」爲基準，以學校爲範圍，「關注學習展能輔導」爲焦點，強化「教師專業教學展現」，進行「整合校務治理實驗」；並就行政運作、組織型態、設備設施、課程教學、學生入學、學習成就評量、學生事務、關懷輔導等事項，進行整全性的校務治理作爲；以彰顯受教選擇權、教育創新經營、開展優勢智能的時代意義與價值。

三、掌握遭逢應變的彈性自主，呈現多元反思與適性學習

　　實驗教育校務治理與學生學習主體性，其關照重點在，扶助歷程少「踉」、自主學習加「靚」（林錫恩，2021）。Zimmerman（2001,2002）研究指出：自主是種自我導向的學習歷程，自主學習者是學習歷程的主動參與者；強調轉化其心智能力，歷程中存在其自我取向的回饋循環（self-oriented feedback loop）。看見適性學習期待的眞實：提供不同天賦才能的孩子，適合興趣開展的學習樣態。

　　「自由」、「民主」、「多元」與「彈性」，可說是實驗教育的核心價值。實驗教育的倡導與實施，尊重學生主體性的教育學習權，讓

其展現其個別天賦，符應個別性需求，確保優勢智能得以彰顯，以因應社會變遷的需求。根據學校型態實驗教育學校的實務經驗，其呈現多元反思、適性學習、情境體驗與理想追尋的教育價值。提供主流體制宰制的反思：批判單一價值體系，理解、包容、尊重不同理念的存在（林錫恩、范熾文、石啟宏，2018）。

北都實驗學校不期待組織成員單飛，成為孤獨的雄鷹，邀請夥伴輪流帶領群飛翱翔的雁群。以學力、健康、情緒為自主學習向度，透過評鑑歷程反思；以雷達圖的方式自我評估，請教師自我檢視執行過程中各向度在雷達圖中的落點，自我覺察學校不足之處之後，由校內教師共同規劃、調整、對外尋援合作，修正自我辦學之不足以自我毅力策勵精進。評鑑是促成實驗教育公共化的重要基石。

多元化、適性發展、自主學習是重要的教育趨勢，部分學校受限於班級人數較多，無法提供個別化的教學情境，因此讓家長產生疑慮，轉而選擇在家自行教育，使孩子經歷生活的經驗，進而累積解決各種困難的能力（施又瑀，2017）。沒有實踐行動支持的教育理念就顯得空洞，沒有理念思維指引的策略行動就顯得盲從。檢視諸多實驗教育學校對自己的「特定教育理念」缺乏深刻的論述與行動準則；看似認真做了不少事，卻少著墨其課程與實驗教育理念的關聯。

陸　展望：夢做大、願恢弘、根扎深、愛傳動

實驗教育校務治理的深耕與生根，因著「教」讓親師生有感覺、因著「育」讓親師生能感受、因著「實驗」讓親師生會感動，並匯集權益關係人的協力參與，實驗教育校務治理就像是場馬拉松式的長距離接力賽，掌聲總在最後才會響起，需要適時自主增能打氣；在「實作探究」中得到滿足；在「驗證理念」中健康成長，在「愛就開心」（education）中調適生活（教育的雙語雙關詞）；營造適切體驗情境的系統：整合行政、課程與教學情境，貼近孩子真正學習的需求。連結教育理想追尋的動能：提供理念、另類學校優質經營的可能，展揚多元價值。

實驗教育普遍強調以學生學習為中心的知識、情意、態度、實踐並重的全人教育，達到學校是建構課程的發展基地，社區是發展課程的資

源沃土，教師是轉化課程的關鍵動能，落實以計畫推動創新改革、以組織凝聚發展力量、以資源支持專業運作、以評鑑掌握績效責任；協助教師發展專業社群的力量，以有效整合社會資源，提升教師教學績效，讓學生得以適性發展；讓學校親師生都擁有各自不同的舞臺與高峰經驗，展現生活的意義、成就生命的價值。

　　馮朝霖（2015）認為「把根紮深、把夢作大」是實驗教育發展願景。在實驗教育對於其教育理念的構思、核心哲學的轉變，常有探求其「歸本溯源」、「本來面目」的渴望，進而追尋人的本質、核心價值與理想圖像，正是其核心理念上常見的共有特色（溫子欣，2018）。期盼學校型態實驗教育校務治理能透過「以實踐觸發行動智慧，熱情自發把夢做大」、「以人力資產累積力量，整合互動把願恢弘」、「以研究檢核發展趨勢，動態共好把根扎深」；進而「以親師協力誘發實踐量能，回歸學習把愛傳動」。

參考文獻

（一）中文部分

方永泉（2000）。邂逅（Encounter、Begegnung）。載於國家教育研究院（維護），**教育大辭書**。取自 http://terms.naer.edu.tw/detail/1315026/

王文科、王智弘（2010）。**教育研究法**（增訂第 14 版）。臺北市：五南。

王昭傑（2020）。**臺灣公辦公營實驗國民小學轉型歷程與運作模式之探究：才能發展構念**（未出版博士論文）。國立臺灣師範大學，臺北市。

王順平（2007）。臺灣家長參與學校教育之探究。**研習資訊**，**24**(4)，61-74。

田建中（2021）。**國民小學學校型態實驗教育的發展現況、運作困境與解決策略之研究**（未出版博士論文）。國立屏東大學，屏東縣。

余亭薇（2016）。**新北市國小教師對學校型態實驗教育認同度與衝擊評估之研究**（未出版之碩士論文）。臺北市立大學，臺北市。

吳明清（2010）。卓越領導的庶民思維。**教育研究月刊**，**194**，5-9。

吳明清（2015）。教育決策的工具邏輯與概念思維：兼論研究與實驗的必要。載於黃政傑（主編），**教育行政與教育發展：黃昆輝教授祝壽論文集**（頁31-38），臺北市：五南。

吳清山（2015）。「實驗教育三法」的重要內涵與策進作為。**教育研究月刊，258，**42-58。

吳清山（2018）。**幸福教育的實踐**。臺北市：心理。

吳清山、林天祐（2007）。實驗教育。**教育研究月刊，155，**168。

吳清山、林天祐（2009）。教育治理。**教育研究月刊，180，**128-129。

吳清山、陳伯璋、洪若烈、郭雄軍、范信賢、李文富（2011）。**理念學校之論述建構與實踐研究報告**。國家教育研究院委託之研究報告（編號：NAER-98-31-A-2-01-00-1-01）。

吳清山、劉春榮、林志成、王令宜、李柏佳、林雍智（2016）。**實驗教育手冊**。教育部國民及學前教育署委託專案計畫成果報告，未出版。

吳新傑（2017）。調適性挑戰與教改問題本質及政策角色的辨析。**市北教育學刊，57，**15-32。

吳新傑（2021）。校長專業發展的新取向：變革免疫模式。**教育研究月刊，322，**97-110。https://doi.org/10.3966/168063602021020322007

李柏佳（2016）。學校型態實驗教育實施條例解析：國民教育階段為例。**學校行政，101，**15-33。https://doi.org/10.3966/160683002016010101002

林純真（2015）。**十二年國民基本教育適性揚才政策理念及政策推動之研究**（未出版之博士論文）。國立臺南大學，臺南市。

林雍智（2016年10月14日）。**臺灣推動實驗教育的作法與經驗**（實驗教育：現況、型態、推動作法與未來展望）。載於2016兩岸城市教育論壇。臺北市立大學。

林雍智（2017）。有力量的學校：有效支撐學生學力水準。**師友月刊，600，**21-27。

林雍智（2018）。**國民小學學校治理之研究**（未出版之博士論文）。臺北市立大學，臺北市。

林雍智（2019年3月18日）。**實驗教育計畫的擬定**〔PPT投影片〕。臺北市政府教育局實驗教育學分班講義。臺北市立大學。

林雍智、吳清山（2018）。中小學學校治理：運作機制、實施困境與改進策略。**教育**

研究月刊，**290**，4-17。

林錫恩（2021）。**學校型態實驗教育校務治理之多重個案研究**（未出版博士論文）。國立東華大學，花蓮縣。取自 https://hdl.handle.net/11296/5c8sb7

林錫恩、范熾文（2017）。十二年國教與偏鄉教育創新實驗的理念與實踐〔論文發表〕。載於東海大學（主辦），**第九屆教育專業發展學術研討會：十二年國民基本教育課程綱要的變革與實施研討會手冊**，頁 27-29。

林錫恩、范熾文（2018）。學校型態實驗教育的內涵、經營策略與案例。載於吳清基（主編），**教育政策與學校經營**（頁 95-121）。臺北市：五南。

林錫恩、范熾文、石啟宏（2018）。學校型態實驗教育經營策略之探析。**臺灣教育評論月刊，7**(1)，135-142。

果哲（2016）。**臺灣教育的另一片天空**。臺北市：大塊文化。

施又瑀（2017）。從法規演變談我國國民教育階段實驗教育發展趨勢。**學校行政雙月刊，109**，172-187。https://doi.org/10.3966/160683002017050109010

洪如玉（2010）。全球化時代教育改革與發展的另類思考：地方本位教育。**幼兒教保研究期刊，5**，73-82。

范熾文（2015）。校長專業發展的利器：如何成為反省實踐者。載於吳清基（主編），**教育政策與教育發展**（頁 173-192）。臺北市：五南。

范熾文（2019）。專業發展學校：師資培育大學與中小學之鍊結。載於吳清基（主編），**教育政策與前瞻創新**（頁 128-146）。臺北市：五南。

范熾文、張文權（2016）。**當代學校經營與管理：個人、團體與組織連結**。臺北市：高等教育。

范熾文、張文權（2019）。偏遠地區學校創新的促動因素、實施方式與具體途徑。載於湯志民（主編），**偏遠地區學校教育與發展**（頁 141-165）。國立政治大學教育學院。

范熾文、張文權、陳碧卿（2020）。為社會正義而領導：編織公平正義的學校教育環境。**教育研究月刊，318**，4-17。

唐宗浩（2006）。關於臺灣的另類教育。載於唐宗浩、李雅卿、陳念萱（主編），**另類教育在臺灣**（頁 19-38）。臺北市：唐山。

秦夢群（2015）。**教育選擇權研究**。臺北市：五南。

張芷瑄（2021）。探究公立學校轉型實驗教育學校的師資困境：質性後設分析研究。**學校行政雙月刊，131**，118-137

教育部（2011）。**中華民國教育報告書**。臺北市：作者。

教育部（2014）。**十二年國民基本教育課程綱要總綱**。臺北市：作者。

教育部國語推行委員會（2015）。**重編國語辭典修訂本**（臺灣學術網路第5版）。取自 http://dict.revised.moe.edu.tw。企劃執行：國家教育研究院。

教育部統計處（2020）。**中華民國教育統計**（民國109年版）。教育部。

教育部學校規劃建設發展中心（北京）、未來學校研究院、北京國育世紀科技發展有限公司、中國教育智庫網（2020）。**「未來路線圖」實驗學校發展1.0**。https://www.izhouran.com/wp-content/uploads/2020/04/b3b1936bad70adb.pdf

梁榮仁、范熾文（2020）。臺灣學校型態實驗教育品質保證的內涵與發展策略。**教育研究月刊，315**，41-56。https://doi.org/10.3966/168063602020070315003

陳世聰（2016a）。理念學校績效評估之探討。**經營管理學刊，11**，67-86。

陳世聰（2016b）。學校型態實驗教育品質確保與績效評估。**教育研究月刊，268**，39-53。https://doi.org/10.3966/168063602016080268004

陳伯璋、李文富（2011）。尋找教育的桃花源：理念學校的發展與實踐。載於陳伯璋（主編），**教育的藍天：理念學校的追尋**（頁3-14）。新北市：國家教育研究院。

陳金貴（2013）。治理之理論與發展。公共治理季刊，**1**(1)，25-36。

陳盈宏（2015）。**我國教育政策網絡治理之研究：以國民小學補救教學政策為例**（未出版之博士論文）。國立臺灣師範大學，臺北市。

陳美如、郭昭佑（2019）。非學校型態實驗教育之活化教學個案研究：學會學習的系統觀點。**課程與教學季刊，22**(1)，39-70。

陳清圳（2018）。是的，我們都在練習生活。載於顧瑜君（著），**五味屋的生活練習曲**（推薦序）（頁6-9）。親子天下。

陳惠邦（2003年12月）。華德福學校教育學的現代意義。**藝術與人文領域教學理論與實務學術研討會手冊**（頁22-32），國立新竹師範學院。

陳聖謨（2012）。偏鄉人口結構變化與小學教育發展關係：以雲林縣濱海鄉鎮為例。**教育資料與研究，106**，23-56。

陳榮政（2016a）。實驗教育實施與混齡教學的嘗試。**教育研究月刊，270**，54-68。

https://doi.org/10.3966/168063602016100270005

陳榮政（2016b）。學校型態實驗教育之探析與學校行政變革。**教育與多元文化研究，14**，157-181。https://doi.org/10.3966/207802222016110014005

陳榮政（2017）。**學校型態實驗教育之校務變革與地方教育治理之互動分析**。科技部補助專題研究計畫報告（編號：MOST 105-2410-H-004-193），未出版。

陳榮政（2019）。**教育行政與治理：新管理主義途徑**。臺北市：學富文化。

陳毅鴻（2016）。**公辦公營學校型態實驗教育機構轉型歷程之研究**（未出版之碩士論文）。私立明道大學，彰化縣。

游惠音（2016）。從《學校型態實驗教育實施條例》談公立國民小學轉型與創新經營的策略。**學校行政雙月刊，102**，161-174。

馮朝霖（2006）。謙卑、敢行與參化：教育美學在全人另類學校的開顯。載於李崇建，**移動的學校**（推薦文）（頁297-314）。臺北市：寶瓶文化。

馮朝霖（2012）。另類、教育與美學三重奏。載於中華民國教育學會（主編），**2020教育願景**（頁83-116）。臺北市：學富文化。.

馮朝霖（2015）。把根紮深、把夢作大：臺灣實驗教育發展願景。**新北市教育，14**，13-18。

馮朝霖（2016）。**乘風尋度：教育美學論輯**。新竹市：道禾書院。

馮朝霖（2017）。另類教育基本精神及其臺灣經驗。載於馮朝霖（主編），**臺灣另類教育實驗經驗與十二年國教課綱之對話**。國家教育研究院。

黃志順（2018）。領導即是遭逢：創辦與經營實驗學校的一些作為與思考。載於林文律（主編），**學校經營的實踐智慧**（頁53-71）。臺北市：學富文化。

黃志順（2020年10月30-31日）。**笨蛋，問題在治理！一所實驗國小校務治理的戰略思維與戰術實踐**〔論文發表〕。2020教育治理的挑戰與創新國際學術研討會，臺北市。

楊文貴、游琇雯（2011）。臺灣理念學校發展與現況之探討。載於陳伯璋（主編），**教育的藍天：理念學校的追尋**（頁83-109）。國家教育研究院。

溫子欣（2018）。實驗教育機構、學校之共同辦學特色分析。**國家教育研究教育脈動電子期刊，14**。取自 https://pulse.naer.edu.tw/Home/Content/d11593a1-161c-4b48-9323-1afec7dc6380?insId=53c08c25-348a-4842-a50d-3ec06527cefe

溫明麗、黃乃熒、黃繼仁、葉郁菁、翁福元、鍾明倫（2015）。**國民教育新視野：借鑑、蛻變與創新**。新北市：國家教育研究院。

詹志禹（2017）。實驗創新與十二年國民基本教育。**課程與教學季刊，20**(4)，1-24。https://doi.org/10.6384/CIQ.201710_20(4).0001

詹志禹、吳璧純（2015）。偏鄉教育創新發展。**教育研究月刊，258**，28-41。

詹志禹、蔡金火（2001）。九年一貫課程改革與教師行動研究。載於課程與教學學會（主編），**行動研究與課程教學革新**（頁 75-100）。臺北市：揚智。

詹家惠（2015）。**親師生信任連結的家校生活：一所臺灣另類國民小學教育實踐之個案研究**（未出版之博士論文）。國立政治大學，臺北市。

臺北市政府教育局（2018）。**臺北市中長程教育施政綱要：迎向幸福未來、躍升臺北教育**。臺北市：作者。

劉育忠（2011）。無目的論的教育學可能性想像：後結構主義與另類教育的接合。載於馮朝霖（主編），**漂流、陶養與另類教育**（頁 53-72）。政大出版社。

劉育忠、王慧蘭（2017）。實驗教育在「實驗」什麼？臺灣實驗教育的核心關懷與實踐探索。**教育研究月刊，277**，4-17。

鄭同僚、詹志禹（審訂）（2019）。**實驗教育作業手冊（2019 年修訂版）**。國立政治大學教育部實驗教育推動中心。

鄭雅文（2018）。**臺灣偏遠地區中小學校長校務治理困境分析之研究**（未出版之碩士論文）。國立政治大學，臺北市。

薛雅慈（2011）。另類教育的理念溯源及其與當代新興教育思潮的邂逅：兼論對臺灣中小學體制化教育現場的反思。載於馮朝霖（編著），**漂流、陶養與另類教育**（頁 237-258）。臺北市：政大出版社。

謝文全（2018）。**教育行政學**（第 6 版）。臺北市：高等教育。

簡茂興（2018）。孺慕益深，往事難忘。載於賴清標（主編），**謙謙君子：憶簡茂發名譽教授**。臺北市：五南。

顏永進（2013）。**一位國小校長領導的生命故事**（未出版之博士論文）。國立屏東教育大學，屏東縣。取自 https://hdl.handle.net/11296/y265u9

（二）英文部分

Aron, L. Y. (2006). *An overview of alternative education*. Washington, D. C.: The Urban Institute. Retrieved from http://www.urban.org/research/ publication/over view-alternativeeducation/view/full_report

Carr, D. (2003). *Making sense of education : an introduction to thephilosophy and theory of education and teaching*. Routledge Falmer.

Maxwell, J. (2001)。質化研究設計：一種互動取向的方法〔高熏芳、林盈助、王向葵譯〕。臺北市：心理。（原著出版年：1996）

Raywid, M. A. (1998). The journey of the alternative schools movement: Where it's been and where it's going. *High SchoolMagazine, 6*(2), 10-14.

Starling, G. (2011) . *Managing the public sector*. Thomson Wadsworth.

Steiner, R.(2004). *The spiritual ground of education* (Lectures presented in Oxford, England August 16-29, 1922). Hudson, NY: Anthroposophic Press.

Zimmerman, B. J. (2001). Theories of self-regulated learning and academic achievement: An overview and analysis. In B. J. Zimmerman, & D. H. Schunk (Eds.), *Self-regulated learning and academic achievement: Theoretical perspectives* (2nd ed.) (pp.2-37). Lawrence Erlbaum Associates Publishers.

Zimmerman, B. J. (2002). Become a self-regulated learner: An overview. *Theory into Practice, 41*(2), 64-70.

問題與討論

一、學校型態實驗教育為教育發展的契機與希望，其意義與價值為何？

二、面對教育創新與擇校世代，校務治理應兼顧的辦學核心目標為何？

三、試分析學校型態實驗教育的特定教育理念類型為何？其特色為何？

四、如何彰顯實驗教育的價值與理想，試分析其校務治理策略為何？

五、試分析個案實驗學校如何確保學習的主體性？其借鏡啟示為何？

第十九章

學校實施特色課程行銷成果與影響之研究

劉國兆

成功的意義應該是發揮了自己的所長，盡了自己的努力之後，

所感到的一種無愧於心的收穫之樂，而不是爲了虛榮心或金錢。

～羅曼・羅蘭

壹 前言

少子女化的浪潮一波波襲來，公立國中小學遭受到的衝擊與影響仍然持續發酵中。根據媒體報導，「我國婦女生育率呈長期下降趨勢，限縮人口成長動能，在 2022 年總人口成長由正轉負，是重要轉捩點也是重大警訊」（鄭鴻達，2019），2022 年距離現在也只剩一年了，面對學區內學齡人口的持續減少（臺北市教育局，2019a），如果又加上外在因素的干擾與影響，學校辦學所遭遇到的困境，恐有雪上加霜之情形。

根據臺北市教育局訂定之「校務評鑑」項目來看，臺北市國民小學的校務項目，包括：一、「學校領導與行政管理」；二、「課程發展與評鑑運用」；三、「教師教學與專業發展」；四、「學生學習與成效表現」；五、「學生事務與國民素養」；六、「學生輔導與支持網絡」；七、「校園環境與教學設備」；八、「特殊教育與團隊運作」以及九、「公共關係與家長參與」（臺北市教育局，2019b）。目前校務評鑑雖然暫時停辦，但再進一步對照「臺北市 108 學年度國民小學校長／曾任校長自我考評表」中所列考評項目，包括：一、「政策執行」領域，考評指標爲「能有效執行教育政策重點工作」；二、「經營管理」領域，考評指標有三，包括：1.「學校基金預算之執行」；2.「積極校園危機管理」以及 3.「學校形象與特色行銷」；三、「專業領導」領域，考評指標有二，包括：1.「課程教學領導」以及 2.「教師專業發展」；四、「學生學習」領域，考評指標有二，包括：1.「學生學習情形」以及 2.「學生多元發展」；五、「辦學績效」領域，考評指標爲「特殊服務績效」以及六、「其他」領域，考評指標爲「陳情案件處理」（臺北市教育局，2019c）。

分析前述「校務評鑑」與「校長自我考評表」臚列之項目可以發現，在當今民主社會及民意至上的時代，如何做好「公共關係與家長參

與」、「積極校園危機管理」與「學校形象與特色行銷」，並妥善處理「陳情案件」，已經是學校辦學的重點。否則往往因事件未能妥善處理，演變成校園危機，更可能損及學校形象，也讓學校行銷打了折扣。

　　本研究以特色國小（化名）為例，分析學校歷經與社區、家長會對立，負面新聞接二連三的報導後，如何藉由特色課程發展及行銷策略運用，重新帶領學校出發。因此本研究運用文獻分析方法，除了探討學校特色課程發展及行銷策略運用的歷程，並分析學校實施特色課程行銷的成果與影響，最後提出結論與建議，作為學校發展特色課程及行銷策略運用及後續研究之參考。

　**文獻探討**

一、特色課程

（一）特色課程理論

　　特色課程理論與後現代理論、批判理論與實用主義理論有關，主要是從後現代多元的觀點及學生主體性出發，來討論課程的動態性、主體性與實用性。

　　首先是後現代理論與特色課程的關係。後現代理論認為現代社會運作所依賴的絕對價值與秩序並不存在，取而代之的是多元價值、尊重差異、動態循環及相互辯證的觀點（沈清松，1993）。從後現代理論看特色課程發展，課程並非只是教科書上的文字，是真實發生在學生的生活經驗中，它是與場域中不同身心特質的人互動的產物。

　　接著是批判理論與特色課程的關係。批判理論強調多元理論並存的事實，希望提供學生一個自由探索的學習環境，使其能自由地質疑、批判與反思，並能從意識形態的桎梏中得到解放，以彰顯主體的重要性，因此重視理論與實踐的交互辯證（張源泉，2006）。從批判理論看特色課程發展，課程的實踐必須讓學生在開放、自主的環境中探索與學習，進而讓思想與行動合一，讓自己成為真正的學習主人。

　　最後是實用主義理論與特色課程的關係。實用主義理論強調理論運用後所產生的實際效果，重視解決生活問題的方法與工具，因此揚棄不

切實際的言說與理論（林秀珍，2006）。從實用主義理論看特色課程發展，課程必須重視動手做、從做中學，因此重視體驗學習與眞實情境，希望學生習得可以解決生活實際問題的學問與能力。

綜上所述，特色課程必須掌握課程的動態性，發揮學生的主體性，並能培養解決問題的實用性等三大特性。

（二）特色課程發展

特色課程發展起源於教育改革方興未艾、教育學說百家爭鳴、教育市場多元開放的時代背景，再加上少子女化下，學校招生日益困難，且社會各界開始探討學校存廢裁併等議題，故教育部大力推動特色學校，希望藉由特色學校發展，引入創新經營、策略聯盟、品牌及行銷觀念，希望藉此吸引學生留在學區內就讀，以減緩少子女化對規模日漸縮小學校的衝擊，進而促使學校與社區共同合作，發展出結合社區資源的特色學校（林志成，2010；劉國兆，2017 a）。

以特色課程爲核心的特色學校發展，歷經幾個階段。首先是《天下雜誌》和《商業周刊》開始評選全臺灣各縣市的特色學校，作爲家長選擇學校的參考，因此興起了一股特色學校風潮。教育部也從 2007 年開始推動發展特色學校計畫，計畫中所結合的空間概念，也從「活化校園空間」到「整合空間資源」再到「營造空間美學」，其核心概念逐漸確立爲「以校本特色課程爲核心，營造具課程意義之校園環境」（教育部，2019；劉國兆，2017a）。

一時之間，特色學校有遍地開花之趨勢。而學校特色課程也發展出融入產業文化、山川景觀、自然生態、人文遺產等各具特色的多元型態課程。

二、學校行銷

（一）學校行銷策略

行銷策略從原先的產品（product）、價格（price）、通路（place）和推廣（promotion）4P 組合，增加了人員（people）、過程管理（process management）及實體設備（physical evidence）三項，擴展爲 7P

的概念。前述 7P 行銷策略，經過教育人員實際運用在學校中，修正爲方案（program）、產品、人員、推廣、價格、形象（appearance）及通路等學校行銷策略的 7P。

　　本研究所採取的學校行銷策略的觀念，是一種爲達成行銷目的所使用的行銷方案、產品、人員、推廣、價格、形象、通路等策略觀念（陳金粧、吳建華，2007）。包括：1. 方案策略：提供教育活動與服務；2. 產品策略：提供並滿足學生、家長及社區需求的教學、課程與學習內容；3. 人員策略：發揮教師專業並提高行政人員服務效能；4. 推廣策略：包括溝通、文宣、辦理活動、參與社區活動、加強公共關係等方式；5. 價格策略：包括以公立學校標準收費、爭取專案經費挹注及維持最高教育品質；6. 形象策略：將學校特色、學生學習、優良文化等傳達給家長、社會大眾，以提升學校形象；7. 通路策略：運用多元通路，包括時間、空間、資源等，以提高產品取用的方便性。

　　綜上所述，學校行銷策略就是學校爲滿足學生教育需求，設計並提供一系列教育活動與服務，並將學生未來可以習得的能力，轉化成可以具體說明或呈現的方式，進而充分利用相關人力資源、運用多元宣傳管道、維持最高教育品質、建立學校品牌形象及結合社區資源以發揮場地、設備效益等，以實現學校教育目標。

（二）學校行銷運用

　　在學校行銷運用方面，包括：教育理念行銷、慶典活動行銷、學習成果行銷、媒體報導行銷、公關活動行銷、文宣刊物行銷與網路科技行銷等幾個部分（郭喜謀，2004；陳金粧、吳建華，2007）。

　　在教育理念行銷方面，要持續溝通學校辦學理念及願景；在慶典活動行銷方面，要利用大型活動展現親師生的向心力；在學習成果行銷方面，要展現學生的多元才能；在媒體報導行銷方面，要主動發布新聞稿，並與各類型媒體保持聯繫；在公關活動行銷方面，要主動參與社區活動，並做人際溝通互動；在文宣刊物行銷方面，要定期出版文宣刊物，讓外界了解學校辦學成果；在網路科技行銷方面，善用網路無遠弗屆地影響，運用 Facebook、LINE、Google 搜尋引擎及網頁，創造學校

正面聲量。

　　從上述分析可以得知，學校行銷可以運用多元途徑，加總起來的影響，往往出乎意料之外。

三、特色課程與學校行銷之關係

（一）特色課程發展是學校行銷的核心

　　在學校行銷策略中，最重要的核心概念是「產品」，沒有產品，所有的行銷都是空談。對學校來說，課程才是最重要的產出，因為教師教學與學生學習都以課程為依據，課程、教學與學習三者是緊密扣連在一起。

　　近年來，實驗教育三法通過後，實驗課程已是大家關注的焦點。而學校特色課程，往往運用了實驗教育所強調的跨領域合作與主題式教學，並重視實際操作，以解決實際問題，故是另一種形式的實驗課程（劉國兆，2016；2017b；2017c）。

　　扎實地做好特色課程發展，正是強化學校行銷最重要的工作，因為，「沒有課程的行銷是空的，沒有行銷的課程是盲的」。

（二）學校行銷是特色課程發展的推手

　　課程發展不是閉門造車的事，尤其是特色課程發展與社區資源運用息息相關，所以特色課程發展具有外部與內部相融合的性質。

　　一方面，學校行銷可以促成特色課程發展所有參與人員的共識，凝聚向心力；另一方面，學校行銷可以促使家長、社區人士及社會大眾，了解課程特性與辦學成果。也因此，藉由特色課程發展，將自己、家庭、學校、社區與社會串連在一起（劉國兆，2018）。

　　故善用學校行銷，會挹注特色課程發展養分，成為特色課程持續發展的重要推手。

參　研究結果分析與討論

一、學校特色課程發展及行銷策略運用歷程

（一）92 學年度至 99 學年度

1. 特色課程發展草創期

在九年一貫課程開始實施時，各校都面臨如何發展校本課程的困境，主要是課程改革後，將權力從教科書編輯委員下放給學校教師，教師不再只是「照本宣科」的教書者，教師本身也可以是課程的設計者。也就在此時，在教育改革聲浪中，發展學校特色，逐漸成為學生家長、社區民眾及教育行政機關的共同期待（陳幸仁、余佳儒，2011）。

然而，基層教師對九年一貫課程實施有相當的憂慮與擔心。劉國兆（2001，頁 23）表示：

> 九年一貫課程實施的模式，難以擺脫傳統「由上而下」的窠臼，雖然大家口口聲聲喊著：重視學校本位課程發展，然而，在教育部制定了大方向、大原則的情況下，學校本位課程發展也有其相當的限制與束縛，美其名為教育改革，實則可能淪為一波波無疾而終的教改浪潮的泡沫。

也就在九年一貫課程實施同時，特色國小遭遇到少子化衝擊、減班的處境，因此 A 校長亟欲著手發展學校特色課程以提升學校的能見度，以吸引學生入學。A 校長表示（陳幸仁、余佳儒，2011，頁 155）：

> ……是一個有危機的學校，因為長久以來，學校處於封閉的環境，老師不想去外面接觸，也沒有去看看外面的世界改變了多少……當哪一天你（學校）的優勢不存在時，這些越區人不來了，而轉學到鄰近的他校，這很嚴重哦！……這就是學校為何要建立特色課程發展……

A 校長以危機論述作為課程改革的前提，這樣的策略運用，就如

同美國發動教育改革時，提出「在危機中的國家」論述一般（U.S. De-partment of Education, 1983）。然而危機論述雖然可以讓大家警覺整體情勢的發展，卻缺乏深度對話，在校長採用強勢領導下，校內的對立不斷。A 校長表示（陳幸仁、余佳儒，2011，頁 155）：

> 為什麼我會選擇強制型，依我這二年對學校的了解，再回溯前二年學校長久以來形成的校園文化對照，⋯⋯我認為對學校的人來講鼓勵是沒有用的，是緩不濟急啦！

在強勢作風帶領下的校園氛圍，教師與行政之間的關係往往處於緊張狀態，就像一根根已經繃緊的弦，隨時有可能說斷就斷，校園危機一觸即發。學校同仁表示（陳幸仁、余佳儒，2011，頁 156）：

> 校長強勢的作風，也會帶給教師抗拒態度⋯⋯

在一種對立與不安的氛圍中，學校行政規劃出環境與足球教育特色課程，環境教育從關懷校園環境、關懷社區環境與關懷環境議題三個構面，架構出一到六年級主題課程；足球教育也從足球文化歷史、足球運動知能與足球遊戲競賽技巧三個構面，架構出一到六年級主題課程（清江國小，2005）。

2. 策略運用偏向單一化，學校形象及內外部行銷有待加強

由於特色國小從 1980 年代起，歷任校長就決定打造足球教育為學校特色，因此主動尋求後來成立五人制足球協會的張教練到校教球，至今已經三十多年，外界也將特色國小與足球教育畫上等號。另外，因為社區內有全國最為活躍的環保組織奇岩社區發展協會，所以雙方合作在校內設置生態池教學園區（郭玉蓮，2017；劉國兆等，2017a）。

雖然擁有環境與足球教育特色課程，也曾經辦理包括相關活動加以推廣，但是因為行銷策略較為單一化，雖然著重在與社區民間組織合作，但是不同團體各有各的理念與堅持，往往與教育現場產生扞格不相容問題。再加上缺乏多元管道行銷，社區及家長對於學校提供教育活動

與服務、教學、課程與學習內容等亦不甚了解，又遭遇到對內行銷與對外行銷無法獲得認同，導致學校形象無法提升，不僅使得外界未將特色國小與特色學校等同視之，反而強化了校內外紛爭不斷的印象（郭玉蓮，2017；陳幸仁、余佳儒，2011；黃忠榮、邱紹雯，2010）。

（二）100 學年度至 103 學年度

1. 特色課程發展蛻變期

100 學年度 B 校長上任以來，致力於學生學習本位與教師教學專業的理念，除了積極爭取經費改善校園軟硬體設備，營造校園美學空間，在課程與教學上，並爭取相關經費辦理校際交流、遊學趣、藝文教學深耕等課程教學活動，並致力推動多元課後社團活動，同時逐步規劃統整校本特色課程與活動，提供學生多元的學習（清江國小，2014a）。

此階段的特色課程發展，B 校長先從教師專業成長著手，發展各種專業方案，包括：教學輔導老師、教師發展性輔導與評鑑、教師社群、資訊精進教學等；接著針對過往校本課程重新檢視與修正，結合現今課程時數與學校資源，重構校本特色課程，加以整合並分年段規劃，落實執行校本特色課程（清江國小，2014b）。

B 校長充分運用各項社區資源，架構出踏訪清江的「岩江樂活」（包括：足下球樂、溝江水塘、奇岩探索、健康生活）、悅讀生命的精彩光輝（包括：珍愛生命之旅、我是 EQ 高手、我與作家有約、林老師說故事）與體驗學習的無限樂趣（包括：漢鼓振人心、偶戲初體驗、歲末登山遊、創意設計情）三大特色課程（清江國小，2013）。

多元豐富的特色課程內容，帶動了學校的發展，獲得校務評鑑委員的肯定。不過評鑑委員也提出了建議（臺北市教育局，2014，頁3-4）：

　　……惟如何與學校願景「健康、合作、國際與卓越」四大願景等連結，未有產生討論與反省，實有待進一步規劃產生緊密的連結。……惟學校願景（如國際化）如何和各種學習領域與特色課程或校本課程等產生連結，仍有強化空間。

在此蛻變期中，開啟了特色課程新樣貌，同時也讓學校的行事風格與步調跟著動了起來。然而，如何將學校願景「健康、合作、國際與卓越」四大願景，與各學習領域與特色課程或校本課程等產生連結，以落實於課程與教學中，自然是下一個階段的重要任務。

2. 策略運用趨向多元化，學校形象已提升，內部共識已建立，公共關係也已改善，惟與家長會的互動關係卻日趨緊張

特色國小在多元化特色課程引領下，行銷策略也趨向多元化。學校對於行銷與公共關係的重視，從校務評鑑自我評鑑報告內容可以得知。在報告中提到學校形象行銷策略如下（清江國小，2014b，頁 210-211）：

> （一）學校形象行銷策略：1. 產品策略：(1) 發展學校特色，建立學校品牌……2. 通路策略：(1) 善用親師溝通：辦理學校日、親師會，增進親師互動，建立家長與學校良好關係……3. 推廣策略：(1) 利用節慶、時令或活動展示相關活動成果……4. 人員策略……(2) 增進教師、行政人員與家長、社區民眾的溝通能力、教學熱誠與服務態度，以建立學校優質形象……5. 公共關係策略……(2) 結合社區里長、社區發展協會，辦理社區民眾相關活動……

經過多元策略的努力下，增進了社區及家長對學校的認同，學校形象也逐漸提升中（郭玉蓮，2017），同時學校也非常重視內外部行銷，相關策略如下（清江國小，2014b，頁 211-213）：

> （二）內部行銷具體作法……2. 召開各項會議，讓教職員有充分參與作決定的機會。3. 學校成員在行政工作或教學上能互相支援與協助。4. 學校能利用口頭、書面、公布欄、電子郵件或網頁等方式，將重要資訊告知每一個成員……6. 學校對教職員工生所提出的問題或建議，能迅速回應並妥善處理……
> （三）外部行銷具體作法：1. 舉辦班親會、說明會或座談會

等，使家長了解學校的現況。2. 利用新聞媒體、學校網站及學校刊物，讓社區民眾認識學校……5. 拜訪社區意見領袖（如里長、民意代表），聽取意見，保持良好互動關係。6. 定期舉辦教育活動，並邀請家長與社區人士參與。9. 透過學校 LOGO 設計與形象包裝讓社區活化：例如：(2) 開放家長參與之全校性活動……

在內外部行銷的成果方面，展現出「學校同仁一家親、社區學校一家親及親師生互動密切」的嶄新局面，特別是在內部共識的建立與公共關係的改善，讓學校發展呈現出新氣象（清江國小，2014b，頁 213）。不過，學校與家長會的關係卻出現對立情況（劉國兆等，2017b，頁 3）：

　　　原本應是學校最佳助手的家長會，卻是站在學校的對立面，不僅發動家長抵制學校，甚至於找媒體投訴，動輒打 1999 等，負面新聞的報導，不僅損及學校形象，更讓校園氣氛低迷，校內人員抱持戒慎恐懼的心情，一種動輒得咎的不安氣氛瀰漫。

好不容易盼來春天的特色國小，此刻卻宛如困在牢籠裡的驚弓之鳥，明明有一雙厚實的翅膀，卻無法展翅飛翔。

（三）104 學年度至 107 學年度

1. 特色課程發展突破期

104 學年度 C 校長上任，了解學校遭遇的困境後，先從學校願景「健康、合作、國際與卓越」的闡釋開始，並透過行政會議、擴大行政會議、學年會議、領域會議、教師早會、課程發展委員會、校務會議等會議，與大家共同分析闡述願景的意涵（清江國小，2015，頁 1）：

　　　「健康」是「身心健康」，「合作」是「同心協力」，「國

際」是「宏觀視野」，「卓越」是「多元展能」。「健康」是
學校發展的首要目標，不僅是領域與課程發展的起點，更是從
學生體重過輕與過重比例偏高的需要出發，也符合學生所在生
態社區重視健康的需求。

因此，大家立下「打造一所健康學校」的目標，並以培育「身心健
康的清江人」作爲此階段的課程願景，透過不斷的論述，將學校特色
課程聚焦於以健康爲核心的四大特色課程：健康飲食教育是「健康的飲
食」，藝文教育是「健康的心理」，生態教育是「健康的環境」，足球
教育是「健康的身體」（劉國兆等，2017b，頁 5）。

特色國小架構出以「健康」爲核心的四大特色課程，運用「合作」
的各種元素，包括：學生同儕合作、師生合作、親師合作、親師生合
作、行政與教師合作、學校與社區合作等，更參與了臺北市第一、二屆
教育創新與實驗計畫，也參與了遠見天下基金會「不一樣的教室」第一
屆主題教學活動，開啟了學校跨領域合作與主題教學的創新模式。特
色國小更積極辦理國際教育相關活動，促成來自中國大陸、香港、巴
拉圭、瑞典等地的交流活動，也在特色課程中加入國際教育的議題與
素材，朝向「國際」方向前進，最後則是希望讓學生在多元的舞臺中，
發揮不同的專長，更重要的是，在以健康爲核心的四大特色課程，包
括：健康的環境「生態環境教育」、健康的心理「藝文教育」、健康的
身體「足球教育」以及健康的飲食「健康飲食教育」實施後，讓學生具
備健康的身心（學校願景：健康）、彼此能夠同心協力（學校願景：合
作）、開啟宏觀視野（學校願景：國際）以及展現多元才華（學校願景：
卓越）（劉國兆等，2017b，頁 8-9；劉國兆等，2018，頁 17）。

在課程發展委員會中，C 校長提醒所有人（清江國小，2015，頁
1）：

　　　　學校課程發展是以「健康」爲起點，「合作」爲歷程，
　　「國際」爲方向，「卓越」爲成果，並時時檢視做動態修正。
　　當發展出現問題，就回到起點來檢視，從「健康」這個出發點

開始反思，再看看「合作」是否落實，進而逐步朝向「國際」
的方向，展現出「卓越」的成果。

特色國小不僅希望打造一所健康學校，更希望藉由以健康為核心的
四大特色課程與社區資源、臺北市教育政策等連結，產生更大的影響
（劉國兆等，2018，頁 22-26）：

促使「自己、家庭、學校、社區、社會」五環連一，「環
境、情境、意境、心境」四境合一，「人際、校際、國際」三
際同一，「學力、能力」二力齊一……

這所位處臺北市邊陲的學校，經歷特色課程發展的突破期，終於讓
社區與學校連結在一起，不僅接軌臺北市「全人教育、創新教育、實驗
教育、國際教育」四大重要教育政策，也讓家長、社區及教育局發現特
色國小的亮點。至此，特色課程也就真正成為特色學校的招牌。

2. 策略運用走向課程化，學校建立品牌形象，也凝聚社區及親師生共
   識，但面臨學校發展瓶頸

特色國小以「健康」為核心發展四大特色課程及學習活動，並將行
銷策略課程化。首先在方案策略方面，提供了四大特色課程的教育活
動與服務；接著在產品策略方面，則明確定位了四大特色課程的學習內
容；另外在人員策略方面，也以發展四大特色課程為主，進行教師專業
發展及行政服務工作；至於推廣策略方面，則以四大特色課程為核心，
結合社區活動積極宣傳，並撰寫發布新聞稿，獲各類型媒體大幅報導；
另外在價格策略方面，雖然仍以公立學校標準收費，但是卻積極爭取專
案經費補助，以維持最高教育品質；而在形象策略方面，特色國小四大
特色課程品牌已然建立，並傳達給家長、社會大眾，學校形象也在持續
提升中；最後在通路策略方面，無論從網路、文宣刊物、Facebook、
LINE、Google 搜尋引擎等管道，都可以輕易獲取學校相關資訊。

課程化的行銷策略運用，凸顯出特色國小健康學校的鮮明形象，也
凝聚社區及親師生共識及向心力，家長表示（劉國兆等，2018，頁 22）：

> 非常感謝全體清江國小的老師及大家長劉校長……清江國小，讚讚讚！用心的校長推動創新實驗教育，帶著盡心專業的老師，成就專心的孩子，讓家長安心！

經過四年的努力，特色課程打出了口碑，建立了形象，但是反映在學校新生的報到率，卻讓人開始憂心，因為從 104 學年度至 107 學年度的新生報到率，始終在 70% 以下打轉，就連 107 學年度學校從三個班增為四個班的新生人數，雖然比上一學年度增加 34 人接近 100 人，其實報到率只是從 62% 增加到 67%，只有增加 5 個百分點（劉國兆，2019）。

接下來的 108 學年度新生在籍數從 107 學年度 148 人，往下掉到 107 人，從大數據的分析，輔以研究者的實地觀察，了解學區內學生越區就讀以及念私校的狀況，再佐以相關論文中的質性研究如下（郭玉蓮，2017，頁 127）：

> ……我們社區住別墅的，每一個都是跨學區，不是石牌，就是薇閣啦！這邊住進來的，幾乎都是大戶，一坪八十萬，你說他會讓孩子來唸這裡嗎？我們學校低收入戶的、家庭有問題的，幾乎都來唸這裡……隔代教養的比例也算是高的，會影響一些家長讓孩子來唸的意願……

特色課程的發展，確實面臨了瓶頸，亟待新思維及新作法，才能讓特色國小展現新氣象。

（四）108 學年度至 111 學年度

1. 特色課程發展轉型期

以「健康」為核心發展四大特色課程及學習活動，在參加教育部教學卓越獎評選及臺北市優質學校創新實驗向度的複審時，不斷有評審提出質疑，也讓我們開始反思，學校特色課程發展是否也該轉型？

再一次看看校務評鑑委員的建議（臺北市教育局，2014，頁 3-4）：

　　……校本課程與學校教育願景的連結進行滾動式修正，亦
透過教師與行政的合作，共同討論符合該校學生與社區所需的
願景，並落實於課程與教學中……

　　因此，特色國小又啟動了滾動式修正，透過領域備課社群的共同討論，在以「健康」為起點，「合作」為歷程，「國際」為方向，「卓越」為成果的原則中，希望全力國際教育，並強化雙語教育，也確立下一個階段的課程願景：打造「宏觀視野的國際人」（劉國兆，2019）。

　　特色國小特色課程發展轉型期已然來到，以國際教育為內涵，以雙語教育為途徑的目標，成為特色國小下一階段的課程主軸。

2. 策略運用朝向區隔化，特色課程發展轉型後，要實施國際教育及雙語實驗教育，促使學校永續發展

　　由於特色國小學區幅員跨越三個里，從關渡平原橫跨奇岩重劃區再到丹鳳山，但因特色國小位置在學區內的偏遠角落，進一步分析周邊學校，有兩所就位於學區兩端，又靠近捷運站，且交通動線便於家長上下班，於是，跨越學區就讀「交通便利學校」也是不得不然之事（劉國兆，2019）。

　　再加上私立學校在學區附近，成為高社經地位家庭的首選。又因為附近兩所額滿學校，各有英語教育及大型學校競爭力優勢，因此家長在孩子一出生，就將戶籍遷往這兩所學校學區的人為數頗多。且近年來，同一行政區內，有學校早已榮獲行政院國家環境教育獎的肯定，學校以生態特色名聞遐邇，更吸引不少人就讀。另一所亦已轉型為實驗學校，家長也趨之若鶩（劉國兆，2019）。

　　特色國小的行銷策略運用必須朝向區隔化，特色課程發展轉型後，要實施國際教育及雙語實驗教育，才能促使學校永續發展。

二、學校實施特色課程行銷的成果與影響

（一）特色國小實施特色課程行銷的成果

1. 凝聚親師生向心力，奠定學校發展基礎

藉由特色課程行銷，匯聚了親師生共同努力的強大力量，不僅打造

出一所「健康」的學校，也讓「健康」成爲學校發展的基礎，更培育出「身心健康的清江人」；在過程中，大家也以「同心協力」的態度攜手「合作」，進而朝向「國際」的發展方向，希望打造「宏觀視野的國際人」，並提供學生「多元展能」的舞臺，以實現「卓越」的目標。至此，學校願景「健康、合作、國際與卓越」，得以眞正落實（劉國兆等，2017b；劉國兆等，2018；劉國兆，2019）。

2. 重視特色課程發展，善用社區資源人力

在學校重視特色課程發展，有機連結學校願景，並將社區資源分類整理，引進豐富資源及人力後，展開了學校、家長會與社區的一系列合作方案，不僅化解了彼此之間的對立關係，而有效的行銷策略更讓家長會與社區看見學校辦學的成果，也願意投入更多時間與心力。因爲善用社區資源人力，挹注特色課程發展活水，更促使特色課程行銷有內涵、有亮點，也讓學校特色課程發展，成功整合社區的人力資源（劉國兆等，2017b；劉國兆等，2018；劉國兆，2019）。

3. 善用多元行銷策略，打開臺北市及全國的知名度

學校先從確認四大特色課程的產品內容開始，進行人員的專業發展及行政服務工作，再結合社區活動、撰寫發布新聞稿進行推廣，且積極爭取專案經費補助，以維持最高教育品質，並透過所有可以取得資訊的通路，傳達給家長、社會大眾，提升學校形象。在多元行銷策略運用下，獲教育行銷獎之肯定，校長亦獲基隆教育處邀稿，在基隆市全市的教育刊物《教與愛》中發表〈社區資源結合與特色學校發展—以臺北市清江國民小學爲例〉。校長及團隊成員更多次於研討會、成果發表會、候用校長儲訓班及媒體進行分享，也代表臺北市參加教學卓越獎的評選。地處臺北市邊陲的特色國小，逐漸打開臺北市及全國的知名度（臺北市教育局，2017；劉國兆等，2018，頁26）。

（二）特色國小實施特色課程行銷的影響

1. 注入創新實驗活水，促成學校轉型升級

藉由特色課程行銷，讓外界看見特色國小的亮點及特色課程的內涵，促使學校教師更加重視專業發展，接連參與遠見天下基金會「不一

樣的教室」第一屆主題教學活動、臺北市第一、二屆教育創新與實驗計畫，學校更榮獲臺北市第 17、18 屆教育專業創新與行動研究國小組團體獎乙組第四名、第三名佳績（劉國兆等，2018，頁 28）。這一所從對立衝突走向特色發展的學校，因為蓄積了創新實驗動能，目前已持續朝向轉型升級的道路前進。

2. 有機連結課程資源，促成社區廣泛參與

從學校願景連結課程發展，再連結師資運用及學生學習，進而連結社區資源及人力支援、行政服務、環境建置等，特色國小架構出以課程為核心的學校發展模式，再藉由特色課程行銷，促成社區廣泛參與，也投入更多人力。特色國小進而辦理了北投區健康飲食教育親子活動、臺北市及全國性的足球比賽、全國性食農城市綠願景分享會、北投區美術創作展及戲劇成果展等（劉國兆等，2018，頁 17-18）。當社區與學校齊心努力朝向共同的方向前進，所產生的加乘效果，令人期待。

3. 建立學校品牌形象，促成國際交流參訪

在特色國小實施特色課程行銷的影響下，特色國小建立了四大特色課程的品牌形象。首先是獲得中國大陸學校指名參訪的藝文教育：獲各大媒體報導，以及連續三年獲藝文深耕視覺藝術類及表演藝術類特優，並成為北投區最活絡的藝文學校，更成為北投區鳳甲美術館唯一指定長期合作對象；再來是獲得香港學校多次指名參訪的生態環境教育：獲各大媒體報導，參與臺北市教師研究中心環境教育專題研究案、與各民間團體合作（包括：大冠鷲在學校野放等）；接著是獲得臺灣最大邦交國巴拉圭教育部長指名參訪的足球教育：獲各大媒體報導，榮獲丙組與乙組雙料冠軍之佳績，更架構出從足球課程、社團、校隊、各類型比賽以及串連國小、國中、高中、大學到擔任教練及職業球隊的完整模式；最後是獲得瑞典教育部高教委員會主席指名參訪的健康飲食教育：擔任全國首創校園食品中毒應變處理演習觀摩活動演練學校，擔任臺北市全面守護食安複評學校獲全國第四名，榮獲臺北市公私立小學珍食美味大作戰總決賽「學校中央廚房組第一名，更獲得電視、報紙、廣播、雜誌、網路等各類型媒體報導（劉國兆等，2018，頁 28）。當國際交流開啟了學校的國際視野，「讓學生走出去，讓世界走進來」已不再只

是句空泛的口號。

肆 結論與建議

一、結論

（一）學校特色課程發展及行銷策略運用的歷程

　　特色國小歷經特色課程發展的不同階段，藉由多元行銷策略的運用，讓學校的特色課程獲得各類型媒體的大幅報導，不僅連結了學校的發展願景，也凝聚了親師生的向心力，進而與社區資源產生緊密連結，更讓社區人士及外界對學校的印象改觀。

（二）學校實施特色課程行銷的成果與影響

　　當學校遭遇困難與挑戰時，可以先從課程的產品內容定位開始著手，進行人員的專業發展及行政服務工作，再結合社區活動，運用多元行銷策略，並透過所有可以取得資訊的通路，傳達給家長、社會大眾，建立學校品牌形象，做好公共關係。並且要讓課程發展與學校教育願景的連結進行滾動式修正，進而促使學校朝向永續發展的道路前進。

二、建議

（一）對學校實務上的建議

1. 特色課程發展

　　課程是學校最重要的核心產物，必須從學生的需要出發，配合時代潮流趨勢及未來發展，隨時反思並進行滾動式修正。因此，特色課程發展必須與學校教育願景相互連結，並結合社區資源及人力支援、行政服務、環境建置等，進而在社區廣泛參與下，形塑出學校的品牌，並且在發展過程中，隨時檢視修正，以實現學校的教育目標與理想。

2. 行銷策略運用

　　行銷是學校必須重要的課題，學校人員可以充分了解方案、產品、人員、推廣、價格、形象及通路等行銷策略內涵，加以妥善運用，並與學校特色課程產生有機的連結。因為在資訊快速流通、多元開放的新時代中，善用行銷者，才能獲得加倍的成效，也能從行銷過程中，更加清

楚學校的優勢，並且改進不足之處。

（二）對未來研究上的建議

　　本研究主要是以文獻分析為主，建議未來可以參與觀察等研究方法，實際了解學校、社區的改變，透過更全面而深入的觀察，以了解特色課程行銷不同面向的成果與影響。

參考文獻

（一）中文部分

沈清松（1993）。從現代到後現代。**哲學雜誌，4**，4-25。

林志成（2010）。特色學校經營活化的尋思、迷思與省思。**教育研究，198**，32-42。

林秀珍（2006）。杜威之《經驗與教育》導讀。**中等教育，57**(2)，138-150。

張源泉（2006）。J. Habermas：批判理論之集大成者。載於譚光鼎、王麗雲（合編），**教育社會學：人物與思想**（頁341-366）。臺北市：高等教育。

教育部（2019）。公立國民中小學發展特色學校實施計畫。教育部全國中小學特色學校資訊網。2019年4月29日。取自：http://ss.delt.nthu.edu.tw /plan. php?&page=1

清江國小（2005）。**94學年度學校課程計畫**。臺北市：作者。

清江國小（2013）。**102學年度學校課程計畫**。臺北市：作者。

清江國小（2014a年2月5日）。清江校史。清江國小。取自 http://www.cjps.tp.edu. tw/campus/zh-hant/about/history

清江國小（2014b）。**臺北市國民小學103學年度校務評鑑自我評鑑報告**。臺北市：作者。

清江國小（2015）。清江國小**104學年度第一學期第一次課程發展委員會會議紀錄**。臺北市：作者。

郭玉蓮（2017）。**學校社區化歷程與社區互動策略之研究──以臺北市清江國民小學為例**（未出版碩士論文）。國立臺灣師範大學社會教育學系，臺北市。

郭喜謀（2004）。**國民小學學校行銷策略及其影響因素之研究**（未出版碩士論

文）。國立屏東大學教育行政研究所，屏東縣。

陳幸仁、余佳儒（2011）。一所國小學校特色課程發展之微觀政治分析。**教育資料與研究雙月刊，103**，143-172。

陳金粧、吳建華（2007，1月）。**學校行銷的理念與實踐：以東莞臺商子弟學校為例**。論文發表於臺灣私立教育事業協會舉辦之「第12屆海峽兩岸暨港澳地區」學術研討會，臺北市。

黃忠榮、邱紹雯（（2010年12月2日）。清江國小停車場謝絕社區民眾。**自由時報**。取自 https://news.ltn.com.tw/news/local/paper/448642

臺北市教育局（2014）。**臺北市國民小學103學年度校務評鑑清江國小訪視評鑑報告**。臺北市：作者。

臺北市教育局（2017）。**臺北市105學年度第1學期公私立國民小學校長會議議程**。臺北市：作者。

臺北市教育局（2019a）。**臺北市國小、國中、高中、高職學生人數預測分析（108～127學年度）**。臺北市：作者。

臺北市教育局（2019b）。**臺北市102至106學年度公私立國民小學校務評鑑實施計畫**。臺北市：作者。

臺北市教育局（2019c）。**臺北市108學年度國民小學校長／曾任校長自我考評表**。臺北市：作者。

劉國兆（2001）。一位基層教師的疑慮：「九年一貫課程實施」之相關問題與建議。**新講臺，7**，23-24。

劉國兆（2016年4月12日）。善用彈性教學特色、基礎不偏廢。**聯合報**，A15版。

劉國兆（2017a）。社區資源結合與特色學校發展—以臺北市清江國民小學為例。**教與愛，97**，16-22。

劉國兆（2017b年9月28日）。新教育新挑戰老師辛苦了。**聯合報**，A13版。

劉國兆（2017c）。兼顧學校特色發展與學生基本學力——找到實驗教育與義務教育之間的平衡點。**臺北市教育e週報**，841。

劉國兆（2018）。兼打開心門、迎向世界～將自己、家庭、學校、社區與社會串連在一起的教育模式。**臺北市教育e週報**，849。

劉國兆（2019）。**清江國小發展與定位**。臺北市：清江國小。

劉國兆、曾麗美、陳宜君、吳維眞、吳于雯、鄭川淼（2017a）。**臺北市清江國民小學結合社區資源推動環境教育之策略與成效研究**。臺北市政府 106 年度自行研究報告。

劉國兆、蕭清月、于文灝、徐佳瑀、施翔禮、王漢瑜（2018）。**五、四、三、二、一健康，Go！Go！Go！**。108 年度臺北市第 19 屆教育專業創新與行動研究。臺北市：清江國小。

劉國兆、蕭清月、于文灝、徐佳瑀、施翔禮、梁文馨（2017b）。**教育創新、實驗先行～打造一所健康的學校**。107 年度臺北市第 18 屆教育專業創新與行動研究。臺北市：清江國小。

鄭鴻達（2019 年 4 月 4 日）。高齡化、少子化趨勢難擋沒錢可生恐變沒人可生。**聯合新聞網**。取自 https://udn.com/news/story/6656/3738168

（二）英文部分

U.S. Department of Education. (1983). *A nation at risk*. Retrieved from http://www2.ed.gov/pubs/NatAtRisk/risk.html

問題與討論

一、請從後現代理論、批判理論與實用主義理論三者，分析特色課程的重要意涵？並提出您自己對於特色課程的見解。

二、「沒有課程的行銷是空的，沒有行銷的課程是盲的」。請提出您的看法並舉實例加以說明。

第二十章

家庭訪問的理論基礎與實際

鄭來長

壹 緒言

幾週過去了，我仍然沒有收到剛轉入我服務學校一年級學生父母的回覆。我每隔幾天寄到他家的便條措辭愈來愈強硬。我需要立即與家長會面，討論他們孩子的學業問題。又過了一週，還是沒有回應，我找校長表示我要親自拜訪孩子的家，因爲孩子的父母對傳統的溝通方式沒有回應。由於「令人擔憂的鄰居地址」，校長堅持要我帶上一位同事一起去。我又寄了一張便條到他的家，通知孩子的父母，我將進行家庭訪問，但是我還是沒有收到孩子的父母作出任何回應。我們約定的日子到了，我敲了敲拖車的門，一位驚訝而忐忑的年輕媽媽應了門，彼此簡單介紹了一下，這位年輕的媽媽熱情地邀請我們進去。廚房的小桌子上放著我寄到她家的每一張紙條。我承認我的怒火難以隱藏，直到她移開視線，悄悄地問我是否願意把便條內容讀給她聽。此時腦海裡一閃而過，我了解她根本看不懂便條的內容。這次非常短暫的家庭訪問，永遠改變了我與這個小男孩的互動，以及我此後教過的每一個孩子（Stetson et al., 2012, p.21）。

以上文字是一位老師進行第一次家庭訪問事後的記述。這位老師如果沒有進行家庭訪問，他可能一直誤解孩子的父母，以爲他們根本不重視孩子的教育，不把學校與老師的意見當一回事。因爲有家庭訪問這一作爲，老師從此對待這位學生有不同的觀點與作法，也影響日後他對待所有教過的每一位學生。

Sheldon（2018）表示，美國教育部委託學者研究教育不平等問題，並於 1966 年發表《柯爾曼報告書》（Coleman report），該報告書指出，有關解釋學生學習成就的原因，校外因素遠遠超過校內因素。該報告書更表示，教育機會和成就方面的不平等只能透過教育人員、家庭和社區夥伴之間的合作來彌補。

實際上，家庭對於兒童的教育成功具有決定性的關係。由於來自

家庭負面因素的影響，許多孩子未能達到理想的學業水準，這些負面因素諸如缺乏父母的支持、缺乏有利的環境、缺乏金錢與住房、飲食不良、健康狀況不佳以及缺乏作為一個學生的興趣等（Souto-Manning & Swick, 2006）。學校對學生在教育上的要求（包括情緒的與生理的要求）在家庭裡無法配合，致學生無法獲得滿足，學生可能因此成績不佳，而成績不佳反過來可能對學生的行為、國家或社會整體的發展產生負面影響（Gestwicki, 2015）。學業成就低落的影響通常持續到成年，輟學、問題行為的產生可能性更大。因此，學習成就的低落會對孩子未來的發展產生重大影響（Cornett et al.,2020）。

　　Wolfendale（1992）將家庭訪問視為「促進家庭─學校連結的一種可行方式」。Proctor（1990）認為，家庭訪問不應該只針對有問題的孩子，也應該針對學校裏的每一個孩子。家庭訪問是建立良好家庭─學校關係的一種非常有效的方式，因為家庭訪問為家長和教師提供了寶貴的機會，可以更密切地處理孩子的學業和其他學習需求和／或困難（Okeke, 2014）。透過家庭訪問，教師不僅可以與孩子的父母，而且可以與特定家庭的每一個成員建立更深入的了解和健康的關係。因此，家庭訪問的好處對教師的經驗而言，與其接受的正規師資培訓一樣有益。

　　教師及學校要解決家庭不利因素的負面影響，家庭訪問是一項不錯的因應作法。在臺灣，教育部於 2009 年 12 月 18 日以臺國（一）字第 0980219765 號函發布了《教育部強化國民中小學家庭訪問實施原則》，訂定該原則的目的係為增進各直轄市、縣（市）政府協助國民中小學發揮家庭訪問功能，俾能促進親師合作，增進家長了解孩子的學習情況，強化親師生三者之間的良性互動與溝通，建立多元輔導管道，結合學校教育與家庭教育功能，提高輔導學生的效果。近年來，在美國，家庭訪問再度受到重視，從學前教育到小學，再到初中及高中，從民間到教育行政機關，都有人鼓吹，甚至有企業捐款，補助教師進行家庭訪問。若到家裡訪問不方便，亦可相約到學校、公園或咖啡館，來一場親師家庭訪問，會面時間甚至可以縮短到 20-30 分鐘（黃敦晴，2018）。

以下先對家庭訪問的理論基礎做簡要說明，再介紹美國實施家庭訪問作法的一個案例，希望對我國中小學與學前教育的教育人員實施家庭訪問有所啟發。

貳 家庭訪問的理論基礎

「大多數喜歡家庭訪問的教師將進行家庭訪問的理由解釋為：了解孩子的家庭環境、討論家庭內的問題以及更加了解孩子」（Bahçeli-Kahraman & Taner-Derman, 2012, p.113）。當教師了解其所服務的學生之家庭文化、種族和語言差異時，他們可以把教學方式調整得更好，更能滿足學生的需要（Shaw, 2015; Watts-Taffe et al., 2013）。而了解孩子特性的其中一種方法，即是花時間進行家庭訪問。以下先簡要敘述家庭訪問的理論基礎。

一、差異化教學

> 學生們成對坐在課桌前，練習乘法和除法，輪流問對方問題。老師在雙人之間巡視、監督和指導學生，以及澄清和重教學習材料。此時，Lucas 一個人坐在角落裡，安靜地玩著手錶。另一個角落裡，Monica 也一個人坐在椅子上，一邊哼著歌一邊在椅子上搖來晃去。兩個孩子都沒有加入學習活動，無人看管。後來我被告知，按照 Lucas 的 IEP 中提示的目標，他原本預計會與一名準專業人員一起學習追蹤數字，但當時他恰好不在教室裡。Monica 似乎必須獨自坐著，因為她很難與他人合作，一起練習數學運算。然而，很明顯地，這兩個孩子的受教權都沒有受到保障（Martin, 2013, p.93）。

以上這段文字是 Martin 助理教授在其觀察教室情形的記述，此種教室風景似乎很常見，在大班教學裡，教師統一的教學方式，很難滿足落差極大的每一位學生學習的特性與需求。

前美國總統約翰‧甘迺迪（John F. Kennedy）曾提到一個重要的觀念，「並非每一個學生都有相同的天賦、能力或動機，但每一位學生

都有相同的權利發展其個人的天賦、能力與動機」（林思吟，2016，p.118）。聯合國教科文組織（UNESCO）指出，教育若「常常往同一個方向灌輸，則不會刺激學習者批判精神的發展」（often spoon-feeding received in one direction, which does not stimulate the development of the critical spirit of learners）（Al-Shaboul et al., 2021, p.1）。教師若不注重因材施教，學習緩慢的學生永遠落後於同儕，因為差距不斷擴大，最終使他們成為無助的學習者，甚至輟學；另一方面，高學習力的學生也失去了挑戰潛能的機會。因此，差異化教學是讓所有學習者發揮最大潛力的手段，這已受到許多國家教育工作者的關注（Al-Shaboul et al., 2021）。

何謂差異化教學？林佩璇等人（2018）指出，「差異化教學是基於教學標準並結合學生的背景，經由系統性規劃，以回應學生的學習需求，進而達成學習目標的教學歷程」（p.19）。Tomlinson（1999）將差異化教學定義為「一種有組織而且靈活的方式，主動調整教學和學習方式，以滿足孩子們的實際情況，並幫助這些學習者實現最大的成長」（p. 14）。Tomlinson（2000）又說，差異化教學是教師將班級重新組織起來，為每一個學習者提供最好的教育過程。Tomlinson（2003）更指出，「差異化教學是一種響應式的教學，隨著教師愈來愈理解學生為不同的個體，他們所教授的學科的意義和結構也愈來愈適當，並且愈來愈擅長進行靈活的教學，俾根據學生的需求進行教學，並且最大限度地發揮特定領域的每一個學習者的潛能」（p.3）。學習者透過適應其不同興趣、需求和能力的不同教學方法，使他們都能運用不同的方式來獲取訊息並進行學習（Aldossari, 2018）。正如許多研究所強調的，這將提高學習品質，提高學習者的動機和成就，改進他們的表現水準，並幫助他們變得有創造力（Al-Shaboul et al., 2021）。

實施差異化教學的實施原則包括：「尊重個體、支持學生成功、建立社群、提供高品質的課程、進行評估以引領教學、在課堂上實施靈活的作法、創造不同的學習途徑，以及分擔教與學的責任」（Tomlinson et al., 2008, p.3）。教師可以根據學生學習的準備程度、興趣、背景等情況，考慮下列四種因素進行差異化教學（Sousa & Tomlinson, 2011, pp. 12-13）：

　　1. 內容：學生將學習什麼或他們被要求學習的內容是什麼？

　　2. 歷程：讓學生理解或「掌握」（come to own）學習內容的活動是什麼？

　　3. 產出：學生如何展示他們經過一段時間的學習後所知道的、理解的和可以做到的？

　　4. 影響效果：經過教與學之後，學生的感受和情感需求是什麼？

　　Baumgartner 等人（2003）的研究指出，當教師採用差異化教學策略時，中小學學生在閱讀方面表現出更積極的態度，並增加了理解策略的使用，對音素的了解和解碼能力的掌握程度更高。Rock 等人（2008）發現，當小學教師實施差異化教學時，採用各種教學的形式以及建立積極的教室環境，問題學生的工作完成率和州規定的測驗分數均有提高，問題行為減少了，缺席率也降低了。

　　差異化教學的關鍵是教師要了解他們的學生（Tomlinson & Imbeau, 2010），但這對來自與學生不同背景的教師（通常是白人、女性、中產階級）構成了挑戰。由於各種原因，教師可能對他們所服務的學生和家庭沒有深入的了解（Joshi et al., 2005）。為了增進對學生及其家庭的了解，教師必須了解學生多元的、複雜的背景。透過家庭訪問，可以了解學生的家庭情況及其文化背景，並建立彼此密切的連結，使教師能夠與學生家庭生活的「地方」（place）連結起來。簡言之，家庭訪問可以讓教師更深入地了解學生的資產與挑戰（Stetson et al., 2012），教師可以依據學生的生活背景來調整課程與教學方法（Ginsberg, 2007），針對學生的個別差異，實施差異化的教學，進而促進學生學習的成功。

　　研究人員也發現，進行家庭訪問的教師可以更加了解學生的家庭生活與文化，以及如何支持學生學習的方式（Meyer & Mann, 2006; Meyer et al., 2011）。利用從家庭訪問中獲得的訊息來改變教師的教學，採取差異化的方式。實際上，這種作為也與「地方本位教育」（place-based education, PBE）的使用一樣，可以使教室裡的活動更加在地化，學生的學習更成功。以下針對「地方本位教育」進一步說明。

二、地方本位教育

Smith 與 Sobel（2010）指出，「地方本位教育」（place-based education, PBE）一詞首次出現在 Elder J. 於 1998 出版的書《土地上的故事：地方本位環境教育選集》（*Stories in the Land: A Place-Based Environmental Education Anthology*），當時提及 PBE 時，係與環境教育有關。同年，另一本由 Nachtigal 與 Haas 所著書籍使用了與鄉村教育有關的「地方」（place）一詞―《地方價值：關於鄉村生活方式、環境和教育目的的優秀文獻之教育人員指南》（*Place Value: An Educator's Guide to Good Literature on Rural Lifeways, Environments, and Purposes of Education*）。此後不久，Smith 與 Sobel 觀察到農村信託基金（rural trust）投資 PBE，作爲振興農村社區的一種方法。透過這種方式，PBE開始與農村學校連結在一起，然後才被其他領域所採用。

PBE 的早期概念主要聚焦於服務學習和在地化教育的範圍內（Curtiss & Theobald, 2000），後來進一步演變成爲一種社區本位的方法，將學生與其生活環境連結起來。PBE 也可以說是在環境教育之後發展起來的，但儘管環境教育是 PBE 的一個重點，但 PBE 並沒有取代環境教育。Smith（2002）又將 PBE 與杜威的進步哲學以及其他教育計畫連結起來，認爲這種教育至今在第一線的教室裡，仍然是例外而不是教室裡的常用方式。Smith（2002）確定了在學校發展 PBE 課程的幾種方法，包括：文化研究、自然研究、解決眞實世界的問題、實習和創業機會，以及社區歷程的入門等（pp.587-593）。

Sobel（2005）的著作《地方本位的教育：連接教室與社區》（*Place-Based Education: Connecting Classrooms and Communities*）一書擴大了 Smith 的想法，將 PBE 定義爲：

> 以在地社區和環境爲起點，在整個課程中教授語言藝術、數學、社會研究、科學和其他學科概念的過程。這種教育方法強調動手實踐、眞實世界的學習體驗，可提高學業成就，幫助學生發展與社區更牢固地連結，增強學生對自然世界的欣賞，

並更致力於成為積極、有貢獻的公民。透過當地公民、社區組織和環境資源在學校生活中的積極參與，社區活力和環境品質獲得改善。（p.7）

PBE 的實施有多種形式，但在對地方本位學習實際的回顧中，Smith（2002）確定了五個共同要素，包括：

1. 使用在地現象作為課程發展的基礎。
2. 強調學習經驗，鼓勵學生成為知識的創造者，而不是消費者。
3. 由學生的問題和關心事項決定學習的焦點。
4. 教師的角色即為「經驗豐富的指導者、共同的學習者以及社區資源與學習可能性的經紀人」。
5. 增進學校和社區之間界限的滲透性以及參與社區的頻率（p. 593）。

另外，Harrison（2010）認為 PBE 的實施最好包括：

1. 對一個地點（locality）的一系列拜訪。
2. 透過生態學、文化歷史、地質學、地理、地名、故事、與在地社區的互動、工作計畫……等，以多樣化且日漸以參與者為導向的體驗式方法來了解地方（place）。
3. 是一種行動研究的途徑，讓學生引導和塑造他們自己的學習，以各種立即或長期的方式為這個地方做出貢獻。（p. 415）

研究 PBE 的學者 Sobel（2005）又將 PBE 簡要描述為：「以當地社區和環境為起點，在整個課程中教授概念的歷程」（p. 7）。在運用 PBE 的學校和教室中，學生認識到在地社區的價值，因而增進了學生

對「地方」的承諾（Smith, 2007）。雖然 PBE 的發展起源於環境教育，諸如小學生的環境教育體驗和戶外學習方案等主題，但 PBE 近來更廣泛運用於其他學科，不限於讀寫能力、社會和藝術領域（Cornett et al., 2020）。

　　PBE 也是一種體驗式的學習，亦即學科的教學方式必須與學生在社區中的經驗相連結（Miller & Twum, 2017）。Cornett 等人（2020）亦表示，PBE 有一個潛在卓有成效的應用，即是教師應了解兒童生活的主要場所（即他們的家、社區等生活環境），以便爲他的教學提供訊息，進而改變教學方式，促進學生學業的成功。Horton 與 Freire（1990）亦指出，人們只能從他們所學到的經驗中學習。孩子對其已具備的社區經驗進行智力方面的參與及反思，將會帶來多元的觀點以更深入的理解其意義，並最大化其學習潛力（Miller & Twum, 2017）。Smith 與 Sobel（2010）亦認爲學校應該「與周圍的人的生活融爲一體，而不是與他們隔離開來」（p. 115）。Smith 與 Sobel（2010）又指出，對 100 多所實施 PBE 計畫的美國學校進行評估，得出這樣的結論：PBE 促進學生與地方的連結，並在學校和社區之間建立充滿活力的夥伴關係；PBE 提高了學生的成績並提高了環境、社會和經濟活力。當教師的教學能夠結合孩子「知的方式」（ways of knowing）時，孩子們學得最好。根據 Vygostky（1978）的說法，在社會互動中發生的學習，創造了一個「最大發展區」（zone of proximal development），當孩子部分精熟一項技能，並且在知識淵博的他人幫助下，更全面地精熟該項技能時，孩子就會進入該區域。爲了提供孩子精熟技能所需的支持，教師必須了解孩子及其家庭。因此，家庭訪問可以爲教師提供一個讓他們更加了解孩子及其家庭「知的方式」的機會（Peralta-Nash, C., 2003）。

　　教師實施家庭訪問，就擁有關於學生的知識，就等於獲得額外的訊息和策略，可以採用更具體的方式支持學生，滿足學生在不同內容領域的多樣化和差異化需求（Shaw, 2015; Watts-Taffe et al., 2013）。透過家庭訪問，教師就像透過一扇窗戶了解學生的整體情況，這使他們能夠更有效地利用「地方本位」（place-based）的觀點（Nespor, 2008）和學生的「知識基金」（funds of knowledge）（e.g., Gonzalez & Moll,

1995; Moll, 2015）。然而，根據學生生活的「地方」的知識，實施差異化課程和教學是一個具有挑戰性和耗時的過程，因為課程、教學和評量大都受到許多因素的影響（例如：國家、地區、州、標準；Comber, 2013）。不過，有了關於學生「地方」的知識，教師就可以獲得額外的訊息和策略，以更具體的方式支持他們，以滿足學生在不同內容領域的多樣化和個別化需求，例如：增進讀寫能力及其他領域的能力（e.g., Shaw, 2015; Watts-Taffe et al., 2013）。

三、知識基金理論

1848 年，美國與墨西哥簽署了 Guadalupe Hidalgo 條約，將美國領土擴大到包括現今美國的西南地區。1848 年後，公立學校開始將白人學生與墨西哥裔美國同儕學生隔離開來（Valencia, 2010），墨西哥人和墨西哥裔美國人被視為低等和傳統的人。早先在美國教育界盛行著赤字理論（deficit theory），赤字理論的思維認為，有色人種，尤其是墨西哥裔美國人，智力有限、行為不良以及有語言缺陷（Valencia, 2010, pp. 6-7）。墨西哥裔美國人受到各種形式的偏見和歧視。墨西哥裔美國人的文化、家庭生活、語言和行為是他們未能在教育上取得成功的罪魁禍首（Saathoff, 2015）。

在當時，學校被用來教育墨西哥和墨西哥裔美國學生的一種方式是透過「美國化計畫」（Gonzalez, 1997），該計畫注重於獲得英語能力，採用所謂的美國方式，並使學生擺脫他們的文化。Gonzalez（1997）認為，墨西哥和墨西哥裔美國人融入美國社會至關重要，如果沒有這種融入，即所謂同化（assimilation），他們就會被視為是「現代」社會的威脅。共同語言被視為這種社會凝聚力的必要條件，並成為同化過程的基本組成部分。在這種情況下，英語成為教學語言，墨西哥和墨西哥裔美國學生必須學習並使用它。Gonzalez（1997）在他的章節末尾用以下這些話總結了美國化的過程：

透過美國化計畫，墨西哥孩子被告知，其家庭、社區和文化是學業成功的障礙。墨西哥文化匱乏和不足的假設，意味著

孩子進入教室時，學習的工具淺薄而且匱乏。這種涵義非常有意地融入了教學的方法和內容中。（p.170）

　　在美國西南部，美國化計畫是由州教育廳擬定和支持的。Gonzalez提到一位研究人員研究了南加州 30 名教師的教學方法，這些教師實際上是鼓勵教室裡的學生取笑「懶惰」和「骯髒」的墨西哥學生（Gonzalez, 1997, pp.165-166）。德州 East Donna 的一所為墨西哥學生服務的學校要求做「晨間檢查」（morning inspections），如果學生沒有通過檢查，他們必須在一天開始之前洗漱，如果學生衣服是髒的，他們要從學校裡借到乾淨的衣服穿（Gonzalez, 1997, p.169）。

　　美國化計畫的基礎建立在同化理論之上（Gonzalez, 1990），而語言是美國化計畫的關鍵要素。對於許多學校校長和教育局局長來說，共同語言英語被視為統一整個美國的要件（Gonzalez, 1990, pp.37-38）。「因此，除非西班牙語被淘汰，否則無法實現同化」（Gonzalez, 1990, p. 38）。Gonzalez（1990）描述了在德州 Harlingen 的一所學校，校長組織了一個英語俱樂部，讓六週內都沒有說西班牙語的學生申請加入，加入俱樂部的學生們擁有特殊的特權，例如：參加野餐會，而這些特權僅適用於原來講西班牙語的兒童。這所學校的老師每天都會檢視學生使用的語言，甚者，該等學生如果撒謊，其違規行為之處分，包括被停學或逐出英語俱樂部。

　　前述的教育觀點即是本諸「赤字理論」（deficit theory）而發，認為少數民族學生讀寫能力、英語能力、動機、父母支持度等都不足，而且自我觀念消極；教師可能也相信他們的學生能力真的有限而感到絕望。赤字理論更暗示著，學生成績差與學校教育無關（Hogg & Linda, 2011）。

　　數十年來，關注北美、英國、澳大利亞和紐西蘭等英語地區不同文化和語言的少數民族兒童接受學校教育的理論家和教育人員們，建議將學校教育與少數民族兒童的家庭和社區文化、語言緊密的連結起來（Marshall & Toohey, 2010）。Moll 等人（2005）認為，教師和學校對學生的校外生活〔尤其是英語能力不足學生（English language learners, ELLs〕的校外生活〕知之甚少，他們無法建構兒童的家庭和社區的「知識基金」（funds of knowledge, FoK）。

　　Moll（1992）認為，知識基金是「家庭用來生存、取得成功或繁榮的知識與訊息體系」（p. 21），他認為，「人是有能力的，他們有知識，他們的生活經驗給了他們這些知識」（Gonzalez et al., 2005, para. 3）。Gonzalez 等人（1995）也指出，知識基金是指「透過歷史的發展和積累的知識體系」（Gonzalez et al., 1995, pp. 91-92）。Gonzalez 等人（1995）又指出，學生從小生活於家庭及其社區，他們擁有來自其家庭及社區生活的知識基金，當這些知識基金融入教學活動時，可以支持並增強學生的學習效果。以這種方式來對抗以往的赤字觀點和看待家庭的獨特性，教師必須了解學生從家裡帶來的知識基金之優勢和資源。簡言之，「當教師了解學生的日常生活時，可以極大地改善教育過程」（p. 6）。

　　知識基金的教育實踐，可以透過「家庭訪問」，使教師了解家庭活動、家庭結構、勞動歷史，以及對教養孩子與學校教育的看法；教師的教學設計更可運用家長的豐富知識來充實教學內容，家長可以成為班級的「特聘教師」，在專門課程上貢獻專長。其結果是教師更加了解移民家庭存在的文化知識型式。因此，透過家庭訪問、調查，教師更加了解家長所擁有的知識，開始轉變他們對這些學生、家庭及其潛力的看法。教師開始從赤字理論的觀點轉變為對這些移民家庭文化的理解、支持與利用，進而改變教室裡的教學（Moll & Greenberg, 1990；鄭來長，2021）。

　　有一項由 Gonzalez 等人（1995）進行的研究，要求教師進行家庭訪問，採用參與觀察的方式，進行開放式訪談，以生活史方法和個案研究法，進行家庭和社區的調查。一方面要求教師了解家庭的知識基金，另一方面進一步讓家長進入教室參與課程設計、教學活動，使學生在現有的知識基金基礎上，學得更多樣的知識與能力。教師訪問家庭，家長進入教室，親師合作，家長參與教育，成為極佳的畫面（鄭來長，2021）。

參　家庭訪問的效果

家庭訪問為教師和家庭提供建立關係和擴展教師對每一個學生家庭生活和文化背景了解的機會（DoDEA, 2017）。「當今的研究發現，繼續運用教師家庭訪問計畫作為鼓勵學生學業成功和家長參與課堂活動的手段表示強烈的支持，許多研究亦指出，教師家庭訪問方案也改善了學生在課堂上的行為」（Wright, et al., 2018, p.68）。如同 Wright 等人（2018）指出的：「教師家庭訪問的文獻已證明對學生態度產生積極影響」（p.70）。他們發現「與沒有接受教師家庭訪問的類似學生比較，接受教師家庭訪問的學生，在教室行為、學業成就、家長參與程度以及態度與動機方面，存在著顯著的差異」（p.86）。

多年來的研究發現，家庭訪問仍然是改善學校與家庭關係，以及促進家長有效參與孩子教育的手段之一。「過去二十年的大量研究證據指出，當父母支持學生在家學習時，學生成績的提高是可能的；對於傳統上成績不佳的學生來說尤其如此，並有希望縮小學習成就落差」（The NEA Foundation, 2012, p.3）。Wright 等人（2018）的研究結果指出，「學校系統的教師家庭訪問計畫對學生在學校的學業和行為產生積極影響」（p.87）。

另外，Meyer 與 Mann（2006）以及 Simington（2003）均表示，家庭訪問被發現對學生的學業成就和師生關係有重大的影響。Lin 與 Bates（2010）表示，「家庭訪問是教師橋接學校和家庭之間落差的同時，第一手了解學生不同背景的絕佳機會」（p. 23）。根據 Stetson 等人（2012）的說法，家庭訪問在學生的表現上產生了驚人的成長，家庭訪問對學生在學校的態度產生了積極的影響。Stetson 等人（2012）的研究指出，教師家庭訪問的學生在學校會表現出積極的態度。Quintana 與 Warren（2008）指出，「起初對家庭訪問感到尷尬的父母，後來表示這些訪問為家長和老師提供了提問問題和表示關心的個人時間」（p. 119）。Sawchuk（2011）也指出，「教師家庭訪問是本諸一個常識性的想法：如果家長覺得自己是一個真正的夥伴，他們就更有可能參與兒子或女兒在學校的進步情形」（p.1）。Flynn 與 Nolan

（2008）對當前有關家長參與的文獻的廣泛檢視後，清楚地表示，家長參與學校教育，孩子在學業上的表現會更好，更少缺席，更願意做家庭作業，畢業率更高，在能力方面感覺更有能力。

　　由以上研究結果的敘述可知，教師實施家庭訪問對學生課業成績、行為表現、學習態度、家長對孩子教育的參與、親師生關係、學校與家庭的合作夥伴關係之建立等，均產生正面的影響，更可以縮短學習落差，增進學校辦學績效、提高學生畢業率、出席率等。因此，實施家庭訪問，實際上是積極可行而有效的教育手段之一。

　　至於家庭訪問的頻率應該如何？東田納西州立大學（East Tennessee State University）Locke（1976）研究發現：1. 每週拜訪父母一次並不比每兩週拜訪一次對影響父母行為更有效。然而，每週或每兩週接受一次拜訪的父母比沒有接受拜訪的父母更有可能在父母對孩子的行為上發生積極的變化；2. 每週一次的訪問對影響孩子成績的效果並不比每兩週一次的訪問更有效。然而，每週或每兩週接受一次訪問的孩子比沒有接受訪問的孩子更有可能取得更高的成就；3. 家長行為的積極變化程度愈大，孩子的成就程度就愈大。因此，家庭訪問次數可以適當地進行，進行家庭訪問總比沒有實施家庭訪問的辦學效果還要好。

　　實施家庭訪問的影響為何？Sheldon（2018）總結如下圖。

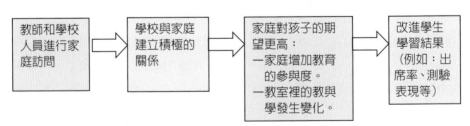

圖1　家庭訪問的影響歷程

資料來源：Sheldon, S. B. (2018). *Student outcomes and parent teacher home visits.* file:///C:/Users/USER_Director/Downloads/StudentOutcomesandPTHVReportFINAL2018.pdf

　　由圖 1 可知，教師與學校人員進行家庭訪問，首先可以建立學校與家庭積極的夥伴關係，緊接著，家長對孩子的期望會提高，更多參與學

校教育，教室裡的教學活動亦產生根本而正向的改變，最終改變學生的學習效果（包括學業表現的改善、出席率更高等）。因此，家庭訪問在改善教育方面，是可行的一種方式。

肆　美國親師家庭訪問計畫

近幾十年來，美國又開始重視教師的家庭訪問，最早由加州 Sacramento 市一個低收入社區一群有心的人開始推動，由於效果評價非常好，乃逐漸地擴大至各州、學區實施。以下對該計畫作簡要介紹。

一、起源於加州 Sacramento 市的親師家庭訪問計畫

「親師家庭訪問計畫」（Parent-Teacher Home Visit Project, PTHVP）於 1998 年起源於加州 Sacramento 市的一個低收入社區，該社區企圖解決學區與社區之間的嚴重不信任問題。社區非營利組織 Sacramento ACT（即 Sacramento Area Congregations Together）、學區、學校、當地教師聯盟等聯合起來，擬訂了「親師家庭訪問計畫」（PTHVP）。該計畫旨在建立家庭／家長和學校／教師之間更強固的信任關係與強化彼此之間的溝通與合作（Sheldon, 2018）。在前所未有的合作計畫中，學區、學校、當地教師聯盟和社區組織 Sacramento ACT 共同試行了親師家庭訪問計畫。該計畫可用於兒童和青少年發展的任何階段（K-12），企求對孩子的教育產生積極性的影響。該計畫在過去的二十餘年中，已擴展至全美 28 個州及華盛頓特區，總計超過 700 多個社區的廣大聯繫網絡（Parent teacher home visit, 2021）。

Sheldon（2018）表示，親師家庭訪問計畫是一種讓教育人員與家庭組成一個團隊，用以支持學生學習成就的策略，是本諸家庭參與孩子的教育對孩子的成功具有決定性影響的理解而發展起來的。然而，複雜的障礙往往阻礙了教育人員與家庭之間建立有意義的夥伴關係。在教育人員和家庭因種族、文化和／或階級不同的社區中，教育人員可能對其教學所在的社區知之甚少，他們可能沒有意識到自己無意識的偏見，導致教學中斷和學生錯失更多學習的機會。在美國，經過數十年的研究顯示，有色人種學生和來自低收入家庭的學生通常與白人學生和中上階

層學生受到不同的對待，這會對他們在學校的經驗和學習產生負面影響。儘管 PTHVP 並不是一個明確旨在減少學校社區內隱偏見的計畫，但經過二十餘年的實際作為，該計畫的領導者認為它確實抵銷了這些偏見，並彌合了由種族、文化、語言、社經地位而產生的隔閡（Organizing engagement, 2021）。

二、親師家庭訪問模式

（一）主要目標

1. 學校／教師透過傾聽家人的意見並了解他們的專業知識和優勢來建立彼此的連結與信任關係。

2. 家庭／家長與學校／教師共享有關孩子學業狀況的訊息，並為家長提供在家與學生合作的訣竅或工具。

（二）核心價值

1. 家庭和教師是同等重要的協同教育人員（co-educators）。家庭是養育孩子的專家，老師是孩子需要精熟課程而使其達於成功的專家。

2. 在教師能夠有效地分享有關孩子學業狀況的重要訊息之前，教師和家長必須建立積極的連結關係，解決任何溝通障礙。

3. 教師必須拜訪學生及其家庭，但不鎖定特定對象，因為只針對具有挑戰性的學生，將會產生不信任的循環。

4. 所有的家長都可以協助讓他們的孩子學業獲得成功；家庭有效的參與孩子的教育可以發生在每一個家庭中。

5. 參與該計畫應該是自願的，教師可以因花費額外時間而獲得補償。

（三）訪問歷程

親師家庭訪問計畫通常分為三個階段，其中包括二次的家庭訪問與該二次訪問之間持續地溝通與合作。第一次訪問在夏季或秋季進行，是屬於初步建立關係的活動，聚焦於談論孩子教育的希望與夢想（hopes and dreams）；第一次訪問後，持續進行親師的雙向溝通與合作；在多

天或春天再進行第二次的家庭訪問，第二次訪問聚焦於孩子的學業問題。

1. 第一次家庭訪問——夏季或秋季

家庭訪問的教師專注於了解學生及其家庭。教師和家長分享彼此的經驗，談論他們對孩子的希望和夢想，以及他們對彼此的期望。談話在自然情況下，導入教師與家長確定他們將如何幫助孩子實現目標。

2. 接下來

親師持續聯繫與溝通：

(1) 家長與教師共享資源並繼續溝通交流。

(2) 教師利用從家庭中學到的知識來改善孩子在課堂上的學習，並與孩子建立更牢固的師生關係。

(3) 家庭找到新的或另外的方式參與學校舉辦的活動。

3. 第二次家庭訪問——冬季或春季

教育人員再次與家人會面，會面重點是如何在學業上支持孩子。有時，學校會運用因應學業方面的需要而組成的家長教師團隊（academic parent teacher teams）或加入其他家長，一起努力致使學生的學習加速達到年級標準，或運用特定的策略，幫助孩子的學習。

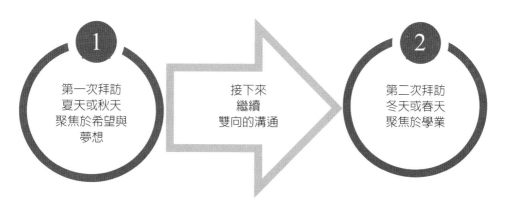

圖2　親師家庭訪問計畫實施歷程

資料來源：Parent Teacher Home Visits. Retrieved from https://organizingengagement.org/models/parent-teacher-home-visit-model/

（四）五個核心的實務作法

親師家庭訪問計畫，包括五個無可改變的核心作法，包括（Parent Teacher Home Visits, 2021）：

1. 訪問對於教育人員和家庭來說，一向是自願的，並且是事先安排好的

家庭訪問從來不是強制性的，所有參與者必須自願同意進行訪問。進行家庭訪問是一種選擇，而不是一項契約或政策硬性要求，參與的教師和家長必須有意願及動機來進行。然而，在許多情況下，最初不願意參加家庭訪問的教師和家長，在聽說家庭訪問對參與的教師和家庭有許多好處後，往往會改變主意。

2. 教師在學生上學日以外時間進行家庭訪問，並會獲得事前的訓練和加班的補償

親師家庭訪問通常在非上課時間實施，在啟動教師家庭訪問之前，必須為參與的教師提供訓練，課程內容包括：(1) 計畫所涉及的研究主題；(2) 應事先協調事項和最佳後勤支持的實際作法；(3) 吸引家庭參與的技能與實務；(4) 常見障礙的克服（例如：經費支應、可運用的時間、恐懼感的克服等）；(5) 文化敏感性和跨文化的連結；(6) 如何將家庭訪問的發現和獲得的教訓應用到教學歷程中。另外，參與教師的報酬通常來自以下三個來源：(1) 學區經費（包括小學與中學教育法 Title I 中規定可支用的補助款），(2) 基金會捐款（來自地方團體、組織，以及慈善機構），以及 (3) 教師聯盟經費（包括來自全國、州或地方教師聯盟的經費）。

3. 第一次訪問的重點是建立關係、教育人員和家庭討論希望和夢想（hopes and dreams）

若教師第一次家庭訪問時聚焦於學生的學業成就、在校表現或行為問題，將發現這種親師互動會強化潛在的權力關係動態，例如：家長因被「權威人物」訪問而感到焦慮或害怕，部分家長可能無法理解艱難的學術語言。基於這個原因，第一次的家庭訪問完全聚焦於教育人員和家庭之間親和關係的建立，討論有關輕鬆、積極和肯定的話題，例如：聽一聽家長對孩子的希望和夢想、孩子有哪些才能和學習優勢，或者老師

圖3　親師家庭訪問計畫的五個核心作法

資料來源：Parent Teacher Home Visits. Retrieved from https://organizingengagement.org/
models/parent-teacher-home-visit-model/

要如何與家長共同努力支持孩子的發展和成長。主要目的是在輕鬆氛圍
之下，建立親師彼此之間親和的關係，而不是嚴肅的問題。

　　4. 無針對性—訪問所有或部分學生，因此沒有汙名化（stigma）問題

　　家庭訪問的對象不針對特定的學生、家庭或群體，以避免讓家庭訪
問產生負面的知覺。如果學校決定只對居住在某個里鄰的家庭或對學業
有困難的學生進行家庭訪問，家長有可能認為家庭訪問是為了解決「問
題」，而不是為了建立更牢固的夥伴關係，致使部分家庭可能不太願意
參與家庭訪問計畫。

　　5. 教育人員二人成對地進行訪問，並在訪問後與合作夥伴一起進行反
　　　 思

　　教師或學校教育人員二人配對成組進行親師家庭訪問，採配對方式

有助於為教師和家庭創造一個更安全的環境，也為訪問教師提供可以協助他們反思、互動，以及如何將訪問結果或發現應用在課堂教學討論的人。

（五）實施家庭訪問前中後三階段應辦理事項舉例

1. 訪問前

(1) 參加家庭訪問培訓。

(2) 給每一個學生的家庭打電話，解釋拜訪的目的。

(3) 排定訪問行程。

(4) 確定是否需要翻譯人員（學生不應擔任翻譯人員）。

(5) 訪問前一天或當天再確認一次。

(6) 在拜訪之前，首先反思您拜訪的理由：與家人建立關係並與他們合作，為孩子的福祉而努力。

2. 訪問中

(1) 拜訪時間應為 20-30 分鐘。

(2) 帶一個夥伴一同前往。

(3) 初步了解學生的家庭情況；了解他們是否還有其他孩子在學校就讀。

(4) 談論家人對孩子的期望並分享希望與夢想。

(5) 避免現場做筆記或進行文書工作，這會讓家人覺得他們正在接受評核，並可能導致緊張和拒絕參與。

(6) 如果您需要分享訪問後的文書資料，請等待 20-30 分鐘訪問結束後，在受訪家長不在場的地方再發送。

(7) 詢問家人他們需要您做什麼，並擬訂未來再次聯繫的計畫。

3. 訪問後

(1) 以打電話、發簡訊或寫便條方式感謝家長或監護人參加此次會面活動。

(2) 邀請家人參加學校即將舉行的活動。

(3) 做訪問紀錄，並與適當的人員討論與分享結果。

(4) 訪問期間出現的任何資源需求於事後要設法解決（Learning for

justice, 2017）。

（六）其他注意事項

1. 不同的家庭，可以採用不同的訪問方式。正如教學方式需要因材而教，家庭訪問也是如此。家庭訪問可以是：(1) 在沙發上的輕鬆談話，(2) 一起吃飯，一邊吃一邊談，(3) 家庭導覽（包括孩子最喜歡的玩具和經常去的地方），(4) 在公園裡遛狗或到商定的會面地點進行一次短途之旅。值得注意的是，有些家庭可能不喜歡讓客人來到家裡，而更願意在其他地點見面，在這種情況下，訪問人員可以提供學校或其他地點作為會面場所（Learning for justice, 2017）。

2. 先了解學生家庭的基本資料。事先了解學生的家庭、社區和里鄰、語言和／或文化差異以及工作行程表。在進行家庭訪問時，若有必要對文化所做出反應，既要表達尊重，亦要表現出對家庭豐富遺產的真正興趣。如果您想創造一個可行、切合實際且對學生及其家庭有益的過程，那麼調查其他人如何進行家庭訪問就顯得非常重要（Graff, 2017）。

3. 有策略地規劃。建議定期進行家庭訪問的教師，在學年開始前，先與家長聯繫。一些家庭訪問模式強調教師要成對前往學生的家、在暑假結束前，先向家長介紹自己。第一次訪問應側重於建構關係，拓展支持，並積極地傾聽家長關心事項和見解。為了透明進行和注意安全，應向學校人員提供家庭訪問行程表（包括地點、時間和日期）（Graff, 2017）。

4. 要能變通。與家長在其家裡見面，雙方可能感覺不是很舒適，其他地點（例如：當地圖書館、安靜的咖啡館，甚至是快餐餐館）也可以是適合家庭訪問的場所。變通（靈活）還意味著在週末、開學前或放學後會面。預先規劃好的家庭訪問尚允許教師在擁有兄弟姐妹或住在同一社區的學生時，策略性地配對，在日期、時間、路線等方面協調妥當後，進行家庭訪問（Graff, 2017）。

5. 聚焦於孩子的優勢。一位不加入批判態度走進家門的老師，是透過了解家庭生活的眼睛來看待這個家的優勢。應該以文化敏感反應的方

法和適當的、心存公平的語言來表達對受訪家庭的信任和尊重。如果教師對學生有所關注，可以運用「三明治回饋技術」來表達，兼具具體、真誠、優勢本位的褒獎式關注（Graff, 2017）。

6. 擬訂行動計畫。積極傾聽家長對孩子的見解、所關心的事項和想法，表現出真正的興趣與尊重。第一次家庭訪問時，教師不可當場做筆記，因為這種蒐集訊息的行為可能引起家長的不信任或懷疑。相反地，教師可以詢問家長是否有問題並在心裡記下，離開後才建立語音備忘錄或寫下筆記。實際上，在進行家庭訪問之前，教師可以先誠摯地告知家長，教師將於事後記錄下家長關心的事項或想法，這些筆記不會公開，僅作教師改善教育作為之用，或作為教師和家長一起建立行動計畫的基礎（Graff, 2017）。

7. 訪問後的作為。保持對學生家庭負責的一種方法是維持聯繫、再一次拜訪和更新最近由教師和家長一同擬訂的行動計畫。從家長那裡獲得最有效的聯絡方式，然後定期一起檢核為孩子所擬訂目標的實現情況，為教師和家長提供一個開放、持續溝通和互動平臺。家庭訪問是教師與學生家庭之間積極溝通和維持良好關係的開始，透過家庭訪問建立牢固的夥伴關係只是第一步，透過經常的溝通來培養親師合作夥伴關係非常重要（Graff, 2017）。

8. 把握三明治回饋技術。訪問中要做好回饋有個很簡單的基本技巧，也就是「三明治回饋法」，把整個回饋的過程分為三大段，也就是「優點」—「改進」—「優點」這種順序的回饋方式。換言之，即是：「做得好的地方」、「下一次可以更好的地方」、「整體來看，還是有那些很棒的優點」（Graff, 2017）。

（七）家庭訪問和青少年

論及家長參與孩子的教育，必須考慮重要的影響因素，其中，孩子的年齡即是一項影響家長參與效果甚鉅的重要因素。孩子年齡越大，性格日漸獨立，他們愈來愈不願意家長參與學校教育。研究證據顯示，學生一旦進入中學，家庭參與孩子的學校教育就會成為一項特殊挑戰（Bridgeland et al., 2008），這也是 PTHVP 尋求克服的挑戰。為解決

在初中和高中階段將家庭與教師密切連結起來的挑戰，親師家庭訪問計畫調整了基本模式，以滿足學生在關鍵過渡時期（高中畢業過渡至大學或直接就業）的需求。例如：在一些高中，教師們會在高中一年級開學前的暑假聯繫即將入學高中一年級的學生家人，幫助學生進入重要學習階段做好準備。同時，一些學校也計畫為符合入學大學資格但可能需要更多相關訊息或更多鼓勵的學生進行家庭訪問，以發揮這些學生的潛能。

三、親師家庭訪問計畫實施效果的研究發現

親師家庭訪問計畫在 2005 年 9 月的 Edutopia 雜誌上被評為「建設更好學校的十大創意之一」（one of ten big ideas for better schools）。該計畫已成為多項研究和正式評鑑的主題，這些研究和正式評鑑的結果，已將家庭訪問與學生、家庭和教師的益處連結起來。相關研究的發現，舉例如下：

（一）Organizing engagement 的研究發現

親師家庭訪問計畫實施效果有：

1. 改善學生的教育成果。例如：提高學生出席率、提高閱讀理解能力和讀寫能力，以及提高教室裡的參與度和動機。

2. 教育人員採用更加個別化和文化響應教學策略，致師生之間建立更積極的教學互動關係。

3. 更牢固的家庭─學校關係。家長指出，他們對教師的信任度提高了，與教育人員接觸的信心增強了。

4. 家庭對孩子就讀的學校與對教師的知覺發生積極性的變化，教育人員對學生和家庭的負面看法或群體刻板印象減少。

5. 教師對學生行為問題的原因有更深入的了解，並減少了教室裡維持紀律的懲罰性處分（Organizing engagement, 2021）。

（二）Parent Teacher Home Visit 調查結果

1. 學生：在學校和家庭教育方面更積極參與，出席率提高，長期曠課減少，問題行為獲得改進，測驗成績提高。

2. 教育人員：增進教育人員與學生及其家庭的連結，與同事合作更密切，文化能力提高，減少壓力和倦怠感。

3. 家庭：更多參與孩子的學業，增進與老師的信任和溝通，更有信心幫助孩子取得成功（Parent Teacher Home Visit, 2021）。

（三）約翰‧霍普金斯大學（Johns Hopkins University）於 2018 年 11 月發表的研究報告

該研究報告顯示，實施親師家庭訪問有如下的發現（Sheldon & Jung, 2018）：

1. 研究發現支持實施親師家庭訪問計畫（Parent Teacher Home Visits Project, PTHVP）即是一種證據本位的家庭參與方法，可以提高學生學習成就。

2. 平均而言，系統性實施 PTHVP 的學校，學生長期缺席率下降，學生英語語文（English Language Arts, ELA）和數學精熟程度提高。

3. 與家人不參加家庭訪問的學生相比，家人參加家庭訪問的學生長期缺課的可能性更小。

4. 對於學生而言，如果學校對至少 10% 的學生家庭進行家庭訪問，長期缺課的可能性就會降低。

5. 對於學生而言，就讀於至少 10% 的學生家庭實施家庭訪問的學校，與標準化 ELA 評量達到或超過精熟程度的可能性增加有關。

（四）Learning for justice 發現實施家庭訪問的好處

家庭參與有助於學生取得更多積極的成果，例如：1. 提高成績水準，2. 減少紀律問題，3. 改善家長（或監護人）—孩子、教師—孩子的關係（Learning for justice, 2017）。

（五）加州州立大學 Sacramento 分校的 Geni Cowan 博士在 1998-2001 年對 14 所先導家庭訪問學校進行的研究

研究發現，該計畫與改善學生表現、增進家長參與度，以及促進家庭與學校之間的溝通有關。學校認為 PTHVP 在提高學生 STAR 分數方面有了「重大改變」（a critical difference）。另外，經評估發現，

家庭訪問導致學生出席率提高，測驗成績也提高，輟學率和開除率降低。該學區 80% 以上的學生是有色人種，25% 是英語能力不足者。從 Ethiopia 移民過來的家長 Sarah Gebre 說：「家庭訪問之後，我感到非常受尊重和自在，我開始參與我孩子的學校，與老師交談，並向他們詢問有關我兒子的問題時，我感到更自在」（Parent-Teacher Home Visit Project, 2011）。

（六）芝加哥學校研究聯盟（Consortium on Chicago School Research，地點設在芝加哥大學）的研究

研究人員指出，「經過親師家庭訪問計畫的實施，學生表現更好，學生對老師的信任程度提高，學生們更指出，教師為他們提供個別性的支持……這與其他研究一致，該研究發現，師生關係牢固的學校更有可能提高學生的參與度、減少缺席率和提高畢業率」（Consortium on Chicago School Research at the University of Chicago, 2007, p.30）。

伍　結語

美國近數十年來又再度掀起家庭訪問的熱潮，首先在加州 Sacramento 市由下而上推動的「親師家庭訪問計畫」（Parent-Teacher Home Visit Project, PTHVP），獲得熱烈迴響，進而傳播至其他州與學區，許多學校紛紛跟進推動家庭訪問計畫。家庭訪問計畫之益處，前已述及，總體而言，依研究發現，確實具有正向的教育效果。我國早期的中小學教育亦曾積極提倡學校與教師應實施家庭訪問活動，教師利用課外時間到學生家裏進行訪問，以獲得學生家庭情況的訊息，並作為教師教學與輔導學生的參考。教育部亦於 2009 年 12 月 18 日發布《教育部強化國民中小學家庭訪問實施原則》。由於資通訊科技的進步，教師家庭訪問亦有方便有效的替代方式，例如：教師可以透過 FB、IG、LINE、E-mail、電話等方式與家長聯繫，然而俗諺云：「見面三分情」，如果教師與家長可以面對面聊一聊，親師合作將可以做得更好。期盼本文可以提供學校與教師實施家庭訪問的參考，並取得啟發的進一步效果。

參考文獻

（一）中文部分

林佩璇、李俊湖、詹惠雪（2018）。差異化教學。心理出版社。

林思吟（2016）。淺談差異化教學。臺灣教育評論月刊，5(3)，pp.118-123。

黃敦晴（2018）。美國中小學再度流行家庭訪問，跟孩子的老師來場約會吧！親子天下，https://www.parenting.com.tw/article/5078485

鄭來長（2021）。我國國民小學家長參與學校教育指標建構之研究。未發表之博士論文。國立政治大學教育行政與政策研究所。

（二）英文部分

Aldossari, A. T. (2018). The challenges of using the differentiated instruction strategy: a case study in the general education stages in saudi arabia. *International Education Studies*, *11*(4), 74-83.

Al-Shaboul, Y., Al-Azaizeh, M., & Al-Dosari, N. (2021). Differentiated instruction between application and constraints: Teachers' perspective. *European Journal of Educational Research*, *10*(1), 127-143. https://doi.org/10.12973/eu-jer.10.1.127

Bahçeli-Kahraman, P. & Taner-Derman, M. (2012). The views of primary and preschool education teachers about home visiting: A study in Turkey. *The Online Journal of Counselling and Education*, *1*(3). pp. 107-117.

Baumgartner, T., Lipowski, M. B., & Rush, C. (2003). Increasing reading achievement of primary and middle school students through differentiated instruction [Master's thesis, Saint Xavier University]. https://files.eric.ed.gov/fulltext/ED479203.pdf

Bridgeland, J. M., Dilulio, J. J., Streeter, R. T., & Mason, J. R. (2008). *One dream, two realities: Perspectives of parents on American's high school students*. A report by Civic Enterprises in association with Peter D. Hart Research Associates for the Bill & Melinda Gates Foundation. Civic Enterprises.

Comber, B. (2013). Schools as meeting places: Critical and inclusive literacies in changing local environments. *Language Arts*, *90*(5), 361-371.

Consortium on Chicago School Research at the University of Chicago. (2007). What matters for staying on track and graduating in Chicago public high schools: A close look at course grades, failures and attendance in the freshman year. Chicago, IL: Elaine M. Allensworth & John Q. Easton, p. 30.

Cornett A., Paulick J., & Hover S. (2020). Utilizing Home Visiting to Support Differentiated Instruction in an Elementary Classroom. *School Community Journal*, *30*(1). http://www.schoolcommunitynetwork.org/SCJ.aspx

Curtiss, J., & Theobald, P. (2000). Communities as curricula. *Forum for Applied Research and Public Policy*, *15*(1), 106-111.

DoDEA, (May, 2017). *Home Visit Resource*. Department of defense education activity. https://www.dodea.edu/LanhamES/upload/Attachment-Home-Visit-Resource.pdf

Ferlazzo, L., & Hammond, L. (2009). *Building parent engagement in schools*. Linworth, p. 21.

Flynn, G., & Noland, B. (2008). What do school principals think about current school-family relationships? *NASSP Bulletin*, *92*(3), 173-190.

Gestwicki, C. (2015). *Home, school, and community relations*. Stamford, CT: Cengage Learning.

Ginsberg, M. B. (2007). Lessons at the kitchen table. *Educational Leadership*, *64*(6), 56-61.

Gonzalez, G. G. (1990). *Chicano education in the era of segregation*. Denton, TX: University of North Texas Press.

Gonzalez, G. G. (1997). Culture, language, and the Americanization of Mexican children. In A. Darder, R.D. Torres, & H. Gutiérrez (Eds.), *Latinos and education: A critical reader* (pp. 158-173). New York, NY: Routledge.

Gonzalez, N., & Moll, L. C. (1995). Funds of knowledge for teaching in Latino households. *Urban Education*, *29*(4), 443. https://doi.org/10.1177/0042085995029004005

Gonzalez, N., & Moll, L. C. (2002). Cruzando el puente: Building bridges to funds of knowledge. *Journal of Educational Policy*, *16*(4), 623-641. doi:10.1177/0895904802016004009

Gonzalez, N., Moll, L. C., & Amanti, C. (1995). Introduction: Theorizing Practices. *In*

Funds of Knowledge: Theorizing Practices in Households, Communities, and Classrooms, N. Gonzales, L. Moll, L. C. & Amanti (Eds.). Eribaum Press, 1-24.

Gonzalez, N., Moll, L. C., & Amanti, C. (Eds.) (2005). Funds of knowledge: Theorizing practices in households, communities, and classrooms. [Kindle version]. http://www.amazon.ca.

Graff, C. S., (2017). *Home Visits 101*. https://www.edutopia.org/article/home-visits-101-cristina-santamaria-graff

Harrison, S. (2010). "Why are we here?" Taking "place" into account in UK outdoor environmental education. *Journal of Adventure Education and Outdoor Learning*, *10*(1), 3-18. https://doi.org/10.1080/14729671003669321

Hogg, Linda. (2011). Funds of Knowledge: An investigation of coherence within the literature. *Teaching and Teacher Education*, *27*, 666-677.

Home Visiting Yearbook. (2020). *An Overview*. https://nhvrc.org/wp-content/uploads/NH-VRC_Yearbook_Summary_2020_FINAL.pdf

Horton, M., & Freire, P. (1990). *We make the road by walking: Conversations on education and social change*. Temple University Press.

Joshi, A., Eberly, J., & Konzal, J. (2005). Dialogue across cultures: Teachers' perceptions about communications with diverse families. *Multicultural Education*, *13*, 11-15.

Learning for justice. (Fall 2017). Home Visits. ISSUE 57. https://www.learningforjustice.org/magazine/fall-2017/home-visits

Lin, M., & Bates, A. B. (2010). Home visits: How do they affect teachers' beliefs about teaching and diversity? *Early Childhood Education Journal*, *38*(3), 179-185.

Locke, William W. (1976), "The Effect of Frequency of Home Visits on Parent Behavior and Child Achievement". *Electronic Theses and Dissertations*. Paper 2859. https://dc.etsu.edu/etd/2859

Marshall, E. & Toohey, K., (2010). Representing Family: Community Funds of Knowledge, Bilingualism, and Multimodality. *Harvard Educational Review*, *80*(2), 221-245.

Martin, P. C. (Fall 2013). Role-Playing in an Inclusive Classroom Using Realistic Simulation to Explore Differentiated Instruction. *Issues in Teacher Education*, *22*(2), pp.93-

106.

Meyer, J. A., & Mann, M. B. (2006). Teachers' perceptions of the benefits of home visits for early elementary children. *Early Childhood Education Journal*, *34*(1), 93-97. https:// doi.org/10.1007/ s10643-006-0113-z

Meyer, J., Mann, M., & Becker, J. (2011). A five-year follow-up: Teachers' perceptions of the benefits of home visits for early elementary children. *Early Childhood Education Journal*, *39*(3), 191-196. https://doi.org/10.1007/s10643-011-0461-1

Miller, D. & Twum, S. (Spring 2017). The Experiences of Selected Teachers in Implementing Place-Based Education. *In Education*, *23*(1), 92-108.

Moll, L. C. (1992). Bilingual classroom studies and community analysis: Some recent trends. Educational Researcher, 21(2), 20-24. doi:10.2307/1176576

Moll, L. C. (2015). Tapping into the "hidden" home and community resources of students. *Kappa Delta Pi Record*, *51*(3), 114-117. https://doi.org/10.1080/00228958.2015.10566 61

Moll, L., Amanti, C., Neff, D., & Gonzalez, N. (2005). Funds of knowledge for teaching: Using a qualitative approach to connect homes and classrooms. In N. Gonzalez, L. Moll & C. Amanti (Eds.), Funds of knowledge: Theorizing practices in households, communities, and classrooms (pp. 71-87). New York, NY: Routledge.

Moll, L. C., & Greenberg, J. (1990). Creating zones of possibilities: Combining social contexts for instruction. In L. C. Moll (Ed.), *Vygotsky and education*. (pp. 319-348). Cambridge University Press.

Nespor, J. (2008). Education and place: A review essay. *Educational Theory*, *58*(4), 475-489. https://doi.org/10.1111/j.1741-5446.2008.00301.x

Okeke, Chinedu I. (August, 2014). Effective home-school partnership: Some strategies to help strengthen parental involvement. *South African Journal of Education*, 34(3). http://www.sajournalofeducation.co.za

Organizing engagement. (2021). *Parent Teacher Home Visit Model*. https://organizingengagement.org/models/parent-teacher-home-visit-model/

Parent teacher home visit. (2021). *Take the PTHV Survey*. http://www.pthvp.org/

Parent-Teacher Home Visit Project.(2011). Boosting student success through home visits. http://priorityschools.org/wp-content/uploads/2011/11/Sacramento-California_Profiles. pdf

Peralta-Nash, C. (2003). The impact of home visit in students' perception of teaching. *Teacher Education Quarterly, 30*(4), 111-125.

Proctor, N. (ed.). (1990). *The aims of primary education and national curriculum*. The Falmer Press.

Quintana, A. P., & Warren, S. R. (2008). Listening to the voices of Latino parent volunteers. *Kappa Delta Pi Record, 44*(3), 119-123.

Ranae Stetson, Elton Stetson, Becky Sinclair & Karen Nix, (Spring, 2012). Home Visits: Teacher Reflections about Relationships, Student Behavior, and Achievement. *Issues in Teacher Education, 21*(1), 21-37.

Rock, M. L., Gregg, M., Ellis, E., & Gable, R. A. (2008). REACH: A framework for differentiating classroom instruction. *Preventing School Failure, 52*(2), 31-47. https://doi.org/10.3200/PSFL.52.2.31-47

Saathoff, S. D. (2015). Funds of Knowledge and Community Cultural Wealth: Exploring how Pre-Service Teachers can Work Effectively with Mexican and Mexican American Students. *Critical Questions in Education, 6*(1). pp.30-40.

Shaw, J. T. (2015). Knowing their world. *Journal of Research in Music Education, 63*(2), 198-223. https://doi.org/10.1177/0022429415584377

Sawchuk, S. (2011, December 13). *More districts sending teachers into students' homes. Education Week*. http://www.edweek.org/ew/articles/2011/12/14/14visit_ ep.h31.html

Sheldon, Steven B. & Jung, Sol Bee. (2018). Student outcomes and parent teacher home visits. Technical Report. Johns Hopkins University. file:///C:/Users/USER_Director/ Downloads/StudentOutcomesandPTHVReportFINAL2018.pdf

Simington, L. R. (2003). A study of the effects of teacher visits to high school accounting students' homes on their attitudes and achievement in accounting class. *ERS Spectrum, 21*(3), 39-46.

Smith, G. A. (2002). Place-based education: Learning to be where we are. *Phi Delta Kap-*

pan, 83(8), 584-594. https://doi.org/10.1177%2F003172170208300806

Smith, G. A. (2007). Place-based education: Breaking through the constraining regulari-
ties of public school. *Environmental Education Research, 13*(2), 189-207. https://doi.
org/10.1080/13504620701285180

Smith, G. A., & Sobel, D. (2010). *Place-and community-based education in schools.* Rout-
ledge.

Sobel, D. (2005). *Place-based education: Connecting classrooms & communities.* The Ori-
on Society.

Sousa, D. A., & Tomlinson, C. A. (2011). *Differentiation and the brain: How neuroscience
supports the learner friendly classroom.* Solution Tree Press.

Souto-Manning, M., & Swick, K. J. (2006). Teachers' beliefs about parent and family in-
volvement: Rethinking our family involvement paradigm. *Early Childhood Education
Journal, 34*(2), 187-193.

Stetson, R., Stetson, E., Sinclair, B., & Nix, K. (2012). Home visits: Teacher reflections
about relationships, student behavior, and achievement. *Issues in Teacher Education,
21*(1), 21-37.

The NEA Foundation (2012). *Parent-teacher home visits.* https://www.neafoundation.org/
wpcontent/uploads/2017/07/pthv-full-issue-brief-5.pdf

Tomlinson, C. A. (1999). *The differentiated classroom: Responding to the needs of all learn-
ers.* ASCD.

Tomlinson, C. A. (2000). Differentiation of instruction in the elementary grades. *ERIC Di-
gests.* https://files.eric.ed.gov/fulltext/ED443572.pdf

Tomlinson, C. A. (2003). *Fulfilling the promise of the differentiated classroom.* Alexandria,
VA: Association for Supervision and Curriculum Development.

Tomlinson, C. A., Brimijoin, K., & Narvaez, L. (2008). *The differentiated school: Making
revolutionary changes in teaching and learning.* ASCD.

Tomlinson, C. A., & Imbeau, M. B. (2010). *Leading and managing a differentiated class-
room.* ASCD.

Valencia, R. R. (2010). *Dismantling contemporary deficit thinking: Educational thought and practice.* New York, NY: Routledge.

Vygotsky, L. S. (1978). *Mind and society: The development of higher psychological process.* (M. Cole, V. John-Steiner, S. Scribner, & E. Souberman, Trans. & Eds.). Cambridge, MA: Harvard University Press.

Watts-Taffe, S., Laster, B. P., Broach, L., Marinak, B., Connor, C. M., & Walker-Dalhouse, D. (2013). Differentiated instruction: Making informed teacher decisions. *Reading Teacher, 66*(4), 303-314. https://doi.org/10.1002/TRTR.01126

Wolfendale S 1992. *Empowering parents and teachers: Working for children.* Cassell.

Wright, K. B., Shields, S. M., Black, K., & Waxman, H. C. (2018). The effects of teacher home visits on student behavior, student academic achievement, and parent involvement. *School Community Journal, 28*(1), 67-90.

國家圖書館出版品預行編目資料

教育政策與議題趨勢／吳清基, 李孟珍, 楊振昇, 梁金盛, 范揚晧, 黃宇瑀, 盧延根, 舒緒緯, 楊淑妃, 卓秀冬, 蔡進雄, 顏國樑, 葉佐倫, 謝念慈, 許籐繼, 林立生, 郭怡立, 張明文, 王滿馨, 陳穎, 白雲霞, 邱彥均, 黃淳亮, 趙芳玉, 邱昌其, 林錫恩, 范熾文, 劉國兆, 鄭來長合著；吳清基主編. -- 初版. -- 臺北市：五南圖書出版股份有限公司, 2021.12
　　面；　公分
　ISBN 978-626-317-326-2 (平裝)

　1.教育政策　2.文集　3.臺灣

526.1107　　　　　　　　　110017844

1I4U

教育政策與議題趨勢

主　　編 ─ 吳清基（64）

作　　者 ─ 吳清基、李孟珍、楊振昇、梁金盛、范揚晧、
黃宇瑀、盧延根、舒緒緯、楊淑妃、卓秀冬、
蔡進雄、顏國樑、葉佐倫、謝念慈、許籐繼、
林立生、郭怡立、張明文、王滿馨、陳　穎、
白雲霞、邱彥均、黃淳亮、趙芳玉、邱昌其、
林錫恩、范熾文、劉國兆、鄭來長

發 行 人 ─ 楊榮川

總 經 理 ─ 楊士清

總 編 輯 ─ 楊秀麗

副總編輯 ─ 黃文瓊

責任編輯 ─ 李敏華

封面設計 ─ 姚孝慈

出 版 者 ─ 五南圖書出版股份有限公司

地　　址：106台北市大安區和平東路二段339號4樓

電　　話：(02)2705-5066　　傳　　真：(02)2706-6100

網　　址：https://www.wunan.com.tw

電子郵件：wunan@wunan.com.tw

劃撥帳號：01068953

戶　　名：五南圖書出版股份有限公司

法律顧問　林勝安律師事務所　林勝安律師

出版日期　2021年12月初版一刷

定　　價　新臺幣700元

經典永恆·名著常在

五十週年的獻禮──經典名著文庫

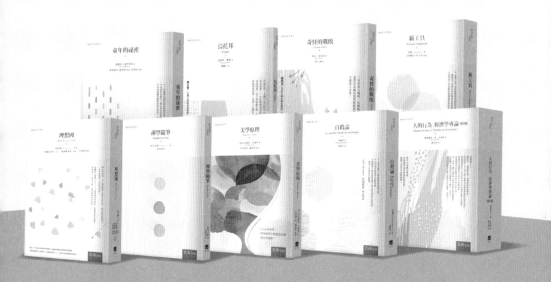

五南，五十年了，半個世紀，人生旅程的一大半，走過來了。

思索著，邁向百年的未來歷程，能為知識界、文化學術界作些什麼？

在速食文化的生態下，有什麼值得讓人雋永品味的？

歷代經典·當今名著，經過時間的洗禮，千錘百鍊，流傳至今，光芒耀人；

不僅使我們能領悟前人的智慧，同時也增深加廣我們思考的深度與視野。

我們決心投入巨資，有計畫的系統梳選，成立「經典名著文庫」，

希望收入古今中外思想性的、充滿睿智與獨見的經典、名著。

這是一項理想性的、永續性的巨大出版工程。

不在意讀者的眾寡，只考慮它的學術價值，力求完整展現先哲思想的軌跡；

為知識界開啟一片智慧之窗，營造一座百花綻放的世界文明公園，

任君遨遊、取菁吸蜜、嘉惠學子！